Il est le Chemin, la Vérité, la Vie

JÉSUS, LE CHRIST

Catéchisme pour tous les âges

DIOCÈSE DE DIJON

ARTÈGE LE SÉNEVÉ

Auteurs : Ont collaboré, avec Mgr Roland Minnerath
à la rédaction de ce Catéchisme :
Père Dominique Garnier, Père Louis de Raynal, Père François-Xavier de Guibert, Père Denis Érazmus, Odile Branchet, Laurence Ruedin, Philippe Chorier-Pichon, Laurence Viel, Sophie Prelot, Annick Étienney.

Ont assuré la relecture théologique : le Père Didier Gonneaud, censeur, le Père Christian Forster et les experts de la Commission épiscopale pour la catéchèse et le catéchuménat.

Plusieurs relectures ont été assurées par Jeannine Siat, le Père Irénée Fransen, obs et le Père Denis Erazmus.

Direction éditoriale : Isabelle de Wulf
Conception graphique : Philippe Guitton
Mise en page : Nord Compo

Nihil Obstat : Père Didier Gonneaud Vic. épisc. 18 avril 2012

Imprimatur à usage catéchétique en France
Dijon, le 29 juin 2012
En la solennité des Apôtres saint Pierre et saint Paul
+ Roland Minnerath
Archevêque de Dijon

• 10, rue Mercœur - 75011 Paris
• 9, Espace Méditerranée - 66000 Perpignan
www.editionsleseneve.fr – contact@editionsleseneve.fr

ISBN : 978-2-35770-201-1

CECC
Faire vivre l'Église

Avec ce document, vous soutenez la responsabilité de catéchèse dans l'Église, et vous contribuez à une solidarité financière entre les diocèses de France.
Les évêques de la Commission épiscopale de la catéchèse et du catéchuménat (CECC)

Préface Mgr Minnerath

À vous qui êtes appelés à devenir disciples du Christ

Pour vous conduire au Christ, la catéchèse vous fait parcourir trois grandes étapes : la Première Annonce qui provoque la conversion (Ire partie) ; l'Initiation qui fait de vous des chrétiens (IIe partie) ; l'Approfondissement de la foi et l'engagement chrétien qui se poursuivent tout au long de votre vie (IIIe partie).

Les étapes de votre parcours

• Avant le baptême, vous écoutez l'annonce de l'Évangile. C'est le temps du *kérygme* qui vous appelle à la conversion. Vous découvrez Dieu qui se révèle dans la création et l'histoire du salut. Vous découvrez aussi la loi morale qu'il a gravée dans votre cœur, ainsi que la dimension religieuse de votre vie. Dans l'étape *kérygme*, vous prenez conscience des attentes que vous partagez avec tous les hommes que Dieu aime et veut sauver. Tout vous achemine vers la rencontre avec le Christ, Dieu fait homme.

• Puis vous entrez dans le parcours de l'*initiation* pour vous préparer au baptême, à la confirmation, à l'eucharistie. Vous recevez la Bonne Nouvelle du Christ à travers le Credo, les sacrements, la vie de la grâce, la prière. Cet enseignement est le cœur de la catéchèse doctrinale et morale.

• Une fois chrétien à part entière, vous éprouvez le besoin d'approfondir et de nourrir votre foi : c'est le temps de la *mystagogie* et du témoignage. Vous décidez de vous engager dans l'Église ; vous apprenez à prier en toute circonstance ; vous approfondissez la doctrine sociale de l'Église, vous vous ouvrez aux relations œcuméniques et interreligieuses.

Vous vous informez des grandes étapes de l'histoire de l'Église. Vous vous tournez vers l'avenir et la nouvelle évangélisation.

Temps et lieux où la foi m'est transmise

1. La catéchèse est offerte aux différentes étapes de la vie : en famille dès l'enfance, en âge scolaire, à l'âge adulte, au moment de se marier, de faire baptiser un enfant, de prendre sa retraite. Une proposition cohérente, organique et systématique est proposée pour *rencontrer, écouter et suivre le Christ*. Elle peut regrouper des enfants d'âge différent pour vivre une même étape. Pour les grands jeunes et les adultes, chaque étape est conçue comme une préparation à un sacrement de l'*initiation* (baptême, confirmation, eucharistie). Nous distinguons trois âges : enfants (entre 7 et 13 ans), adolescents (entre 14 et 18 ans), adultes (après 18 ans), correspondant respectivement aux pages bleues, vertes ou rouges du Catéchisme.

2. La catéchèse peut être articulée sur l'année liturgique : La partie « Première Annonce » correspond à l'Avent (1re partie). Elle conduit à rencontrer le Christ dans son mystère pascal (Ire partie, n° 20 à 30). Elle ouvre sur le temps pascal où le baptisé est greffé sur la vigne de la vie nouvelle (IIe partie). Elle se poursuit avec le temps ordinaire qui est celui de l'engagement dans l'Église et du témoignage dans le monde (IIIe partie).

3. Souvent la catéchèse est donnée en réponse à une demande de sacrement. Enfants, jeunes, adultes demandent les sacrements de l'*Initiation*, des adultes demandent le mariage ou présentent leur enfant au baptême. Il faut répondre à chacune des situations, en suivant le chemin catéchuménal, pour conduire les personnes au sacrement et à un temps d'approfondissement, avec l'appui des rites liturgiques. Ce Catéchisme veut aider à répondre aux questionnements spécifiques de chacun.

4. Lors d'un pèlerinage, d'une retraite, dans un sanctuaire, un monastère ou une église, la lecture d'un livre, un film ou une rencontre, un appel peut se faire entendre. Ce Catéchisme veut aider à répondre aux questionnements de chacun, grâce à son plan progressif et à son index.

5. Les lieux habituels de la transmission sont : la famille, la paroisse, les établissements d'enseignement catholique, les aumôneries de l'enseignement public, les communautés ecclésiales ou mouvements, les initiatives d'une nouvelle évangélisation Ce Catéchisme offre aux familles chrétiennes un ouvrage de référence simple et accessible, qui répond aux interrogations fondamentales qui se posent à tout âge. Le dialogue parents-enfants sur les questions de la foi est facilité en permettant à chacun de lire, dans son langage respectif, la page qui lui est destinée.

6. Les catéchistes disposeront d'un panorama complet, intégré et organique, du trésor que l'Église transmet de génération en génération, dans une vision d'ensemble qui unit confession de foi et vie chrétienne, engagement personnel et témoignage communautaire, doctrine et morale. Le tout est centré sur le Christ qui nous parle à travers chacune de ces quatre-vingts fiches déclinées en trois âges. Ce Catéchisme a l'originalité de croiser deux entrées : par âge et par étapes de la croissance chrétienne. Il met en regard le même message dans le langage des trois âges de la vie. Il suit un rythme qui mène aux sacrements, dispose à la prière personnelle et communautaire et met systématiquement en contact avec la parole de Dieu.

Que ce Catéchisme vous conduise, enfants, jeunes et adultes vers Dieu qui est lumière et amour, et vous aide à suivre Jésus «le Chemin, la Vérité et la Vie» (Jn 14,6).

+ Roland Minnerath
Archevêque de Dijon
Dijon, le 29 juin 2015
En la solennité des Apôtres saint Pierre et saint Paul

Il est le Chemin, la Vérité, la Vie

Première Annonce

Je vais à sa rencontre…

Nous annonçons le Christ ressuscité !

Initiation

Je me mets à son écoute

Conversion

Nous rendons compte de l'espérance qui est en nous

Mystagogie

Je marche à sa suite…

Nous devenons disciples du Christ

Progression

Sommaire

Un guide pour ma route… vers le Christ

«On ne naît pas chrétien, on le devient», disait le carthaginois Tertullien à la fin du IIe siècle. C'est redevenu une réalité aujourd'hui. Par ce Catéchisme, nous voulons vous aider, catéchistes et catéchisés, à bien situer la transmission de la foi dans la mission de l'Église et à l'adapter à tous les âges et à toutes les situations.

Où en suis-je?
– J'ai été baptisé enfant à la demande de mes parents.
– J'ai moi-même demandé le baptême à l'adolescence.
– Je me suis converti à l'âge adulte. Je suis entré au catéchuménat adulte.
– Je suis un «recommençant», un baptisé qui redécouvre la foi.
En fonction de ma situation, je vais recevoir une catéchèse adaptée.

Enfants : les pages bleues

1. J'ai moins de 7 ans :
Si je ne suis pas baptisé, mes parents ou tuteurs demandent le baptême pour moi et s'engagent à m'éduquer dans la foi. Le curé de ma paroisse m'orientera vers un groupe d'éveil à la foi et d'initiation au baptême pour enfants. On suivra le *Rituel du baptême des petits enfants* (1984). Les pages *bleues* de ce Catéchisme aideront les catéchistes à construire un programme.
Si j'ai été baptisé enfant, les parents auront à cœur d'assurer un véritable éveil à la foi chez leurs enfants, en priant avec eux, en les emmenant à la messe, en leur parlant de leur foi et de leurs engagements. La paroisse proposera aussi des groupes d'éveil à la foi. Je recevrai une préparation aux autres sacrements de l'initiation et au sacrement de la réconciliation.

2. J'ai entre 7 et 13 ans :
Si je ne suis pas baptisé, je me prépare aux sacrements de l'initiation chrétienne. On considère qu'à 7 ans, on est entré dans l'âge de raison. Je peux donc demander moi-même le baptême, avec l'accord de mes parents. Pour me préparer aux sacrements de l'initiation chrétienne, mon curé m'orientera vers un groupe de catéchèse d'initiation pour enfants, une aumônerie ou éventuellement un mouvement. Je serai admis aux sacrements de l'initiation : baptême, confirmation et peu après première communion. La préparation à ces trois sacrements de l'initiation se fera à l'aide des deux premières parties du Catéchisme, pages *bleues.*
Si je suis baptisé, je demande la catéchèse pour enfants qui me conduira à la confirmation et à la première communion. Le Catéchisme s'adresse à moi sur toutes les pages *bleues*.

Adolescents : les pages vertes

Si je ne suis pas baptisé, je m'engage dans une démarche qui débute par une décision personnelle de poursuivre mon initiation chrétienne. Mes catéchistes pourront construire un programme à partir des pages *vertes* que je relirai personnellement. Elles ont été écrites pour moi.

Si j'ai été baptisé et admis à la communion, il se peut que je ne sois pas encore confirmé. À partir de l'âge de 14 ans révolus, un jeune peut librement accomplir une démarche qui l'engage dans la vie spirituelle : demander ou refuser une catéchèse, demander ou non le baptême et les autres sacrements. Ce Catéchisme – pages vertes – est fait pour toi. Il t'invite à parcourir les étapes de la première annonce, puis de l'initiation chrétienne.

Adultes : les pages rouges

Si je ne suis pas baptisé, je demande à entrer dans le catéchuménat adulte. Je suivrai le parcours des catéchumènes adultes : *Annonce et Initiation* (Ire et IIe parties). Mon parcours est tout tracé par les pages *rouges*. Pour jeunes et adultes, après le parcours de l'initiation chrétienne, le Catéchisme propose des pistes d'approfondissement de la foi et de la vie ecclésiale dans la troisième partie.

Si je suis baptisé mais pas encore confirmé, je parcours les pages *rouges* de l'*initiation* qui me sont destinées.

Si je suis baptisé et confirmé, et que je mène une vie chrétienne régulière, je décide d'approfondir ma foi en utilisant la partie « mystagogie » ou approfondissement de ce Catéchisme. À l'occasion de la demande d'un sacrement pour mes enfants ou pour moi-même, je mets à jour mes connaissances et mon engagement chrétien. Si je me suis éloigné de l'Église et que je demande un sacrement, je reçois une formation de mise à niveau de type *initiation* (IIe partie) qui inclut une préparation au sacrement de la réconciliation. Sur les indications d'un prêtre ou d'un catéchiste, je lis les pages *rouges* de ce Catéchisme.

Pour tous : les pages marron

La catéchèse est avant tout rencontre avec la parole de Dieu transmise et interprétée par l'Église. Chacun pourra se familiariser progressivement avec les textes essentiels de la Sainte Écriture, les documents fondamentaux de la Tradition et du Magistère. Ces textes sont mis en valeur en pages marron pour chaque thème abordé.

Nous annonçons le Christ ressuscité

Commençons par la fin

Dieu crée tout par amour

Dieu parle et agit dans l'histoire

Dieu donne aux hommes une règle de vie

Israël répond au Dieu vivant

Et Dieu se glisse dans notre humanité

« Avant tout, je vous ai transmis ceci, que j'ai moi-même reçu : le Christ est mort pour nos péchés, conformément aux Écritures, et il fut mis au tombeau ; il est ressuscité le troisième jour, conformément aux Écritures, il est apparu à Pierre, puis aux Douze. »

Saint Paul aux Corinthiens 1 Co 15,3-5

Commençons par la fin

1. DROIT AU BUT

2. LES ÉTAPES QUI CONDUISENT AU CHRIST

Un événement extraordinaire : Jésus est vivant

C'est ce que l'Église nous annonce depuis 2000 ans ! En effet, ceux qui ont connu Jésus, vécu avec lui, vu ce qu'il a fait, entendu ce qu'il a dit, et qui l'ont suivi dans sa Passion, ont été les témoins de sa Résurrection. C'est un événement extraordinaire ! Es-tu curieux d'en savoir plus ? ou préfères-tu *avoir des yeux et ne pas voir, des oreilles et ne pas entendre ?* Mt 13,15. Jésus n'est pas seulement un personnage qui a vécu dans le passé. Il est vivant aujourd'hui. Il est avec nous.

> Oui, je crois en Jésus Christ, qui est mort et ressuscité, qui vient du ciel, qui a vécu sur la terre, et qui aujourd'hui est toujours vivant avec nous, au milieu de nous.

L'annonce de cette « bonne nouvelle » rejoint ta vie d'enfant. Tu découvres que Jésus t'aime et tu peux goûter chaque jour la joie de vivre à ses côtés. Je t'invite à partir à la rencontre de Jésus : avec lui, tu découvriras qui est Dieu et son projet d'amour pour toi et pour tous les hommes.

Notre message : le Christ est ressuscité

« Cet homme, vous l'avez supprimé en le clouant sur le bois... Dieu l'a ressuscité » Ac 2,23-24. Telle est la proclamation bouleversante des Apôtres. Les premiers chrétiens ont employé le mot « *kérygme* » pour exprimer l'annonce au monde que Jésus est vivant. Le *kérygme*, c'est la proclamation de l'Évangile à ceux qui ne le connaissent pas encore.

Toi qui ouvres ce catéchisme, sache qu'il est fait pour te conduire jusqu'au Christ, en suivant les chemins de ta propre vie. Avant de t'embarquer dans cette aventure, tu dois en connaître le but. Le but, c'est Jésus Christ lui-même. L'Église annonce et proclame qu'il est ressuscité et vivant.

Le Christ est ton libérateur et ton sauveur. Tu vas apprendre à le connaître. Il est le visage de Dieu et le visage de l'homme. Jésus, c'est Dieu qui vient vers toi, et toi tu connaîtras qui est le Dieu qui a tout créé.

Tout ce que tu vas découvrir dans les pages qui suivent – la création, l'histoire du salut, la loi morale, la foi de l'Église, la vie selon la foi, les sacrements, la prière chrétienne – conduit à Jésus.

Ne serait-ce pas lui, Jésus vivant dans son Église, que tu cherches ? « Tu ne me chercherais pas si tu ne m'avais déjà trouvé », disait Blaise Pascal. La vérité se présente devant toi. À toi de l'accueillir librement.

Le « *kérygme* » : *le cœur de l'Évangile*

❶ «Allez dans le monde entier. Proclamez (*kérygme*) l'Évangile à toute la création. Celui qui croira et sera baptisé sera sauvé» (Mc 16,15-16). Jésus ressuscité enjoint à ses disciples de «proclamer» l'Évangile. La proclamation de la Bonne Nouvelle, c'est le *kérygme*. Le contenu du kérygme, c'est que Jésus est vivant, ressuscité d'entre les morts. À la différence de la recherche religieuse naturelle qui peut conduire à l'idée d'un Dieu unique, le kérygme nous annonce comment Dieu s'est fait connaître en Jésus Christ. Le kérygme est l'annonce d'un événement qui s'est produit dans notre histoire, mais qui appartient déjà à un au-delà de l'histoire. Le kérygme doit provoquer l'étonnement, l'émerveillement, voire le rejet. Il nous met en face d'une réalité insoupçonnée, irréductible à aucun événement de notre expérience.

«Je vous ai transmis ceci, que j'ai moi-même reçu», écrit l'Apôtre Paul aux premiers convertis de Corinthe. Le contenu de son annonce est «le Christ est mort pour nos péchés conformément aux Écritures, et il fut mit au tombeau; il est ressuscité le troisième jour, conformément aux Écritures. Il est apparu à Pierre, puis aux Douze.» (1 Co 15,3-5).

De ce passage, nous retenons:

– L'annonce a pour objet un événement. L'Apôtre Paul dira clairement: «Si le Christ n'est pas ressuscité, notre proclamation est sans contenu («notre kérygme»), votre foi aussi est sans contenu.» (1 Co 15,14)

– L'objet de notre foi nous a été transmis par la longue chaîne des croyants. C'est la «tradition» de l'Église.

– Cet événement central de notre foi – la Passion et la résurrection de Jésus – est accomplissement des Écritures, c'est-à-dire de tout le plan de salut de Dieu.

❷ Le but de l'annonce du Christ mort et ressuscité est de provoquer la conversion. À la fin de l'Évangile selon saint Luc, le Ressuscité dit aux disciples: «Ainsi est-il écrit que le Christ souffrirait, qu'il ressusciterait d'entre les morts le troisième jour, et que la conversion serait proclamée en son nom, pour le pardon des péchés, à toutes les nations» (Lc 24,46-47). Lorsque Pierre prêche la résurrection aux Juifs de Jérusalem (Ac 2,38) ou que Paul prêche aux païens, c'est pour les mener à la «conversion». Comprenons bien: la conversion, c'est un retournement. Elle consiste en un double mouvement: nous détourner de nos erreurs passées, et nous tourner vers le Christ, nous mettre à sa suite, devenir son disciple, apprendre de lui qui est Dieu, qui est l'homme, quel est le sens de ma vie. Le kérygme touche aussi bien des personnes qui croient déjà dans le Dieu unique que des personnes sans religion. Il conduit toujours au Christ. Le kérygme nous place devant une décision personnelle à prendre: devenir ou non disciple du Christ.

❸ Le jour où vous serez «convertis» au Christ, l'événement de Pâques, proclamé par l'Église, entrera dans votre histoire. Il sera le pivot de votre «vie nouvelle dans le Christ». Voilà cet événement placé devant vous. Vous êtes invités à vous déterminer par rapport à lui.

Le Christ est l'objet de la foi de l'Église. Car c'est lui qui nous révèle Dieu comme Père, dans l'Esprit Saint qu'il nous a donné. En même temps, le Christ nous révèle l'homme, sa vocation, sa destinée. Entrer dans le mystère du Christ, c'est entrer dans le secret de l'être divin et dans le secret du cœur de l'homme.

Un exemple de prédication apostolique

Paul s'adresse aux philosophes d'Athènes.

Actes 17,15-33

[15] Ceux qui escortaient Paul le conduisirent jusqu'à Athènes. Puis ils s'en retournèrent, porteurs d'un message, avec l'ordre, pour Silas et Timothée, de rejoindre Paul le plus tôt possible. [16] Pendant que Paul les attendait à Athènes, il avait l'esprit exaspéré en observant la ville livrée aux idoles. [17] Il discutait donc à la synagogue avec les Juifs et ceux qui adorent Dieu, ainsi qu'avec ceux qu'il rencontrait chaque jour sur l'Agora. [18] Il y avait même des philosophes épicuriens et stoïciens qui venaient s'entretenir avec lui. Certains disaient : « Que peut-il bien vouloir dire, ce radoteur ? » Et d'autres : « On dirait un prêcheur de divinités étrangères. » **Ils disaient cela parce que Paul se faisait le messager de « Jésus » et de « Résurrection ».** [19] Ils vinrent le prendre pour le conduire à l'Aréopage. Ils lui disaient : « Pouvons-nous savoir quel est cet enseignement nouveau que tu proposes ? [20] Tu nous rebats les oreilles de choses étranges. Nous voulons donc savoir ce que cela signifie. » [21] Tous les Athéniens, en effet, ainsi que les étrangers de passage, ne consacraient leur temps à rien d'autre que dire ou écouter la dernière nouveauté.

[22] Alors Paul, debout au milieu de l'Aréopage, fit ce discours : « Athéniens, je peux observer que vous êtes, en toutes choses, des hommes particulièrement religieux. [23] En effet, en me promenant et en observant vos monuments sacrés, j'ai même trouvé un autel avec cette inscription : "Au dieu inconnu." Or, ce que vous vénérez sans le connaître, voilà ce que, moi, je viens vous annoncer...

[26] À partir d'un seul homme, il a fait tous les peuples pour qu'ils habitent sur toute la surface de la terre, fixant les moments de leur histoire et les limites de leur habitat ; [27] Dieu les a faits pour qu'ils le cherchent et, si possible, l'atteignent et le trouvent, lui qui, en fait, n'est pas loin de chacun de nous. [28] Car c'est en lui que nous avons la vie, le mouvement et l'être. Ainsi l'ont également dit certains de vos poètes : *Nous sommes de sa descendance*.

[29] Si donc nous sommes de la descendance de Dieu, nous ne devons pas penser que la divinité est pareille à une statue d'or, d'argent ou de pierre sculptée par l'art et l'imagination de l'homme. [30] Et voici que Dieu, sans tenir compte des temps où les hommes l'ont ignoré, leur enjoint maintenant de se convertir, tous et partout. [31] En effet, il a fixé le jour où il va juger la terre avec justice, par un homme qu'il a établi pour cela, quand il l'a accrédité auprès de tous **en le ressuscitant d'entre les morts**. »

[32] Quand ils entendirent parler de résurrection des morts, les uns se moquaient, et les autres déclarèrent : « Là-dessus nous t'écouterons une autre fois. » [33] C'est ainsi que Paul, se retirant du milieu d'eux, s'en alla.

À la découverte de Jésus

Tu prends la décision de partir à la découverte de Jésus. Comme un sportif tu vas parcourir plusieurs étapes, avant d'atteindre le but.
Tu te poses des questions et tu vas découvrir :
Pourquoi Dieu a-t-il créé l'univers et la vie ? Pourquoi est-il venu au secours des hommes et de la création ? Pourquoi les hommes ont-ils besoin d'une règle de conduite pour vivre en harmonie les uns avec les autres ?
Et comment, toi, peux-tu dialoguer avec Dieu dans la prière ?
Être curieux de tout ce qui t'est encore caché, c'est ouvrir ton cœur au grand projet de Dieu, et entrer dans la grande famille des chrétiens. Alors viendra le moment où tu pourras choisir de te mettre toi aussi à la suite de Jésus, pour devenir un de ses disciples.
Pour cela, une condition : déployer les antennes de ton cœur.
Cela t'est facile. Jésus lui-même a dit qu'il faut être comme un enfant devant Dieu qui se fait connaître à nous.

> Laissez les enfants venir à moi,
> ne les empêchez pas, car le royaume de Dieu
> est à ceux qui leur ressemblent. (Mc 10,14)

Ma vie, un chemin vers le Christ

Cette première partie va te conduire par étapes jusqu'à la rencontre personnelle avec le Christ, rencontre décisive, car il t'invitera à te prononcer pour lui. Mais tu as déjà une expérience de la vie. Tout ce que tu as appris et vécu jusqu'ici constitue déjà ta personnalité, qui grandit humainement et spirituellement. La « conversion », le « retournement » auquel est appelé tout disciple de Jésus est un choix qui engage toute ta vie.

Cette phase de ton parcours va mettre en lumière ce que tu es déjà. En effet, Jésus vient toujours accomplir pleinement, achever, relever, corriger ce qui existe déjà dans le cœur de l'homme : comment comprendre le monde, quel sens donner à l'histoire humaine, comment vivre la loi morale, comment prier ?

Ainsi, tu vas parcourir les étapes qui conduisent au Christ :

– Avec tous les humains, tu découvres que Dieu se fait connaître dans ses œuvres, la création.

– Tu feras connaissance avec un Dieu qui intervient dans l'histoire humaine, comme dans la tienne.

– Tu comprendras la loi morale que Dieu a inscrite au cœur de tout homme et qu'il a promulguée sous la forme des dix commandements.

– Enfin tu partageras l'expérience de prière des hommes de l'Ancien Testament. Déjà tu peux prier les Psaumes que Jésus récitait lui-même (cf. p. 131).

Ainsi tu comprendras mieux que les hommes, y compris ceux d'aujourd'hui, sont préparés à recevoir librement Jésus.

Appelé à la conversion

Lorsque vous participerez à la célébration de la nuit pascale, vous serez frappés par le rite de la lumière qui jaillit dans la nuit, symbole du Ressuscité qui éclaire tout ce qui l'entoure. Le Christ est la lumière jetée sur tout ce qui existe, sur mon passé et qui éclaire mon avenir. À partir de cette lumière, la communauté chrétienne comprend la création et l'histoire du monde.

Le kérygme que vous venez de recevoir vous rejoint à un moment déterminé de votre vie. Vous découvrez ainsi la pédagogie de Dieu. Il vient nous rejoindre pour illuminer notre existence. C'est ainsi que Dieu a agi avec l'humanité depuis le commencement du monde.

La «conversion» au Christ est l'étape définitive à laquelle il nous convie sur le long chemin des appels qu'il nous a adressés.

Le kérygme me conduit au seuil de la foi. Il me permet de découvrir que le Dieu que je cherche confusément est le Père de Jésus Christ, le Créateur de l'univers, et que ce Dieu s'est lui-même fait connaître: par sa création et par l'histoire du salut il conduit jusqu'au Christ et il mène avec lui jusqu'à son achèvement. Au cours de cette étape de notre cheminement nous découvrons:

❶ Dieu qui se révèle. La révélation que Dieu fait de lui-même nous est donnée dans les Écritures de l'Ancien et du Nouveau Testament. Nous nous familiarisons donc avec la Bible. C'est toute l'Église qui reçoit et interprète la Bible. Il me faut en découvrir le sens en me laissant guider par la tradition bimillénaire de l'Église et son enseignement authentique.

❷ Dieu se révèle à toute l'humanité par le langage universel de sa création. Je découvre que je suis une créature aimée de Dieu, que j'ai ma place dans le projet de Dieu. Comme créature je suis membre du genre humain. Au sommet de la création voici l'homme, corps, âme et esprit, créé libre, capable de se tourner vers Dieu ou de le rejeter. L'homme fait la douloureuse expérience du mal qu'il est capable de causer lui-même.

❸ Dieu agit dans l'histoire humaine. La succession de ses interventions dessine le contour d'une histoire du salut. Pour en rendre compte, nous avons l'Ancien Testament. Cette histoire va d'Abraham au Christ.

❹ À tous les hommes Dieu fait connaître la loi morale universelle inscrite dans les cœurs. Les normes élémentaires de la morale humaine sont contenues dans les dix commandements que Dieu a donnés à Moïse et que l'on retrouve, en partie, dans d'autres sagesses. Ces dix Paroles sont l'expression de la morale humaine universelle, exigible de tous les êtres humains.

❺ Déjà je me joins au peuple de l'Alliance pour prier à l'aide des Psaumes.

❻ Quand les temps sont mûrs, Dieu nous envoie son propre Fils. Je le découvre à travers les Évangiles.

L'annonce de l'Évangile provoque la *metanoia*, la **conversion** qui consiste en un retournement intérieur. Nous nous tournons vers Dieu qui en Jésus Christ nous sauve, et nous désirons ardemment être sauvés. Pourquoi ai-je besoin d'être sauvé ? Tout homme découvre sa fragilité. «Je ne fais pas le bien que je voudrais, mais je commets le mal que je ne voudrais pas… Ce n'est plus moi qui agit ainsi, mais c'est le péché, lui qui habite en moi» (Rm 7,19-20). Le péché, c'est ma liberté détournée de son but.

Une fois franchie l'étape de la conversion, nous demandons à être admis à la nouvelle naissance: le baptême. Commence alors le temps de l'initiation chrétienne.

PECATVM
CCE AGN

Dieu crée tout par amour

Comment connaître Dieu ?

Depuis que des hommes sont apparus sur terre, ils ont pensé que des êtres plus puissants qu'eux existaient. Ils les appelaient les dieux. Ainsi sont nés des récits sur le commencement du monde et sur les relations entre les dieux et les hommes au cours de l'histoire.
Y a-t-il des dieux ? Y a-t-il un seul Dieu ? Ou pas de dieu ? Comment le savoir ?

Un recueil de livres saints, la Bible, apporte une réponse. Ce ne sont pas les hommes qui inventent des dieux. C'est le Dieu unique qui se fait connaître aux hommes. Bien plus, ce Dieu de la Bible s'est choisi un peuple, qu'il a chargé d'être son témoin face à toute l'humanité. Alors, toi, comment te représentes-tu cet être invisible que l'on appelle Dieu ?
Tu devines bien que c'est un exercice difficile !

> Un nommé Philippe a demandé un jour à Jésus : *Seigneur, montre-nous le Père.* (Jn 14,8)
> Et que lui a répondu Jésus ? *Celui qui m'a vu, a vu le Père.* (Jn 14,9)

Note que Jésus parle de Dieu comme du Père. À toi, maintenant de t'informer. Jésus te dévoilera le secret de Dieu. Ce secret est celui d'un immense amour pour chaque homme et pour tous les hommes. Mais ce secret… on doit le raconter à tout le monde !

Dieu vient vers moi

Il y a une différence fondamentale entre les religions naturelles dans lesquelles les hommes se forment une certaine vision de Dieu ou du monde divin, et la religion révélée où Dieu prend l'initiative de s'adresser aux hommes.
Le maître mot est « révélation », qui signifie « lever le voile », faire connaître une réalité restée jusque-là cachée. Dans la Bible, Dieu nous est connu par ce qu'il nous donne à comprendre de lui-même.
Il n'est pas le fruit de l'imagination humaine. En outre, ce Dieu de la Bible cherche passionnément le contact avec les hommes.
Il se fait connaître pour se faire aimer.
La « révélation » que Dieu fait de lui-même est contenue dans la Bible, Ancien et Nouveau Testaments. Elle va du livre de la *Genèse* à celui de l'*Apocalypse* et nous fait connaître ce qu'on appelle « l'histoire du salut ».
Il est important de noter que le christianisme n'est pas, pour autant, une « religion du livre ». La lettre – les mots – ne sont pas l'essentiel, mais l'Esprit Saint qui inspire ces textes.
La Bible contient la parole de Dieu accueillie dans l'histoire des hommes. Mais la Parole elle-même, qui est Dieu, s'est faite chair en Jésus Christ. Le Christ est donc la clé de l'Écriture sainte. À partir de lui nous lisons et comprenons tout l'Ancien Testament. Pour nous la parole de Dieu ne se réduit pas à des mots ; elle nous met en présence du Christ, qui parle à chacun de nous aujourd'hui :

– par la Sainte Écriture de l'Ancien et du Nouveau Testament,
– par la Tradition des Pères de l'Église, des saints et des grands théologiens,
– par l'enseignement des conciles, du pape et des évêques qui nous permet d'interpréter correctement la Sainte Écriture et la Tradition.

Dieu nous parle dans l'Écriture

Il y a deux manières d'approcher le mystère de Dieu : la voie ascendante et l'accueil de la révélation que Dieu fait de lui-même.

❶ La première est naturelle et s'observe dans toutes les cultures. L'homme cherche l'origine et le sens de ce qui existe. Il scrute la réalité cachée derrière les phénomènes qu'il observe. L'homme est naturellement religieux. Seule notre civilisation occidentale technicienne et sécularisée a évacué l'idée de Dieu. Mais en rejetant le Dieu transcendant de la tradition judéo-chrétienne nos contemporains se donnent des absolus de substitution : le progrès, l'humanité, la science, l'argent, le plaisir, le pouvoir. Les religions de l'humanité sont des démarches ascendantes. Elles fournissent des visions globales du monde et de la place de l'homme. Souvent elles ouvrent la perspective d'une vie après la mort. Le langage des religions est le mythe, un récit qui fournit une lecture du réel, mais qui va au-delà de ce qui est visible. Les grandes philosophies telle la pensée grecque ont tenté de cerner le mystère de l'ineffable en parvenant quelquefois à l'idée d'un Dieu unique.

❷ La deuxième voie pour connaître Dieu est de l'accueillir tel qu'il se révèle. La révélation suppose que l'être divin ait choisi d'entrer lui-même en communication avec les hommes et que notre esprit soit capable de recevoir le message qu'il nous adresse. Le judaïsme et le christianisme sont des religions révélées. Autrement dit, nous ne projetons pas en Dieu nos idées, nos fantasmes ou nos désirs. Dieu lui-même se fait connaître. La personne de Jésus Christ achève cette révélation, prodigieuse surprise pour l'homme, dont nous ne finirons jamais de nous émerveiller.

❸ Comment Dieu se révèle-t-il ? De quatre manières : dans sa création, dans l'histoire des hommes, dans le don de la loi morale, et enfin dans la personne de son Fils Jésus. La révélation que Dieu fait de lui-même est l'objet même de l'Écriture Sainte. Les livres de l'Ancien et du Nouveau Testaments rendent compte de l'action de Dieu qui, dans l'histoire, entre en relation avec les hommes.

❹ La Bible est inspirée. Les auteurs de la Bible ont écrit sous l'inspiration de l'Esprit Saint. Le lecteur devra découvrir l'Esprit qui est derrière la lettre et lire la Bible dans l'esprit avec lequel elle a été écrite. Une lecture littérale ou fondamentaliste ignore cet esprit. Ainsi les récits de la création doivent-ils être compris dans leur langage symbolique et poétique. Ils ne sont pas des comptes rendus de faits empiriques. Ils nous disent que le monde a été voulu par un Dieu qui n'est pas le monde, qui a tout fait par amour et a placé l'homme « créé à son image » au sommet de sa création (Gn 1,27), pour la lui confier en gérance et le faire participer à son achèvement.

❺ La révélation s'inscrit dans l'histoire avec la vocation d'Abraham. Elle se poursuit avec Moïse, les rois d'Israël, les prophètes, l'expérience douloureuse de l'exil et la venue du Messie. « Dieu, dans le passé, a parlé à nos pères par les prophètes, en ces jours où nous sommes, il nous a parlé par son Fils, qu'il a établi héritier de toutes choses, et par qui il a créé les mondes. » (He 1,1-2).

❻ La Bible s'ouvre sur le récit de la création et s'achève sur la vision du monde à venir, la nouvelle création, la Jérusalem céleste.

Moïse reçoit l'ordre de mettre par écrit la Loi que Dieu lui a dictée.

Deutéronome 31,9-11.24-26

9 Moïse mit cette Loi par écrit et la donna
aux prêtres, fils de Lévi, qui portent l'arche
de l'Alliance du Seigneur, ainsi qu'à tous les
anciens d'Israël. 10 Et Moïse leur donna cet
ordre : « Au bout de sept ans, au temps fixé
pour l'année de la remise des dettes, à la fête
des Tentes, 11 tout Israël viendra voir la face
du Seigneur ton Dieu, au lieu qu'il aura choisi ;
alors tu liras cette Loi, devant tout Israël qui
l'écoutera…
24 Quand Moïse eut achevé d'écrire entière-
ment les paroles de cette Loi dans un livre,
25 il donna ses ordres aux Lévites, qui portent
l'arche de l'Alliance : 26 « Prenez ce livre de la
Loi et posez-le à côté de l'arche de l'Alliance
du Seigneur votre Dieu ; là, il servira de
témoin contre toi [Israël]. »

L'Écriture est inspirée.

2 Timothée 3,14-17

14 Mais toi, demeure ferme dans ce que
tu as appris : de cela tu as acquis la certitude,
sachant bien de qui tu l'as appris. 15 Depuis
ton plus jeune âge, tu connais les Saintes
Écritures : elles ont le pouvoir de te commu-
niquer la sagesse, en vue du salut par la foi
que nous avons en Jésus Christ. 16 Toute
l'Écriture est inspirée par Dieu ; elle est utile
pour enseigner, dénoncer le mal, redresser,
éduquer dans la justice ; 17 grâce à elle,
l'homme de Dieu sera accompli, équipé pour
faire toute sorte de bien.

Le Christ, clé de toute l'Écriture. Jésus ressuscité aux disciples d'Emmaüs.

Luc 24,25-27

25 Il leur dit alors : « Esprits sans intelligence !
Comme votre cœur est lent à croire tout ce
que les prophètes ont dit ! 26 Ne fallait-il pas

que le Christ souffrît cela pour entrer dans
sa gloire ? » 27 Et, partant de Moïse et de tous
les Prophètes, il leur interpréta, dans toute
l'Écriture, ce qui le concernait.

2 Corinthiens 3,13-18

13 Nous ne sommes pas comme Moïse
qui mettait un voile sur son visage pour
empêcher les fils d'Israël de voir la fin de ce
rayonnement passager. 14 Mais leurs pensées
se sont endurcies. Jusqu'à ce jour, en effet,
le même voile demeure quand on lit l'Ancien
Testament ; il n'est pas retiré car c'est dans
le Christ qu'il disparaît ; 15 et aujourd'hui
encore, quand les fils d'Israël lisent les livres
de Moïse, un voile couvre leur cœur. 16 Quand
on se convertit au Seigneur, le voile est enlevé.
17 Or, le Seigneur, c'est l'Esprit, et là où l'Esprit
du Seigneur est présent, là est la liberté.
18 Et nous tous qui n'avons pas de voile sur
le visage, nous reflétons la gloire du Seigneur,
et nous sommes transformés en son image
avec une gloire de plus en plus grande, par
l'action du Seigneur qui est Esprit.

Comment le monde a-t-il commencé ?

As-tu vu des livres, des films, des images, des fossiles qui racontent comment la planète terre et le système solaire se sont formés ? Comment la vie et l'espèce humaine y sont-elles apparues ? Il a fallu des milliards d'années ! Quelle histoire ! De grandes découvertes scientifiques nous permettent de nous faire une idée du « comment » l'univers s'est formé et comment il continue d'évoluer. La Bible raconte la création du monde. Les écrivains sacrés n'avaient pas nos connaissances scientifiques. Ils nous proposent deux récits imagés (Genèse 1 et 2), pour nous confier un message important : tout ce qui existe a été créé par la volonté d'un Dieu d'amour. Créer, c'est faire exister. Dieu, lui, existe avant le monde. Il est éternel. Il a créé l'espace et le temps.

> Ce monde n'est pas venu par hasard. Tout ce qui existe a été voulu par Dieu. Quand la terre a été prête, après les plantes et les animaux, Dieu créa l'homme à son image.
> ...*Et Dieu vit tout ce qu'il avait fait ; et voici : cela était très bon*. (Gn 1,31)

Dieu avait un but: nous confier sa création pour la perfectionner avec lui. Sommes-nous d'accord pour collaborer avec le Créateur ?

Après avoir créé les astres, les plantes, les animaux, le livre de la Genèse raconte que Dieu a créé l'homme à son image. *Le Seigneur Dieu modela l'homme avec la poussière tirée du sol ; il insuffla dans ses narines le souffle de vie, et l'homme devint un être vivant*. (Gn 2,7)

Ce souffle de vie qui nous anime nous distingue des autres êtres vivants parce qu'il porte l'**esprit**.
Grâce à ton esprit, tu peux distinguer le bien du mal, connaître et aimer.
Dieu a créé un jardin merveilleux. Il l'a confié à l'homme et à la femme, Adam et Ève, pour qu'ils le cultivent, avec une seule consigne : ne pas manger de l'arbre de la connaissance du bien et du mal (Gn 2,17).
Tu vois que l'homme et la femme ont été créés libres de respecter ou non la volonté de Dieu. Donc toi aussi !

> Or, Adam et Ève ont désobéi à Dieu. Ils ont voulu se passer de lui ; ils ont cru pouvoir se prendre pour Dieu. Cette désobéissance s'appelle le péché originel.

Tu comprends ainsi que nous sommes créés **libres** et que Dieu attend de nous que nous suivions de plein gré ses commandements et qu'il peut nous arriver de désobéir !
Il y a bien des souffrances et des méchancetés dans le monde des hommes. Beaucoup de ces mauvaises choses viennent de ce que nos cœurs se sont éloignés du projet de notre Créateur.
Mais Dieu a trouvé une solution pour nous aider!

Ouvrons le livre de la création

Les splendeurs de la création, une voie vers Dieu

La création elle-même nous parle de Dieu. Ainsi tout homme peut connaître Dieu à travers les choses qu'il a créées : « En effet, ce que l'on peut connaître de Dieu est clair pour eux… Depuis la création du monde, on peut voir, avec l'intelligence, à travers les œuvres de Dieu, ce qui de lui est invisible : sa puissance éternelle et sa divinité » (Rm 1,19-20). Le Concile Vatican I (1870) réaffirme que Dieu peut être connu « avec certitude par ses œuvres grâce à la lumière naturelle de la raison humaine. »

La Bible à mon secours

Je ne suis peut-être ni philosophe, ni poète… ni savant qui observe patiemment les phénomènes. La science nous propose des théories sur l'origine et le développement de l'univers. La révélation biblique se situe sur un autre registre. Elle nous montre par des images suggestives que Dieu a créé le monde. Elle nous révèle le sens, le « pour quoi », et le but, le « pour qui » de la création. La Bible comporte deux récits de la création dans le livre de la *Genèse*. Il faut lire ces beaux textes dans l'esprit de ceux qui les ont composés. Ils veulent nous faire découvrir que tout ce qui existe est dû à la volonté d'un Dieu qui crée toute chose à partir de rien et par amour.

Dans le récit en Genèse 1, Dieu crée les êtres dans le cadre d'une semaine qui s'achève par le repos du septième jour. L'homme, créé à l'image et à la ressemblance de Dieu, apparaît comme le sommet de la création. Tout ce qui est créé avant l'homme lui est destiné : la terre et les animaux, le soleil, les étoiles, autant de choses nécessaires à sa vie. L'homme n'est pas propriétaire de la création, mais il en est le gardien : à lui de la respecter et de la faire fructifier.

La création en **Genèse 2** est centrée sur l'homme. Sous une forme imagée, l'auteur biblique souligne que l'homme est modelé à partir de la terre. Il est cet « Adam » dans lequel Dieu insuffle une âme capable de choix libre, de conscience et d'amour. L'homme reçoit pour mission de « nommer » toutes les autres créatures.
En face de lui, son égale, la femme lui est donnée pour former avec lui une unité et une communion d'amour.
On pourrait résumer l'enseignement de Genèse 1 et 2 dans les quatre propositions suivantes :
• **Dieu crée à partir de rien**. À l'origine, il n'y a rien. La toute puissance de Dieu fait surgir du néant la matière et la vie. L'univers visible n'est pas un commencement absolu, seul Dieu est éternel et absolu.
• **Dieu porte et maintient la création.** Chaque être est créé unique et original et reste dans la dépendance de son créateur. La création est un acte continu de Dieu.
• **Dieu crée un monde ordonné et beau**. Les sept jours de la création révèlent une apparition progressive et ordonnée des choses. En faisant exister ce monde, Dieu lui donne donc aussi des lois propres et une harmonie intérieure.
• **Dieu crée avec sagesse et par amour**. Dans la création, Dieu n'agit pas par nécessité. La création est un débordement d'amour de Dieu qui veut faire exister les choses et les êtres en face de lui. Tu te rends compte que Dieu nous a donné une responsabilité de gardiens de la création. À nous de veiller à maintenir la diversité des espèces vivantes, à respecter l'environnement, à ne pas dévaster les ressources de la terre.

« Les cieux racontent la gloire de Dieu »

L'histoire des philosophies et des religions nous montre que les hommes ont envisagé de plusieurs manières l'origine du monde. La Bible se distingue par une affirmation radicale, inouïe : le monde a été créé à partir de rien par un Dieu qui existe éternellement. Créer veut dire non pas transformer une matière préexistante ou agencer des éléments du chaos primitif, mais tirer du néant. Dieu se révèle comme créateur.

❶ La création, c'est l'univers qui se déploie sous nos yeux. Grâce à la science nous connaissons de mieux en mieux l'univers matériel, depuis l'infiniment petit des particules élémentaires jusqu'à l'infiniment grand des étoiles, des galaxies, de l'espace toujours en expansion. La science dans ses différentes branches nous livre le résultat de ce qu'elle observe. Cette recherche jamais achevée nous fait découvrir toujours davantage la structure de la matière et de l'énergie.
❷ La révélation biblique n'est pas un énoncé scientifique sur le déroulement empirique des séquences qui ont produit l'énergie, la matière, les planètes, la vie sur terre. Elle exprime dans un langage imagé puissant et suggestif que tout ce qui existe a été voulu par un Être qui n'est pas le monde, qui est antérieur au monde et qui a tout créé dans un vaste dessein : couronner la création de l'espace, des planètes, des êtres inanimés, des plantes, des êtres vivants par une créature faite à son image et à sa ressemblance : l'homme et la femme.
❸ Le récit biblique nous enseigne que Dieu a tout créé par sagesse et par amour, pour faire participer des êtres intelligents et libres – et par eux le cosmos tout entier – à sa propre vie.
❹ Créer veut dire faire exister à partir de rien. Dieu n'est pas le monde. Le monde est créé par lui dans un but : l'associer à sa propre vie éternelle. Ce but ne deviendra clair qu'au terme de la révélation, lorsque le Christ aura vaincu la mort et envoyé l'Esprit Saint, principe de la création nouvelle. En créant l'univers spatial, Dieu a aussi créé le temps. « L'univers n'est pas né dans le temps, mais avec le temps », dit saint Augustin. Nous ne pouvons penser que dans les catégories de l'espace et du temps, du mouvement et de la durée. En les créant, Dieu établit une relation avec tous les êtres. La création est un processus continu que Dieu mène à son achèvement. Elle « gémit, elle passe par les douleurs d'un enfantement » (Rm 8,22). Cet achèvement, nous le voyons déjà réalisé dans la personne du Christ. Ressuscité, il appartient déjà au monde à venir, celui de la création nouvelle et définitive qu'il a inaugurée comme « prémisses » de l'humanité nouvelle rachetée.
❺ Aussi la création est-elle un livre ouvert à tous les hommes quelle que soit leur culture ou leur religion. « On peut voir avec l'intelligence à travers les œuvres de Dieu, ce qui de lui est invisible » (Rm 1,20). Dieu attend de ses créatures qu'elles louent le Créateur pour ses œuvres, et n'oublient pas de le remercier pour la vie reçue comme un don gratuit de sa grâce.
❻ La Bible emploie un langage imagé pour nous faire comprendre que Dieu a voulu ses créatures heureuses et en communion avec lui. Elle nous parle du paradis terrestre dans lequel ont été placés Adam et Ève, créés à l'image et à la ressemblance de Dieu. Dieu a voulu

que sa créature puisse se tourner vers lui librement, accueillir sa vie comme un don, et orienter les choix de son existence selon le bien et non selon le mal, en suivant sa conscience, qui, comme une boussole, lui rappelle le droit chemin.

7 Dieu a créé le monde par sa parole, son Verbe – en grec, son logos. Or, le Logos c'est la raison. La raison humaine est capable de participer à la raison divine. La création est donc intelligible. Tous les efforts pour scruter le devenir et la structure de l'univers nous rapprochent du Créateur. Celui qui a créé le monde a aussi créé notre capacité de raisonner et de comprendre.

8 Il n'y a pas d'opposition entre foi biblique en la création et théorie de l'évolution. La première répond au «pourquoi» du monde, la seconde au «comment». La première relève d'une lumière sur le sens de la vie et du monde qui s'appuie sur la révélation divine, la seconde résulte d'une série d'observations toujours perfectibles d'ordre empirique. Beaucoup de malentendus sont nés du fait que certains ont une lecture fondamentaliste de la Bible. Or celle-ci n'est pas un livre de sciences expérimentales, mais une parole qui donne un sens à ce qui existe. Cette parole est coulée dans une langue et une culture données. Elle s'adresse à l'intelligence, à l'imagination et à la sensibilité.

9 Au sommet de la création, Dieu a placé l'être humain, homme et femme et lui a confié sa création. En Genèse 1,26, nous lisons: «Dieu dit: "Faisons l'homme à notre image, selon notre ressemblance. Qu'il soit le maître des poissons de la mer, des oiseaux du ciel, des bestiaux, de toutes les bêtes sauvages et de toutes les bestioles qui vont et viennent sur la terre."» Dans ce pluriel «faisons», les Pères de l'Église ont voulu voir une allusion à la Trinité. Dieu crée par son Verbe et son Esprit. En effet, au commencement, l'Esprit, c'est-à-dire le Souffle de Dieu planait sur les eaux (Genèse 1,2), et Dieu crée par sa Parole («et Dieu dit»: Genèse 1,3.6.9.11.14.20.24.26.28.29).

10 Soyons bien clairs sur l'interprétation de ces textes bibliques. Ils ne décrivent pas des processus empiriques, mais utilisent un langage poétique pour délivrer un message: le monde a été créé par un Dieu d'amour qui l'a confié aux hommes «faits à son image», pour en être ses intendants. La création leur est confiée pour qu'ils participent à sa mise en ordre et en partagent les fruits. Les récits de la Genèse ne doivent pas être compris à la lettre mais à partir de la foi qu'ils expriment à travers leur genre littéraire particulier. Saint Augustin disait déjà à ses catéchumènes à la fin du IVe siècle: «Dans l'Évangile on ne lit pas que le Seigneur ait jamais dit: Je vous envoie l'Esprit Saint pour qu'il vous instruise sur le cours du soleil ou de la lune. Il voulait faire des chrétiens et non des mathématiciens» (*De actis cum Felice manichaeo* I,10).

« Dieu vit que cela était bon »

Genèse 1,1-2,4a

1,1 AU COMMENCEMENT, Dieu créa le ciel et
la terre. 2 La terre était informe et vide, les
ténèbres étaient au-dessus de l'abîme et le
souffle de Dieu planait au-dessus des eaux.
3 Dieu dit : « Que la lumière soit. » Et la lumière
fut. 4 Dieu vit que la lumière était bonne, et
Dieu sépara la lumière des ténèbres. 5 Dieu
appela la lumière « jour », il appela les ténè-
bres « nuit ». Il y eut un soir, il y eut un matin :
premier jour.
6 Et Dieu dit : « Qu'il y ait un firmament au
milieu des eaux, et qu'il sépare les eaux. »
7 Dieu fit le firmament, il sépara les eaux qui
sont au-dessous du firmament et les eaux
qui sont au-dessus. Et ce fut ainsi. 8 Dieu
appela le firmament « ciel ». Il y eut un soir,
il y eut un matin : deuxième jour.
9 Et Dieu dit : « Les eaux qui sont au-dessous
du ciel, qu'elles se rassemblent en un seul
lieu, et que paraisse la terre ferme. » Et ce fut
ainsi. 10 Dieu appela la terre ferme « terre », et

il appela la masse des eaux « mer ». Et Dieu
vit que cela était bon.
11 Dieu dit : « Que la terre produise l'herbe, la
plante qui porte sa semence, et que, sur la
terre, l'arbre à fruit donne, selon son espèce,
le fruit qui porte sa semence. » Et ce fut ainsi.
12 La terre produisit l'herbe, la plante qui porte
sa semence, selon son espèce, et l'arbre qui
donne, selon son espèce, le fruit qui porte sa
semence. Et Dieu vit que cela était bon. 13 Il y
eut un soir, il y eut un matin : troisième jour.
14 Et Dieu dit : « Qu'il y ait des luminaires au
firmament du ciel, pour séparer le jour de la
nuit ; qu'ils servent de signes pour marquer
les fêtes, les jours et les années ; 15 et qu'ils
soient, au firmament du ciel, des luminaires
pour éclairer la terre. » Et ce fut ainsi. 16 Dieu
fit les deux grands luminaires : le plus grand
pour commander au jour, le plus petit pour
commander à la nuit ; il fit aussi les étoiles.
17 Dieu les plaça au firmament du ciel pour
éclairer la terre, 18 pour commander au jour
et à la nuit, pour séparer la lumière des ténè-
bres. Et Dieu vit que cela était bon. 19 Il y eut
un soir, il y eut un matin : quatrième jour.
20 Et Dieu dit : « Que les eaux foisonnent d'une
profusion d'êtres vivants, et que les oiseaux
volent au-dessus de la terre, sous le firma-
ment du ciel. » 21 Dieu créa, selon leur espèce,
les grands monstres marins, tous les êtres
vivants qui vont et viennent et foisonnent
dans les eaux, et aussi, selon leur espèce,
tous les oiseaux qui volent. Et Dieu vit que
cela était bon. 22 Dieu les bénit par ces
paroles : « Soyez féconds et multipliez-vous,
remplissez les mers, que les oiseaux se
multiplient sur la terre. » 23 Il y eut un soir, il y eut
un matin : cinquième jour.
24 Et Dieu dit : « Que la terre produise des êtres
vivants selon leur espèce, bestiaux, bestioles
et bêtes sauvages selon leur espèce. » Et ce
fut ainsi. 25 Dieu fit les bêtes sauvages selon
leur espèce, les bestiaux selon leur espèce,
et toutes les bestioles de la terre selon leur
espèce. Et Dieu vit que cela était bon.
26 Dieu dit : « Faisons l'homme à notre image,
selon notre ressemblance. Qu'il soit le maître
des poissons de la mer, des oiseaux du ciel,
des bestiaux, de toutes les bêtes sauvages,
et de toutes les bestioles qui vont et viennent
sur la terre. »
27 Dieu créa l'homme à son image, à l'image
de Dieu il le créa, il les créa homme et femme.
28 Dieu les bénit et leur dit : « Soyez féconds
et multipliez-vous, remplissez la terre et sou-
mettez-la. Soyez les maîtres des poissons
de la mer, des oiseaux du ciel, et de tous les
animaux qui vont et viennent sur la terre. »
29 Dieu dit encore : « Je vous donne toute
plante qui porte sa semence sur toute la
surface de la terre, et tout arbre dont le fruit
porte sa semence : telle sera votre nourriture.
30 À tous les animaux de la terre, à tous les
oiseaux du ciel, à tout ce qui va et vient sur
la terre et qui a souffle de vie, je donne
comme nourriture toute herbe verte. » Et ce
fut ainsi. 31 Et Dieu vit tout ce qu'il avait fait ;
et voici : cela était très bon. Il y eut un soir,
il y eut un matin : sixième jour.

2,1 Ainsi furent achevés le ciel et la terre, et
tout leur déploiement. 2 Le septième jour,
Dieu avait achevé l'œuvre qu'il avait faite. Il se
reposa, le septième jour, de toute l'œuvre qu'il
avait faite. 3 Et Dieu bénit le septième jour :
il le sanctifia puisque, ce jour-là, il se reposa
de toute l'œuvre de création qu'il avait faite.
4 Telle fut l'origine du ciel et de la terre
lorsqu'ils furent créés.

« Une merveille ! »

De tout temps les scientifiques ont cherché à mieux connaître le fonctionnement si complexe du cosmos et des espèces vivantes, pour mieux combattre les maladies, et aussi parce que l'esprit curieux de l'homme l'amène à repousser toujours plus loin les limites de l'inconnu ! Malgré les progrès de la science, nous sommes loin d'avoir percé tous les mystères de la vie !

L'homme et la femme : la plus grande des merveilles, nous dit la Bible ! Dans son langage poétique, la Bible te raconte « pourquoi » l'homme et la femme ont été créés. Comme un potier Dieu a modelé l'homme – Adam – avec de la terre et en plus il lui a insufflé un souffle de vie. Cet être vivant sorti des mains de Dieu, est un être de « chair », animé de son esprit. Dieu créa l'homme et la femme, à son image. Nous sommes son chef d'œuvre voulu pour poursuivre son œuvre !

Sais-tu que d'après le livre de la Genèse (Gn 2,19-20) l'homme a donné un nom à tout ce qui existe sur la terre : chaque plante, chaque arbre, chaque animal ?

> Ainsi, l'homme est responsable de tout ce qui existe dans la création. Il peut utiliser les plantes et les animaux pour vivre et pour se nourrir. Surtout il doit en prendre le plus grand soin.

Qui suis-je ?

L'homme est un être en relation

La Genèse, au chapitre 1, présente l'homme et la femme, tous deux formés du même « souffle » et de la même « chair », comme étant créés à l'image et à la ressemblance de Dieu. Comme Dieu, l'être humain est donc capable de connaître, d'aimer et d'entrer en communion avec l'autre. En tant qu'image de Dieu, tout être humain est une personne.

Corps et âme mais vraiment un

Pour la Bible, l'être humain est « chair », corps et âme. Ou encore il est « âme vivante ». L'âme est le souffle qui anime la chair. Tout vivant possède un principe d'animation. Alors que l'animal a une « âme » uniquement sensitive, seule l'âme de l'homme est rationnelle. Cette « fine pointe de l'âme », c'est son esprit. Saint Paul développera la vision de l'homme comme « esprit, âme et corps » (1 Th 5,23).

Notre esprit est capable d'accueillir Dieu

L'esprit est donc la partie la plus personnelle et la plus profonde de notre être. Souvent il est désigné dans la Bible par l'image du « cœur » : « Il y a bien des projets dans le cœur d'un homme » (Pr 19,21). Ce « cœur », notre esprit, est le centre de notre personne, le siège de notre conscience. C'est par notre esprit que nous exerçons notre liberté, que nous connaissons le monde et que nous nous interrogeons sur le sens de notre vie.
L'homme peut donc se dégager de ses conditionnements physiques, psychologiques et sociaux et s'ouvrir toujours plus au monde de l'esprit. C'est par notre esprit que nous recherchons ce qui est vrai et que nous désirons ce qui est bon.
Notre esprit est fait pour la liberté et capable d'accueillir l'Esprit de Dieu qui se communique à nous.
Notre être charnel, biologique, connaîtra la mort.
Notre être spirituel est promis à la vie éternelle.

Créé à l'image de Dieu

Qu'est-ce que l'homme? En nous mettant en relation avec le Dieu créateur, la Bible répond immédiatement à la question qui traverse toutes les époques et toutes les cultures: qu'est-ce que l'homme? Des deux récits de la création, nous retenons les points suivants:

❶ **Fait de matière et de souffle.** Gn 2,7 dit que «Dieu modela l'homme (*adam*) avec la poussière tirée du sol (*adama*); il insuffla dans ses narines le souffle de vie (*nishmat hayyim*) et l'homme devint un être vivant (*nephesh hayya*).» L'homme a donc une composante matérielle, il est tiré de la terre. Le souffle du Créateur la transforme en être vivant. *Nephesh* est un principe de vie animale, les animaux sont aussi *nephesh hayya* (Gn 1,30). Donc le *nephesh* est le tout de l'homme dans son unité *physico psychique*, considéré dans sa réalité existentielle. C'est le moi conscient distinct des autres moi. Mais il y a plus.

❷ **Un être de chair.** Lorsque Dieu tire Ève de la côte d'Adam, celui-ci s'exclame: «Voilà la chair de ma chair» (Gn 2,23). Un nouveau concept apparaît: *basar*, en grec *sarx*, la chair. Dieu dira que l'homme et la femme ne feront qu'une seule *chair* (Gn 2,24). Le mot «corps» n'existe pas en hébreu. La chair, c'est l'être humain dans sa condition terrestre, fragile et mortelle. Les sensations sont le propre de la chair, qui exprime la condition mortelle de l'homme et de la femme. Tandis que la chair est l'élément corruptible, pécheur, faible en l'homme, l'esprit ou le souffle donné par le Créateur en est le principe de vie (*ruah*).

❸ **Un esprit propre à l'être humain.** Si l'être humain a reçu un souffle de vie comme les autres êtres animés, ce souffle en fait néanmoins un homme et non un animal. Ce que le souffle créateur confère spécifiquement à l'homme, c'est l'esprit (*nishmat*), c'est-à-dire la capacité d'aimer et de connaître, de faire des choix moraux, d'exercer une pensée réflexive, d'orienter sa propre vie par le jeu de la liberté. Paul appellera effectivement cette instance le *pneuma*, l'esprit, capable d'accueillir l'Esprit Saint.

❹ **Libre à l'image de Dieu.** L'être humain, homme et femme, est créé à l'image et à la ressemblance de Dieu (Gn 1,27). Il est une personne faite pour vivre dans une relation constitutive avec lui, dans un rapport de filiation. L'homme est créé libre, capable de se tourner vers Dieu ou de se détourner de lui. La conscience est donnée avec la création. Elle affleure dès l'instant qu'Adam et Ève sont placés devant le choix d'obéir ou de désobéir à Dieu. L'homme est un partenaire de Dieu en qui liberté et amour sont unis.

❺ **La mort de la chair.** D'après la Genèse, le Créateur n'a pas fixé de limite à la vie de l'homme qu'il avait placé dans son jardin. Seulement si Adam mange du fruit de l'arbre, il connaîtra la mort (Gn 2,17). Mais le serpent suggère à Ève: «Pas du tout! vous ne mourrez pas!» (Gn 3,4). La mort dont il s'agit ici n'est pas la mort biologique, liée à notre condition charnelle, mais la mort de notre être spirituel.

❻ **La vie selon l'esprit.** Le Christ a vaincu cette mort spirituelle qui signifie non-accès à l'éternité. La résurrection, c'est la transfiguration de la chair en réalité spirituelle, appartenant au monde à venir.

Deuxième récit de la création

Genèse 2,4-9

4 Lorsque le Seigneur Dieu fit la terre et le ciel,
5 aucun buisson n'était encore sur la terre, aucune herbe n'avait poussé, parce que le Seigneur Dieu n'avait pas encore fait pleuvoir sur la terre, et il n'y avait pas d'homme pour travailler le sol.
6 Mais une source montait de la terre et irriguait toute la surface du sol.
7 Alors le Seigneur Dieu modela l'homme avec la poussière tirée du sol ; il insuffla dans ses narines le souffle de vie, et l'homme devint un être vivant.
8 Le Seigneur Dieu planta un jardin en Éden, à l'orient, et y plaça l'homme qu'il avait modelé.
9 Le Seigneur Dieu fit pousser du sol toutes sortes d'arbres à l'aspect désirable et aux fruits savoureux ; il y avait aussi l'arbre de vie au milieu du jardin, et l'arbre de la connaissance du bien et du mal.

Concile Vatican II, *Gaudium et spes 12.* L'homme à l'image de Dieu

1. Croyants et incroyants sont généralement d'accord sur ce point : tout sur terre doit être ordonné à l'homme comme à son centre et à son sommet.

2. Mais qu'est-ce que l'homme ? Sur lui-même, il a proposé et propose encore des opinions multiples, diverses et même opposées, suivant lesquelles, souvent, ou bien il s'exalte lui-même comme une norme absolue, ou bien il se rabaisse jusqu'au désespoir : d'où ses doutes et ses angoisses. Ces difficultés, l'Église les ressent à fond. Instruite par la Révélation divine, elle peut y apporter une réponse, où se trouve dessinée la condition véritable de l'homme, où sont mises au clair ses faiblesses, mais où peuvent en même temps être justement reconnues sa dignité et sa vocation.

3. La Bible, en effet, enseigne que l'homme a été créé « à l'image de Dieu », capable de connaître et d'aimer son Créateur, qu'il a été constitué seigneur de toutes les créatures terrestres pour les dominer et pour s'en servir, en glorifiant Dieu. « Qu'est-ce que l'homme pour que tu penses à lui, le fils d'un homme, que tu en prennes souci ? Tu l'as voulu un peu moindre qu'un dieu, le couronnant de gloire et d'honneur ; tu l'établis sur les œuvres de tes mains, tu mets toute chose à ses pieds » (Ps 8,5-7).

4. Mais Dieu n'a pas créé l'homme solitaire : dès l'origine, « il les créa homme et femme » (Gn 1,27). Cette société de l'homme et de la femme est l'expression première de la communion des personnes. Car l'homme, de par sa nature profonde, est un être social, et, sans relations avec autrui, il ne peut vivre ni épanouir ses qualités.

5. C'est pourquoi Dieu, lisons-nous encore dans la Bible, « vit tout ce qu'il avait fait ; et voici : cela était très bon » (Gn 1,31).

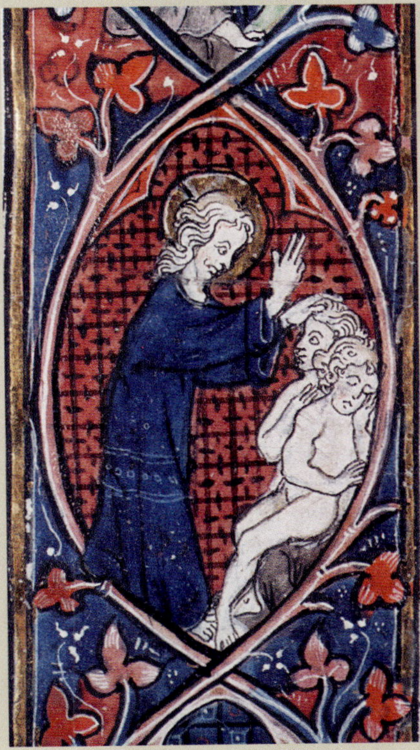

Qu'il est difficile de s'entendre !

Quand tu regardes la télévision, quand tu écoutes parler les adultes ou feuillettes tes revues, tu constates : qu'il y a de belles choses dans la nature, mais aussi des tremblements de terre, des inondations... de superbes constructions, de grandes découvertes, mais aussi des guerres, des mensonges, des jalousies. C'est sûr : les hommes ne sont pas responsables des grands cataclysmes naturels, car la terre et le cosmos continuent d'évoluer. Mais pourquoi, à travers le monde comme dans les familles, y a-t-il des disputes, des discordes, de la haine ? Depuis que l'homme existe, les archéologues ont trouvé des vestiges humains avec des marques de coups faits volontairement par des outils tranchants. La Bible a réfléchi à ce grave problème du mal que fabrique l'homme.

> Saint Paul écrivait aux Romains :
> *Je ne comprends pas, car ce que je voudrais, cela je ne le réalise pas ; mais ce que je déteste, c'est cela que je fais.* (Rm 7,15)

Tu vas découvrir dans la Bible comment Dieu sauve les hommes et ne les abandonne pas, malgré tout !

… Déjà dans l'Ancien Testament !

Adam et Ève apprennent à se connaître, et donnent naissance à des enfants : Abel et Caïn et Seth (Gn 4,25). Abel est éleveur de moutons, Caïn est cultivateur (Gn 4,1-2). Caïn est jaloux d'Abel ; il tue son frère (Gn 4,5-8).
Être jaloux, pourquoi ?
Voir toujours le mal chez l'autre, pourquoi ?
Avoir toujours de mauvaises pensées, pourquoi ?
Se battre ! Pourquoi ? Des années plus tard :

Quand les hommes commencèrent à se multiplier… Le Seigneur vit que la méchanceté de l'homme était grande sur la terre… Le Seigneur s'en irrita… À cause des hommes, la terre est remplie de violence…
(Gn 6,1.5.6.13)

Il ne restait sur terre qu'un homme juste, Noé. Dieu allait-il le faire périr avec les autres habitants, les méchants ? Dieu allait-il regretter d'avoir créé les hommes ? Non ! La Bible raconte que Noé construit un navire comme Dieu le lui avait dit, et ainsi il sauve la création du déluge. L'arc-en-ciel est le signe de cette nouvelle entente entre Dieu et les hommes.
Et des années plus tard : Les hommes construisent une haute tour (Gn 11) qui grimpe jusqu'au ciel ; ils veulent faire aussi bien que Dieu. Mais la tour s'écroule, et les hommes sont dispersés.

> La Bible appelle « péché » le fait que je veuille agir comme si j'étais Dieu, en prenant sa place.

Dieu me veut libre et heureux

L'épreuve de la liberté

J'ai été créé par Dieu pour être heureux. Comme le montre le récit de la tentation (Gn 3), l'homme peut choisir entre obéir à Dieu ou se détourner de lui.

Les anges mis à l'épreuve

La Bible fait intervenir le serpent dans la décision que vont prendre Adam et Ève de désobéir à Dieu. Cet animal est une figure de l'esprit du mal qui s'insinue dans la conscience des hommes. C'est comme si l'homme entendait deux voix : d'un côté, celle de Dieu qui lui indique le chemin du salut, et de l'autre la voix de l'esprit de rébellion, qui suggère astucieusement à l'homme de compter sur ses propres forces pour accéder au bonheur. La Bible appellera de divers noms – Satan, le diable, le Malin, le séducteur – cette créature spirituelle qui cherche à contrarier les projets de Dieu tout au long de l'histoire du salut.

La tentation de se prendre pour Dieu

Dieu donne tout à Adam et Ève, sauf le droit de manger du fruit « de l'arbre de la connaissance du bien et du mal ». Comprenons : nous devons accepter de recevoir de Dieu la connaissance du bien et du mal. L'esprit du mal tente l'homme et lui fait croire qu'en mangeant du fruit de l'arbre de la connaissance, il deviendra comme Dieu lui-même.

Le péché de l'homme

Avec ce récit, tout est dit. Le péché, c'est la désobéissance à Dieu. La tentation met notre liberté à l'épreuve. Dieu, en donnant aux hommes la liberté de choisir, a pris le risque qu'ils lui disent « non ». Tentés par le diable, Ève et Adam laissent mourir dans leur cœur la confiance envers leur Créateur. Le péché de l'homme est le refus de reconnaître sa dépendance vis-à-vis de Dieu qui veut pourtant son bonheur. L'Écriture montre les conséquences de cette première désobéissance : Adam et Ève s'éloignent de Dieu dont ils ont désormais peur car ils ont une fausse image de lui.

Comment peut-on pécher?

Ainsi le péché comporte toujours l'intention de désobéir à Dieu, de vouloir le mal et le faire effectivement.
On peut pécher :
– par pensée : souhaiter du mal à quelqu'un, être jaloux, se croire meilleur que les autres ; refuser intérieurement de mettre sa confiance en Dieu ;
– par parole : ne pas respecter le nom de Dieu, mentir, envier, offenser son prochain ;
– par action : agir avec violence sur quelqu'un, tricher ;
– par omission : ne pas faire son travail, être paresseux, éviter de rendre un service.

Le pardon accordé par Dieu

La tragédie du péché est une constante de la vie humaine. Après la révolte de l'homme contre Dieu, c'est la lutte de l'homme contre l'homme. Caïn qui tue son frère Abel en est le symbole (Gn 4,5-8). Mais Dieu, dans sa grande miséricorde, ne laisse pas tomber l'homme. Il lui offre la possibilité d'un nouveau départ. L'alliance avec Noé, dont le signe est l'arc-en-ciel, s'étend à toute la création blessée par les conséquences dramatiques du péché. Le récit de la tour de Babel (Gn 11,1-9) illustre l'échec inévitable d'une humanité cherchant son unité et son bonheur sans Dieu. Ce récit symbolise l'impasse de l'orgueil humain.
Prends le temps de lire Genèse 1 à 3.

Avec Dieu… ou contre Dieu

La Bible nous montre que toute l'histoire du salut a pour but de redonner à l'homme une chance de retrouver l'alliance perdue avec Dieu. Dès les premières pages de la Bible est posé le problème du mal, non comme un problème métaphysique, mais très concrètement, à l'aide du langage imagé des onze premiers chapitres de la Genèse. Ce récit des origines ou protohistoire a une valeur exemplaire pour tous les temps, car elle fait comprendre pourquoi la rédemption, le salut ont été nécessaires.

❶ À différentes étapes du récit de la création, il est dit «Dieu vit que cela était bon» (Gn 1,4.10.12.18.21.25), et en conclusion: «Dieu vit tout ce qu'il avait fait; cela était très bon» (Gn 1,31). Dès lors, comment expliquer que le mal, la souffrance, la mort, la corruption soient entrés dans la création? En effet, le mal a plusieurs visages: les phénomènes naturels comme les inondations ou les tremblements de terre qui font des centaines de victimes innocentes; les maladies qui touchent la santé du corps et de l'esprit; les injustices sociales qui condamnent à la marginalisation; la corruption qui pervertit les rapports sociaux; les ruptures affectives; la haine qui débouche sur la violence. Le mal physique ou moral, personnel ou collectif, est une réalité douloureuse omniprésente, comme en témoigne le livre de Job.

❷ Les premiers chapitres de la Genèse expliquent l'origine du mal moral comme la conséquence de la liberté de choix de l'homme. Le mal est le fruit du péché de l'homme. Dieu a voulu que sa créature, l'être humain, doué d'intelligence, de cœur et de liberté, ait la capacité de choisir de se tourner vers lui, ou de s'en détourner. La Bible appelle péché le choix que fait l'homme qui se détourne délibérément de Dieu. «Vous serez comme des dieux» si vous désobéissez, avait soufflé le tentateur (Gn 3,5). La liberté de l'homme, qui fait toute sa dignité, est placée devant deux chemins: ou obéir à Dieu et accéder à toujours plus de vérité et de vie, ou se prendre pour Dieu, et s'enfoncer dans une voie sans issue.

❸ La première conséquence du péché est la mort. Dieu avait averti Adam qu'en mangeant de l'arbre de la connaissance du bien et du mal, il mourrait certainement (cf. Gn 2,17). Car décider du bien et du mal est le privilège du Créateur. L'homme qui revendique une autonomie morale totale par rapport à Dieu sort de sa condition de créature. Coupé de Dieu, il ne peut plus que mourir. «La mort étant venue par un homme, c'est par un homme aussi que vient la résurrection des morts. En effet, de même que tous les hommes meurent en Adam, de même c'est dans le Christ que tous recevront la vie», écrira saint Paul (1 Co 15,21-22). Le salut apporté par le Christ restituera notre condition de créature, ouverte à la grâce qui donne la vie.

❹ «Par la désobéissance d'un seul homme, la multitude a été constituée pécheresse» (Rm 5,19). On appelle péché originel l'état dans lequel naissent tous les hommes descendants d'Adam. Le péché originel est contracté par la transmission d'une nature humaine blessée et encline au péché, car privée de la grâce et de la sainteté originelles. Saint Paul résume cette situation: «Ce que je voudrais, cela, je ne le réalise pas; mais ce que je déteste, c'est cela que je fais»

(Rm 7,15). Le péché originel est effacé par le baptême, mais notre nature reste inclinée au péché et appelle le secours de la grâce. Car le don de la vie et de la grâce de Dieu est plus radical que le péché.

❺ Le péché de l'homme a plusieurs caractéristiques indissociables : il est désobéissance ; il procède de l'orgueil de l'homme qui prétend vivre sans l'aide de Dieu ; il est idolâtrie qui consiste à adorer la créature plutôt que le Créateur (cf. Rm 1,25). Le péché est falsification du visage de Dieu. Le tentateur voudrait faire croire que Dieu est jaloux de l'homme qu'il a créé. Le péché entraîne dans une logique de refus qui fausse le jugement, provoque la convoitise, jusqu'à refuser le principe même que l'on puisse être sauvé. C'est le « péché contre l'Esprit » (cf. Mt 12,31).

❻ La tradition appelle vices les comportements conduisant habituellement et délibérément au mal qui détruisent la personne et ses relations avec les autres. Saint Paul énumère : « inconduite, impureté, débauche, idolâtrie, sorcellerie, haines, rivalité, jalousie, emportements, intrigues, divisions, sectarisme, envie, beuveries, orgies et autres choses du même genre » (Ga 5,19-21). Les sept péchés capitaux sont l'orgueil, la luxure, la colère, la gourmandise, l'avarice, l'envie, la paresse.

❼ Le péché a une dimension personnelle lorsque notre liberté est engagée. Il a aussi une dimension collective, lorsqu'une société tout entière acquiesce à des structures d'injustice et de mensonge. Cette catégorie de péchés appelée « péché social » ou « péché structurel » consiste dans les choix erronés faits par des collectivités qui offensent Dieu et la dignité humaine (esclavage, régimes d'exploitation de l'homme par l'homme, conditions commerciales injustes imposées par les pays riches aux pays pauvres). Saint Jean appelle ce type de péché « le péché du monde » (Jn 1,29), monde étant compris comme l'ensemble de l'humanité qui refuse collectivement le salut de Dieu. Toute personne venant au monde se voit engagée, sans l'avoir cherché, dans ce péché du monde.

❽ Le mal se dilate à mesure que l'homme se laisse guider par l'esprit du mal ; la Bible l'appelle le diable, le tentateur, le menteur, le serpent (Gn 3,1-15) ou encore « le prince de ce monde » (Jn 12,31). Créé pur esprit, cet ange déchu a fait jouer sa liberté et s'est détourné de Dieu. Il cherche à entraîner dans sa chute les hommes qu'il séduit de diverses manières.

❾ Toute l'histoire du salut consiste à rétablir l'alliance rompue par le péché, à restaurer en l'homme « l'image de Dieu » perdue. C'est dans le Fils de Dieu devenu homme, parfaite « image du Dieu invisible » (Col 1,15) que la communion des hommes avec le Père est rétablie. Bien qu'il ait subi la tentation comme tous les hommes (cf. He 5,7), le Christ lui a résisté (cf. Mt 4,1-1 ; Lc 4,1-13). Jésus concentre en sa personne le règne de Dieu qu'il est venu inaugurer. L'histoire du salut consiste en la manifestation de la victoire du règne de Dieu sur « le pouvoir des ténèbres » (Lc 22,53).

Le serpent m'a trompée

Genèse 3,1-15

1 Le serpent était le plus rusé de tous les ani-
maux des champs que le Seigneur Dieu avait
faits. Il dit à la femme : « Alors, Dieu vous a
vraiment dit : "Vous ne mangerez d'aucun
arbre du jardin" ? » 2 La femme répondit au
serpent : « Nous mangeons les fruits des
arbres du jardin. 3 Mais, pour le fruit de l'arbre
qui est au milieu du jardin, Dieu a dit : "Vous
n'en mangerez pas, vous n'y toucherez pas,
sinon vous mourrez." » 4 Le serpent dit à la
femme : « Pas du tout ! Vous ne mourrez
pas ! 5 Mais Dieu sait que, le jour où vous
en mangerez, vos yeux s'ouvriront, et vous
serez comme des dieux, connaissant le bien
et le mal. » 6 La femme s'aperçut que le fruit
de l'arbre devait être savoureux, qu'il était
agréable à regarder et qu'il était désirable,
cet arbre, puisqu'il donnait l'intelligence.
Elle prit de son fruit, et en mangea. Elle en
donna aussi à son mari, et il en mangea.
7 Alors leurs yeux à tous deux s'ouvrirent
et ils se rendirent compte qu'ils étaient nus.
Ils attachèrent les unes aux autres des
feuilles de figuier, et ils s'en firent des pagnes.
8 Ils entendirent la voix du Seigneur Dieu qui
se promenait dans le jardin à la brise du jour.
L'homme et sa femme allèrent se cacher aux
regards du Seigneur Dieu parmi les arbres
du jardin. 9 Le Seigneur Dieu appela l'homme
et lui dit : « Où es-tu donc ? » 10 Il répondit :
« J'ai entendu ta voix dans le jardin, j'ai pris
peur parce que je suis nu, et je me suis
caché. » 11 Le Seigneur reprit : « Qui donc
t'a dit que tu étais nu ? Aurais-tu mangé de
l'arbre dont je t'avais interdit de manger ? »
12 L'homme répondit : « La femme que tu
m'as donnée, c'est elle qui m'a donné du fruit
de l'arbre, et j'en ai mangé. » 13 Le Seigneur
Dieu dit à la femme : « Qu'as-tu fait là ? »
La femme répondit : « Le serpent m'a trompée,
et j'ai mangé. » 14 Alors le Seigneur Dieu dit
au serpent : « Parce que tu as fait cela, tu seras
maudit parmi tous les animaux et toutes les
bêtes des champs. Tu ramperas sur le ventre
et tu mangeras de la poussière tous les jours
de ta vie. 15 Je mettrai une hostilité entre toi
et la femme, entre ta descendance et sa
descendance : celle-ci te meurtrira la tête,
et toi, tu lui meurtriras le talon. »

Les deux Adam

À la figure d'Adam, pécheur, est opposée celle du Christ, nouvel Adam, obéissant à Dieu.

Romains 5,12-21

12 Nous savons que par un seul homme,
le péché est entré dans le monde, et que par
le péché est venue la mort ; et ainsi, la mort
est passée en tous les hommes, étant donné
que tous ont péché. 13 Avant la loi de Moïse,
le péché était déjà dans le monde, mais
le péché ne peut être imputé à personne tant
qu'il n'y a pas de loi. 14 Pourtant, depuis Adam
jusqu'à Moïse, la mort a établi son règne,
même sur ceux qui n'avaient pas péché par
une transgression semblable à celle d'Adam.
Or, Adam préfigure celui qui devait venir.
15 Mais il n'en va pas du don gratuit comme
de la faute. En effet, si la mort a frappé
la multitude par la faute d'un seul, combien
plus la grâce de Dieu s'est-elle répandue
en abondance sur la multitude, cette grâce
qui est donnée en un seul homme, Jésus
Christ. 16 Le don de Dieu et les conséquences
du péché d'un seul n'ont pas la même mesure
non plus : d'une part, en effet, pour la faute
d'un seul, le jugement a conduit à la condam-
nation ; d'autre part, pour une multitude
de fautes, le don gratuit de Dieu conduit
à la justification. 17 Si, en effet, à cause d'un
seul homme, par la faute d'un seul, la mort
a établi son règne, combien plus, à cause
de Jésus Christ et de lui seul, régneront-ils
dans la vie, ceux qui reçoivent en abondance
le don de la grâce qui les rend justes. 18 Bref,
de même que la faute commise par un seul
a conduit tous les hommes à la condamna-
tion, de même l'accomplissement de la justice
par un seul a conduit tous les hommes
à la justification qui donne la vie. 19 En effet,
de même que par la désobéissance d'un seul
être humain la multitude a été rendue péche-
resse, de même par l'obéissance d'un seul
la multitude sera-t-elle rendue juste. 20 Quant
à la loi de Moïse, elle est intervenue pour que
se multiplie la faute ; mais là où le péché s'est
multiplié, la grâce a surabondé. 21 Ainsi donc,
de même que le péché a établi son règne
de mort, de même la grâce doit établir son
règne en rendant juste pour la vie éternelle
par Jésus Christ notre Seigneur.

Dieu parle et agit dans l'histoire

Dieu marche avec les hommes

Comme c'est étonnant, **Dieu parle** ! Tant de personnes pensent que Dieu ne parle pas, qu'il est muet comme une statue, comme une idole des religions païennes.
Les idoles des nations : or et argent, ouvrages de mains humaines. Elles ont une bouche et ne parlent pas, des yeux et ne voient pas. Leurs oreilles n'entendent pas, et dans leur bouche, pas le moindre souffle. (Ps 134,15-17)

Dieu accompagne les hommes dans leur histoire. Il s'engage et conseille Abraham, Moïse, David et leurs descendants et inspire les prophètes. À travers le temps, il réalise un programme : sauver l'humanité et réaliser avec elle son projet de vie. C'est « l'histoire du salut » ou l'histoire sainte.

L'histoire du salut – voilà un grand mot ! – c'est tout simplement l'histoire que Dieu veut vivre avec nous. Ainsi tu t'aperçois que Dieu nous veut toujours du bien :
– il crée toutes choses par amour et nous confie sa création ;
– il nous pardonne quand nous faisons le mal ;
– il vient au secours de notre faiblesse en nous donnant Jésus.

Grâce à Jésus, venu parmi nous, nous comprenons le sens de toute l'histoire du salut. Grâce à lui, nous savons d'où nous venons et où nous allons.

Une affaire d'alliance

Le salut dans l'histoire

Dieu se fait connaître non seulement dans l'œuvre bien visible de la création, mais aussi par ses interventions dans l'histoire des hommes. Le Créateur a doté les hommes de conscience et de liberté. Il leur a donné la capacité de réfléchir sur le sens de leur existence. Alors que le péché de la désobéissance est entré dans le monde, Dieu n'abandonne pas les hommes à eux-mêmes. Dieu intervient dans leur histoire pour les inviter à entrer dans une communion d'amour avec lui, une alliance faite de fidélité réciproque.
Cette histoire où Dieu intervient en faveur des hommes pour les sauver s'appelle l'« histoire du salut ».
Tu peux t'habituer au mot « salut ». Il faut le comprendre non au sens de « saluer, dire bonjour », mais au sens de « sauver ». On dit bien : sauver quelqu'un de la noyade ; ou après une opération lourde, on peut dire : un tel a été sauvé ; il est guéri. Quand nous lisons dans la Bible « Dieu nous sauve », nous comprenons : Dieu intervient pour éviter que nous nous perdions.
Le salut, c'est la vie selon Dieu, le vrai bonheur retrouvé auquel nous aspirons et auquel Dieu aspire pour nous. Le plus grand malheur serait d'orienter notre vie sans Dieu ou contre lui. Le salut, c'est la bouée de sauvetage que nous tend Jésus venu pour nous « sauver », nous inviter à nous accrocher à lui pour ne pas sombrer dans le malheur, la destruction et la mort. Le salut, c'est la communion retrouvée avec Dieu.

Dieu avec les hommes : une histoire

L'histoire du salut est l'histoire de l'alliance de Dieu avec les hommes. Dieu n'abandonne pas l'homme à la mort. Il va déployer une série d'initiatives dans l'histoire pour sceller alliance avec l'homme. Ces initiatives ont pour objet le « salut » de l'homme, qui consiste à tirer l'homme de l'impasse du péché et de la mort. L'alliance « nouvelle et éternelle », l'alliance définitive sera conclue par l'envoi de son Fils dans notre condition humaine. Cette alliance éternelle, voulue depuis toujours, Dieu l'a préparée dans le temps. La Bible nous propose des alliances successives : en Adam, en Noé, en Abraham, en Moïse, en David, dans les prophètes annonçant une « nouvelle alliance », enfin dans le Christ, en qui Dieu conclut avec les hommes une « alliance nouvelle et éternelle ».

S'appuyant sur saint Paul, saint Augustin distingue quatre étapes dans l'histoire du salut. (*Expositio 84 propositionum in Epistula ad Romanos*, 13-18).

❶ « **Avant la Loi** » Cette étape va d'Adam à Moïse. C'est l'âge de la loi naturelle que tout homme possède gravée en lui. Mais, dit Augustin, « l'homme croit pouvoir être son propre maître et se donne des dieux à sa guise » (Cité de Dieu VIII 24). Avant la loi, trois types d'alliances se sont succédés :

– En Adam, une alliance universelle avec l'humanité entière à qui est offerte la vie bienheureuse en échange de l'obéissance à Dieu (Gn 1-5).

– En Noé, l'humanité rescapée du déluge reçoit à nouveau une proposition d'alliance ratifiée par un geste d'offrande (Gn 6-11).

– En Abraham, l'alliance prend une consistance historique. Dieu se choisit un peuple particulier parmi tous les autres. C'est le temps des patriarches : Abraham, Isaac, Jacob et Joseph (Gn 12-50).

❷ « **Sous la Loi** » Cette étape va de Moïse jusqu'au Christ. La loi a été donnée pour éclairer la conscience sur le bien et le mal. Elle rétablit, confirme et développe la loi naturelle. Elle est cependant impuissante à libérer l'homme du péché. L'alliance mosaïque encadre toutes les péripéties de l'histoire du peuple hébreu depuis la sortie d'Égypte jusqu'à l'avènement du Christ (cf. n° 8, p. 58-59).

❸ « **Sous la grâce** » Le Nouveau Testament. Le Christ inaugure par sa résurrection le royaume eschatologique qu'il a prêché. Le temps du Christ est prolongé par celui de l'Église. Il va jusqu'à la consommation de l'histoire. La grâce du Christ, donnée à quiconque croit, l'arrache à la domination du péché alors même que la chair résiste encore.

❹ « **Dans la paix** » L'avènement du Royaume promis à la fin des temps, lorsque la création tout entière sera transfigurée par la puissance de l'Esprit. N'oublions pas que le Christ agit dans toute l'histoire du salut.

La dynamique du salut

Voici comment un Père de l'Église du IIe siècle comprend l'histoire du salut.

Saint Irénée, ***Contre les hérésies* IV 14,2**

Ainsi Dieu, au commencement, a modelé l'homme en vue de ses dons ; il a fait choix des patriarches en vue de leur salut ; il formait par avance le peuple, enseignant aux ignorants à suivre Dieu ; il instruisait les prophètes, accoutumant l'homme dès cette terre à porter son Esprit et à posséder la communion avec Dieu. Lui qui n'avait besoin de rien, il accordait sa communion à ceux qui avaient besoin de lui : pour ceux qui lui étaient agréables, il dessinait, tel un architecte, l'édifice du salut ; à ceux qui ne voyaient pas, en Égypte, il servait lui-même de guide ; aux turbulents, dans le désert, il imposait la Loi appropriée ; à ceux qui entraient dans la bonne terre, il procurait l'héritage convenable ; enfin, pour ceux qui revenaient vers le Père, il immolait le veau gras, et il leur faisait présent de la meilleure robe. Ainsi, de multiples manières, disposait-il le genre humain en vue de la symphonie du salut.

Saint Augustin propose de lire l'histoire du salut comme la succession de sept âges.

Saint Augustin, ***La cité de Dieu*, XXII, 30,5**

– Le premier âge, comme un premier jour, va d'Adam au déluge ;

– de là jusqu'à Abraham c'est le second, sans être égal en durée mais rythmé par le nombre des générations : car on constate que chaque âge en compte dix.

– À partir de là, comme le précise l'Évangéliste Matthieu, suivent trois âges jusqu'à l'avènement du Christ, qui se déroulent chacun à travers quatorze générations : l'un va d'Abraham à David, l'autre de David à la déportation de Babylone, le troisième, de cette déportation à la naissance du Christ selon la chair : au total cinq âges.

– Le sixième s'écoule présentement, sans qu'on doive compter les générations, puisqu'il est dit : « Il ne vous appartient pas de connaître les temps que le Père a gardés en sa puissance. » (Ac 1,7)

– Après ce sixième âge, Dieu se reposera comme en un septième jour… Le septième âge sera notre sabbat, et ce sabbat n'aura pas de soir, mais il sera le jour du Seigneur et, pour ainsi dire, un *huitième jour* éternel : car le dimanche, consacré par la résurrection du Christ, préfigure l'éternel repos et de l'esprit et du corps.

Ouvrir la Bible

Connais-tu un peu l'histoire de ta famille et l'histoire de ton pays ? Pour se connaître soi-même on a besoin de savoir d'où on vient. Nous faisons partie de la grande famille humaine. À toutes les époques les hommes sont passés par des épreuves et ont fait des découvertes. Quand Dieu nous parle, il s'adapte à nous et à notre capacité de l'écouter.

> La Bible nous parle de tout ce que Dieu a fait pour les hommes depuis la création du monde. Dieu agit dans le temps. Il prend le temps. Il est patient avec nous. Il nous donne sa loi, nous envoie les prophètes, et à la fin nous envoie son propre Fils.

La partie de la Bible qu'on appelle l'Ancien Testament te raconte tout ce que Dieu a fait pour préparer son peuple à recevoir son Fils Jésus. L'Ancien Testament comprend en tout 46 livres et se divise en trois parties : la Loi, les Prophètes et les autres Écrits. *« L'ignorance des Écritures, c'est l'ignorance du Christ »*, aimait dire saint Jérôme (IVe siècle) (cf. DV. 25).

Que sais-je de l'Ancien Testament ?

L'histoire est le second lieu où Dieu se révèle

Tu sais que l'histoire d'une personne ou d'un peuple nous dit presque tout de l'être intime de cette personne ou du tempérament de ce peuple. Les êtres vivants se développent dans la durée. Les expériences vécues et les influences reçues dans notre enfance sont déterminantes pour notre croissance humaine, affective et spirituelle. L'histoire de l'alliance de Dieu avec le peuple de la Bible est orientée vers un but, un achèvement. Ceux qui ont la foi savent que cet achèvement, c'est le Christ.
Le Christ est au centre de l'histoire du salut. Tout le temps qui précède le Christ prépare les hommes à le recevoir, et tout le temps après le Christ est le temps qui nous est donné pour lui rendre témoignage.

Les étapes de l'histoire du salut sont les suivantes : après l'alliance universelle en Adam et en Noé, Dieu appelle un peuple particulier avec Abraham. Il le conduit au désert et lui donne sa loi, il le gouverne par les juges et les rois, il lui envoie ses prophètes. Après l'exil et les souffrances de l'occupation païenne, le peuple attend un Messie. Jésus sera le Messie annoncé par les prophètes. Avec lui l'histoire du salut est accomplie. L'Église est là pour témoigner que les hommes sont sauvés en donnant leur foi au Christ.
L'Ancien Testament nous retrace les étapes de l'histoire du salut. Apprends à connaître et à distinguer les trois parties de l'Ancien Testament :
– la Torah ou la Loi (les cinq premiers livres de la Bible) ;
– les prophètes ;
– les autres écrits.
Ne crains pas d'être un peu dépaysé quand tu lis l'Ancien Testament. Familiarise-toi avec les Psaumes. Ils sont la prière du peuple juif et de l'Église.

Chronologie et canon de l'Ancien Testament

❶ Chronologie

Vers 1750, les Patriarches. Entre 2000 et 1750, des clans nomades arrivent en Canaan : **Abraham, Isaac, Jacob.** Ce sont les **Patriarches**. Début de l'aventure du peuple hébreu.

Les Hébreux en Égypte. Venus de Canaan, des descendants de Jacob séjournent en Égypte.

Vers 1250, l'Exode. Pour échapper aux corvées, les Hébreux, sous la conduite de **Moïse**, quittent l'Égypte. **L'Exode** est l'expérience fondatrice du peuple élu qui reçoit la Loi sur le Sinaï.

1200-1030. La Terre promise. Revenus en Canaan avec **Josué**, les douze tribus des Hébreux se sédentarisent sous la conduite des **Juges** et des premiers **prophètes**.

1030-1010. Les tribus demandent un roi à **Samuel**, le dernier des Juges. **Saul**, de la tribu de Benjamin, est désigné.

1010-933. Successeur de Saül, **David** est consacré roi par Samuel. Il refait l'unité d'un peuple et établit à Jérusalem sa capitale. Temps d'indépendance pour Israël. **Salomon**, fils de David, construit le **Temple** de Jérusalem.

933 Le schisme. **Roboam**, fils de Salomon est seul roi à Sichem, mais les tribus du nord se rebellent et fondent un royaume indépendant, qui gardera le nom de **royaume d'Israël,** et se donnent pour roi **Jéroboam**. Le sud, resté fidèle au descendant de David, Roboam, devient le **royaume de Juda**.

LE ROYAUME DU NORD (933-721)

Le royaume d'Israël se laisse entraîner vers le culte des idoles et adopte les coutumes des païens. Intervention des prophètes : Élie et Élisée (vers 850), Amos, Osée (vers 750). Le réveil de l'Assyrie au VIIIe siècle sonne la fin du royaume du nord : invasion du pays, et chute de Samarie sous les coups de Sargon II (721). Déportation d'une partie de la population à Ninive. Samarie province de l'empire assyrien : d'autres peuples y sont installés par l'occupant.

LE ROYAUME DE JUDA (931-587)

Malgré ses erreurs, le royaume de Juda, plus exigu, connaît une tout autre histoire. Fidèle à sa promesse, Dieu maintient sur le trône les descendants de David. Intervention des rois pour assurer l'autorité du clergé du Temple de Jérusalem, intervention des prêtres en faveur des rois légitimes. Au VIIIe et au VIIe siècle, plusieurs grands prophètes : Isaïe et Michée (vers 740), Nahoum, Sophonie (vers 640), Jérémie et Habaquq (vers 600). Attente d'un Messie et de temps nouveaux. Retour offensif du paganisme appelant la réforme religieuse du roi **Josias** (640-609). Invasions araméennes, assyriennes, et enfin chaldéennes. En 598, prise de Jérusalem par Nabuchodonosor et première déportation des élites à Babylone, dont le prophète Ézéchiel.

---

587 Ruine de Jérusalem et exil.
La ruine de Jérusalem et du Temple est une terrible épreuve pour la foi dans le Dieu de l'alliance. Le prophète **Ézéchiel** affirme aux déportés que Dieu est avec eux dans l'exil. Pour prix de leur conversion, Dieu les rétablira dans leur pays. Le «second Isaïe» ouvre des perspectives nouvelles: les humiliations d'Israël ont été voulues par Dieu pour le préparer à une mission universelle. Sa faiblesse sera sa force, car le dernier mot de Dieu n'est pas sa puissance, mais son amour. Beaucoup de Juifs revenus de Chaldée oublient ce message et n'ont d'autre projet que de restaurer l'ancien royaume de David.
538. Maître de Babylone, **Cyrus**, roi de Perse autorise les déportés à retourner à Jérusalem. Reconstruction de la Ville Sainte et du Temple. Sous l'impulsion d'**Esdras**, fixation du texte de la **Loi** ou **Torah** (Genèse, Exode, Lévitique, Nombres, Deutéronome). Prophètes Aggée et Zacharie.
Place prépondérante du clergé en Israël. Le pays, province de l'Empire perse, a perdu son indépendance politique; seuls les prêtres, gardiens et serviteurs du Temple unique, assurent la cohésion du peuple de Dieu. Achèvement des livres de Malachie, Job, Psaumes, Jonas, Chroniques, Esdras-Néhémie.
332. La conquête d'**Alexandre** balaye les armées du Perse Darius et s'avance jusqu'à l'Inde. Ses successeurs se partagent son immense empire, avant de se déchirer entre eux. La terre d'Israël est prise entre les **Seleucides** qui règnent à Antioche de Syrie, et les **Lagides** (ou **Ptolémées**) qui gouvernent l'Égypte. À Alexandrie, traduction de la Bible en grec, la Septante. Divisions entre Juifs ouverts à la culture hellénique et le mouvement hassidique (les «religieux»), d'où sortiront les **Pharisiens** et les **Esséniens**.
167-164. Persécution d'Antiocus IV, roi de Syrie, qui pille les trésors du Temple, et révolte dirigée par le prêtre Mattathias et ses fils **Judas Maccabée**, **Jonathan** et **Simon**. Victoire des Juifs et établissement de la dynastie des Hasmonéens, grands-prêtres et rois de 142 à 63.
Livre de Daniel. Reprise du rêve du grand royaume de David: reconquête des territoires éloignés, facilitée par la décadence du royaume syrien.
63. Pompée impose la loi de Rome dans le pays. Après des années d'intrigues, Hérode le Grand, marié à une Hasmonéenne, élimine ses rivaux et se fait nommer roi par Rome (37-4). Sous le règne tyrannique d'Hérode, les grands-prêtres ne sont plus en charge à vie; ils dominent le parti **Sadducéen**. Le parti des **Zélotes** entretient le terrorisme contre l'occupant romain qui multiplie les impôts exorbitants, levés par les publicains. En 19, Hérode entreprend la restauration du Temple Environ deux ans avant la mort d'Hérode, **naissance de Jésus**.

❷ Canon

La Bible hébraïque contient en tout 24 livres distribués en trois groupes d'autorité inégale (cf. Siracide, Prologue, 9-10.25):
– La *Torah*, ou la Loi, ou encore le Pentateuque, soit cinq livres attribués à Moïse: Genèse, Exode, Lévitique, Nombres, Deutéronome.
– Les Prophètes ou *Neviim*, regroupent les livres historiques (Josué, Juges, Samuel 1-2, Rois 1-2) les «prophètes antérieurs», Isaïe, Jérémie, Ézéchiel, les douze «petits» prophètes ne formant qu'un seul livre.
– Les Écrits, ou *Ketouvim*, comprennent les Psaumes, Job, les Proverbes, Ruth, le Cantique, Qohélet, Les Lamentations, Esther, Daniel, Esdras-Néhémie, les Chroniques.
Le canon catholique de l'Ancien Testament comprend 46 livres (en comptant chacun des douze petits prophètes et en dédoublant les livres de Samuel et des Rois). Il reprend le canon alexandrin de la Septante et se présente de la manière suivante: Pentateuque, Livres historiques, Livres poétiques et sapientiaux, Livres prophétiques.

Une tribu

Abraham est le premier des Patriarches. Il est originaire d'Our en Chaldée où il épouse Saraï. C'est un nomade qui possède de nombreux troupeaux. Il vient d'un pays où l'on adore des idoles.
Un jour Abraham entend : *Abram, quitte ton pays !* (Gn 12,1)
Il se met en route vers un pays inconnu avec la famille de Loth son neveu. Il comprend que Dieu veut faire naître de lui une descendance aussi nombreuse que les étoiles du ciel. Mais hélas ! Abram n'a pas d'enfant, Saraï et lui sont très âgés. Mais voilà que trois messagers lui annoncent que Saraï va lui donner ce fils tant espéré. Ils l'appelleront Isaac, « Dieu a souri ».

Abraham est un homme de foi

Or, pour mettre Abraham à l'épreuve, nous dit la Bible, Dieu lui demande de sacrifier son fils Isaac. Abraham monte sur la montagne avec lui, et lève déjà le bras quand Dieu lui dit : *Abraham ! Ne porte pas la main sur le garçon ! Ne lui fais aucun mal !* (Gn 22,12)
Ce jour-là, on comprend qu'Abraham a abandonné définitivement la religion païenne de ses ancêtres. Il fait confiance au Dieu qui l'a appelé.

> Depuis lors, Abraham est appelé « le Père des croyants ».

Sais-tu dire pourquoi ?

Dieu appelle Abraham

Abraham, le père des croyants

L'action de Dieu dans l'histoire proprement dite commence avec un homme appelé Abram vivant en Chaldée (l'Irak actuel). Dieu l'appelle à quitter son pays, sa famille, sa terre, ses habitudes pour aller vers un lointain pays qu'il recevrait en héritage. Le Seigneur lui dit : « Regarde le ciel, et compte les étoiles, si tu le peux... Telle sera ta descendance ! » (Gn 15,5). Abram se met en route avec confiance, sans savoir où il va. Ainsi l'expérience d'Abram devient un symbole de l'aventure de l'homme conduisant finalement à Jésus.

Isaac, l'enfant de la promesse

Dieu change le nom d'Abram en Abraham, ce qui veut dire « père d'une multitude de nations » (Gn 17,5). Dieu lui avait promis qu'il aurait un fils de Saraï sa vieille épouse. Ce sera Isaac, « l'enfant du rire », car Saraï avait ri à l'annonce qu'elle pourrait encore enfanter. « Tout est possible à Dieu » en faveur de celui qui lui fait totalement confiance. Pour mettre la foi d'Abraham à l'épreuve, Dieu va jusqu'à lui demander de sacrifier son fils. Isaac ne sera pas sacrifié (Gn 22,1-19). Cet épisode annonce l'amour de Dieu le Père qui nous livrera son Fils unique, Jésus.

Israël, un nouveau peuple

Israël est le nouveau nom donné à Jacob, le petit-fils d'Abraham, dans sa lutte mystérieuse avec « Quelqu'un » au gué de Yabbok (Gn 32,25). Israël, c'est-à-dire « vainqueur de Dieu », est le nom que prendra sa descendance, dont toute l'histoire sera comme un combat pour la fidélité à Dieu. Israël est appelé à être dans le monde le témoin du Dieu unique et vrai.

Abraham, père des croyants

Le Dieu qui se révèle par ses œuvres, va déployer dans l'histoire humaine des initiatives de salut, qui culmineront dans l'envoi de son propre Fils. Créés en Adam, les hommes des générations successives entament leur longue marche sous le regard de Dieu.

❶ De la protohistoire, nous retenons les éléments suivants: L'homme devait vivre heureux et immortel aussi longtemps qu'il se reconnaissait enfant de Dieu. Créé libre l'homme s'est détourné de Dieu et a voulu prendre sa place. La rupture avec Dieu est la condition historique de l'humanité. Les conséquences en sont la mort spirituelle et les autres formes du mal: le meurtre du frère (Gn 4,3-16), et les perversions et les violences de toutes sortes (Gn 6,11). Dieu provoque le déluge. Ne sont sauvés que Noé avec sa famille et les couples d'animaux embarqués dans l'arche. Toujours poussés par l'orgueil et la démesure les hommes veulent construire une tour qui atteigne le ciel. Mais ils ne se comprennent plus et se dispersent. La tour de Babel, signe de l'orgueil de l'homme, devient ainsi le symbole de la division et de l'antagonisme des peuples de la terre.

❷ Avec la vocation d'Abraham, l'alliance de Dieu avec les hommes en vue de les sauver entre dans l'histoire. Dieu choisit un peuple parmi d'autres pour être son porte-parole sur la terre. Dieu appelle Abram, pasteur nomade, depuis sa terre de Harrân en Mésopotamie: «Quitte ton pays, ta parenté et la maison de ton père, et va vers le pays que je te montrerai. Je ferai de toi une grande nation, je te bénirai» (Gn 12,1-2). Il se rend au pays de Canaan, à Sichem, Béthel, Hébron, Bersabée. De son esclave Hagar, Abram a un fils, Ismaël. Dieu conclut avec Abram une alliance, dont le signe sera la circoncision (Gn 17,10). Abram s'appellera désormais Abraham. Un fils lui naît de sa femme Saraï déjà âgée. Ce sera Isaac. Hagar et Ismaël sont chassés dans le désert. Isaac engendra Jacob qui recevra le nom d'Israël (Gn 32,29). Les douze fils de Jacob sont à l'origine des douze tribus du peuple de l'Alliance.

❸ Dans la Bible, Abraham sera considéré comme le modèle du croyant qui met toute sa confiance en Dieu. «Abram eut foi dans le Seigneur, et le Seigneur estima qu'il était juste» (Gn 15,6). La foi d'Abraham est mise à l'épreuve par Dieu lui demandant de sacrifier son fils Isaac, l'enfant de la promesse (Gn 22,1-19). Mais Dieu retient le bras d'Abraham. Il ne veut pas de sacrifices humains. Isaac préfigure le Christ, le Fils que Dieu a laissé aux mains des hommes, et dont le sacrifice nous procure le salut.

❹ Dieu a promis à Abraham une terre qui va «du fleuve d'Égypte… au fleuve Euphrate» (Gn 15,18). Mais cette terre promise est aussi l'annonce d'une terre nouvelle, que l'humanité rachetée atteindra au terme de son pèlerinage, «une patrie meilleure, celle des cieux» (cf. He 11,14-16), «un ciel nouveau et une terre nouvelle», la Jérusalem d'en haut (Ap 21,1).

❺ Abraham rencontre le roi prêtre Melchisédech, d'origine inconnue, «prêtre du Dieu Très Haut», qui offrait du pain et du vin (Gn 14,18). Ce représentant d'une religion naturelle s'adresse au vrai Dieu. L'épître aux Hébreux (He 6,20 - 7,28) dira que le Christ, qui a pris aussi le pain et le vin pour en faire le sacrement de son corps livré et de son sang versé, est prêtre à la manière de Melchisédech.

L'histoire des patriarches renferme quelques figures qui seront interprétées comme annonciatrices du Christ: la foi comme confiance au projet de Dieu; le sacerdoce préfigurateur d'un Grand Prêtre; Isaac figure du Christ, l'agneau immolé.

« En toi seront bénis tous les peuples »

Genèse 12,1-9

Abram vivait alors en Chaldée.
1 Le Seigneur dit à Abram : « Quitte ton pays,
ta parenté et la maison de ton père, et va
vers le pays que je te montrerai. 2 Je ferai de
toi une grande nation, je te bénirai, je rendrai
grand ton nom, et tu deviendras une bénédic-
tion. 3 Je bénirai ceux qui te béniront ; celui
qui te maudira, je le réprouverai. En toi seront
bénies toutes les familles de la terre. »
4 Abram s'en alla, comme le Seigneur le lui
avait dit, et Loth s'en alla avec lui. Abram
avait soixante-quinze ans lorsqu'il sortit de
Harane. 5 Il prit sa femme Saraï, son neveu
Loth, tous les biens qu'ils avaient acquis,
et les personnes dont ils s'étaient entourés
à Harane ; ils se mirent en route pour Canaan
et ils arrivèrent dans ce pays.
6 Abram traversa le pays jusqu'au lieu nommé
Sichem, au chêne de Moré. Les Cananéens
étaient alors dans le pays. 7 Le Seigneur
apparut à Abram et dit : « À ta descendance
je donnerai ce pays. » Et là, Abram bâtit un
autel au Seigneur qui lui était apparu. 8 De là,
il se rendit dans la montagne, à l'est de Béthel,
et il planta sa tente, ayant Béthel à l'ouest,
et Aï à l'est. Là, il bâtit un autel au Seigneur
et il invoqua le nom du Seigneur. 9 Puis, de
campement en campement, Abram s'en alla
vers le Néguev.

Saint Paul nous présentera Abraham comme le père des croyants.

Romains 4,1-5.9.17-18.23-25

1 Que dirons-nous alors d'Abraham, notre
ancêtre selon la chair ? Qu'a-t-il obtenu ? 2 Si
Abraham était devenu un homme juste par
la pratique des œuvres, il aurait pu en tirer
fierté, mais pas devant Dieu. 3 Or, que dit
l'Écriture ? *Abraham eut foi en Dieu, et il lui fut
accordé d'être juste.*
4 Si quelqu'un accomplit un travail, son sa-
laire ne lui est pas accordé comme un don
gratuit, mais comme un dû. 5 Au contraire,
si quelqu'un, sans rien accomplir, a foi en
Celui qui rend juste l'homme impie, il lui est
accordé d'être juste par sa foi.
9 Nous disons, en effet : « C'est pour sa foi
qu'il a été accordé à Abraham d'être juste. »
17 Il est notre père devant Dieu en qui il a
cru, Dieu qui donne la vie aux morts et qui
appelle à l'existence ce qui n'existe pas. 18 Es-
pérant contre toute espérance, il a cru ; ainsi
est-il devenu le père d'un grand nombre de
nations, selon cette parole : *Telle sera la des-
cendance que tu auras !*
23 En disant que cela lui fut accordé, l'Écriture
ne s'intéresse pas seulement à lui, 24 mais
aussi à nous, car cela nous sera accordé
puisque nous croyons en Celui qui a ressus-
cité d'entre les morts Jésus notre Seigneur,
25 livré pour nos fautes et ressuscité pour
notre justification.

Un peuple

Les descendants d'Abraham, qu'on appelle les Hébreux, chassés du pays de Canaan par la famine, se réfugient en Égypte, où ils se multiplient. Pharaon, le roi d'Égypte, décide d'en faire ses esclaves. Il ordonne même de tuer les garçons nouveau-nés. Une maman, faisant partie des esclaves, pour sauver son fils, le cache dans une corbeille, sur le Nil. La fille de Pharaon le recueille et l'appelle Moïse, ce qui veut dire « sauvé des eaux ». Moïse est élevé à la cour du roi. Un jour, un contremaître égyptien frappe un esclave ; voulant défendre son frère de sang, Moïse le tue et s'enfuit au désert. Dans ce désert du Sinaï, Moïse rencontre Dieu qui lui parle du milieu d'un buisson en flamme, le « buisson ardent ». Dieu donne à Moïse la mission de conduire son peuple hors d'Égypte vers un bon et vaste pays « ruisselant de lait et de miel ».

> Moïse quitte l'Égypte avec son peuple. La mer Rouge s'ouvre devant lui. L'armée de Pharaon qui poursuit les Hébreux est engloutie. Le peuple hébreu est délivré (Ex 14,30-31).
> Pour ne jamais oublier cette libération, les Juifs fêtent chaque année la Pâque, le « passage ». **La Pâque juive annonce la Pâque de Jésus passant de la mort à la vie**.

Puis, pendant 40 ans, le peuple vit dans le désert. Sur le mont Sinaï, Moïse parle avec Dieu et reçoit les tables de la loi. Après sa mort, c'est Josué qui conduira le peuple hébreu dans la Terre promise.

Dieu libérateur

Moïse, l'envoyé de Dieu

Le peuple hébreu – les descendants d'Abraham – vit en esclavage en Égypte. Un hébreu, nommé Moïse, élevé à la cour du pharaon s'enfuit au désert où il devient berger. Il mène son troupeau jusqu'à la montagne du Sinaï. Là, du milieu d'un buisson qui brûle sans se consumer, il entend l'appel du « Dieu d'Abraham, d'Isaac et de Jacob ». Le Seigneur se souvient de son peuple, il a entendu son cri et il est résolu à le délivrer. Il fait connaître son nom : « Je suis celui qui suis » (Ex 3,14). Dieu confie à Moïse la mission de libérer son peuple.

La libération et la Pâque

Après avoir reçu des avertissements menaçants, Pharaon accepte de laisser partir les fils d'Israël. La libération a lieu au cours d'une nuit mémorable, celle de la Pâque du Seigneur. Après avoir mangé un agneau sacrifié, les Hébreux quittent l'Égypte en toute hâte. Sous la conduite de Moïse, ils franchissent à pied sec la mer des Joncs, – mer Rouge – qui bientôt engloutit les Égyptiens lancés à leur poursuite. Le cantique de la mer Rouge (Ex 15,1-19) célèbre Dieu libérateur de son peuple. Chaque année, la fête de la Pâque commémorera cet événement.

L'Alliance au Sinaï et le don de la Loi

À l'appel de Dieu, Moïse monte sur le mont Horeb. Là, Dieu conclut une alliance avec le peuple et lui donne sa Loi. Ainsi le peuple connaîtra la volonté de Dieu et pourra vivre fidèlement avec lui. Les « dix commandements » sont la charte d'un peuple libéré sur le chemin qui mène de la « maison de servitude » à la maison de liberté. Gravés sur deux Tables, ils sont placés dans l'Arche d'Alliance (Ex 25,10-16). Le livre de l'Exode puis le livre des Nombres racontent la longue marche du peuple hébreu à travers le désert. Cette marche, qui le conduira en Canaan, la Terre promise, va durer quarante ans.

L'exode pour la liberté et la Loi

À la mort de Jacob, les douze tribus sont en Égypte où elles ont rejoint Joseph, l'un des douze fils de Jacob. Les fils Hébreux sont opprimés par le Pharaon. Dieu suscite alors Moïse, élevé à la cour du roi, pour en faire le libérateur de son peuple. Dieu se révèle à **Moïse** dans le buisson ardent. Il se fait connaître: «Je suis le Dieu de ton père, Dieu d'Abraham, d'Isaac, de Jacob… Je suis Celui qui suis» (Ex 3,6.14).

❶ La nuit du 14e jour du mois de Nizan, les Israélites célèbrent la «Pâque», «le passage du Seigneur»: un repas avec des agneaux ou des chevreaux, du pain sans levain et des herbes amères, la ceinture aux reins, les sandales aux pieds, le bâton à la main, à la hâte (Exode 12,1-14). Laissé libre par le Pharaon, conduit par Moïse et Aaron, le peuple traverse la mer des roseaux à pied sec, alors que les chars des Égyptiens sont engloutis dans les eaux. C'est l'exode, l'événement fondateur de l'histoire d'Israël, à partir duquel s'est cristallisée sa conscience de peuple élu, sa projection dans l'histoire antérieure et dans l'avenir. Toujours Dieu rappellera les termes de son alliance: sa protection en échange de la fidélité d'Israël «Le Seigneur nous a fait sortir d'Égypte à main forte et à bras étendu… Il nous a donné ce pays, un pays ruisselant de lait et de miel.» (Dt 26,8-9) L'exode est la figure de la Pâque du Christ (Lc 22,14-20; Jn 13,1-3.19.36), agneau pascal immolé (Ap 5,6-7), nous délivrant de la mort.

❷ Le peuple va faire l'expérience de la marche dans le désert avant d'atteindre la Terre promise. Au Sinaï, Dieu donne à Moïse les dix commandements (Ex 20,1-17), des lois liturgiques et des prescriptions morales. Dieu marche aux côtés de son peuple. Les tables de la Loi sont placées dans l'Arche d'Alliance (Ex 25,16) où se manifeste sa présence. Le sanctuaire où était placée l'Arche est une tente. Ainsi était manifesté que Dieu voulait un peuple en pèlerinage, non installé définitivement en ce monde (cf. He 11,13).

❸ Josué mènera le peuple en terre de Canaan, au prix d'interminables guerres de conquête. Les douze tribus reçoivent chacune son territoire, sauf celle de Lévi dont les membres doivent se consacrer exclusivement au culte du Dieu d'Israël. Les tribus sont gouvernées par des Juges.

Mon nom est « Je-Suis »

Dieu se révèle à Moïse dans le buisson ardent. Exode 3,13-15

13 Moïse répondit à Dieu : « J'irai donc trou-
ver les fils d'Israël, et je leur dirai : "Le Dieu
de vos pères m'a envoyé vers vous." Ils vont
me demander quel est son nom ; que leur
répondrai-je ? » 14 Dieu dit à Moïse : « Je suis
qui je suis. Tu parleras ainsi aux fils d'Israël :
"Celui qui m'a envoyé vers vous, c'est :
JE-SUIS". » 15 Dieu dit encore à Moïse : « Tu
parleras ainsi aux fils d'Israël : "Celui qui m'a
envoyé vers vous, c'est LE SEIGNEUR, le
Dieu de vos pères, le Dieu d'Abraham, le Dieu
d'Isaac, le Dieu de Jacob". C'est là mon nom
pour toujours, c'est par lui que vous ferez
mémoire de moi, d'âge en âge. »

Moïse et la Pâque des Hébreux. Exode 12,1-11

1 Dans le pays d'Égypte, le Seigneur dit à
Moïse et à son frère Aaron : 2 « Ce mois-
ci sera pour vous le premier des mois, il
marquera pour vous le commencement de
l'année. 3 Parlez ainsi à toute la communauté
d'Israël : le dix de ce mois, que l'on prenne un
agneau par famille, un agneau par maison.
4 Si la maisonnée est trop peu nombreuse
pour un agneau, elle le prendra avec son voi-
sin le plus proche, selon le nombre des per-
sonnes. Vous choisirez l'agneau d'après ce
que chacun peut manger. 5 Ce sera une bête
sans défaut, un mâle, de l'année. Vous pren-
drez un agneau ou un chevreau. 6 Vous le
garderez jusqu'au quatorzième jour du mois.
Dans toute l'assemblée de la communauté
d'Israël, on l'immolera au coucher du soleil…
10 Vous n'en garderez rien pour le lendemain ;
ce qui resterait pour le lendemain, vous le dé-
truirez en le brûlant. 11 Vous mangerez ainsi :
la ceinture aux reins, les sandales aux pieds,
le bâton à la main. Vous mangerez en toute
hâte : c'est la Pâque du Seigneur. »

Dieu libère son peuple de l'esclavage de l'Égypte. Exode 14,21-23; 28-29; 31

21 Moïse étendit le bras sur la mer. Le Sei-
gneur chassa la mer toute la nuit par un fort
vent d'est ; il mit la mer à sec, et les eaux se
fendirent. 22 Les fils d'Israël entrèrent au mi-
lieu de la mer à pied sec, les eaux formant
une muraille à leur droite et à leur gauche.
23 Les Égyptiens les poursuivirent ; tous les
chevaux de Pharaon, ses chars et ses guer-
riers entrèrent derrière eux jusqu'au milieu
de la mer…
28 Les eaux refluèrent et recouvrirent les chars
et les guerriers, toute l'armée de Pharaon
qui était entrée dans la mer à la poursuite
d'Israël. Il n'en resta pas un seul. 29 Mais les
fils d'Israël avaient marché
à pied sec au milieu de
la mer, les eaux formant
une muraille à leur droite
et à leur gauche…
31 Israël vit avec quelle
main puissante le Sei-
gneur avait agi contre
l'Égypte. Le peuple craignit
le Seigneur, il mit sa foi
dans le Seigneur et dans
son serviteur Moïse.

David, un roi selon le cœur de Dieu

En Terre promise, le peuple hébreu s'organise en douze tribus. Bientôt il réclame un roi. Dieu choisit d'abord Saül, mais au fil des années celui-ci devient infidèle et s'éloigne de Dieu. Dieu choisit alors le petit dernier d'une famille de huit garçons, David. *Les hommes regardent l'apparence, mais le Seigneur regarde le cœur.* (1 S 16,7)

Le roi David établit sa capitale à Jérusalem, et réunit les peuples du Nord et du Sud. Il habite un palais. L'**Arche d'Alliance** : ce coffret très précieux en bois doré qui contient les tables de la Loi, l'héritage de Moïse, est placé sous une tente.

Salomon, le fils de David, construira une demeure digne de Dieu, **le Temple**.

À la mort de Salomon, le peuple hébreu est partagé en deux royaumes, le royaume d'Israël au Nord autour de Sichem et le royaume de Juda au Sud, avec Jérusalem pour capitale. Bientôt ces deux royaumes sont occupés par des puissances étrangères. Le peuple est déporté à Babylone. Le Temple est détruit.

> Dieu a promis que plus tard viendrait un roi, descendant de David, doux et humble de cœur : c'est Jésus. Le temple de pierre laissera place à un Temple nouveau définitif : le corps du Christ ressuscité dont nous sommes les membres.

Cette promesse est bien mystérieuse… !

La victoire du faible sur le fort

Saül, premier roi d'Israël (début du Xe siècle av. J.-C.)

En Canaan, la Terre promise, les douze tribus se sont installées, mais elles sont dispersées et désunies. C'est alors que Dieu fait surgir le prophète Samuel avec la mission d'unifier son peuple. Samuel fait du sanctuaire de Silo, où est déposée l'Arche, le centre spirituel des Hébreux où ils redécouvrent leur identité de peuple élu né de l'Alliance du Sinaï. Face aux Philistins, il faut un chef politique et militaire. Le peuple demande un roi pour être comme les autres nations. À contre cœur, Samuel confère l'onction à Saül qui devient le premier roi d'Israël. Celui-ci n'obéit pas à Dieu. Alors, Dieu dit à Samuel d'aller oindre David comme futur roi d'Israël à la place de Saül.

David, le «bien-aimé»

David est le jeune et simple berger qui terrassa Goliath, le champion des Philistins. David devient l'unificateur du royaume et fait de Jérusalem sa capitale. Il rétablit le culte du Dieu unique et fait venir l'Arche à Jérusalem. Homme d'une foi profonde, on lui attribue nombre de Psaumes. David laisse un royaume en paix et très vaste.

Salomon, le roi constructeur

Fils de David, le jeune roi Salomon acquiert rapidement un prestige immense et la renommée de sa sagesse est grande. Il épouse une fille du pharaon. La reine de Saba viendra le consulter. Salomon réalise en sept ans la construction d'un Temple magnifique pour abriter l'Arche d'Alliance. Mais le roi cède aux tentations de la démesure et laisse proliférer le culte des faux dieux. Les prophètes attribueront aux infidélités des successeurs de David la division du royaume qui suivra la mort de Salomon.

Israël veut un roi et un temple

Comme les peuples voisins, les Hébreux ont voulu avoir un roi et un temple fait de pierres comme demeure de Dieu. Saül est oint **roi d'Israël** par le prophète Samuel (1 S 10,1), mais il est mis à l'écart à cause de sa désobéissance. David inaugure la figure royale en Israël. Il en est l'archétype idéalisé. Le roi sera célébré comme le lieutenant de Dieu, le «fils de Dieu». Le roi est «l'oint du Seigneur», «messie», célébré dans les Psaumes (Ps 2,2; Ps 110,1). Salomon, le fils de David, construit un **temple** où l'Arche d'Alliance est déposée (1 R 6,19).

❶ À la mort de Salomon (933) le royaume est divisé. Le royaume du Nord (avec 10 tribus) fait sécession et se donne pour roi Jéroboam, chef de la rébellion. Le royaume du Sud, avec les tribus de Juda et de Benjamin, reste fidèle à la maison de David, avec Roboam. Le royaume du Nord sera le premier à tomber sous la domination de l'empire assyrien. En 721, Samarie est prise et les habitants du royaume d'Israël sont déportés. Le royaume de Juda subira le même sort en 597, puis en 587, conquis par Nabuchodonosor, roi de Babylone. Jérusalem est prise, le temple est détruit, et l'exil commence pour la population autochtone.
C'est la fin de la royauté en Israël.
Le temple sera reconstruit après l'Exil par Zorobabel, comme centre du culte jusqu'à sa destruction par les Romains en 70 ap. J.-C.

Deux figures des temps à venir

❷ La royauté davidique et le Temple sont deux références de l'identité d'Israël face aux nations païennes, et des signes renouvelés de l'alliance. En même temps, ils sont des figures de l'alliance définitive à venir: – Jésus, acclamé comme fils de David, Fils de Dieu, Messie, exercera une royauté qui n'est pas de ce monde (Jn 18,36), une royauté inverse des messianismes et des puissances terrestres. – Le Temple sera compris comme la figure du temple définitif qu'est le corps du Christ ressuscité (Jn 2,21).

❸ Étienne, l'un des sept hommes choisis par les Apôtres rappelle au grand-prêtre et au Sanhédrin que «le Très-Haut n'habite pas dans ce qui est fait de main d'homme» (Ac 7,48).

❹ L'Église, corps du Christ, sera comprise comme «le Sanctuaire du Dieu vivant» (2 Co 6,16).

❺ Dans la Jérusalem céleste, il n'y a plus de temple, «car son Sanctuaire, c'est le Seigneur Dieu, Souverain de l'univers, et l'Agneau» (Ap 21,22).

« Une Maison pour mon Dieu »

Dieu choisit David comme roi.

1 Samuel 16,1-13

1 Le Seigneur dit à Samuel : «… Prends une corne
que tu rempliras d'huile, et pars ! Je t'envoie
auprès de Jessé de Bethléem, car j'ai vu parmi
ses fils mon roi »… 3 Tu convoqueras Jessé
au sacrifice ; je t'indiquerai moi-même ce
que tu dois faire et tu me consacreras par
l'onction celui que je te désignerai »… 10 Jessé
présenta à Samuel ses sept fils, et Samuel lui
dit : « Le Seigneur n'a choisi aucun de ceux-
là. » 11 Alors Samuel dit à Jessé : « N'as-tu pas
d'autres garçons ? » Jessé répondit : « Il reste
encore le plus jeune, il est en train de garder
le troupeau. » Alors Samuel dit à Jessé :
« Envoie-le chercher : nous ne nous mettrons
pas à table tant qu'il ne sera pas arrivé. »
12 Jessé le fit donc venir : le garçon était
roux, il avait de beaux yeux, il était beau.
Le Seigneur dit alors : « Lève-toi, donne-lui
l'onction : c'est lui ! » 13 Samuel prit la corne
pleine d'huile, et lui donna l'onction au milieu
de ses frères. L'Esprit du Seigneur s'empara
de David à partir de ce jour-là. Quant à Samuel,
il se mit en route et s'en revint à Rama.

Salomon fait construire un temple à Jérusalem.

1 Rois 5,16-20

16 Salomon envoya ce message à Hiram,
[le roi de Tyr]… 18 Mais à présent, le Seigneur
mon Dieu m'a donné le repos de tous côtés ;
je n'ai plus d'opposants ni de dangers à crain-
dre. 19 Ainsi, j'ai décidé de bâtir une maison
pour le nom du Seigneur mon Dieu, selon
la parole du Seigneur à David, mon père :
"Ton fils, celui que je mettrai après toi sur ton
trône, c'est lui qui construira la Maison pour
mon nom !" 20 Maintenant donc, ordonne que
l'on coupe pour moi des cèdres du Liban.
Mes serviteurs travailleront avec les tiens,
et je te donnerai pour leur salaire ce que tu me
fixeras ; car tu sais qu'il n'y a personne chez
nous qui sache couper les arbres comme
les gens de Sidon. »

Le Temple définitif sera le corps du Christ ressuscité.

Jean 2,13-21

13 Comme la Pâque juive était proche, Jésus
monta à Jérusalem. 14 Dans le Temple,
il trouva installés les marchands de bœufs,
de brebis et de colombes, et les changeurs.
15 Il fit un fouet avec des cordes, et les chassa
tous du Temple, ainsi que les brebis et les
bœufs ; il jeta par terre la monnaie des chan-
geurs, renversa leurs comptoirs, 16 et dit aux
marchands de colombes : « Enlevez cela d'ici.
Cessez de faire de la maison de mon Père
une maison de commerce. » 17 Ses disciples
se rappelèrent qu'il est écrit : L'amour de
ta maison fera mon tourment. 18 Des Juifs
l'interpellèrent : « Quel signe peux-tu nous
donner pour agir ainsi ? » 19 Jésus leur répondit :
« Détruisez ce sanctuaire, et en trois jours
je le relèverai. » 20 Les Juifs lui répliquèrent :
« Il a fallu quarante-six ans pour bâtir ce sanc-
tuaire, et toi, en trois jours tu le relèverais ! »
21 Mais lui parlait du sanctuaire de son corps.

Des voix qui réveillent !
«Va, parle-leur en mon nom !»

Les rois qui se sont succédé après Salomon oublient souvent qu'ils sont chargés d'une mission : faire respecter la Loi de Dieu pour que l'on vive heureux et en paix. Alors, des hommes élèvent la voix : ce sont **les prophètes**.
Leur vie occupe une grande place dans l'histoire d'Israël, et leurs paroles sont recueillies dans plusieurs livres de la Bible.

> Leur mission est de **réveiller** la foi du peuple, de l'**avertir** quand il fait fausse route, et d'**annoncer** ce qui pourrait arriver si rien ne change... Et quand ils racontent leurs visions, c'est pour faire réagir le peuple et l'**encourager** à se convertir.

Ils **consoleront** le peuple chassé de sa terre et condamné à l'exil. Mais ils annoncent aussi de bonnes nouvelles : Ainsi Isaïe promet au roi Acaz, dont la femme attend un enfant que son pouvoir s'étendra, et que la paix sera sans fin pour son règne (cf. Is 9,6).
Cette nouvelle sera comprise comme une promesse s'adressant à l'humanité toute entière. Elle se réalisera avec la naissance de Jésus-Emmanuel, « Dieu avec nous ». Le message des prophètes est toujours d'actualité. Sais-tu quand on lit les prophètes à la messe ?

Des empêcheurs de tourner en rond

Après Salomon, il y aura deux royaumes. Celui du nord finira sous les coups des Assyriens (721) et celui du sud sous les coups des Babyloniens. Jérusalem sera saccagée et ses habitants déportés à Babylone. Le Temple sera détruit. Ce sera l'Exil (587-538).

Un rôle considérable dans la Bible

En Israël, des hommes de Dieu, les prophètes, appellent à respecter la Loi. Les prophètes apparaissent au temps de la royauté jusqu'au temps de l'Exil, à la fin de l'époque perse. Ils réapparaissent sous une forme plus populaire à l'époque de Jésus, avec Jean Baptiste notamment. La Bible nous donne les livres de seize prophètes – quatre longs livres (Isaïe, Ézéchiel, Jérémie, Daniel) et douze courts – mais elle cite nombre d'autres prophètes. Tu peux aller voir la liste dans ta Bible.

Le prophète, porte-parole du Seigneur

Jérémie est l'un des grands prophètes. Dieu l'a mis à part – consacré – de longue date, avant même qu'il ne soit conçu ! Jérémie objecte qu'il se sent trop jeune et incompétent pour devenir prophète. Le Seigneur insiste : c'est lui qui prend l'initiative et appelle ; il se saisit de lui et l'envoie (Jr 1,4-8). L'autorité du prophète vient donc du Seigneur, et non de ses capacités humaines. Le Seigneur vient toucher sa bouche. Jérémie sera prophète. Le don qui lui est fait est celui de la parole. Jérémie est un porte-parole du Seigneur.

Le pouvoir des mains vides

La prédication de Jérémie se résume en six verbes. D'abord quatre verbes lourds de menace et de destruction : déraciner, renverser, ruiner et démolir ; ensuite deux verbes porteurs d'avenir : bâtir et planter.

Les grands prophètes d'Israël

Le temps de la royauté a connu les premiers **prophètes**, hommes envoyés par Dieu pour rappeler au peuple son alliance, le maintenir dans la fidélité au Seigneur et l'encourager au milieu des épreuves. Le royaume du Nord a connu Élie, Élisée, puis Amos et Osée. Le royaume de Juda a connu le grand Isaïe entre 740 et 700, puis Jérémie, témoin de la déportation et enfin Ézéchiel prêchant en terre d'exil en Babylonie.
Le courant prophétique est l'un des plus puissants facteurs d'éveil des consciences. L'Église naissante verra dans le Christ l'accomplissement des prophéties.
Les prophètes rappellent que l'alliance avec le Seigneur a pour contrepartie non seulement un culte exclusif rendu au Dieu unique, mais aussi la conversion du cœur et la pratique de la justice.
❶ **Isaïe** annonce : «Voici que la vierge est enceinte, elle enfantera un fils, qu'elle appellera Emmanuel» (Is 7,14). L'évangéliste Matthieu (Mt 1,23) appliquera cette prophétie à Marie. Isaïe annonce encore : «Un enfant nous est né, un fils nous est donné. La souveraineté est sur ses épaules. On proclame son nom : «Merveilleux Conseiller, Dieu Fort, Père à jamais, Prince de la paix» (Is 9,5). Un descendant de David est annoncé qui redonnera souveraineté et paix à son peuple : «Un rameau sortira de la souche de Jessé [père de David], un rejeton jaillira de ses racines. Sur lui reposera l'esprit du Seigneur» (Is 11,1). Il inaugurera des temps nouveaux où la création sera réconciliée : «Le loup habitera avec l'agneau, le léopard se couchera près du chevreau. » (Is 11,6). Ces textes seront appliqués au Christ.
❷ **Jérémie** au temps de la déportation du royaume du sud, cherche à comprendre pourquoi un tel malheur est arrivé. Il annonce une alliance nouvelle, moins temporelle, plus spirituelle. «Voici venir des jours – oracle du Seigneur –, où je conclurai avec la maison d'Israël et avec la maison de Juda une alliance nouvelle. Ce ne sera pas comme l'Alliance que j'ai conclue avec leurs pères, le jour où je les ai pris par la main pour les faire sortir du pays d'Égypte… Je mettrai ma Loi au plus profond d'eux-mêmes ; je l'inscrirai sur leur cœur. Je serai leur Dieu, et ils seront mon peuple» (Jr 31,31-33).
❸ **Ézéchiel** est un visionnaire. Il perce le mystère du futur. Au cœur de la déportation en Babylonie, il entrevoit une nouvelle ère de fidélité à Dieu par un culte intériorisé. La fameuse vision des ossements desséchés, symboles de «toute la maison d'Israël», exprime le malheur du peuple : «notre espérance a disparu, nous sommes en pièces».
Le Seigneur répond : «Je vais ouvrir vos tombeaux, je vous ferai remonter de vos tombeaux, ô mon peuple, je vous ramènerai sur le sol d'Israël… Je mettrai mon souffle en vous pour que vous viviez» (Éz 37,12-14). Ézéchiel a aussi la vision du temple futur et de son culte dans Jérusalem restaurée (Éz 40-48).
❹ L'Empire perse succède à la domination babylonienne en 538 av. J.-C. Le roi Cyrus laisse les Juifs revenir à Jérusalem. Le Temple est reconstruit aussitôt. C'est le temps des prophètes Aggée et Zacharie. C'est aussi au début de cette période qu'est composé le **Deutero-Isaïe**, à savoir les chapitres 40 à 55 de l'actuel livre d'Isaïe. Ce livre contient les plus belles pages sur le Dieu unique et l'universalité du salut.
Y apparaît aussi, en quatre chants (Is 42,1-9 ; Is 49,1-7 ; Is 50,4-11 ; Is 52,13-53,12), la figure mystérieuse du Serviteur du Seigneur, dans laquelle les Évangiles reconnaîtront les traits du Christ.

« Je serai ton messager : envoie-moi ! »

La vocation d'Isaïe.
Isaïe 6,1-8

1 L'année de la mort du roi Ozias, je vis le
Seigneur qui siégeait sur un trône très élevé ;
les pans de son manteau remplissaient
le Temple. 2 Des séraphins se tenaient
au-dessus de lui. Ils avaient chacun six ailes :
deux pour se couvrir le visage, deux pour
se couvrir les pieds, et deux pour voler. 3 Ils
se criaient l'un à l'autre : « Saint ! Saint ! Saint,
le Seigneur de l'univers ! Toute la terre est
remplie de sa gloire. » 4 Les pivots des portes
se mirent à trembler à la voix de celui qui
criait, et le Temple se remplissait de fumée.
5 Je dis alors : « Malheur à moi ! je suis per-
du, car je suis un homme aux lèvres impures,
j'habite au milieu d'un peuple aux lèvres
impures : et mes yeux ont vu le Roi, le Seigneur
de l'univers ! » 6 L'un des séraphins vola vers
moi, tenant un charbon brûlant qu'il avait pris
avec des pinces sur l'autel. 7 Il l'approcha de
ma bouche et dit : « Ceci a touché tes lèvres,
et maintenant ta faute est enlevée, ton péché
est pardonné. »
8 J'entendis alors la voix du Seigneur qui disait :
« Qui enverrai-je ? Qui sera notre messager ? »
Et j'ai répondu : « Me voici : envoie-moi ! »

La vocation de Jérémie.
Jérémie 1,4-10

4 La parole du Seigneur me fut adressée :
5 « Avant même de te façonner dans le sein
de ta mère, je te connaissais ; avant que tu
viennes au jour, je t'ai consacré ; je fais de toi
un prophète pour les nations. »
6 Et je dis : « Ah ! Seigneur mon Dieu !
Vois donc : je ne sais pas parler, je suis
un enfant ! » 7 Le Seigneur reprit :
« Ne dis pas : "Je suis un enfant !"
Tu iras vers tous ceux à qui je t'enverrai ;
tout ce que je t'ordonnerai, tu le diras.
8 Ne les crains pas,
car je suis avec toi pour te délivrer
– oracle du Seigneur. »
9 Puis le Seigneur étendit la main et me toucha
la bouche. Il me dit :
« Voici, je mets dans ta bouche mes paroles !
10 Vois : aujourd'hui, je te donne autorité
sur les nations et les royaumes,
pour arracher et renverser,
pour détruire et démolir,
pour bâtir et planter. »

Toujours des épreuves

Les grands empires ont toujours cherché à s'approprier de nouveaux territoires en faisant la guerre. Tu entendras peut-être parler de leurs victoires. Le peuple hébreu n'a pas échappé à cette règle : Nabuchodonosor, roi de Babylone, détruit le Temple de Jérusalem et déporte ses habitants à Babylone. Les Perses s'emparent à leur tour de Babylone, et leur roi Cyrus autorise les Juifs à rentrer à Jérusalem. Le Temple est reconstruit. Plus tard, Esdras entreprend une réforme importante pour que le peuple vive à nouveau selon la Loi de Dieu.

Israël tombera ensuite sous la domination d'Alexandre Le Grand et de ses successeurs en Égypte et en Syrie. Ces derniers voudront imposer au peuple juif une manière de vivre païenne. Mené par Judas Macchabée, le peuple juif se révolte. Sa résistance sera récompensée par une période d'indépendance sous le gouvernement des grands prêtres.

En 63 avant Jésus-Christ, Pompée, un général romain, conquiert à son tour le territoire juif. Devant cette nouvelle épreuve, on se souviendra des promesses des prophètes. **L'heure est proche où doit venir un Messie**. On pense à un roi guerrier, descendant de David, qui rétablirait l'indépendance et apporterait la justice et la paix.

Quand viendra-t-il ?

Sous l'empire perse, les Juifs peuvent revenir d'exil. Le temple de Jérusalem est reconstruit. Puis vient la conquête d'Alexandre et la domination grecque (333-63). Après avoir été rattaché au royaume d'Égypte, Israël tombe sous la domination du royaume grec de Syrie. Ces grecs persécutent les Juifs qui se révoltent sous l'impulsion des frères Macchabée.

L'attente messianique

Dans ce contexte dramatique, se développe la littérature « apocalyptique », avec le livre de Daniel qui présente une nouvelle vision du temps. Au temps de ce monde succédera le temps du monde à venir. L'attente de la réalisation ultime des desseins de Dieu trouve un cœur ouvert chez ceux que la Bible nomme les *anawim*, les opprimés, le peuple des petits et des pauvres qui attendent le Messie promis. Aux *anawim* qui s'inclinent, s'opposent les puissants et les orgueilleux qui gardent la nuque raide et ne se courbent pas.

La première béatitude

Au temps de la Vierge Marie, beaucoup cherchent dans l'Écriture le moment de la venue du Messie annoncé mystérieusement par les prophètes. Syméon, comme beaucoup de ces Israélites fidèles, « attendait la consolation d'Israël » (Lc 2,25). Quand Jean Baptiste parut, « le peuple était en attente ». Le chant du Magnificat est un merveilleux écho de la louange joyeuse des « fils de Sion » : la Mère de Jésus rend grâce au Seigneur qui a regardé son humble servante et a visité son peuple. Au centre de l'histoire du salut, Jésus vient combler les attentes d'Israël et de toute l'humanité (Cf. n° 20 et suivants, p. 147, 151, 155, 159, 163).

Qui comblera l'attente d'Israël ?

Suite à la conquête d'Alexandre, en 332 av. J.-C., les territoires d'Israël sont soumis d'abord à la dynastie des Lagides d'Égypte, puis des Séleucides de Syrie. Ces derniers oppriment les Juifs, cherchent à interdire la circoncision et le culte du Temple. Ils provoquent la révolte du peuple conduite par les frères Macchabées. Cette lutte, qui fut victorieuse, est décisive pour la fidélité du peuple juif à l'alliance. Les livres des Macchabées témoignent du développement de la croyance en la résurrection des morts (2 M 7,9.23). Le livre de Daniel exprime la même conviction: «Beaucoup de gens qui dormaient dans la poussière de la terre s'éveilleront, les uns pour la vie éternelle, les autres pour la honte et la déchéance éternelles.» (Dn 12,2).

❶ La lutte des Macchabées a aussi donné naissance à la littérature dite apocalyptique avec le livre de Daniel. Le genre apocalyptique introduit une nouvelle vision du temps. Au temps (*aiôn*) de ce monde succédera le temps du monde à venir. Ainsi naît le concept d'eschatologie, c'est-à-dire d'attente de la réalisation ultime des desseins de Dieu. Le passage d'un *aiôn* à l'autre s'opérera «le jour du Seigneur», qui sera celui du jugement final. Le premier texte à ce sujet est Daniel 7. On y voit la figure du Fils de l'Homme venir à la fin des temps pour opérer le jugement et recevoir une royauté qui ne sera jamais détruite (Dn 7,13-14). Jésus prêchera le royaume de Dieu à venir, bien que déjà présent dans sa personne et inauguré en ce monde et s'attribuera le titre de «Fils de l'Homme».

❷ Daniel prévoit la succession des empires qui dominent le monde. Au roi Nabuchodonosor, il dévoile le sens du rêve de la fameuse statue aux pieds d'argile, symbole de la puissance humaine qui se divinise, mais qui s'effondrera dans la poussière. «Vous, peuples, nations et gens de toutes langues, on vous l'ordonne: … Vous vous prosternerez et vous adorerez la statue d'or que le roi Nabucodonosor a érigée…» (Dn 3,4-5). Babylone est devenue la cité symbole de l'oppression, où le pouvoir réclame l'adoration de ses sujets. Ainsi dans le livre de l'Apocalypse, la cité de Rome, persécutrice des premiers chrétiens, sera-t-elle encore appelée Babylone (Ap 17,5; 18,2.10; cf. 1 P 5,13).

❸ Sous les grands prêtres ethnarques hasmonéens, Israël jouira, entre 142 et 63 av. J.-C., d'une période de relative indépendance et d'expansion la plus forte de son histoire. La conquête romaine par Pompée, en 63, inaugure une nouvelle ère. Sous Hérode le Grand, allié de Rome, régnant sur l'ensemble des territoires juifs, naît Jésus à Bethléem de Judée.

❹ Jésus est précédé par le dernier prophète de l'Ancien Testament, **Jean le Baptiste**, le précurseur, celui qui montre aux hommes «l'Agneau de Dieu qui enlève le péché du monde» (Jn 1,29). À ceux qui lui demandent: «Que dis-tu sur toi-même?», il répond: «Je suis la voix de celui qui crie dans le désert: "Redressez le chemin du Seigneur" comme a dit le prophète Isaïe» (Jn 1,22-23). Dans le désert de Judée, il proclame: «Convertissez-vous: car le royaume des Cieux est tout proche!… Moi, je vous baptise dans l'eau en vue de la conversion. Mais celui qui vient derrière moi est plus fort que moi, et je ne suis pas digne de lui retirer ses sandales. Lui vous baptisera dans l'Esprit Saint et le feu» (Mt 3,2.11).

Le serviteur souffrant

Le quatrième « chant du Serviteur » du livre d'Isaïe annonce mystérieusement le Christ, Messie souffrant exalté par Dieu.

Isaïe 53,1-12

1 Qui aurait cru ce que nous avons entendu ? Le bras puissant du Seigneur, à qui s'est-il révélé ?

2 Devant lui, le serviteur a poussé comme une plante chétive, une racine dans une terre aride ; il était sans apparence ni beauté qui attire nos regards, son aspect n'avait rien pour nous plaire.

3 Méprisé, abandonné des hommes, homme de douleurs, familier de la souffrance, il était pareil à celui devant qui on se voile la face ; et nous l'avons méprisé, compté pour rien.

4 En fait, c'étaient nos souffrances qu'il portait, nos douleurs dont il était chargé. Et nous, nous pensions qu'il était frappé, meurtri par Dieu, humilié.

5 Or, c'est à cause de nos révoltes qu'il a été transpercé, à cause de nos fautes qu'il a été broyé. Le châtiment qui nous donne la paix a pesé sur lui : par ses blessures, nous sommes guéris.

6 Nous étions tous errants comme des brebis, chacun suivait son propre chemin. Mais le Seigneur a fait retomber sur lui nos fautes à nous tous.

7 Maltraité, il s'humilie, il n'ouvre pas la bouche : comme un agneau conduit à l'abattoir, comme une brebis muette devant les tondeurs, il n'ouvre pas la bouche.

8 Arrêté, puis jugé, il a été supprimé. Qui donc s'est inquiété de son sort ? Il a été retranché de la terre des vivants, frappé à mort pour les révoltes de son peuple.

9 On a placé sa tombe avec les méchants, son tombeau avec les riches ; et pourtant il n'avait pas commis de violence, on ne trouvait pas de tromperie dans sa bouche.

10 Broyé par la souffrance, il a plu au Seigneur. S'il remet sa vie en sacrifice de réparation, il verra une descendance, il prolongera ses jours : par lui, ce qui plaît au Seigneur réussira.

11 Par suite de ses tourments, il verra la lumière, la connaissance le comblera. Le juste, mon serviteur, justifiera les multitudes, il se chargera de leurs fautes.

12 C'est pourquoi, parmi les grands, je lui donnerai sa part, avec les puissants il partagera le butin, car il s'est dépouillé lui-même jusqu'à la mort, et il a été compté avec les pécheurs, alors qu'il portait le péché des multitudes et qu'il intercédait pour les pécheurs.

Si come moyses vit dieu ou buissun.

Si come moyses ala qerre les tables de la loi

Dieu donne aux hommes une règle de vie

Ai-je besoin d'une loi ?

Les groupes dont tu fais partie, ont-ils des règles à respecter absolument ? Lance ton enquête ! À l'école, dans la rue, dans les clubs sportifs... dans ta famille..., on observe des règles. À quoi servent-elles ? Quand une règle doit être observée absolument, elle est une loi. Un Parlement a pour rôle de voter des lois. Celles-ci fixent les droits et les devoirs de chacun. La loi nous protège. Sans loi, chacun ferait ce qu'il veut et ce serait le chaos.

Il existe aussi des lois morales. Elles concernent la conduite que nous devons adopter. Elles disent ce qui est bien et ce qui est mal. Elles fixent des limites à ne pas dépasser. Dieu lui-même a donné aux hommes des lois morales. Ce sont les dix commandements qu'il a confiés à Moïse sur le mont Sinaï (Ex 20,1-17). Dieu les a gravées dans la pierre. Ces « Tables de la Loi » sont conservées dans l'Arche d'Alliance. (Dt 10,5)

Les 3 premiers commandements concernent nos relations avec le Dieu vivant, unique et vrai. Les 7 suivants concernent nos relations avec nos proches. Apprends les dix commandements.

Du bon usage de la vie

Tu abordes maintenant une nouvelle étape de ton parcours. Tu as découvert que Dieu se révèle dans la création et dans l'histoire du salut. Maintenant, tu peux comprendre que Dieu se révèle aussi dans le cœur humain. Il y inscrit un code de conduite que nous devons observer si nous voulons vivre dans la dignité et la liberté. Ce code, ce sont les dix commandements que Dieu donne à Moïse au cours de l'Exode (cf. Ex 20,1-17. Dt 5,6-21).

Une forme d'alliance avec Dieu

Les dix commandements sont l'expression de l'alliance de Dieu avec les hommes. Le Seigneur dit à son peuple : « Je suis le Seigneur ton Dieu, qui t'ai fait sortir du pays d'Égypte, de la maison de l'esclavage » (Ex 20,2). Dieu nous veut libres et heureux. Pour atteindre ce but, nous ne devons pas nous laisser aller à nos envies désordonnées, mais suivre une route balisée. Les commandements sont les balises qui bornent le chemin. Si nous nous écartons de cette route, nous nous détruisons nous-mêmes.

La double Table des commandements

Les dix commandements se divisent en deux Tables. La première parle de l'amour que nous devons à Dieu, la seconde de l'amour que nous devons au prochain. Ces deux Tables sont indissociables.

Les commandements sont-ils nécessaires?

Par la voix de sa conscience, tout homme peut parvenir à la connaissance de cette loi morale inscrite en lui. Mais à cause de l'obscurcissement de la conscience et aussi de nos faiblesses, Dieu est venu à notre secours en révélant ce qui est bon pour nous et en fixant les limites que nous ne devons pas franchir. Les règles de la vie morale valent pour tous les hommes. Tu vas maintenant prendre connaissance de chacune de ces règles.

Dix paroles inscrites au cœur de l'homme

Dieu révèle l'homme à l'homme en lui donnant la loi morale. L'alliance avec Dieu est scellée par les dix commandements. Les « dix paroles » que Moïse a reçues de Dieu au Sinaï, « écrites sur deux tables de pierre » (Ex 20,1-17 ; 32,15-16) que nous appelons les dix commandements, se divisent en deux parties. Les trois premiers commandements concernent les relations de l'homme avec Dieu, les sept suivants les rapports avec le prochain. Les commandements sont une expression de l'alliance conclue au Sinaï avec le peuple élu. Ils sont l'expression de la loi morale universelle. Tout le processus de la révélation est de faire prendre conscience aux hommes qu'ils sont appelés à obéir à la loi morale de l'intérieur d'eux-mêmes. C'est la grâce du Christ qui leur permettra de vivre les exigences de la loi morale en enfants de Dieu libres. Saint Paul dira que « le plein accomplissement de la loi, c'est l'amour » (Rm 13,10).

❶ Les grandes religions et philosophies ont dégagé quelques règles morales, parmi lesquelles la règle d'or : « Tout ce que vous voudriez que les autres fassent pour vous, faites-le pour eux, vous aussi » (cf. Mt 7,12 ; Lc 6,31), ou encore : « Toute personne humaine doit être traitée humainement ». La sagesse des Anciens a identifié quatre vertus naturelles dites cardinales, sur lesquelles « pivote » la morale de l'homme en société : – **la prudence**, qui évalue la portée d'un acte, qui est attentive à ses répercutions sur les autres, qui respecte les droits et les attentes des autres, qui ne met pas en danger la vie, la sécurité et la réputation d'autrui. – **la justice**, qui rend à chacun ce qui lui est dû, soit dans le rapport interpersonnel, soit dans le rapport avec la communauté humaine. – **la force**, qui est d'ordre moral ; elle permet de résister aux tentations mauvaises, de maintenir le cap vers le bien, sans tenir compte des flagorneries ni des dénigrements. – **la tempérance**, qui est la maîtrise de ses instincts et de ses passions, la recherche du juste milieu, loin des excès et des solutions extrêmes.

❷ L'être humain a été créé « chair » et esprit, corps et âme, capable de connaître et d'aimer, un être social par nature, doué de conscience, de raison et de sentiments, appelé à la liberté. La conduite morale met en jeu toutes les dimensions de la personne : sa condition physique, son émotivité, ses passions, sa liberté, son appartenance à une société, ses repères éthiques.

❸ La morale humaine suppose que l'homme soit libre et responsable de ses actes, et qu'il existe une norme de conduite objectivement juste et bonne vers laquelle il doit tendre. La Bible enseigne que Dieu a inscrit dans le cœur des hommes créés par lui cette norme de moralité universelle qu'on appelle la loi naturelle. La loi naturelle est la règle de l'humanité de l'homme. Elle n'est pas à inventer, mais à scruter par chaque personne selon sa capacité de la recevoir et de la mettre en pratique.

❹ L'homme agissant librement se détermine selon sa conscience. La conscience est le témoin intérieur qui juge de la moralité bonne ou mauvaise de nos actes. Pour qu'un acte soit vraiment humain il faut qu'il soit posé en accord avec la conscience. La conscience n'est pas souveraine dans l'appréciation du bien et du mal. Elle doit être formée par l'éducation, l'expérience, la fréquentation de la parole de Dieu et la vie ecclésiale. Elle doit toujours être à la recherche du bien objectif.

Les dix paroles ou commandements donnés par Dieu a Moïse sur le mont Sinaï se trouvent dans Exode 20,1-17

2 Le Seigneur notre Dieu a conclu une alliance avec nous à l'Horeb...

et Deutéronome 5,6-21

6 «Je suis le Seigneur ton Dieu, qui t'ai fait sortir du pays d'Égypte, de la maison d'esclavage.

I : 7 Tu n'auras pas d'autres dieux que moi. 8 Tu ne feras aucune idole, aucune image de ce qui est là-haut dans les cieux, ou en bas sur la terre, ou dans les eaux par-dessous la terre. 9 Tu ne te prosterneras pas devant ces images pour leur rendre un culte...

II : 11 Tu n'invoqueras pas le nom du Seigneur ton Dieu pour le mal, car le Seigneur ne laissera pas impuni celui qui invoque son nom pour le mal.

III : 12 Observe le jour du sabbat, en le sanctifiant, selon l'ordre du Seigneur ton Dieu. 13 Pendant six jours tu travailleras et tu feras tout ton ouvrage, 14 mais le septième jour est le jour du repos, sabbat en l'honneur du Seigneur ton Dieu. Tu ne feras aucun ouvrage...

IV : 16 Honore ton père et ta mère, comme te l'a ordonné le Seigneur ton Dieu, afin d'avoir longue vie et bonheur sur la terre que te donne le Seigneur ton Dieu.

V : 17 Tu ne commettras pas de meurtre.

VI : 18 Tu ne commettras pas d'adultère.

VII : 19 Tu ne commettras pas de vol.

VIII : 20 Tu ne porteras pas de faux témoignage contre ton prochain.

IX : 21 Tu ne convoiteras pas la femme de ton prochain,

X : Tu ne désireras ni sa maison ni son champ, ni son serviteur ni sa servante, ni son bœuf ou son âne : rien de ce qui lui appartient. »

Saint Paul résume la condition morale des personnes qui ne connaissent pas la révélation divine. Elles ne sont pas dépourvues de moralité. Le Créateur a inscrit la loi morale naturelle en leur cœur. Romains 1,18-20

18 Or la colère de Dieu se révèle du haut du ciel contre toute impiété et contre toute injustice des hommes qui, par leur injustice, font obstacle à la vérité. 19 En effet, ce que l'on peut connaître de Dieu est clair pour eux, car Dieu le leur a montré clairement. 20 Depuis la création du monde, on peut voir avec l'intelligence, à travers les œuvres de Dieu, ce qui de lui est invisible : sa puissance éternelle et sa divinité.

Romains 2,14-16

14 Quand des païens qui n'ont pas la Loi pratiquent spontanément ce que prescrit la Loi, eux qui n'ont pas la Loi sont à eux-mêmes leur propre loi. 15 Ils montrent ainsi que la façon d'agir prescrite par la Loi est inscrite dans leur cœur, et leur conscience en témoigne, ainsi que les arguments par lesquels ils se condamnent ou s'approuvent les uns les autres. 16 Cela apparaîtra le jour où ce qui est caché dans les hommes sera jugé par Dieu conformément à l'Évangile que j'annonce par le Christ Jésus.

Il est unique

Avec ce premier commandement Dieu rappelle aux Hébreux l'expérience qu'ils ont vécue :

Je suis le Seigneur ton Dieu, qui t'ai fait sortir du pays d'Égypte, de la maison d'esclavage. (Ex 20,2)

La Bible a transmis à l'humanité ce cadeau qu'est le Dieu unique et vrai. Notre Dieu ne peut pas se confondre avec le monde puisqu'Il l'a créé ! Notre imagination ne l'a pas inventé, puisqu'Il s'est fait connaître ! Les Hébreux étaient entourés de peuples qui vénéraient une multitude de faux dieux. La foi dans le Dieu unique est une révolution religieuse.

Tu n'adoras que Dieu seul.

Tu ne feras aucune idole, aucune image de ce qui est là-haut dans les cieux, ou en bas sur la terre, ou dans les eaux par-dessous la terre. (Ex 20,4)

La grande tentation de l'homme, c'est de s'accrocher à des objets, à des animaux, à des stars et de les « adorer », de les mettre au-dessus de tout, et d'en devenir les esclaves parfois.

> Adorer Dieu seul c'est rejeter toutes ces idoles qui veulent te dominer. Car seul le vrai Dieu te rend libre. Le premier commandement permet de comprendre tous les autres.

«Tu n'auras pas d'autres dieux que moi»

Dieu, rien que Dieu

Les trois premiers commandements font écho à l'appel solennel de la prière juive : « Écoute, Israël : le Seigneur notre Dieu est l'Unique. Tu aimeras le Seigneur ton Dieu de tout ton cœur, de toute ton âme et de toute ta force » (Dt 6,4-5). Le *Shemâ Israël* est considéré comme la profession de foi et l'une des plus importantes prières du judaïsme, à réciter en se levant, en se couchant, sur le chemin, dans son foyer, et à enseigner à ses enfants.

Fuir les idoles

Dans la Bible est dénoncé le péché d'idolâtrie qui consiste à adorer des êtres autres que Dieu. Les prophètes invitent le peuple à se détourner du culte des idoles pour se prosterner devant le Dieu vivant. Cet appel à fuir les idoles reste actuel. Nous sommes toujours tentés de nous créer nos propres idoles. Certains sacrifient tout à l'argent, au pouvoir, à la célébrité, à la beauté, à l'apparence, et en deviennent les esclaves. Ces idoles me détournent de mon vrai bonheur et me font perdre ma liberté.

N'avoir que Dieu pour Dieu c'est être libre de tous les faux dieux.

L'adoration du Dieu véritable

Adorer, c'est répondre au premier commandement. Adorer Dieu signifie pour moi le reconnaître comme mon Créateur et mon Sauveur, comme le Seigneur et le Maître de tout ce qui existe, et aussi comme celui qui me montre le chemin à suivre. Toi aussi, fais l'expérience de l'adoration.

Tu adoreras le Seigneur ton Dieu, et tu le serviras

Le premier commandement est la clé de tous les autres: «Tu n'auras pas d'autres dieux que moi» (Dt 5,7). Si Dieu est Dieu, alors nous sommes délivrés de tous les faux dieux et de toutes les idoles à notre convenance que nous nous donnons nous-mêmes. Tu n'adoreras que le vrai Dieu. Te voilà libre et délivré de l'esclavage des idoles qui te dominent. Même ceux qui font profession d'athéisme se donnent un absolu: la raison, le progrès, leur propre «moi», leur carrière, leur fortune, toutes ces idoles auxquelles ils vouent une soumission infinie. «Tu me serviras» dit Dieu. Servir Dieu, c'est le reconnaître pour seul maître. Qui adore Dieu n'adore plus les créatures, ni les dieux de substitution.

❶ La profession de foi va au Dieu qui se révèle, au Dieu unique, infini, qu'on ne peut représenter, créateur de l'espace et du temps, créateur de l'homme, maître de l'histoire.

❷ L'homme est naturellement appelé à se tourner vers Dieu. Ce qu'on appelle la «religion» c'est cette vertu innée qui porte les hommes vers le mystère qui les enveloppe et les rend capables d'accueillir la parole que Dieu leur adresse.

❸ Il est demandé d'adorer le vrai Dieu. Adorer Dieu c'est le reconnaître pour qui il est et nous reconnaître pour qui nous sommes devant lui. L'adoration se fait par la prière de louange, d'action de grâce, d'intercession et de demande, dans le silence ou en assemblée.

❹ Le premier commandement interdit toute représentation de Dieu sous forme picturale ou plastique, car Dieu est au-delà de toute représentation anthropomorphique. Non seulement les idoles d'hier, mais aussi les idoles d'aujourd'hui sont à proscrire.

❺ Dieu veut être adoré librement Une pratique religieuse obtenue sous la contrainte est une injure à Dieu et une injustice infligée à l'homme. La racine de la «liberté de religion» est dans la nature humaine créée libre de se tourner vers Dieu ou de s'en éloigner.

❻ Adorer le vrai Dieu signifie que l'on abandonne les mentalités et les pratiques idolâtriques, magiques, superstitieuses qui encombrent l'esprit et les mœurs. La foi au Dieu unique a été à l'origine de la science, car elle a désacralisé le cosmos et ses éléments tenus pour des dieux.

❼ Aujourd'hui, à côté des croyants, les hommes se répartissent entre:
– ceux qui sont indifférents à l'esprit religieux, qui se contentent apparemment d'une vision matérialiste du monde et de la vie;
– ceux qui se déclarent agnostiques, prétendant ne rien pouvoir affirmer au sujet de l'existence de Dieu ou de son inexistence, et qui vivent, en fait, comme si Dieu n'existait pas;
– ceux qui se déclarent athées et qui affirment qu'il n'y a pas de Dieu.

L'athéisme moderne procède de la volonté d'émancipation totale de l'homme par rapport à une puissance qui lui serait supérieure. Pourtant aucun homme ne s'est fait lui-même et nous devons notre existence à d'autres. Le monde a une origine et une fin. Nous participons, au plus intime de nous-mêmes, à l'Être qui existe, sans origine et sans fin, l'Être absolu qui a voulu tout ce qui est.

Le nom de Dieu, c'est Dieu

Tu ne souhaites sûrement pas que l'on se moque de ton nom, que tes camarades fassent des jeux de mots ou injurient ton nom de famille.
Tu veux au contraire qu'il soit respecté ; c'est une part de toi-même. Tu peux donc comprendre que Dieu ne veuille pas que l'on se moque de son nom. Dieu a fait connaître son nom à Moïse dans le buisson ardent : *Je suis qui je suis. Tu parleras ainsi aux fils d'Israël : « Celui qui m'a envoyé vers vous, c'est : JE-SUIS. »* (Ex 3,14)

> Le nom de Dieu est sacré, tout comme Dieu lui-même. Il lui est réservé et tu dois l'employer avec respect. Tu ne dois t'en servir ni pour jurer, ni pour aucune autre raison, par exemple pour menacer quelqu'un ou pour faire passer un mensonge…

Dieu ne peut jamais être utilisé pour justifier des projets mauvais. De même, il ne faut pas se moquer de ceux qui croient en Dieu, car c'est toucher à leurs convictions intimes. Ce commandement nous aide à comprendre pourquoi Jésus nous enseigne à prier : *Notre Père, qui es aux cieux, que ton Nom soit sanctifié.* (Mt 6,9)
Enfin, souviens-toi qu'un chrétien est baptisé « au **Nom** du Père, et du Fils, et du Saint-Esprit ». Alors pas un mot qui puisse offenser Dieu !

Dieu ne t'appartient pas

Le nom de Dieu

Le deuxième commandement interdit tout usage inconvenant du nom de Dieu. Le blasphème consiste à user du nom de Dieu, ou de Jésus Christ, d'une façon injurieuse. De manière positive, ce commandement prescrit de respecter le nom du Seigneur, car le nom du Seigneur est saint. Dieu est notre Créateur et notre Sauveur. Nous devons honorer Dieu dans nos paroles. Nous devons toujours prononcer le nom de Dieu avec respect.

Honorer Dieu par ma vie

La Bible d'une manière poétique nous dit que le soleil rend hommage à Dieu par ses rayons, les étoiles par leur éclat, les oiseaux par leur chant, les fleurs par leur parfum. L'homme, lui, rend hommage à Dieu son Créateur par une vie droite, en obéissant librement à la loi morale inscrite en son cœur. C'est par mes paroles, mais aussi par mes gestes, mon regard et mes attitudes que je peux rendre hommage à Dieu. Je dois aussi honorer le nom du Christ par une vie digne de lui.

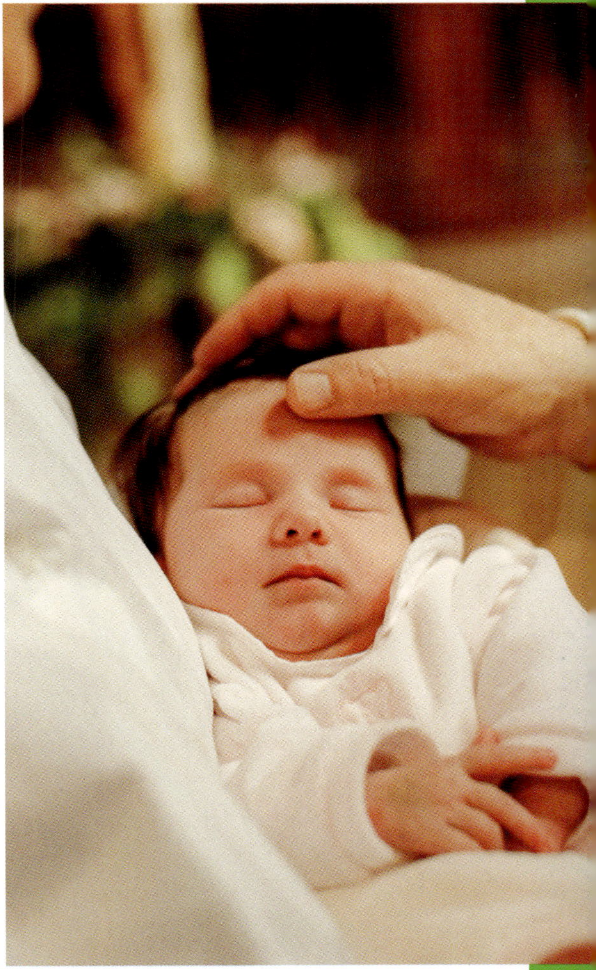

Ne pas rougir

Le deuxième commandement concerne le respect dû à Dieu et aux choses sacrées. Il faut donner à notre nom de chrétien tout l'honneur qu'il mérite car il vient du nom du Christ. Nous ne devons jamais rougir de porter ce nom devant les autres hommes. Lors de son baptême, le chrétien reçoit son nom dans l'Église ; les parents lui donnent un prénom chrétien ; la protection d'un saint lui offre un modèle à suivre. La publicité et la création artistique font parfois un usage abusif des symboles religieux dans un but mercantile ou provocateur. Dieu n'est pas un objet dont je dispose. Je lui dois reconnaissance, obéissance et adoration.

Tu ne prononceras pas le nom du Seigneur pour le mal

Dieu doit être respecté en toutes circonstances. Pour éviter de prononcer le nom divin, les Juifs lisaient le tétragramme sacré YHWH, en utilisant le métonyme *Adonaï* (Seigneur), ou encore en disant «le Nom». Il n'est pas possible d'enfermer Dieu sous un adjectif, une désignation quelconque qui sera toujours imparfaite et ne rendra pas compte du mystère de l'Être infini.

❶ Dieu se révèle à Moïse sur le mont Sinaï. Du milieu du buisson qui brûle sans se consumer. Dieu se révèle comme le Dieu d'Abraham, d'Isaac et de Jacob. Lorsque Moïse demande à Dieu quel est son nom, c'est-à-dire Qui il est, Dieu répond: «Je suis qui je suis» ou encore «Je suis celui qui suis» (Ex 3,14). Le Dieu qui se révèle, c'est l'être éternel, absolu, sans commencement ni fin qui s'est fait connaître à Abraham et à sa descendance sous le nom de YHWH (cf. Ex 6,2-3).

❷ Il n'est pas permis de se servir de Dieu pour assouvir ses propres desseins, pour se glorifier soi-même ou pour écraser les autres.

❸ La référence à Dieu doit être entourée du sens du sacré, de la transcendance absolue. Dieu est le Tout Autre. Dieu ne doit pas être un objet de dispute entre tenants de divers courants de pensée. Il n'est la propriété de personne. Dieu ne peut qu'être accueilli pour qui il est.

❹ À l'opposé du respect dû à Dieu se situe le blasphème, qui consiste à prononcer le nom de Dieu en vain, à l'associer à des propos ou des attitudes haineuses ou offensantes, ou à le faire intervenir dans des jurons.

❺ Prendre Dieu à témoin dans un serment est un geste grave. Tromper un partenaire par un faux serment où le nom de Dieu est invoqué est un péché grave. Dieu est vérité et ne peut être utilisé pour accréditer un mensonge.

יהוה

Adonaï

Kupios

Dominus

Le Seigneur

Un jour pour Dieu

Le septième jour, Dieu avait achevé l'œuvre qu'il avait faite. Il se reposa, le septième jour, de toute l'œuvre qu'il avait faite. Et Dieu bénit le septième jour : il le sanctifia puisque, ce jour-là, il se reposa de toute l'œuvre de création qu'il avait faite. (Gn 2,2-3)

En écho au repos du Créateur, le troisième commandement nous demande de prendre le temps de remercier Dieu et de refaire nos forces. En ce jour de repos, le peuple hébreu se souvient de sa libération de l'Égypte par la main de Dieu : c'est le temps de regarder l'œuvre de Dieu pour le remercier de tous ses dons. Les Juifs célèbrent le « sabbat », notre samedi, en allant prier à la synagogue évoquant le « repos » du Créateur. Les chrétiens se rassemblent le dimanche, le premier jour de la semaine, jour où ils célèbrent la Résurrection de Jésus.

> « Sanctifier » le jour du Seigneur signifie le consacrer à Dieu, s'arrêter pour rendre grâce à Dieu. Tu dois pouvoir prendre du recul, vivre avec ta famille, choisir des activités qui font grandir ta réflexion et ta vie spirituelle, surtout prier avec ta famille et ta communauté.

Le dimanche, nous sommes tous invités à aller à l'église pour célébrer l'eucharistie. Et toi, est-ce que tu observes le Jour du Seigneur ?

Du temps pour lui dans ta vie

Le septième jour

Mettre Dieu à la première place dans ma vie veut dire consacrer à la prière la meilleure partie de ma journée et chercher à chaque instant à faire sa volonté par amour pour lui. Cela signifie aussi honorer le jour qui lui est consacré. Le dimanche n'est pas un jour comme les autres : il est celui du repos, de la famille, des loisirs, il est surtout le jour donné à l'homme pour se souvenir que la source de sa vie est en Dieu.

Le sabbat

Le sabbat représente dans le livre de la Genèse l'achèvement de la première création : « Et Dieu bénit le septième jour : il le sanctifia puisque, ce jour-là, il se reposa de toute l'œuvre de création qu'il avait faite » (Gn 2,3). Ma semaine est-elle tellement surchargée par toutes sortes d'activités qu'il ne reste plus de temps à consacrer au Seigneur ?

Le dimanche ou «jour du Seigneur»

Les premiers chrétiens célèbrent chaque semaine la résurrection de Jésus Christ. En effet, le Christ est ressuscité le lendemain du sabbat, qui est le premier jour de la semaine, notre dimanche. Chaque dimanche est la célébration de la résurrection du Christ, événement sur lequel se fonde la foi chrétienne.

C'est pourquoi le dimanche est aussi considéré comme le premier jour d'une création nouvelle. Les chrétiens sont invités à observer le jour du Seigneur. L'Église te demande de participer à la messe dominicale, car c'est vital pour toi et pour la communauté chrétienne. En observant ainsi « le jour du Seigneur », tu deviendras toujours davantage disciple de Jésus et son témoin devant tes camarades.

« *Souviens-toi du jour du sabbat pour le sanctifier* »

Le récit de la création se termine par ces mots : « Il se reposa, le septième jour, de toute l'œuvre qu'il avait faite. Et Dieu bénit le septième jour : il le sanctifia » (Gn 2,2-3). Le jour de repos du Créateur est aussi celui du repos du peuple sorti d'Égypte (Ex 33,14 ; Dt 5,12-15), qui préfigure le « repos sabbatique » définitif dans lequel le Christ est entré par sa résurrection, préfigurant le repos dans lequel l'humanité est appelée à entrer à son tour (He 4,1-11).

❶ La semaine de sept jours est calquée sur les sept jours de la création. L'alternance des six jours de travail et du sabbat a une valeur religieuse et anthropologique. Il permet à l'homme d'être lui-même, de prendre du recul, de se recentrer sur le sens de son labeur et de ses différents engagements.
Le septième jour fait toute sa place à Dieu. L'homme se rappelle qu'il vient de Dieu et qu'il collabore à son œuvre. Le repos de l'homme manifeste qu'il doit lui aussi être « maître » de son travail et qu'il le domine (cf. Dt 5,15).

❷ Le rythme hebdomadaire conclu par un jour de repos a une valeur anthropologique. L'homme a besoin d'alterner travail et repos, de vivre des moments festifs. Il faut travailler pour vivre et non pas vivre pour travailler. Le jour de repos permet de remettre en perspective la vie de travail par rapport au reste de la vie. Il est consacré à Dieu, à la famille, aux amis, aux activités de loisir. Le repos joyeux n'est pas inaction, mais jouissance de ce qui est accompli. Dieu est toujours à l'œuvre dans sa création (Jn 5,17). C'est le moment de cultiver notre capacité contemplative et notre charité active.

❸ Les chrétiens ont déplacé au premier jour de la semaine la mémoire de l'œuvre de Dieu, puisque dans la résurrection de Jésus, le salut est offert dans sa plénitude. Le dimanche – *dies dominica* – est le jour du Seigneur, « premier jour de la semaine », commémoration de la résurrection du Christ. C'est le jour de l'assemblée eucharistique, jour où le chrétien accomplit le précepte du troisième commandement.

❹ Au dimanche s'ajoutent les fêtes de précepte comme Noël, l'Épiphanie, l'Ascension, l'Assomption, l'Immaculée Conception, saint Joseph, saints Pierre et Paul et la Toussaint.
La vie chrétienne a son sommet dans l'eucharistie dominicale.

❺ « Le premier jour de la semaine, nous étions rassemblés pour rompre le pain » dit le narrateur des Actes (Ac 20,7). C'est le jour de ralliement des chrétiens. Depuis l'an 321, une loi de Constantin déclare le dimanche jour de repos. Durant des siècles, le repos dominical a rythmé la vie du monde chrétien. Depuis quelques années, le repos dominical est soumis à une érosion systématique qui tend à banaliser ce jour pour des motifs économiques en le vidant de son caractère sacré et religieux, avec le risque que la mentalité consumériste envahisse tout le champ de l'existence.

❻ Le dimanche doit être un jour de louange et de célébration de la résurrection, un jour de rassemblement eucharistique des chrétiens, un jour de joie où l'homme retrouve ses racines.

J'aime mon père et ma mère

Pourquoi Dieu te demande-t-il d'avoir un amour plein de respect pour ton papa et ta maman ? Jésus, le Fils de Dieu, a été élevé par Marie et Joseph, dans une famille humaine.
Jésus leur était soumis [...], il grandissait en sagesse, en taille et en grâce, devant Dieu et devant les hommes. (Lc 2,51-52)

C'est par tes parents que Dieu t'a donné la vie. En te transmettant la vie, ils répondent au projet de Dieu sur toi. La famille qu'ils fondent avec toi est le cercle le plus proche dans lequel tu peux te réaliser.

Dans ta famille tu reçois les premiers dons essentiels pour ta croissance humaine et spirituelle. C'est le lieu où parents et enfants s'entraident, en se mettant au service les uns des autres. Au sein de la famille, chacun est appelé à apporter aux autres le meilleur de lui-même. Dans la maison familiale, on apprend à s'accepter mutuellement et on fait l'apprentissage de l'amour du prochain.
Vous les enfants, obéissez en toute chose à vos parents ; cela est beau dans le Seigneur. Et vous les parents, n'exaspérez pas vos enfants ; vous risqueriez de les décourager. (Col 3,20-21)
Celui qui honore son père et sa mère apprend à honorer Dieu, le Père de tous les hommes.

Ils m'ont transmis la vie

Aimer toujours et partout

Aux trois premiers commandements relatifs à l'amour de Dieu succèdent les sept autres relatifs à l'amour du prochain. L'amour de Dieu et l'amour du prochain sont inséparables.

Que signifie honorer mes parents?

Dieu a voulu qu'après lui, j'honore mes parents. Honorer mes parents signifie tout d'abord les respecter et leur faire confiance, car ils ont reçu une mission d'autorité. Sans eux, je n'existerais pas ; Dieu m'a offert la vie à travers eux. L'Ancien Testament est extrêmement dur au sujet des enfants qui parlent mal à leurs parents (cf. Ex 21,17). Dieu prend au sérieux l'honneur dû aux parents. Les honorer, c'est aussi avoir beaucoup de reconnaissance pour tout ce qu'ils m'ont donné : le magnifique cadeau de la vie, les valeurs de l'éducation, la connaissance de Dieu.

«Les parents ne me comprennent pas»

Les parents peuvent quelquefois faillir à leur mission, se désintéresser de leurs enfants ou ne pas leur donner tout ce dont ils ont besoin pour grandir humainement. C'est dommage ! Je dois avoir de la reconnaissance et du respect pour ceux qui se chargent de mon éducation. En grandissant, je dois trouver peu à peu le chemin de mon autonomie pour réaliser ma vocation propre. Je rendrai un jour ce que je dois à mes parents en devenant parent à mon tour, en transmettant moi-même la vie et l'amour que j'ai reçus d'eux.

La reconnaissance filiale

Le quatrième commandement assure la transition entre les commandements de l'amour de Dieu et de l'amour du prochain. Le prochain le plus proche de tout être humain est son père et sa mère, nos procréateurs qui nous manifestent l'amour de Dieu.

❶ L'union de l'homme et de la femme répond à l'ordre voulu par Dieu (Gn 2,18). Le mariage qui consacre cette union fonde la famille qui est la cellule naturelle de base de la société. Le lien de filiation entre parents et enfants est antérieur à tout autre lien social. Il appartient à la nature. La société ne peut en disposer, sauf dans le cas où il serait dénaturé. Ce principe justifie que les parents aient la responsabilité première de l'éducation de leurs enfants.

❷ Le mariage est l'union d'un homme et d'une femme, se donnant l'un à l'autre par un choix libre pour la vie. Le mariage a une double finalité, unitive et procréative. La réalité humaine naturelle du mariage a été élevée par le Christ à la dignité de sacrement.

❸ La famille est une communion affective d'entraide mutuelle. Les enfants doivent un respect affectueux à leurs parents, la piété filiale. Celle-ci suppose l'obéissance de l'enfant aux parents éducateurs. Âgés, les parents ont droit au soutien moral et matériel de leurs enfants.

❹ Le devoir de subvenir aux besoins de leurs enfants est un devoir naturel. Il inclut l'éducation sous toutes ses formes. Les parents ne sont pas les les propriétaires de leurs enfants; ils sont au service de leur croissance. Les abus commis sur des enfants sont des crimes intolérables. La meilleure éducation aux valeurs humaines est l'exemple donné. Un enfant se conforme naturellement sur le modèle de ses parents dans sa manière de penser, de sentir, de s'engager. Il est important que l'enfant reçoive la transmission de la foi de ses parents et de son entourage. L'éveil à la foi doit se faire en famille.

❺ Les parents auront à cœur de choisir pour leurs enfants les institutions éducatives qui correspondent le mieux à leurs propres convictions.

❻ La société tente de faire accepter d'autres modèles de la famille. Aucun modèle ne peut se prévaloir de cette qualification s'il contredit ce que le Créateur a établi, à savoir la famille fondée sur le lien matrimonial indissoluble entre un homme et une femme, ouverte à l'accueil des enfants.

❼ Le quatrième commandement inclut aussi le devoir d'obéissance dû à la loi humaine et à ses représentants légitimes lorsqu'ils agissent en vue du bien commun et de la justice. Lorsque la loi humaine n'est pas contraire à la loi naturelle c'est-à-dire à l'ordre voulu par Dieu, elle oblige en conscience. Il n'y a pas de société sans valeurs communes et sans observance des lois. Mais si une loi devait prescrire des actes non conformes à l'ordre moral objectif, l'objection de conscience doit être invoquée.

❽ Chaque homme, en tant que citoyen doit participer, selon ses moyens, au progrès de la société, dans tous les domaines, y compris le domaine spirituel. Les droits fondamentaux de la personne humaine, inscrits dans les textes internationaux, doivent toujours être respectés. L'État doit veiller à ce que soient créées les conditions de leur application effective.

Touche pas à la vie !

La vie est un don gratuit que Dieu nous a fait, un don à protéger comme un trésor. Ainsi il est interdit de tuer une personne, ou de la mettre volontairement en danger de mort.
Quand on est enfant, on joue quelquefois à la guerre. Peut-être as-tu déjà participé à des jeux vidéo extrêmement violents. Attention ! La vie c'est différent, ce n'est pas un jeu ! Elle demande beaucoup de respect. Aucune dispute, aucun motif ne peut justifier de tuer quelqu'un. Connais-tu des situations où ce drame est pourtant arrivé ?

> Ce commandement te rappelle que les hommes ne sont pas maîtres de la vie. La vie leur est donnée. Ils doivent la respecter comme le bien le plus précieux.

Dieu nous invite à prendre soin de nos frères, de tous nos frères. Tu es le gardien de ton frère ! Ne sois pas comme Caïn qui répondit à Dieu : *Est-ce que je suis, moi, le gardien de mon frère ?* (Gn 4,9)
Toi-même, tu es précieux aux yeux de Dieu ; tu es unique au monde, ton visage – unique – le montre, ton ADN le prouve. Cette vie que tu as reçue, ne la mets pas en danger.
C'est toi... qui m'as tissé dans le sein de ma mère. Je reconnais devant toi le prodige, l'être étonnant que je suis : étonnantes sont tes œuvres, toute mon âme le sait. (Ps 138,13-14)

Nous ne sommes pas maîtres de la vie

Un interdit universel

L'interdit du meurtre semble aller de soi car nous sommes des êtres humains – des personnes – doués de raison. La vie nous a été donnée. Nous ne disposons pas de notre vie ni de celle des autres. Nous ne pouvons que servir la vie humaine. Attenter à la vie d'autrui, c'est aussi attenter à Dieu lui-même, auteur de la vie.

Pourquoi respecter absolument la vie humaine?

Le cinquième commandement interdit de coopérer à toute action menant directement et volontairement à la suppression d'une vie humaine, y compris par l'avortement, l'euthanasie ou le suicide. Le choix de tuer est radicalement incompatible avec l'amour envers Dieu et envers le prochain. Il ne peut être justifié d'aucune façon. Ce qu'on appelle la légitime défense ne relève pas de l'interdiction de tuer. Car se défendre d'un agresseur a pour but de sauver sa propre vie ou celle d'un autre. Si l'agresseur est tué au cours de cette action de défense, il n'y a pas volonté de commettre un homicide, mais seulement un effet consécutif à la légitime défense.

Œuvrer en faveur de la vie

À côté du meurtre proprement dit, il existe bien des situations où l'on empêche l'autre de vivre. Te rends-tu compte que l'on peut détruire socialement quelqu'un par exemple en répandant des calomnies à son sujet, en l'excluant de son entourage, ou en l'empêchant de faire valoir ses droits ?
Respecter la vie, c'est donc endiguer cette agressivité tapie quelque part à l'intime de moi-même, qui peut se manifester par des regards de mépris ou des paroles de rejet, par des mouvements de colère, voire des pulsions de haine.

Tu ne disposeras pas de la vie d'autrui

Le premier des commandements de la deuxième Table du Décalogue à être formulé sous forme d'interdit concerne le respect de la vie humaine. On se souvient que la première conséquence du péché de désobéissance d'Adam et d'Ève a été le meurtre d'Abel par son frère. Nul n'a de pouvoir sur la vie d'un autre, pas même sur la sienne propre. Le suicide est aussi inclus sous l'interdit du meurtre.

❶ Le cinquième commandement recouvre tous les aspects du respect dû à la vie. L'interdiction de tuer est universelle. Elle ne souffre aucune exception. Ce qu'on appelle la légitime défense est le devoir de protéger sa propre vie, celle de sa famille et, éventuellement de sa patrie. La protection de sa propre vie peut entraîner la mort de l'agresseur. C'est le double effet. L'intention première n'était pas de tuer, mais de se défendre devant une menace sur sa propre vie. Le geste de défense doit toujours être proportionnel à l'étendue de la menace.

❷ La peine de mort est réprouvée par l'Église et par la législation de nombreux pays.

❸ L'interdiction de tuer vaut pour tout meurtre délibéré direct, mais aussi pour l'intention de tuer indirectement, en exposant une personne à un risque mortel.

❹ La protection de la vie vaut en particulier pour la vie naissante et la vie finissante. L'Église condamne l'avortement, car un nouvel être humain est présent dès que la fusion des gamètes est achevée. Le développement de l'être humain intra utérin doit être respecté sur tout son parcours. Il y a continuité parfaite entre l'embryon, le fœtus, l'enfant à la naissance. L'embryon humain n'est pas une chose et ne peut être considéré comme un matériel génétique dont on pourrait disposer.

❺ Il n'est pas permis de provoquer intentionnellement la mort d'une personne en fin de vie. La nécessité de soulager la souffrance ne doit jamais conduire à abréger volontairement la vie d'autrui ou la sienne. En revanche, rien n'oblige à recourir à des traitements curatifs devenus inutiles ni à l'acharnement thérapeutique. L'administration d'analgésiques et les soins palliatifs sont légitimes car ils visent à supprimer la souffrance et la douleur, même s'ils ont pour conséquence non voulue de hâter le moment de la mort naturelle. Maintenir en vie par l'hydratation et la nourriture est un devoir.

❻ Le respect dû à la vie s'entend aussi de l'intégrité corporelle et psychique des personnes. La personne est un sanctuaire inviolable. Le terrorisme, les prises d'otages, la torture, la drogue, les dégradations physiques sont des atteintes au respect de la vie.

Apprendre à être fidèle

Quand Dieu a créé l'homme et la femme, il a voulu qu'ils puissent être unis d'un amour si fort que rien ne pourrait le détruire. *L'homme quittera son père et sa mère, il s'attachera à sa femme, et tous deux ne feront plus qu'un*. (Gn 2,24 ; Mt 19,5)
Deux personnes s'engageant devant Dieu à s'aimer et à se respecter toute leur vie, se reconnaissent liées par un lien que rien ne saurait détruire. Mari et femme veulent se respecter en toutes circonstances, rester solidaires l'un de l'autre, chercher ensemble les solutions à leurs difficultés conjugales, se porter secours en toute détresse.
Ce beau et grand projet est un appel pour les époux à vivre tout au long de leur vie dans la fidélité l'un à l'autre. L'adultère consiste à briser la promesse de fidélité que se font les époux.

Autour de toi, tu as certainement déjà vu et entendu que ce beau et grand projet n'est pas toujours réalisé. Être fidèle l'un à l'autre tout au long de sa vie est un défi formidable à relever.

> Ce commandement signifie pour toi : respecter ton propre corps et celui des autres, apprendre déjà à être fidèle à la parole que tu prononces pour t'engager ; il veut t'apprendre à respecter ton propre corps et celui des autres.

Amour rime avec toujours

Être image de Dieu

Dieu est amour. Il vit en lui-même un mystère de communion et d'amour. Il est le Dieu de l'Alliance qui ne divorce jamais malgré l'infidélité de son peuple. En créant l'homme et la femme à son image, Dieu inscrit en eux la vocation à l'amour et à la communion. Dieu dit : « L'homme quittera son père et sa mère, il s'attachera à sa femme, et tous deux ne feront plus qu'un » (Gn 2,24). L'homme s'attachera à sa femme durablement, fidèlement, amoureusement. Et réciproquement. La fidélité dans la relation conjugale est une icône de la fidélité de Dieu.

Sincérité ou vérité?

L'adultère, c'est le fait, pour une personne mariée, d'avoir des rapports sexuels avec quelqu'un d'autre que son conjoint. C'est une forme particulièrement grave de l'infidélité. Est infidèle celui ou celle qui ne respecte pas ses engagements, qui trompe la confiance de l'autre.
Dans le mariage, les époux se promettent fidélité. Le sixième commandement nous rappelle à nos engagements ; il nous libère du mensonge, de l'insécurité et de la trahison. C'est une parole qui favorise l'amour vrai.

Quand les parents se séparent

Nombreux sont les témoignages d'enfants ou d'adolescents souffrant de la séparation de leurs parents. Ces jeunes se demandent : serai-je capable de vivre un amour fidèle toute ma vie ? En attendant le jeune cherchera un sens humain et chrétien à la sexualité. Le temps de l'adolescence est celui de l'apprentissage du respect de son propre corps et du corps de l'autre. Il est aussi le temps de la découverte de la dignité de la masculinité et de la dignité de la féminité.

Tu ne sépareras pas ce que Dieu a uni

❶ Le lien conjugal est une institution divine. L'homme ne peut en disposer. Il est scellé par le mariage qui suppose fidélité, indissolubilité et accueil des enfants. Il est un engagement à vie et n'est rompu que par la mort de l'un des deux époux. «Tous deux ne feront plus qu'un» dit l'Écriture (Gn 2,24). L'adultère rompt ce pacte de fidélité. Dans l'adultère, l'homme et la femme sont aussi coupables l'un que l'autre. Il n'est pas permis de détruire un foyer qui s'est promis fidélité pour la vie.

❷ Sous le sixième commandement est considéré l'ensemble des conduites sexuelles. Le corps humain n'est pas un objet. Il est l'expression d'une personne, de son rapport au monde et aux autres. Le corps ne peut être vendu, possédé, humilié. L'identité sexuelle d'une personne est donnée avec son corps. Nul ne peut choisir sa condition sexuelle. La sexualité n'est pas réductible à la sphère biologique, elle implique toute la personne, sa liberté, ses sentiments, sa capacité d'établir une relation vraie. La sexualité humaine trouve son expression authentique dans le don réciproque que se font l'une à l'autre deux personnes de sexe différent, dans une relation fondée sur la durée, dans le cadre du mariage. Elle est partie intégrante de l'amour qui unit un homme et une femme pour la vie.

❸ Les relations sexuelles hors mariage ne correspondent pas à l'auto-donation des personnes dans un projet stable. Elles sont contraires à la morale, notamment lorsqu'elles revêtent les formes suivantes:

– Les relations avant le mariage ou les mariages «à l'essai».

– Ce qu'on appelle «l'union libre» n'est que la mise en commun de deux égoïsmes. Son caractère toujours provisoire contredit le désir d'un amour durable ancré dans le cœur humain.

– La recherche du plaisir vénérien pour lui-même n'a pas de valeur morale, et renferme sur soi.

– Les relations sexuelles vagabondes sont des actes de mépris de la dignité de l'autre.

– Les relations homosexuelles révèlent un détournement de la sexualité qui nie l'altérité et la complémentarité.

– L'inceste et la pédophilie sont des crimes destructeurs.

❹ La sexualité est partie intégrante d'une personne. Elle engage à la fois l'esprit et le corps. On appelle chasteté la maîtrise des pulsions et le refus d'activités sexuelles désordonnées. Il y a une chasteté dans la continence, mais aussi dans le mariage lorsque la sexualité y est vécue de façon pleinement humaine. La chasteté dans le regard, dans les rapports avec les autres ouvre sur le don de soi désintéressé. Elle est d'une grande fécondité.

❺ La pureté est une vertu qui s'acquiert. Elle permet une liberté toujours plus grande par rapport aux sollicitations charnelles. Elle unifie la personne.

Ne prends pas ce qui ne t'appartient pas

Y a-t-il des objets auxquels tu tiens beaucoup ?
Tu constates que les gens aiment posséder des biens, garder des souvenirs, faire des collections... Posséder des biens est une garantie d'indépendance et de liberté pour la famille. Ce qu'on possède doit être acquis légitimement, jamais par le vol.
Le vol, c'est prendre pour soi quelque chose qui appartient à une autre personne ou à la communauté. Si tu voles un copain, tu vas bouleverser son monde à lui, tu lui fais du mal. Un simple vol à l'école peut retentir sur toute la classe puis sur les familles.

> Ce commandement t'apprend à respecter les biens de la création que Dieu met à la disposition de tous les hommes : l'air, l'eau, la nature, les animaux... Te rends-tu compte que Dieu te donne plus que tu ne peux posséder ?

Respecter les biens d'autrui, c'est aussi respecter leur travail. Ainsi, tu ne dois pas copier les devoirs de tes camarades, dégrader leurs cahiers ou faire des tags sur un mur ou des rayures sur une voiture.
Si tu as volé, tu dois rendre le bien dérobé.
Ce n'est que justice.
Et n'oublie pas : *Tout ce que vous voudriez que les autres fassent pour vous, faites-le pour eux, vous aussi.* (Mt 7,12)

« Piquer », c'est voler

Voler n'est jamais bien

Le septième commandement interdit de prendre ou de retenir injustement le bien du prochain. Il invite en même temps à la pratique de la justice et de la charité dans l'utilisation des biens et des fruits du travail des hommes, à ne pas être indifférent à la misère d'autrui. Ce commandement englobe toutes les formes injustes d'appropriation de biens d'autrui, même de petites choses.

Les différentes formes de vol

Le vol est contraire à la justice. L'injustice doit être réparée, le bien volé doit être restitué. Il existe beaucoup de formes de vol. On peut voler de l'argent ou des objets. On peut pirater des films ou des jeux. On peut voler le temps des autres. On peut aussi voler l'affection due aux siens, lorsqu'on refuse de passer du temps en famille. On peut voler la société ou l'Église ou les pauvres en retenant égoïstement pour soi ce qui leur est normalement destiné.

Simplifier son mode de vie

La société de consommation nous pousse à posséder sans cesse plus de choses et à croire que sans tous ces biens nous serions malheureux : « Si tu n'as pas un MP3 ou tel vêtement de marque, tu n'existes pas. » Certains chercheront à avoir ces objets coûte que coûte, quitte à voler si nécessaire. Le septième commandement « Tu ne voleras pas » peut être pris positivement : il m'invite à désirer « être » plus, plutôt qu'à vouloir « avoir » toujours plus. Cela exige une certaine simplicité de vie pour être vraiment soi-même et partager avec les autres, spécialement avec les pauvres. La charité selon l'Évangile, c'est s'accomplir en grandissant en qualités humaines et en joie de vivre, toutes choses que ne procure pas l'avidité de posséder.

Le vol sous toutes ses formes

Il n'est pas permis de s'approprier ce qui appartient à autrui. Ce précepte ne souffre qu'une exception. S'il y va de sa survie ou de celle de ses enfants, une personne qui prend un bien de première nécessité ne pèche pas contre le septième commandement, pourvu que ce bien ne soit pas nécessaire à la vie de celui à qui il appartient, ou de sa famille. Le respect des biens d'autrui interdit, en particulier, de frauder, de retenir des biens prêtés ou perdus, de spéculer sur les prix d'une marchandise, de détourner des biens sociaux, de pratiquer des contrefaçons, de gaspiller, de ne pas respecter un contrat, de pratiquer des prêts usuraires, de travailler au noir. Il exige de rembourser les dettes, de restituer les biens dérobés. Le précepte de l'interdiction de voler est à comprendre en référence à deux principes complémentaires : la destination universelle des biens de la terre et la légitimité de la propriété.

❶ La destination universelle des biens de la terre est un principe fondamental de l'éthique sociale d'inspiration chrétienne. Cette expression signifie que tout l'univers et ses richesses sont à la disposition de tous les hommes. La division de l'humanité en nations souveraines, la division de la société en classes, les inégalités dans l'accès aux richesses, au savoir ou au pouvoir, les différents types d'organisation de la propriété, ne préjugent pas de cette vérité éthique fondamentale que les ressources de la création sont destinées à tous les êtres humains, et qu'ils sont appelés à les partager équitablement. Les biens de la terre comprennent non seulement l'environnement et les ressources naturelles, mais tous les biens créés par l'homme, la culture, la technologie, la recherche, l'information. Que les biens soient destinés à tout le genre humain n'annule pas la propriété privée ni les souverainetés territoriales. Ce qui est affirmé, c'est que les biens nécessaires à la vie de l'humanité doivent être gérés pour le bien de l'humanité entière. Tout homme a virtuellement un droit d'usage sur l'ensemble des biens que la nature, la technique et la culture mettent à sa disposition.

❷ La propriété est un moyen et non une fin en soi. La propriété protège l'autonomie des personnes et des familles et garantit leur liberté. Tant les personnes individuelles que les personnes morales que sont les associations, les entreprises, les États peuvent posséder des biens. Même privée, la propriété a une finalité sociale. Le principe de propriété est subordonné au principe de la destination universelle des biens. Il appartient au droit positif de créer les conditions pour que, dans l'égalité fondamentale de toutes les personnes, l'accès aux biens nécessaires à la vie soit possible pour tous. Le droit à la propriété privée est la première conséquence du droit à l'usage des biens de la terre.

Pas de mensonge !

À ton âge, un petit mensonge est chose fréquente, cela ne te semble pas grave !
Mais ne pas dire la vérité dans l'intention de tromper, cela est mal. Il ne faut donc pas s'habituer à mentir.

> Le huitième commandement nous apprend à aimer la vérité. Nous avons besoin de vivre dans la confiance avec nos parents, nos professeurs et nos amis. Leur mentir, cela brise la confiance. On finit même par ne plus savoir qui dit vrai…

As-tu déjà senti que le mensonge te met mal à l'aise ? Que le mensonge fait mal aux autres ? Quand tu dis une chose alors que tu en fais une autre, tu mets le désordre dans ton cœur et tu brouilles ta relation avec les autres.
Que votre parole soit « oui », si c'est « oui », « non », si c'est « non » (Mt 5,37).
Tu as l'âge de raison, et tu comprends que la vie avec les autres n'est pas possible si elle est basée sur le mensonge. C'est tellement plus apaisant de vivre dans la vérité. Jésus te donnera « l'Esprit de vérité » (Jn 14,17).

Les pires formes de mensonge sont:
– le faux témoignage quand on accuse quelqu'un devant un tribunal pour des faits qu'il n'a pas commis ;
– la calomnie qui consiste à répandre de fausses accusations sur le compte de quelqu'un ;
– la médisance, quand on parle des défauts des autres pour le plaisir de les humilier.

Toujours dire la vérité

Le mensonge, un péché?

As-tu déjà dit un mensonge ? Combien de mensonges dois-tu dire pour devenir menteur ? Un seul suffit. Le mensonge est l'offense la plus directe à la vérité. Il est la marque propre du démon, « le père du mensonge » (Jn 8,44). Quand il est émis publiquement, un propos contraire à la vérité revêt une particulière gravité. La *médisance*, c'est dévoiler à des personnes qui l'ignorent les défauts et les fautes supposés d'autrui. La *calomnie*, c'est, par des propos contraires à la vérité, nuire à la réputation des autres et donner occasion à de faux jugements à leur égard. Le *jugement téméraire*, c'est admettre comme vrai, sans fondement suffisant, une faute morale chez le prochain.

L'ami, celui qui ne ment pas

Le huitième commandement interdit de travestir la vérité dans les relations avec autrui. Puisque Dieu est le « Véridique » (Rm 3,4), les membres de son Peuple sont appelés à vivre dans la vérité. Est ami de Dieu, celui qui rend le témoignage à la vérité, ce qui peut aller jusqu'au martyre. Dans la vie quotidienne, être ami des autres, c'est respecter leur réputation en évitant toute attitude et toute parole susceptibles de leur causer un injuste dommage ; c'est aussi s'efforcer d'interpréter dans un sens bienveillant leurs pensées, paroles et actions ; c'est enfin réparer toute faute commise vis-à-vis d'eux à l'égard de la justice et de la vérité.

À l'heure d'internet

Dire qu'on est sincère ne suffit pas. Aujourd'hui, nos mails, nos blogs, Twitter et Facebook sont de nouveaux outils de communication capables de lancer dans le public beaucoup d'informations. Ces instruments peuvent aussi nous enfermer dans un monde fictif et mensonger.

« Tu ne porteras pas de faux témoignage »

Le devoir de rendre hommage à la vérité s'entend d'abord du témoignage devant le juge. Il n'est pas permis de porter un faux témoignage pour accuser quelqu'un à tort, pour nuire à sa réputation ou pour se procurer quelque avantage que ce soit. Les rapports humains doivent être fondés sur la vérité. Car la vérité – qui est reconnaissance de ce qui est – est le seul terrain où les hommes peuvent se rencontrer. Si la vérité ne préside pas aux rapports humains, la volonté du plus fort s'impose ; c'est le règne de l'arbitraire, c'est la perversion de la parole.

❶ Le huitième commandement condamne le parjure qui est un faux témoignage donné sous serment. La calomnie ouverte, la médisance ou l'insinuation qui laisse courir des bruits désobligeants sur un autre sont particulièrement faciles dans notre société médiatique qui amplifie chaque mot ou geste et donne des vies privées en pâture à la foule. Chaque personne a droit à son honneur et à sa réputation.

❷ Certaines formes de mensonge concernent l'image que l'on donne de soi-même : non seulement l'apparence extérieure, mais la personnalité morale, la santé, la compétence professionnelle. Lorsqu'on se fabrique un personnage fictif, il finit toujours par être rattrapé par le vrai. Après avoir cherché ailleurs, on s'aperçoit que c'est le vrai qui est beau.

❸ Le mensonge est toujours une faute. Lorsqu'il a commis des dégâts, il exige réparation. Mais il n'est pas toujours souhaitable de dire toute la vérité, pour éviter de créer un traumatisme ou de provoquer un scandale. Les confidences faites librement doivent être protégées. Le secret professionnel doit être gardé. Le secret sacramentel de la confession doit être absolu. La vie privée des personnes ne doit pas être objet de commentaires publics, qu'il s'agisse de personnages en vue ou de simples citoyens.

❹ Le rôle des médias – quatrième pouvoir dans nos sociétés – doit rester au service de l'information et de la vérité. La manipulation de l'opinion est une dérive à laquelle peu échappent. Les mensonges collectifs ont conduit des nations entières dans le malheur. Les hallucinations collectives provoquées par des séducteurs de masse entraînent des comportements irresponsables. Tout cela conduit parfois à des dictatures.

❺ La corruption gangrène certaines sociétés, où tout est tromperie, mascarade, détournement des biens collectifs. Dans ces sociétés où le mensonge règne et où il n'y a plus de loi, les plus faibles sont les plus exposés. Pour qu'une société soit viable, l'éthique exige que soient respectés ensemble les critères de liberté, de vérité, de solidarité et de justice.

Je contrôle mes envies

Ce commandement est un complément du sixième commandement. Il concerne les adultes qui se laisseraient aller à désirer le conjoint d'autrui. Mais tu peux comprendre dès ton jeune âge ce qu'est l'envie ou la convoitise.
On a pris l'habitude de dire « j'ai envie », comme si tout ce dont on a envie devait un jour nous appartenir. Il y a des formes d'envie qui nient simplement le droit des autres à exister. Ici l'envie porte sur la personne même du prochain et ce qui constitue sa vie intime et privée.

> En fait, ce commandement invite les personnes de tous âges à contrôler leurs désirs. Nous ne devons pas considérer l'autre comme une chose que l'on peut posséder.

Peut-être as-tu remarqué que tu peux avoir tendance à te servir des autres..., à transformer ton frère en un instrument qui t'apporte ce que tu veux, quand tu le veux, comme tu le veux. Tu dois t'habituer à respecter les autres, à te réjouir des engagements qu'ils ont pris. Jésus a dit : *Heureux les cœurs purs* (Mt 5,8). Le cœur pur et libre n'a pas de désirs mauvais.

J'apprends à maîtriser mes pulsions

Une triple convoitise

La convoitise est un désir qui pousse l'homme à envier et à s'approprier un bien qui n'est pas le sien. La convoitise peut être celle de la chair, celle des yeux ou bien l'orgueil qu'apporte la richesse (1 Jn 2,16). Le neuvième commandement proscrit la convoitise charnelle ; le dixième interdit la convoitise du bien d'autrui. Le roi David, s'éprenant de Bethsabée, une femme mariée, se laisse guider par son désir aveugle, commet l'adultère et fait tuer au combat le mari de cette femme (cf. 2 S 11,1-27).

Le corps, temple de l'Esprit

Le désir est présent dans le cœur de chaque être humain. Il doit être régulé par la pureté du cœur, au moyen d'un combat spirituel qui me donne de percevoir le corps humain, le mien et celui du prochain, comme un temple de l'Esprit Saint, une manifestation de la beauté divine.

Me réserver pour un amour fidèle

L'attirance sexuelle entre l'homme et la femme a été voulue par Dieu dans le plan de sa création ; elle est bonne, donc. Le désir sexuel est appelé à se réaliser dans l'amour par l'union des corps, signe et chemin de la communion conjugale. Pour que le langage de l'amour soit vrai, il est nécessaire que la sexualité soit intégrée dans la personne. La chasteté est l'attitude de la personne qui a une relation non possessive vis-à-vis des autres. La chasteté est dans le regard les paroles et les gestes. Elle est enracinée dans le cœur. Elle est la condition nécessaire d'une croissance harmonieuse de ma personnalité pour devenir capable d'aimer véritablement et fidèlement.

«Tu ne convoiteras pas la femme de ton prochain»

Le neuvième commandement complète le sixième. Il demande de respecter le mariage qui lie deux personnes pour la vie, de ne pas mettre en péril l'amour réciproque des époux et de ne pas considérer la personne mariée comme un objet dont on pourrait disposer. Lorsque le désir charnel n'est pas maîtrisé, il envahit toute la personne et lui dicte son comportement. Il tend à transformer l'autre en objet de désir. Ce que l'on appelle la concupiscence est le désir sensuel déréglé, qui peut conduire aux pires excès. Une personne n'est pas un objet, mais une liberté, un destin, une âme et un corps qu'il faut respecter. Lorsque le désir se cantonne dans le registre charnel, il ne peut s'épanouir en amour, qui veut le bien de l'autre pour lui-même.

❶ La facilité avec laquelle notre époque traite les ruptures matrimoniales montre à quel point ce commandement est ignoré. Cette dérive est aussi la marque d'un manque d'intériorité. La société prêche l'assouvissement de tous les désirs. Or, personne n'a jamais été heureux en se laissant aller à ses pulsions. Le neuvième commandement invite à retrouver et à approfondir la pureté du cœur. Celle-ci est synonyme de vérité dans les relations affectives. La communion recherchée avec l'autre ne s'obtient pas par la contrainte, l'intimidation ou le chantage. La personne au cœur pur se réjouit du bonheur des autres et ne le jalouse pas. Elle respecte le lien qui unit les époux.

❷ Plus largement le neuvième commandement condamne la concupiscence charnelle. Il trace les voies d'une sexualité humaine vraie qui débouche sur le don réciproque et libre de deux personnes pour la vie. La pureté du cœur est un choix qui opère une sélection dans les images que nous renvoient les médias et la publicité. La pureté fait le ménage dans notre univers mental. Elle débarrasse l'imagination de ses obsessions et de ses phobies. Elle s'exprime dans le dialogue et la qualité des relations avec les autres.

❸ La vertu cardinale de la tempérance qui invite à la maîtrise de soi englobe la pureté du regard que nous devons porter sur la personne d'autrui, sa vie de couple et de famille. Elle a sa racine dans la conversion du cœur.

1·5·28·

Je ne veux pas être jaloux

Ce commandement est un complément du septième commandement. Il va plus loin : non seulement tu ne dois pas prendre ce qui ne t'appartient pas, mais tu ne dois même pas le désirer.

... tu ne désireras ni la maison de ton prochain ni son champ, ni son serviteur ni sa servante, ni son bœuf ou son âne : rien de ce qui lui appartient. (Dt 5,21)

Convoiter, c'est désirer ardemment s'approprier quelque chose qui ne t'appartient pas. La convoitise peut conduire au vol, au faux témoignage, quelquefois au meurtre.
La convoitise est alimentée par l'envie et la jalousie.
Tu connais peut-être des personnes malheureuses parce qu'elles courent toujours après ce que les autres possèdent.
Es-tu malheureux parce qu'un autre a plus de choses que toi ?
Apprends simplement à respecter ce qui appartient aux autres.
Sois en paix avec toi-même. Remercie Dieu pour ce que tu as.

> Ce commandement veut mettre de l'ordre dans ton cœur. Il veut déraciner
> – l'envie qui fait qu'on désire toujours plus ;
> – la jalousie qui nous compare toujours aux autres ;
> – l'égoïsme qui veut qu'on retient tout pour soi.

Ainsi ton cœur sera libre de désirer les biens spirituels : l'amitié, le partage, le pardon, l'attention aux plus pauvres.
Là où est ton trésor, là aussi sera ton cœur. (Mt 6,21)

Libéré du désir de posséder

Les désirs des richesses

Le neuvième et le dixième commandement ne s'élèvent pas contre le désir en soi, mais contre les désirs déréglés qui ne gardent pas la mesure de la raison et nous poussent à convoiter injustement ce qui ne nous appartient pas. Le dixième commandement dédouble et complète le neuvième, qui porte sur la concupiscence de la chair : il met en garde contre la passion immodérée des richesses et de la puissance.

Les désirs de l'Esprit

La Bible présente un message constant de conversion adressé aux riches qui se préoccupent uniquement d'amasser des richesses : le détachement des richesses est une libération du cœur qui leur permettrait de suivre le chemin de l'amour et de la joie, le chemin avec Dieu. Cette libération est une œuvre de l'Esprit Saint accueilli dans le cœur de l'homme. Comment lutter contre l'envie ? L'envie vient souvent de l'orgueil. Pour la combattre il faut s'entraîner à vivre dans l'humilité et la pauvreté de cœur.

Rechercher ce qui ne passe pas

Le dixième commandement porte sur l'intention du cœur. Il m'invite à désirer ce qui est bon pour moi selon le projet de Dieu. Or le projet de Dieu est que je garde la pureté et la simplicité du cœur ; que je m'exerce à aimer Dieu et mon prochain. Quelle devrait être finalement la plus grande aspiration de mon cœur ? Le plus grand de mes désirs devrait être de savoir donner et recevoir ce qu'on ne peut pas posséder égoïstement, à savoir l'amour qui fait vivre.

Je renonce à la convoitise

Le dixième commandement complète et va plus loin que le septième. Ne pas voler suppose que l'on ait intériorisé la notion de bien d'autrui. Non seulement il n'est pas permis de le lui dérober, mais il faut encore ne pas le convoiter. Ce commandement porte sur l'intention. Il a deux aspects, l'un personnel, l'autre social. Un proverbe populaire, repris par 1 Tm 6,10 disait: «La racine de tous les maux, c'est l'amour de l'argent».

❶ Du point de vue personnel, il s'agit d'intérioriser la notion de ce qui appartient à autrui. La propriété est un droit naturel dérivé du principe que tous les biens de la terre doivent servir à l'usage de tous les hommes. La propriété de biens sert à affermir l'autonomie de la personne et de la famille. Elle est un gage de liberté. La propriété a toujours une finalité sociale. Elle n'est pas une fin en soi, mais un moyen: assurer sa propre autonomie et celle de sa famille par le travail et l'épargne, assurer l'avenir, entretenir et transmettre un patrimoine.

❷ La cupidité est le désir désordonné de posséder toujours davantage. Elle peut pousser à vouloir acquérir des biens par des moyens illicites ou immoraux, donc à en priver leurs détenteurs légitimes. Ce péché capital est souvent alimenté par l'envie. L'envie, la jalousie sont des vices qui empoisonnent l'existence.

❸ Une certaine mentalité diffuse nous fait croire que nous serions plus heureux en possédant plus de biens. Elle pousse à envisager la vie sous son seul angle économique au détriment de tous les autres. Gagner de l'argent, produire et consommer, jouir de l'existence. Cette mentalité est à courte vue. Elle entretient en permanence le désir jamais satisfait d'avoir plus, et l'envie à l'égard de ceux qui ont davantage de biens.

❹ Les graves crises financières qu'a connues le monde sont dues à une mentalité de gain facile sans contrepartie de service rendu, le système favorisant la spéculation sur des gains anticipés d'opérations économiques non encore advenues. La cupidité en est le moteur. Le résultat en a été l'effondrement des instituts bancaires qui s'étaient livrés à de telles opérations fictives, menaçant la vie économique, l'emploi et le développement de pays entiers. Le désir d'enrichissement sans cause de quelques-uns détourne à leur profit des biens dont l'usage est destiné à tous.

❺ La première épître de Jean oppose l'esprit du «monde» qui est repli sur soi et l'Esprit de Dieu qui est liberté et vérité (cf. 1 Jn 3,24; 4,2.13; 5,6-8): «Tout ce qu'il y a dans le monde – la convoitise de la chair, la convoitise des yeux, l'arrogance de la richesse –, tout cela ne vient pas du Père, mais du monde. Or, le monde passe, et sa convoitise avec lui. Mais celui qui fait la volonté de Dieu demeure pour toujours» (1 Jn 2,16-17).

Israël répond au Dieu vivant

Au Dieu qui cherche l'alliance avec les hommes
son peuple répond par...

16. LA PRIÈRE

17. LE SACRIFICE

18. LE JEÛNE

19. L'AUMÔNE

... Jésus encouragera ces gestes.
Il leur donnera un contenu nouveau et un sens définitif.

Je prie *avec la Bible*

La prière est la forme la plus naturelle du dialogue des hommes avec Dieu. Dans l'Ancien Testament, patriarches, rois, prophètes, prêtres s'adressent à Dieu pour eux-mêmes ou pour tout le peuple.

La prière exprime
– la louange au Seigneur : *Chantez au Seigneur un chant nouveau, chantez au Seigneur, terre entière.* (Ps 95,1)
– la supplication dans la détresse : *Des profondeurs je crie vers toi Seigneur, Seigneur, écoute mon appel.* (Ps 129,1-2)
– la demande de pardon : *Pitié pour moi, mon Dieu, dans ton amour, selon ta grande miséricorde efface mon péché.* (Ps 50,3)
– l'action de grâce : *Tu as changé mon deuil en une danse… Et que sans fin, Seigneur mon Dieu, je te rende grâce !* (Ps 29,12-13)

Au cœur de la prière, on trouve toutes les situations humaines, tout ce qu'un croyant peut ressentir. On chante des psaumes et des cantiques lors des fêtes religieuses, accompagnés de musique et de danses. On prie à la maison. Le « Shema Israël » (Écoute Israël) est récité aujourd'hui encore par tous les Juifs à travers le monde.
Écoute, Israël : le Seigneur notre Dieu est l'Unique… Ces paroles que je te donne aujourd'hui resteront dans ton cœur. Tu les rediras à tes fils… tu les inscriras à l'entrée de ta maison et aux portes de ta ville (Dt 6,4-9).
Et toi, pries-tu le matin (et), le soir ?

« Écoute, Israël »

Le peuple de l'Ancien Testament, comme beaucoup d'autres, a cultivé des pratiques religieuses universelles comme la prière, le sacrifice, le jeûne, l'aumône. Ces pratiques permettent à l'homme d'entrer davantage en relation avec Dieu.

Le service fait avec son cœur

Dans la tradition juive, les prières sont connues comme « le service du cœur ». La prière juive est au cœur même de tous les commandements. Car c'est ce commandement de prier, plus que tout autre, qui transmet à l'homme le sens de sa relation à Dieu. La prière juive comporte toujours la profession de fidélité, le « *Shema Israël* » : « Écoute, Israël, le Seigneur notre Dieu est l'unique... »

Prière personnelle et prière communautaire

Par la prière, on se met à la disposition du Seigneur : « Parle, ton serviteur écoute » (1 S 3,10). L'écoute de Dieu et de sa parole tient une place importante pour nos frères Juifs. Les Juifs pieux prient trois fois par jour. La tradition enseigne que ce furent les patriarches, Abraham, Isaac et Jacob qui instituèrent la prière prononcée trois fois par jour.

Louange – Supplication – Action de grâce

La prière juive comporte trois parties : les louanges adressées à Dieu, la supplication qu'on lui présente pour ses besoins et un témoignage de gratitude pour les bienfaits qu'il nous a accordés. Supplier, c'est présenter en toute confiance à Dieu nos besoins et nos détresses. Les psaumes utilisent ces différentes formes de prière pour chanter les merveilles de Dieu dans la création et dans l'histoire du salut.

L'Ancien Testament, école de prière

Toutes les religions invitent leurs croyants à la prière. La prière est le dialogue de l'homme avec la divinité. Tout homme naturellement religieux est capable de prier. Dans l'Ancien Testament la prière s'adresse au Dieu unique. S'adresser à Dieu c'est prendre conscience de ce que nous sommes devant lui. La prière requiert une attitude d'humilité, de sincérité totale, d'écoute de celui que nous invoquons.

❶ Les psaumes sont des «cantiques de louange», tous composés en vers. Ils sont faits pour être chantés au son du *psalterion*, instrument de musique, d'où leur nom grec *psalmoi*. Notre psalmodie ou chant des psaumes doit nous permettre d'accorder notre âme à notre voix.

❷ Les psaumes sont les témoins de la prière d'Israël, prière liée aux grands événements de l'histoire du peuple de l'alliance. Les psaumes expriment toute la gamme des attitudes de la prière individuelle ou communautaire: adoration, bénédiction, demande, action de grâce, intercession, louange. Trois thèmes sont dominants:

– Les psaumes de louange: Ils ont une tonalité communautaire, liturgique et festive. Ainsi les louanges au Dieu de l'alliance, qui a libéré son peuple: Ps 8; 19; 33; 100; 103; 145-150; où le Seigneur est acclamé comme roi (Ps 93; 96-99); où Jérusalem et le Temple sont exaltés (Ps 46; 48; 76; 84); où la gloire du roi messie est célébrée (Ps 2; 18; 20; 101; 110; 132). Ces psaumes sont traversés par l'attente du règne définitif de Dieu.

– Les psaumes de détresse et de confiance. Ces psaumes expriment l'angoisse d'une personne ou du peuple devant une épreuve. Ces appels au secours occupent un quart du psautier. Le croyant craint de descendre au shéol, le séjour des morts. Sept de ces psaumes ont été retenus par l'Église comme «psaumes de pénitence»: Ps 6; 32; 38; 51; 102; 130; 143. D'autres sont des prières de reconnaissance pour la protection accordée par le Seigneur (Ps 9; 10; 30; 32; 41; 92; 138).

– Les psaumes d'instruction. Ils évoquent les hauts faits de Dieu dans l'histoire d'Israël, rappellent l'urgence de la conversion du cœur (Ps 50), ou instruisent sur la justice de Dieu (Ps 1; 37; 39; 112; 119; 127; 133).

❸ Les psaumes les plus significatifs cités dans le Nouveau Testament sont:

– Le Ps 21 que Jésus a prié en croix (Mt 27,46): «Mon Dieu, mon Dieu, pourquoi m'as-tu abandonné…? Moi je suis un ver, pas un homme, raillé par les gens, rejeté par le peuple… Tous ceux qui me voient me baffouent… Je proclame ton nom devant mes frères»; ainsi que le Ps 31,6 (Lc 23,46).

– Les Ps 113-118 et 146-150 qui forment le Hallel, prières de louange que Jésus a récitées lors de la sainte Cène (Mt 26,30).

– Le Ps 110 est appliqué au Ressuscité de Pâques: Ac 2,34-35: «David, en effet, n'est pas monté au ciel, bien qu'il dise lui-même: Le Seigneur a dit à mon Seigneur: "Siège à ma droite, jusqu'à ce que j'aie placé tes ennemis comme un escabeau sous tes pieds."»

❹ Bien des psaumes ne se comprennent que sur les lèvres du Christ et sont comme l'annonce de sa résurrection (Ps 16,9-10; Ps 91,14-16; Ps 118,13-14.17-18.19-24).

❺ L'Église prie les psaumes en les interprétant en fonction du Christ. Dans certains livres liturgiques, chaque psaume est précédé d'une référence au mystère du Christ ou de l'Église. Jésus n'a-t-il pas dit que les psaumes parlaient de lui (Lc 24,44)?

Je prie avec les Psaumes

L'alliance conclue avec Israël est un pacte où Dieu s'engage à être toujours fidèle et où Israël promet en échange d'obéir à ses commandements. Les enfants d'Israël prient chaque jour le « Shema Israël ».

Deutéronome 6,1-9

1 Voici le commandement, les décrets et les ordonnances que le Seigneur votre Dieu m'a prescrit de vous enseigner, pour que vous les mettiez en pratique dans le pays dont vous allez prendre possession quand vous aurez
passé le Jourdain. 2 Tu craindras le Seigneur ton Dieu. Tous les jours de ta vie, toi, ainsi que ton fils et le fils de ton fils, tu observeras tous ses décrets et ses commandements, que je te prescris aujourd'hui, et tu auras
longue vie. 3 Israël, tu écouteras, tu veilleras à mettre en pratique ce qui t'apportera bonheur et fécondité, dans un pays ruisselant de lait et de miel, comme te l'a dit le Seigneur,
le Dieu de tes pères. 4 Écoute, Israël : le Seigneur notre Dieu est l'Unique. 5 Tu aimeras le Seigneur ton Dieu de tout ton cœur, de toute ton âme et de toute ta force. 6 Ces paroles que je te donne aujourd'hui resteront dans ton cœur. 7 Tu les rediras à tes fils, tu les répéteras sans cesse, à la maison ou en voyage, que tu sois couché ou que tu
sois levé ; 8 tu les attacheras à ton poignet comme un signe, elles seront un bandeau
sur ton front, 9 tu les inscriras à l'entrée de ta maison et aux portes de ta ville.

La prière des Psaumes est adaptée à toutes les circonstances de la vie. Exemple d'une prière de louange…

Psaume 47 (46),2-10

2 Tous les peuples, battez des mains,
acclamez Dieu par vos cris de joie !
3 Car le Seigneur est le Très-Haut, le redoutable,
le grand roi sur toute la terre,
4 celui qui nous soumet des nations,
qui tient des peuples sous nos pieds ;
5 il choisit pour nous l'héritage,
fierté de Jacob, son bien-aimé.
6 Dieu s'élève parmi les ovations,
le Seigneur, aux éclats du cor.
7 Sonnez pour notre Dieu, sonnez,
sonnez pour notre roi, sonnez !
8 Car Dieu est le roi de la terre :
que vos musiques l'annoncent !
9 Il règne, Dieu, sur les païens,
Dieu est assis sur son trône sacré.
10 Les chefs des peuples se sont rassemblés :
c'est le peuple du Dieu d'Abraham.
Les princes de la terre sont à Dieu
qui s'élève au-dessus de tous.

Pourquoi des sacrifices ?

Avec la prière et le jeûne, le sacrifice est une expression fréquente de la piété religieuse. L'Ancien Testament parle souvent de sacrifices. On sacrifiait des animaux, taureaux, agneaux ou oiseaux. Après avoir tué l'animal, le grand prêtre répandait sur l'autel son sang, symbole de la vie. L'animal était ensuite brûlé, et la fumée montait en signe d'offrande : le croyant se rapprochait ainsi de Dieu.
On offrait des sacrifices ou des produits du sol dans de nombreuses occasions : pour demander une faveur, à la naissance d'un enfant, pour obtenir le pardon, quand on tombait malade ou que l'on guérissait, et surtout lors des grandes fêtes.
Les gens n'étaient pas toujours sincères : ils pensaient qu'il suffisait de sacrifier et d'être en règle avec les rites, sans pour autant changer leur cœur. Des prophètes les ont souvent rappelés à l'ordre.

> L'important, c'est de changer nos cœurs :
> aider les plus pauvres, réparer nos mauvaises actions.
> *L'aimer (Dieu) de tout son cœur, de toute son intelligence de toute sa force et aimer son prochain comme soi-même vaut mieux que toute offrande d'holocaustes et de sacrifices.*
> (Mc 12,33)

Tu comprendras que le seul sacrifice qui nous sauve, c'est l'offrande que Jésus a faite de sa propre vie. Chaque eucharistie rend présent ce sacrifice unique.

Que puis-je offrir à Dieu ?

La loi du donnant-donnant?

Sacrifice signifie étymologiquement le « fait de rendre sacré ». On trouve beaucoup d'exemples de sacrifices dans l'Ancien Testament : les holocaustes où la victime animale est entièrement brûlée, les repas sacrés au cours desquels on mange et on boit devant le Seigneur, les sacrifices de communion, les rites expiatoires, et d'autres. Les gestes accomplis lors d'un sacrifice sont accompagnés de paroles et de prières qui en explicitent le sens. Que pouvons-nous comprendre de ce culte qui a permis à Israël d'exprimer et de vivre sa foi au Dieu unique ?

L'offrande agréable à Dieu

Nous avons un exemple de sacrifice dès le début du livre de la Genèse. Abel offre à Dieu « les premiers-nés de son troupeau, en offrant les morceaux les meilleurs » (Gn 4,4). Alors que l'offrande d'Abel est agréée par Dieu, celle de Caïn est refusée parce que son intention n'est pas pure : il veut obtenir des avantages. Ce passage montre qu'il ne suffit pas d'offrir un sacrifice au Seigneur pour lui être agréable. Les dispositions du cœur sont plus importantes. L'offrande d'Abel est agréable à Dieu parce qu'elle est gratuite, sans exigences.

Une purification du cœur!

Derrière la notion de sacrifice se trouve celle d'expiation. L'homme se reconnaît pécheur. L'expiation est la purification nécessaire du cœur de l'homme pour que celui-ci soit capable et digne d'une relation authentique avec Dieu. Sais-tu quel est le sacrifice parfait que l'Église célèbre ?

Le sacrifice et le sacrificateur dans l'ancienne Loi

Le sacrifice est le rite religieux par excellence. Il signifie non une privation, mais une transformation. Le sacrificateur «rend sacré» une réalité profane. Il fait passer une offrande du monde profane au monde de la divinité. Le prêtre reste homme terrestre. Il ne peut passer lui-même au monde sacré. Il choisit donc un animal qui sera «sacrifié» rituellement et consumé par le feu. Transformé en fumée, il montera vers le ciel «en agréable odeur» (Lv 1,9.17). En retour, les prières seront exaucées par l'intermédiaire du prêtre. Le sacerdoce a la responsabilité sociale du rapport avec Dieu.

❶ Le livre du Lévitique 1-7 détaille les différents types de sacrifice qu'il convient d'offrir en diverses circonstances: holocaustes dont les victimes sont entièrement consumées par le feu; oblations des produits du sol; sacrifice de communion dont une part de la victime est offerte à Dieu et l'autre consommée lors d'un banquet festif; sacrifice pour le péché ou de réparation pour la transgression d'un commandement de Dieu.

Les prêtres de l'Ancienne Alliance

❷ À l'époque des patriarches les chefs de famille offraient des sacrifices (Gn 22; 31,54; Jg 6,26; 13,19). Durant l'Exode Moïse confie le sacerdoce à Aaron et à la tribu de Lévi, dont les fils sont alors attachés aux divers sanctuaires du pays, alors que le culte familial continue. Ils vivent de la dîme (cf. Nb 18,21; Dt 14,29). Le prêtre reçoit une consécration qui le fait passer de la vie profane au domaine du sacré: onction, bains, vêtements, sacrifices (Lv 8-9; 21-22).

❸ Avec la construction du Temple, Salomon confie le sacerdoce du Temple à Sadoq. Ses descendants se diront descendants d'Aaron (1 Chr 5,27-41), ou de Lévi et occuperont les fonctions sacerdotales du Temple. **Josias** roi de Juda (en 640-609) centralise le culte à Jérusalem (cf. 2 R 22-23; 2 Chr 34-35).

❹ Durant l'exil, les prêtres seront les guides religieux du peuple et les symboles de l'identité d'Israël. Au retour de l'exil, **le grand-prêtre** devient le chef religieux et politique de la nation (Si 50,1-4). Il est successeur d'Aaron, fils de Sadoq. Sa consécration rappelle celle du roi (Lv 8,12). En dessous de lui viennent les prêtres (24 classes), puis les lévites, clergé inférieur (24 classes) (1 Chr 25-26).

❺ Les Maccabées, famille sacerdotale qui mène la résistance contre le roi séleucide Antiochus IV, fondent la dynastie des grands-prêtres-rois hasmonéens (137-137), dernière époque de quasi-indépendance d'Israël, avant la conquête romaine en -63. À partir d'Hérode le Grand, les grands-prêtres sont désignés par les Romains. Ainsi Caïphe restera en fonction pendant 18 ans, de 18 à 36.

Le prêtre de l'Alliance Nouvelle

❻ L'épître aux Hébreux expliquera comment le sacerdoce unique et définitif du Christ accomplit et dépasse le sacerdoce lévitique: «Tout grand prêtre est pris parmi les hommes, il est établi pour intervenir en faveur des hommes dans leurs relations avec Dieu. Son rôle est d'offrir des dons et des sacrifices pour les péchés» (He 5,1).

L'offrande d'un cœur contrit

Les prophètes s'insurgeront devant ceux qui se croient en paix avec Dieu parce qu'ils ont accompli les rites et offert les sacrifices sans y joindre la conversion du cœur. Ainsi le prophète Isaïe…

Isaïe 1,10-17

10 Écoutez la parole du Seigneur, vous qui
êtes pareils aux chefs de Sodome ! Prêtez
l'oreille à l'enseignement de notre Dieu, vous,
peuple de Gomorrhe !
11 Que m'importe le nombre de vos sacrifices ?
– dit le Seigneur. Les holocaustes de béliers,
la graisse des veaux, j'en suis rassasié. Le sang
des taureaux, des agneaux et des boucs,
je n'y prends pas plaisir.
12 Quand vous venez vous présenter devant
ma face, qui vous demande de fouler mes
parvis ?
13 Cessez d'apporter de vaines offrandes ; j'ai
horreur de votre encens. Les nouvelles lunes,
les sabbats, les assemblées, je n'en peux
plus de ces crimes et de ces fêtes.
14 Vos nouvelles lunes et vos solennités, moi,
je les déteste : elles me sont un fardeau,
je suis fatigué de le porter.
15 Quand vous étendez les mains, je détourne
les yeux. Vous avez beau multiplier les prières,
je n'écoute pas : vos mains sont pleines de
sang.
16 Lavez-vous, purifiez-vous, ôtez de ma vue
vos actions mauvaises, cessez de faire
le mal.
17 Apprenez à faire le bien : recherchez le droit,
mettez au pas l'oppresseur, rendez justice
à l'orphelin, défendez la cause de la veuve.

Me priver pour changer mon cœur

Jeûner veut dire s'abstenir volontairement de nourriture, mais ce n'est pas faire un régime et perdre du poids ! Dans l'Ancien Testament, on jeûnait certains jours de l'année pour obtenir le pardon des péchés. On jeûnait aussi au moment d'un deuil ou encore pour demander une faveur.

Se repentir, changer son cœur

Quand ils demandent pardon, les Israélites jeûnent. Ils se couvrent de poussière, ou de cendres et se mettent à l'écart, pendant un certain temps, pour réfléchir. Ils montrent ainsi physiquement qu'ils veulent changer de comportement. Le jeûne ne doit pas servir à se faire remarquer. Certains pensaient qu'ils n'avaient pas d'effort à faire envers les autres, et que jeûner suffisait pour être bien vu de Dieu ! Des prophètes leur rappelaient alors le vrai sens du jeûne.

Le jeûne est toujours d'actualité

Si un jour tu fais l'expérience du jeûne, ton corps ressentira vite un manque. Le jeûne est une façon de reconnaître que nous dépendons de Dieu et de sa création.

Aujourd'hui, le jeûne de nourriture a toujours sa valeur. Cependant, la vie est remplie de multiples choses superflues, et chacun peut réfléchir à ce qui prend trop de place dans sa vie : la télévision, les jeux vidéo ? S'en priver parfois est aussi une façon de jeûner.

Un effort pour se convertir

Une orientation nouvelle

« Soyez saints, car moi, le Seigneur votre Dieu, je suis saint » (Lv 19,2) : Dieu appelle les hommes à entrer en communion avec lui. Or, il s'agit d'hommes pécheurs. La réponse à l'appel de Dieu exige donc une conversion. Se convertir, au sens biblique, signifie : changer d'état d'esprit, se repentir, modifier son comportement, en regrettant ses péchés passés. La vraie repentance est la profonde tristesse que l'on ressent quand on prend conscience de ses péchés.

Soutenir la conversion du cœur

Parmi les attitudes qui concrétisent une démarche de conversion, il y a le jeûne. Le jeûne est souvent mentionné dans la Bible. Plusieurs longs jeûnes y sont relatés, tels celui de Moïse (Ex 34,28) ou celui d'Élie (1 R 19,8). Le jeûne nous apprend la maîtrise de soi ainsi que la liberté face à bien des choses dont nous sommes très souvent dépendants. Il nous fait expérimenter que Dieu seul suffit à nous combler.

Le jeûne d'Internet

Le jeûne a pour but de nous dégager de ce qui nous emprisonne, pour laisser la place à des faims et des soifs plus profondes. Il s'agit d'affirmer sa liberté face aux besoins physiques et matériels et d'avoir soif et faim de Dieu. Quelle forme le jeûne peut-il prendre ? Traditionnellement, c'est un jeûne de nourriture, mais il peut aussi porter sur bien d'autres points qui tiennent une certaine place dans ma vie : loisirs, les jeux, musique, TV, Internet… De plus, jeûner n'est pas seulement un geste de pénitence, mais aussi un geste de solidarité avec les pauvres et une invitation au partage.

La vraie valeur du jeûne

Dans la Bible, le jeûne n'a aucune connotation de mise en forme personnelle. Il n'a rien à voir avec la recherche contemporaine de *fitness*. Il correspond à une démarche religieuse de privation pour participer de manière plus intense à un renouveau spirituel. C'est ainsi que le jeûne occupe une place importante dans les pratiques de beaucoup de religions. Le jeûne est une attitude extérieure qui a pour but une transformation intérieure. Il engendre l'humilité, concentre l'attention sur l'essentiel, stimule la solidarité.

❶ On ne jeûne jamais pour jeûner, mais pour mieux prier. Ainsi est-il prescrit à l'Israélite de jeûner le dixième jour du septième mois, jour du Grand Pardon, pour recevoir l'absolution de ses péchés (Lv 16,29-31). La pratique du jeûne ne doit pas perdre de vue sa finalité qui est de s'ouvrir à l'action de Dieu (Za 7,1-7).

❷ On jeûne pour manifester le désir de s'en remettre à Dieu dans certaines occasions. On fait pénitence avant de prendre une décision grave (Jg 20,26 ; 1 S 7,6). Jeûner fait partie d'une démarche de repentance. On jeûne pour implorer le pardon de ses fautes (1 R 21,27), ou la fin d'une calamité. En ce sens, voici le cri du prophète Joël : « revenez à moi de tout votre cœur, dans le jeûne, les larmes et le deuil ! », ou encore : « Sonnez du cor dans Sion : prescrivez un jeûne sacré, réunissez le peuple… » (Jl 2,12.16).

❸ Le jeûne aiguise la disponibilité intérieure à accueillir la parole de Dieu. Il permet d'avoir l'esprit plus clair. Lorsque Moïse est face à face avec Dieu durant quarante jours sur le Sinaï, il jeûne (Ex 34,28). Lorsqu'Élie marche vers l'Horeb pendant quarante jours, il ne prend pas de nourriture (1 R 19,4). Jésus fera de même lorsqu'il séjournera quarante jours au désert pour y être tenté (cf. Mt 4,1-2).

❹ Le jeûne est lié à l'aumône et à la prière. Ce dont on se prive est la part du pauvre. On prie mieux lorsqu'on s'impose une certaine ascèse. Sur notre chemin de conversion, il est bon de vivre intensément les pratiques qui nous permettent de nous approcher du Seigneur, de libérer nos énergies enfouies et de nous ouvrir aux autres. Il y a aujourd'hui de multiples manières de jeûner. Se priver de nourriture en est une. On peut aussi se priver de tout ce qui nous encombre inutilement pour accéder à plus de liberté intérieure. Certains se priveront de spectacle, de télévision, d'internet, de musique. D'autres surveilleront leurs conversations médisantes.

❺ L'aumône, la prière, le jeûne étaient des pratiques par lesquelles l'homme obtenait d'être justifié devant Dieu. Le Christ enseignera comment ne pas détourner ces pratiques de leur but et de les vivre sans formalisme hypocrite, dans l'authenticité du cœur, « dans le secret » (cf. Mt 6,18).

Jeûne
et repentance

Dans l'Ancien Testament le jeûne est associé à un mouvement de conversion, conversion intime et aussi conversion de tout le peuple.

Joël 2,12-16

12 – Oracle du Seigneur – revenez à moi de tout votre cœur, dans le jeûne, les larmes et le deuil ! 13 Déchirez vos cœurs et non pas vos vêtements, et revenez au Seigneur votre Dieu, car il est tendre et miséricordieux, lent à la colère et plein d'amour, renonçant au châtiment. 14 Qui sait ? Il pourrait revenir, il pourrait renoncer au châtiment, et laisser derrière lui sa bénédiction : alors, vous pourrez présenter offrandes et libations au Seigneur votre Dieu. 15 Sonnez du cor dans Sion : prescrivez un jeûne sacré, annoncez une fête solennelle, 16 réunissez le peuple, tenez une assemblée sainte, rassemblez les anciens, réunissez petits enfants et nourrissons ! Que le jeune époux sorte de sa maison, que la jeune mariée quitte sa chambre !

Jésus enseigne comment pratiquer le jeûne.

Matthieu 6,16-18

16 Et quand vous jeûnez, ne prenez pas un air abattu, comme les hypocrites : ils prennent une mine défaite pour bien montrer aux hommes qu'ils jeûnent. Amen, je vous le déclare : ceux-là ont reçu leur récompense. 17 Mais toi, quand tu jeûnes, parfume-toi la tête et lave-toi le visage ; 18 ainsi, ton jeûne ne sera pas connu des hommes, mais seulement de ton Père qui est présent au plus secret ; ton Père qui voit au plus secret te le rendra.

Donner aux plus pauvres

L'Ancien Testament demande de faire attention aux orphelins et aux émigrés, en particulier aux veuves, à ceux qui sont plus touchés que les autres par la pauvreté. Les agriculteurs laissaient une partie de leur champ non moissonnée pour que les démunis puissent ramasser ce qui reste. Et tous les sept ans, on effaçait les dettes de ceux qui avaient emprunté de l'argent ou de la nourriture.

> **Faire l'aumône** à quelqu'un, c'est lui donner quelque chose dont il a besoin pour vivre : de l'argent, de la nourriture, un vêtement. C'est un geste de solidarité, et une imitation de Dieu qui, le premier, est toujours bon pour l'homme. L'aumône est un geste de bonté et surtout de justice.

Quel que soit le moyen employé, souviens-toi :
Ne détourne ton visage d'aucun pauvre, et le visage de Dieu ne se détournera pas de toi. Si tu es dans l'abondance, donne davantage ; mais si tu as peu, donne selon le peu que tu as. Quand tu fais l'aumône, n'aie pas de regrets dans les yeux. (Tb 4,7-11)

Le devoir de l'aumône fait partie de la loi religieuse : c'est un geste d'amour envers les autres, en particulier les plus pauvres. Donner à un pauvre, c'est comme offrir un sacrifice à Dieu. Tu vois que la prière, le jeûne et l'aumône vont ensemble.

Au secours de la détresse

La justice et l'aumône

Dans l'Ancien Testament, le terme qui désigne l'« aumône » a la même racine que celui qui signifie « justice » ou « droiture ». L'aumône a un caractère obligatoire, indépendamment du statut financier ou de la volonté personnelle de donner. L'aumône est avec le repentir et la prière, l'un des trois actes permettant d'obtenir le pardon des péchés.

À l'image de Dieu, juste et miséricordieux

Dans toute la Bible, l'aumône, geste de bonté de l'homme pour son frère, est d'abord une imitation des gestes de Dieu qui, le premier, a fait preuve de bonté envers l'homme. Dieu est juste, généreux et miséricordieux. Sa justice égale sa générosité et sa miséricorde. Il importe donc d'être généreux.
Le livre du Lévitique par exemple invite à partager afin d'être saint comme le Seigneur est saint. Le chapitre 19 enseigne de laisser l'angle du champ aux nécessiteux lors de la moisson.
Le chapitre 25 traite de l'année sabbatique, où toutes les dettes doivent être annulées et l'égalité sociale rétablie.

Un trésor dans les cieux

Le geste de l'aumône touche Dieu lui-même. Il est comme un sacrifice offert à Dieu. En se privant d'une partie de son bien, l'homme se constitue un trésor : « Heureux qui pense au pauvre et au faible : le Seigneur le sauve au jour du malheur » (Ps 40,2).
S'il y a quelque chose que je suis incapable de donner, c'est peut-être que cette chose me possède. Je n'apporterai au ciel que ce que j'aurai donné.
« Tout ce qui n'est pas donné est perdu », aimait dire Mère Teresa de Calcutta. Qu'en penses-tu ?

Faire l'aumône et pratiquer la justice

Trois pratiques religieuses fondamentales sont demandées au Juif pieux : l'aumône, la prière, le jeûne. On retrouve ces trois exigences dans la plupart des religions. Ces devoirs religieux expriment la relation que le croyant doit développer par rapport à Dieu. Jésus enseignera comment vivre ces pratiques dans un esprit de sincérité totale (cf. Mt 6,1-18), « en esprit et en vérité » (cf. Jn 4,23).

❶ Dans l'Ancien Testament, le mot qui est traduit par « aumône » signifie à l'origine la « justice » que l'homme doit avoir pour ses semblables. Cette miséricorde qui se traduit par des gestes de réelle solidarité envers les indigents est une façon de reconnaître l'extrême miséricorde dont Dieu fait preuve à l'égard des hommes.

❷ On pouvait s'acquitter de son devoir envers les pauvres de plusieurs façons :
– en participant aux rites qui comportaient des dons pour les indigents, émigrés, orphelins, veuves (Dt 16,11), geste qui rachète les fautes (cf. Lv 4,24) ;
– en laissant au pauvre et à l'émigré le droit de glaner après la moisson, de grapiller après la récolte (Lv 19,9-10 ; 23,22) ;
– en remettant les dettes aux pauvres tous les sept ans.
« Certes, le malheureux ne disparaîtra pas de ce pays. Aussi je te donne ce commandement : tu ouvriras tout grand ta main pour ton frère quand il est, dans ton pays, pauvre et malheureux. » (Dt 15,11) ;
– en abandonnant tous les trois ans la dîme de ses récoltes à l'émigré, l'orphelin et à la veuve (Dt 14,28-29).

❸ Dans la Bible, l'aumône et l'hospitalité vont de pair. L'hospitalité est un devoir sacré envers le voyageur de passage. Il doit être accueilli au nom de Dieu. L'Israélite se souviendra qu'il fut lui-même immigré au pays d'Égypte (Dt 10,19), prenant modèle sur Abraham qui avait accueilli généreusement les trois messagers de Dieu (Gn 18,2-8).

❹ En langage moderne, l'aumône biblique est synonyme de solidarité envers les plus pauvres. Le croyant ne peut jamais rester insensible au sort des hommes privés du nécessaire pour vivre dignement. Dans notre société la solidarité est pour une part organisée, et pour une part laissée à notre initiative. La redistribution des revenus par l'impôt permet de fournir une aide aux personnes et aux familles qui manquent de ressources. En même temps, les organisations caritatives prennent en charge d'autres besoins. Elles font appel à la générosité privée. Tout homme de cœur qui se tourne vers Dieu sait qu'il peut et doit contribuer à soulager des misères autour de lui et dans le monde.

« Ne détourne pas du pauvre ton visage »

Le Code de sainteté du Lévitique enjoint aux Hébreux de se comporter en enfants dignes du Dieu de l'alliance, en particulier de se soucier du pauvre, de l'orphelin, de la veuve et de l'étranger.

Lévitique 19,9-10

9 Lorsque vous moissonnerez vos terres,
tu ne moissonneras pas jusqu'à la lisière du
champ. Tu ne ramasseras pas les glanures
de ta moisson, 10 tu ne grappilleras pas dans ta
vigne, tu ne ramasseras pas les fruits tombés dans ta vigne : tu les laisseras au pauvre et à l'immigré. Je suis le Seigneur votre Dieu.

L'aumône efface le péché.

Ben Sira 3,30-4,4

3,30 L'eau éteint la flamme du feu,
et l'aumône obtient le pardon des péchés.
31 Celui qui sait rendre les bienfaits pense
à l'avenir ;
s'il vient à tomber, il trouvera un soutien.
4,1 Mon fils, ne retire pas au pauvre
ce qu'il lui faut pour vivre,
ne fais pas attendre le regard d'un indigent.
2 Ne fais pas souffrir un affamé,
n'exaspère pas un homme
qui est dans la misère.
3 N'ajoute pas au trouble d'un cœur irrité,
ne fais pas attendre ton aumône
à celui qui en a besoin.
4 Ne repousse pas celui qui supplie
dans la détresse,
ne détourne pas du pauvre ton visage.

Jésus enseignera comment pratiquer l'aumône.

Matthieu 6,1-4

1 « Ce que vous faites pour devenir des jus-
tes, évitez de l'accomplir devant les hommes
pour vous faire remarquer. Sinon, il n'y a pas
de récompense pour vous auprès de votre
Père qui est aux cieux. 2 Ainsi, quand tu fais
l'aumône, ne fais pas sonner la trompette
devant toi, comme les hypocrites qui se
donnent en spectacle dans les synagogues
et dans les rues, pour obtenir la gloire qui
vient des hommes. Amen, je vous le déclare :
ceux-là ont reçu leur récompense. 3 Mais toi,
quand tu fais l'aumône, que ta main gauche
ignore ce que fait ta main droite, 4 afin que
ton aumône reste dans le secret ; ton Père
qui voit dans le secret te le rendra.

Et Dieu se glisse dans notre humanité

Par la création, la Loi et les prophètes nous avons été préparés à la venue du Sauveur.
Voici qu'entre dans notre histoire Jésus, Fils de Dieu, Sauveur des hommes, venu dans notre chair, mort et ressuscité pour nous.

20. LES ÉVANGILES, TÉMOINS DE JÉSUS

21. « IL GRANDISSAIT EN SAGESSE, EN TAILLE ET EN GRÂCE »

22. « VOICI L'AGNEAU DE DIEU »

23. « VIENS, SUIS-MOI »

24. « LE RÈGNE DE DIEU EST TOUT PROCHE »

25. « CROYEZ AU MOINS À CAUSE DES ŒUVRES »

26. « POUR VOUS, QUI SUIS-JE ? »

27. « ILS CHERCHAIENT À LE FAIRE MOURIR »

28. « CRUCIFIE-LE ! »

29. « IL EST RESSUSCITÉ »

30. JE M'ENGAGE À LA SUITE DE JÉSUS

Évangile, un mot qui signifie « Bonne Nouvelle »

Un Sauveur était attendu depuis très longtemps ! Dieu l'avait promis par la bouche des prophètes, annonçant qu'il serait un descendant de David. Comment te représentes-tu un sauveur, un personnage puissant, un chef de guerre, un héros…?

Pour savoir qui est celui que les chrétiens acclament comme leur Sauveur, qui vas-tu interroger ? Et comment s'appelle-t-il, ce Sauveur ? Heureusement pour nous, ceux qui l'ont connu ou qui ont entendu parler de lui, ont mis par écrit leurs souvenirs : les faits et gestes, les paroles de Jésus. Ces écrits sont réunis dans quatre livres qu'on appelle les Évangiles, écrits par Matthieu, Marc, Luc et Jean.

Matthieu et Jean étaient des disciples de Jésus ; Marc, un compagnon de Pierre, Luc un compagnon de Paul.
Chaque évangéliste nous offre un regard particulier sur Jésus, car chacun s'adressait à des groupes différents : Matthieu et Jean plutôt à des Juifs convertis ; Luc et Marc plutôt à des païens convertis. Les Évangiles ont été écrits après la résurrection de Jésus : cet événement inattendu a fait comprendre à leurs auteurs tout le sens de la venue du Sauveur parmi les hommes.
Avec Jésus, Dieu l'Invisible se fait connaître, se donne à voir !

Quatre petits livres qui changent tout

Après avoir découvert Dieu qui se révèle dans la création, dans l'histoire du salut, dans la loi morale, tu vas maintenant être entraîné au cœur de la révélation. Maintenant te voici en face de Dieu fait homme. Nous connaissons Jésus par les quatre Évangiles. « Évangile » veut dire « Bonne Nouvelle ». Pourquoi quatre ? Ce sont quatre témoignages authentiques sur la vie et les actions de Jésus. Ils ont été rédigés chacun dans un contexte particulier. N'hésite pas à ouvrir les Évangiles. Matthieu et Luc ont deux chapitres introductifs sur l'enfance de Jésus. Les Évangiles racontent la prédication de Jésus en Galilée, puis sa montée à Jérusalem. Ils consacrent de longs développements à la dernière semaine de Jésus à Jérusalem, celle où il institue l'eucharistie et subit la Passion pour ressusciter au matin de Pâques. La résurrection de Jésus fait de ces récits évangéliques une « bonne nouvelle » pour tous les hommes.

Les Évangiles s'achèvent par un envoi en mission. Au moment de monter au ciel, le Ressuscité nous dit : « Allez ! De toutes les nations faites des disciples : baptisez-les au nom du Père, et du Fils, et du Saint-Esprit, apprenez-leur à observer tout ce que je vous ai commandé. » (Mt 28,19-20) Cette parole s'adresse aussi à nous.

N'hésite pas à lire les Évangiles. Ils te mettent directement en contact avec Jésus qui t'invite à le suivre et à le rejoindre.

Le témoignage de ceux qui ont vu et entendu

«Lorsqu'est venue la plénitude des temps, Dieu a envoyé son Fils, né d'une femme… pour que nous soyons adoptés comme fils» (Ga 4,4- 5). Le Messie annoncé sera l'Agneau de Dieu, broyé à cause de nos péchés, glorifié, pour devenir l'agneau vainqueur pour les siècles des siècles.

❶ La vision tripartite de l'histoire du salut est suggérée par l'œuvre de Luc: – Avant la venue du Christ, c'est le temps des préparations.
– Après la Résurrection du Christ et le don de l'Esprit Saint, c'est le temps du témoignage (cf. les Actes des Apôtres).
– Au centre de l'histoire, sur lequel tout pivote: le ministère de Jésus.

❷ Dans le déploiement de l'histoire du salut le Christ se situe au point de convergence de toutes les initiatives antérieures par lesquelles Dieu a préparé l'humanité à recevoir la Parole vivante. À partir de Jésus l'alliance de Dieu avec les hommes s'étend à l'humanité entière.

❸ Les Évangiles nous font connaître Jésus. Du coup, l'Évangile, la Bonne Nouvelle, c'est Jésus lui-même. (Mc 1,1) L'Évangile «est puissance de Dieu pour le salut de quiconque est devenu croyant, le Juif d'abord, et le païen.» (Rm 1,16).

❹ Rédigés après la résurrection de Jésus, les Évangiles portent la marque de témoins ayant eu pleine connaissance de l'homme de Nazareth qui «faisait le bien» (Ac 10,38).

❺ Les Évangiles constituent un genre littéraire original. Ils ne sont pas une biographie au sens strict, mais le témoignage croyant de «ceux qui dès le commencement furent témoins oculaires et serviteurs de la Parole» (Lc 1,2). Ils nous livrent les paroles et les actions de Jésus, son enfouissement dans l'humanité de son temps, et la lente prise de conscience de ses disciples de qui il est. Les quatre Évangiles sont quatre éclairages sur l'événement du Christ. Les trois premiers sont appelés synoptiques, parce qu'ils sont construits à partir de sources communes.

❻ *Matthieu* est rédigé à l'adresse des Juifs convertis, *Luc* à l'adresse de païens convertis. *Marc* a sans doute été composé pour les chrétiens de Rome persécutés par Néron. L'Évangile de *Jean*, qui contient le plus de détails topographiques et historiques, est une méditation sur la venue de la Parole de Dieu dans notre humanité. Il nous invite, à partir des «signes» qu'il rapporte, à croire que «Jésus est le Christ, le Fils de Dieu, et pour qu'en croyant, vous ayez la vie en son nom» (Jn 20,30-31).

« Nous savons que son témoignage est véridique »

Quand les temps sont accomplis et que les hommes sont prêts, Dieu vient vers nous en son Fils Jésus, le Christ.

Marc 1,1

Commencement de l'Évangile de Jésus Christ, Fils de Dieu...

Marc 1,14-15

14 Après l'arrestation de Jean, Jésus partit pour la Galilée proclamer l'Évangile de Dieu ;
15 il disait : « Les temps sont accomplis : le règne de Dieu est tout proche. Convertissez-vous et croyez à l'Évangile. »

Avec le Christ est venue « la plénitude des temps ». Nous passons de la Loi à la Grâce.

Galates 4,4-7

4 Mais lorsqu'est venue la plénitude des temps, Dieu a envoyé son Fils, né d'une femme et soumis à la loi de Moïse, 5 afin de racheter ceux qui étaient soumis à la Loi et pour que nous soyons adoptés comme
fils. 6 Et voici la preuve que vous êtes des fils : Dieu a envoyé l'Esprit de son Fils dans nos cœurs, et cet Esprit crie « *Abba !* », c'est-
à-dire : Père ! 7 Ainsi tu n'es plus esclave, mais fils, et puisque tu es fils, tu es aussi héritier : c'est l'œuvre de Dieu.

Saint Luc explique dans le prologue de son Évangile qu'il a recueilli le témoignage des compagnons de Jésus.

Luc 1,1-4

1 Beaucoup ont entrepris de composer un récit des événements qui se sont accomplis
parmi nous, 2 d'après ce que nous ont transmis ceux qui, dès le commencement, furent témoins oculaires et serviteurs de la Parole.
3 C'est pourquoi j'ai décidé, moi aussi, après avoir recueilli avec précision des informations concernant tout ce qui s'est passé depuis le début, d'écrire pour toi, excellent Théophile,
un exposé suivi, 4 afin que tu te rendes bien compte de la solidité des enseignements que tu as entendus.

Dans sa première lettre, Jean donne son témoignage.

1 Jn 1,1-4

1 Ce qui était depuis le commencement, ce que nous avons entendu, ce que nous avons vu de nos yeux, ce que nous avons contemplé et que nos mains ont touché du Verbe de vie, nous vous l'annonçons.
2 Oui, la vie s'est manifestée, nous l'avons vue, et nous rendons témoignage : nous vous annonçons la vie éternelle qui était auprès
du Père et qui s'est manifestée à nous. 3 Ce
que nous avons vu et entendu, nous vous l'annonçons à vous aussi, pour que, vous aussi, vous soyez en communion avec nous. Or nous sommes, nous aussi, en communion avec le Père et avec son Fils, Jésus Christ.
4 Et nous écrivons cela, afin que notre joie soit parfaite.

Jésus né à Bethléem

Les Évangiles de Matthieu et de Luc nous parlent de la naissance et de l'enfance de Jésus. Joseph, charpentier de Nazareth, de la lignée de David projette d'épouser Marie.
Marie a reçu l'annonce qu'elle sera mère du Sauveur : *L'Esprit Saint viendra sur toi… c'est pourquoi celui qui va naître sera… appelé Fils de Dieu* (Lc 1,35). Marie a donné son accord : *Que tout m'advienne selon ta parole* (Lc 1,38). De son côté, Joseph a reçu l'assurance que *l'enfant qui est engendré en elle vient de l'Esprit Saint* (Mt 1,20).

> Joseph et Marie se rendent à Bethléem à l'occasion d'un recensement.
> Marie met au monde Jésus, l'emmaillote et le couche dans une mangeoire. La nouvelle qu'un sauveur est né remplit de joie les bergers du pays. *Gloire à Dieu au plus haut des cieux, et paix sur la terre aux hommes qu'Il aime* (Lc 2,14) chantent les anges.

Des Mages, savants d'Orient, viendront lui rendre hommage avec or, encens et myrrhe (Mt 2,1-12).
Marie et Joseph vont élever leur enfant dans la pure tradition juive : circoncision, présentation au Temple.
À 12 ans, Jésus est au temple de Jérusalem où il discute avec les docteurs de la Loi. *Ne saviez-vous pas qu'il me faut être chez mon Père !* (Lc 2,49)

Une naissance sans précédent

Le mystère de l'Incarnation

Le Fils de Dieu s'est fait homme en Jésus de Nazareth. C'est ce que nous fêtons le jour de Noël et que nous professons dans le Credo : « Pour nous les hommes et pour notre salut, il a pris chair de la Vierge Marie et s'est fait homme. » Les évangélistes Matthieu et Luc ont rédigé des récits de l'enfance de Jésus. Dans l'Évangile selon saint Matthieu (Mt 1-2), l'enfance de Jésus est racontée à travers le regard de Joseph : généalogie de Jésus, annonce de sa conception miraculeuse, visite des Mages, fuite en Égypte. L'Évangile selon saint Luc (Lc 1-2) présente également l'enfance du Sauveur, mais à travers le regard de Marie : Annonciation de la naissance du Sauveur, visite de Marie à Élisabeth, récit de la nativité, présentation au Temple, Jésus avec les docteurs de la Loi.

La vie cachée à Nazareth

Jésus a vécu 30 années de sa vie à Nazareth, temps de croissance et de préparation à sa mission. À 12 ans, Jésus se trouve au milieu des docteurs de la Loi à Jérusalem. Ses parents angoissés le retrouvant enfin au Temple, l'entendent dire cette parole mystérieuse : « Il me faut être chez mon Père » (Lc 2,49).

Jean le Baptiste, le précurseur

Le ministère de Jésus est précédé par celui de Jean le Baptiste. Jean Baptiste désigne Jésus comme « l'Agneau de Dieu » (Jn 1,29.36). Jean Baptiste est la « voix qui crie dans le désert » : « Convertissez-vous, car le Royaume des cieux est tout proche. » (Mt 3,2) Jean Baptiste préparait le peuple à la venue du Messie : il donne un baptême pour la rémission des péchés (Mc 1,4). Jean Baptiste s'efface ensuite devant celui qu'il a annoncé.

Les Évangiles racontent l'enfance de Jésus

Les Évangiles selon saint Matthieu (Mt 1-2) et selon saint Luc (Lc 1-2) comportent des récits de la naissance et de l'enfance de Jésus. Matthieu les fait précéder d'une généalogie qui débute avec Abraham, tandis que Luc fait remonter la généalogie de Jésus à Adam (Lc 3,23-38). Toutes deux aboutissent à Joseph, artisan de Nazareth, de la lignée de David, auquel Marie est promise en mariage. Joseph reçoit un avertissement en songe que l'enfant conçu par Marie vient de l'Esprit Saint.

❶ Chez Luc, c'est Marie qui reçoit de l'ange Gabriel l'annonce qu'elle serait la mère du Sauveur par la puissance de l'Esprit Saint. Marie accepte: «Qu'il m'advienne selon ta parole». La naissance de Jésus est précédée chez Luc du récit de la naissance de Jean le Baptiste, fils de Zacharie et d'Élizabeth, cousine de Marie. Matthieu et Luc mettent en lumière la conception virginale de Jésus. Joseph est le père adoptif de Jésus.

❷ Jésus naît à Bethléem de Judée, où Joseph et Marie, tous deux Galiléens de Nazareth, se sont rendus pour le recensement ordonné par l'empereur Auguste. La date de sa naissance «au temps du roi Hérode [37 à 4 av. J.-C.]» (Mt 2,1) est à placer en 5 ou 6 avant notre ère, les calculs de Denys le Petit au VIe siècle devant être révisés.

❸ D'après Luc, Jésus naît dans une étable. La naissance du Sauveur est annoncée aux bergers de Judée et célébrée par les anges venus du ciel. Huit jours après sa naissance, l'enfant est circoncis et reçoit le nom de Jésus qui signifie «Dieu sauve». Quand vient le temps de la purification de Marie, l'enfant est présenté au Temple. Il y est reçu par le vieillard Syméon comme la lumière «pour illuminer ceux qui habitent les ténèbres». La prophétesse Anne le célèbre comme le libérateur de Jérusalem. Puis Joseph et Marie retournent avec l'enfant en Galilée.

❹ Luc dit encore qu'à l'âge de douze ans, Jésus accompagne Marie et Joseph à Jérusalem pour la fête de Pâque. Il y reste trois jours au Temple au milieu des docteurs de la Loi, occupé «aux affaires de son Père».

❺ Matthieu présente d'autres épisodes: il ne parle pas des bergers, mais de Mages venus de l'Orient qui, ayant vu son astre, sont venus rendre hommage «au roi des Juifs». Informé de leur présence, le roi Hérode s'enquiert de la naissance de Jésus et, craignant la naissance d'un rival, fait périr tous les enfants de moins de deux ans de la région de Bethléem. Mais Joseph a été averti en songe et s'est enfui en Égypte avec Marie et l'enfant. Après la mort d'Hérode, ils reviennent en Galilée et s'établissent à Nazareth. Ce récit rappelle le séjour des Hébreux en Égypte et leur retour en Terre promise. Matthieu présente Jésus comme un nouveau Moïse.

❻ Les récits de l'enfance comportent un message théologique qui va au-delà de la simple narration des faits. Ils montrent que Jésus appartient à la lignée de David par son père légal, et qu'il est Fils de Dieu par sa naissance virginale.

❼ De son côté, le prologue de l'Évangile selon saint Jean présente le mystère de l'incarnation du Verbe qui est Dieu, qui «s'est fait chair et qui a habité parmi nous» (Jn 1,14). «Dieu, personne ne l'a jamais vu; le Fils unique, lui qui est Dieu, lui qui est dans le sein du Père, c'est lui qui l'a fait connaître.» (Jn 1,18).

❽ Les Évangiles parlent des frères et des sœurs de Jésus. Selon l'usage oriental, ils désignent ses cousins, enfants de Marie de Cléopas, de la parenté de Joseph (cf. Mc 15,40). La tradition unanime affirme la virginité perpétuelle de Marie.

La naissance à Bethléem.
Luc 2,1-7

1 En ces jours-là, parut un édit de l'empereur Auguste, ordonnant de recenser toute la terre – 2 ce premier recensement eut lieu lorsque Quirinius était gouverneur de Syrie. – 3 Et tous allaient se faire recenser, chacun dans sa ville d'origine. 4 Joseph, lui aussi, monta de Galilée, depuis la ville de Nazareth, vers la Judée, jusqu'à la ville de David appelée Bethléem. Il était en effet de la maison et de la lignée de David. 5 Il venait se faire recenser avec Marie, qui lui avait été accordée en mariage et qui était enceinte. 6 Or, pendant qu'ils étaient là, le temps où elle devait enfanter fut accompli. 7 Et elle mit au monde son fils premier-né ; elle l'emmaillota et le coucha dans une mangeoire, car il n'y avait pas de place pour eux dans la salle commune.

L'adoration des Mages.
Matthieu 2,1-2.9-12

1 Jésus était né à Bethléem en Judée, au temps du roi Hérode le Grand. Or, voici que des mages venus d'Orient arrivèrent à Jérusalem 2 et demandèrent : « Où est le roi des Juifs qui vient de naître ? Nous avons vu son étoile à l'orient et nous sommes venus nous prosterner devant lui. »... 9 Et voici que l'étoile qu'ils avaient vue à l'orient les précédait, jusqu'à ce qu'elle vienne s'arrêter au-dessus de l'endroit où se trouvait l'enfant. 10 Quand ils virent l'étoile, ils se réjouirent d'une très grande joie. 11 Ils entrèrent dans la maison, ils virent l'enfant avec Marie sa mère ; et, tombant à ses pieds, ils se prosternèrent devant lui. Ils ouvrirent leurs coffrets, et lui offrirent leurs présents : de l'or, de l'encens et de la myrrhe. 12 Mais, avertis en songe de ne pas retourner chez Hérode, ils regagnèrent leur pays par un autre chemin.

Jésus enfant au Temple.
Luc 2,41-49

41 Chaque année, les parents de Jésus se rendaient à Jérusalem pour la fête de la Pâque. 42 Quand il eut douze ans, ils montèrent en pèlerinage suivant la coutume. 43 À la fin de la fête, comme ils s'en retournaient, le jeune Jésus resta à Jérusalem à l'insu de ses parents... 46 C'est au bout de trois jours qu'ils le trouvèrent dans le Temple, assis au milieu des docteurs de la Loi : il les écoutait et leur posait des questions, 47 et tous ceux qui l'entendaient s'extasiaient sur son intelligence et sur ses réponses. 48 En le voyant, ses parents furent frappés d'étonnement, et sa mère lui dit : « Mon enfant, pourquoi nous astu fait cela ? Vois comme ton père et moi, nous avons souffert en te cherchant ! » 49 Il leur dit : « Comment se fait-il que vous m'ayez cherché ? Ne saviez-vous pas qu'il me faut être chez mon Père ? »

Jésus a trente ans

Nous ne savons presque rien de la jeunesse de Jésus jusqu'à ses 30 ans. Les quatre évangélistes nous racontent, chacun dans son style, ses actes et ses paroles ainsi que les réactions de son entourage, durant les trois dernières années de sa vie.

Et tout d'abord, Jésus se fait baptiser par Jean dans le Jourdain : *Et aussitôt, en remontant de l'eau, il vit les cieux se déchirer et l'Esprit descendre sur lui comme une colombe. Il y eut une voix venant des cieux : "Tu es mon Fils bien-aimé ; en toi, je trouve ma joie."* (Mc 1,10-11)

Puis Jésus est tenté pendant 40 jours au désert. Il résiste aux tentations du diable. Il ne se donnera pas en spectacle, il ne sera pas un magicien, il ne cherche pas le pouvoir. Comment a-t-il pu résister ? Va lire Matthieu 4,1-11 ou Luc 4,1-13.

Le lendemain du baptême, Jean le Baptiste désigne Jésus : *Voici l'Agneau de Dieu qui enlève le péché du monde* (Jn 1,29). Alors les premiers disciples André, Pierre, Jacques et Jean se mettent à le suivre. Plus tard, Jésus est invité à une grande noce à Cana, avec Marie et ses disciples. La fête bat son plein. Sa mère lui signale : *Ils n'ont pas de vin...* Que s'est-il passé ?
Jésus réalise alors le premier signe de sa mission de Fils de Dieu sur la terre. Lis : Jean 2,3-10.

Jésus entre en scène

Le baptême de Jésus

Au début de sa vie publique, Jésus se fait baptiser par Jean dans les eaux du Jourdain. Bien que sans péché, il se solidarise avec les hommes pécheurs, lui « l'Agneau de Dieu qui enlève le péché du monde » (Jn 1,29). Le Père le déclare « son Fils bien-aimé » et l'Esprit descend sur lui. Le baptême de Jésus annonce notre baptême.

Les tentations au désert

Jésus, poussé par l'Esprit, va chercher un temps de solitude au désert où il passe 40 jours dans le jeûne et la prière. Chez lui, l'action est toujours précédée par un temps de silence et de prière. À la fin de ce temps au désert, Satan tente Jésus par trois fois, cherchant à le détourner de Dieu son Père. Pour résister au tentateur, Jésus s'appuie sur la parole de Dieu. Jésus se révèle comme le Serviteur de Dieu totalement obéissant à la volonté du Père.

Le Messie de Dieu

Le Royaume que Jésus vient inaugurer sur la terre n'est pas un royaume humain. Le Messie de Dieu n'est pas celui imaginé par les hommes. Il n'est pas venu changer le cours du monde, mais le cœur des hommes. Il nous apporte ce que nous ne pouvons pas nous donner : la vie divine au cœur de notre vie mortelle. Jésus surprend toujours. Pour le reconnaître comme le Messie de Dieu, il faut avoir un cœur ouvert, sans préjugé, comme ces pauvres à qui le Seigneur a choisi de se révéler de manière prioritaire : « Il m'a envoyé porter la Bonne Nouvelle aux pauvres » dit Jésus à Nazareth (Lc 4,18).
Jésus prêche le royaume de Dieu et guérit des malades. « Voilà un enseignement nouveau, donné avec d'autorité ! » (Mc 1,27), disent les gens.

Un enseignement nouveau

Les Évangiles synoptiques concentrent le récit de la vie publique de Jésus sur une année. L'Évangile de Jean le déploie sur trois années, ce qui semble plus proche des réalités historiques. Luc nous dit que Jésus avait alors «environ trente ans» (Lc 3,23). Chronologiquement l'activité publique de Jésus se situe entre 27 et 30 de notre ère. Luc divise son Évangile en deux phases (Lc 3,1-9,50 et 9,51-19,28), une première qui se déroule principalement en Galilée, une deuxième caractérisée par la montée à Jérusalem, lieu de l'accomplissement du salut (Lc 19,29-24,53).

❶ L'entrée en scène de Jésus est précédée de la prédication de Jean Baptiste, qui annonce la proximité du règne de Dieu, la nécessité de se convertir et l'urgence de se préparer à accueillir le Messie. Jean baptise dans le Jourdain. Des disciples de Jean deviendront disciples de Jésus, comme André (Jn 1,35-37.40). Jean Baptiste insiste pour dire qu'il est venu «préparer la route» à «celui qui vient». «Il n'était pas la lumière, mais il était là pour rendre témoignage à la Lumière» (Jn 1,8).

❷ Jésus reçoit le baptême de Jean. Il s'inscrit dans la démarche de conversion du Baptiste et se mêle à l'humanité en quête de salut. Jean désigne alors Jésus comme «l'Agneau de Dieu qui enlève le péché du monde» (Jn 1,29). «Celui qui m'a envoyé baptiser dans l'eau m'a dit: "Celui sur qui tu verras l'Esprit descendre et demeurer, celui-là baptise dans l'Esprit Saint."». En même temps, l'Esprit de Dieu descend sur Jésus sous la forme d'une colombe et une voix venant du ciel atteste: «Celui-ci est mon Fils bien-aimé» (Mt 3,17; Lc 3,21-22). L'Église gardera le baptême dans l'eau comme signe du baptême dans l'Esprit, qui marque la nouvelle naissance des enfants de Dieu pour la vie éternelle.

❸ Jésus va au désert où durant quarante jours il est tenté par le diable (Mt 4,1-11; Lc 4,1-13). Il repousse comme diabolique la tentation d'être un Messie au goût des hommes qui détournerait à son profit son pouvoir messianique; un faiseur de miracles qui impressionnerait les foules; un Messie politique qui exercerait le pouvoir en ce monde. Cet épisode éclaire la nature de la messianité de Jésus. Jésus est tenté comme le fut le peuple au désert (cf. Dt 6,16), mais il n'a pas succombé. Il ne sera pas un Messie qui s'impose par la violence, mais un Messie «doux et humble de cœur», qui, en donnant sa vie, sauve les hommes. Il est vraiment le Messie car il est «rempli de l'Esprit Saint» (Lc 4,1)

❹ Jean Baptiste sort de scène. Il est arrêté et décapité par le tétrarque Hérode Antipas (Mc 6,14-29). Jésus débute son ministère dans la synagogue de Nazareth. La prophétie d'Isaïe (Is 61,1-2) est réalisée aujourd'hui, dit-il: L'Esprit du Seigneur est sur lui; il l'a consacré par l'onction pour qu'il porte la Bonne Nouvelle aux pauvres (Lc 4,16-21).

❺ Jésus assure sa prédication en étant sous la mouvance de l'Esprit Saint qui est descendu sur lui à son baptême dans le Jourdain. C'est pourquoi «on était frappé par son enseignement car sa parole était pleine d'autorité» (Lc 4,32).

« Envoyé porter la Bonne Nouvelle aux pauvres »

Jésus débute son ministère à Nazareth où il avait grandi. Il se présente comme le Messie, l'oint du Seigneur qui accomplit les Écritures. Il se heurte à l'étonnement de ses compatriotes.

Luc 4,14-24

14 Lorsque Jésus, dans la puissance de l'Esprit,
revint en Galilée, sa renommée se répandit
dans toute la région. 15 Il enseignait dans
les synagogues, et tout le monde faisait
son éloge. 16 Il vint à Nazareth, où il avait
été élevé. Selon son habitude, il entra dans
la synagogue le jour du sabbat, et il se leva
pour faire la lecture. 17 On lui remit le livre
du prophète Isaïe. Il ouvrit le livre et trouva
le passage où il est écrit :
18 *L'Esprit du Seigneur est sur moi*
parce que le Seigneur m'a consacré par l'onction.
Il m'a envoyé porter la Bonne Nouvelle
aux pauvres,
annoncer aux captifs leur libération,
et aux aveugles qu'ils retrouveront la vue,
remettre en liberté les opprimés,
19 *annoncer une année favorable*
accordée par le Seigneur.
20 Jésus referma le livre, le rendit au servant
et s'assit. Tous, dans la synagogue, avaient
les yeux fixés sur lui. 21 Alors il se mit à leur
dire : « Aujourd'hui s'accomplit ce passage de
l'Écriture que vous venez d'entendre. » 22 Tous
lui rendaient témoignage et s'étonnaient des
paroles de grâce qui sortaient de sa bouche.
Ils se disaient : « N'est-ce pas là le fils de
Joseph ? » 23 Mais il leur dit : « Sûrement vous
allez me citer le dicton : "Médecin, guéris-toi
toi-même", et me dire : "Nous avons appris
tout ce qui s'est passé à Capharnaüm ; fais
donc de même ici dans ton lieu d'origine !"»
24 Puis il ajouta : « Amen, je vous le dis : aucun
prophète ne trouve un accueil favorable dans
son pays.

Après avoir prêché en Galilée, Jésus monte à Jérusalem.

Luc 9,51-56

51 Comme s'accomplissait le temps où il allait
être enlevé au ciel, Jésus, le visage déterminé,
prit la route de Jérusalem. 52 Il envoya, en
avant de lui, des messagers ; ceux-ci se
mirent en route et entrèrent dans un village
de Samaritains pour préparer sa venue.
53 Mais on refusa de le recevoir, parce qu'il se
dirigeait vers Jérusalem. 54 Voyant cela, les
disciples Jacques et Jean dirent : « Seigneur,
veux-tu que nous ordonnions qu'un feu
tombe du ciel et les détruise ? » 55 Mais Jésus,
se retournant, les réprimanda. 56 Puis ils partirent
pour un autre village.

Jésus appelle

Simon (appelé Pierre par Jésus), André, Jacques (fils de Zébédée), Jean, Matthieu, Philippe, Barthélémy, Thomas (son nom veut dire « jumeau »), Jacques (fils d'Alphée), Simon le Zélote, Jude, et Judas-Iscariote ont des métiers et des caractères différents.

> Ils sont douze. Ils forment une petite communauté autour de Jésus. Au fil du temps, Jésus va les préparer à une grande mission. Il va en faire ses Apôtres, c'est-à-dire ses envoyés.

Simon-Pierre, André, Jacques et son frère Jean sont pêcheurs sur le lac de Galilée. *Je vous ferai devenir pêcheurs d'hommes* leur dit Jésus (Mc 1,17). Matthieu est collecteur d'impôts au service des Romains. Jésus lui dit : *Suis-moi* (Mt 9,9).
À la suite de Jésus, il y avait aussi des femmes, Marie, sa mère, Marie Madeleine, Marthe et Marie sa sœur et aussi une foule de gens : des curieux, des malades en quête de guérison, émerveillés par sa Parole. Jésus est exigeant. Qui veut le suivre doit savoir dire « non » à certaines choses, renoncer à ses propres projets. Parfois, ses disciples ne le comprennent pas. Il arrive aussi que ses paroles les choquent. Alors, certains le quittent. Judas va le trahir, et même Pierre dira qu'il ne le connaît pas. La mission de Jésus, ils ne l'ont vraiment comprise qu'après sa résurrection.

« Laissant leurs filets, ils le suivirent »

Des douze tribus d'Israël aux douze Apôtres

Jésus fait de nombreux disciples. Parmi eux, il choisit douze Apôtres : Pierre, André, Jacques, Jean, Philippe, Thomas, Barthélémy, Matthieu, un second Jacques, Jude, Simon le Zélote et Judas Iscariote qui sera remplacé par Matthias. La plupart étaient des pêcheurs du lac de Tibériade. Douze est le nombre des tribus d'Israël. D'où le choix par le Christ de douze Apôtres comme fondements de l'Église, le nouveau Peuple de Dieu.

La mission des Apôtres

Aux Douze, Jésus donne le nom d'« Apôtres », ce qui signifie « envoyés » (Lc 6,13). La raison d'être de l'Apôtre est l'envoi en mission (Jn 20,21). Mais avant tout, il doit être proche de Jésus, veiller à entretenir un rapport de communion et d'amitié profonde avec lui (Mc 3,14).

Jésus confie à Pierre une autorité particulière

À la tête du groupe des Douze, Jésus a placé Pierre (cf. Lc 24,34 ; 1 Co 15,5). Pierre habite Capharnaüm, au bord du lac de Tibériade. Il vit de pêche avec son frère André. Mais, à l'appel de Jésus, il quitte tout pour le suivre. Plus tard, grâce à une révélation venant du Père, Pierre confesse : « Tu es le Christ, le Fils du Dieu vivant. » Et Jésus de lui déclarer : « Tu es Pierre, et sur cette pierre je bâtirai mon Église ; et la Puissance de la mort ne l'emportera pas sur elle » (Mt 16,17-18). Pierre, en raison de la foi qu'il a confessée, demeure le roc inébranlable de l'Église. Il a mission de préserver cette foi de toute défaillance et d'affermir ses frères (cf. Lc 22,32).

Beaucoup le suivent et il choisit les Douze

Dès le début de son ministère, Jésus s'est entouré de compagnons de route. Les quatre Évangiles donnent des détails sur l'appel personnellement adressé par Jésus aux fils de Zébédée, Jacques et Jean, aux deux frères Simon et André, des pêcheurs, à Lévi encore appelé Matthieu, collecteur d'impôts. La prédication de Jésus en Galilée provoque l'intérêt des foules. Parmi ceux qui le suivent, Jésus après une nuit de prière « appela ses disciples et en choisit douze » (Lc 6,12). À ceux qu'il appelle ainsi, Jésus demande de tout abandonner pour le suivre.

❶ Le chiffre douze a une signification particulière. Sur une montagne, selon Luc, Jésus « en choisit douze » (Lc 6,12). Marc (Mc 3,14) dit : il « en institua *(epoiesen)* douze pour qu'ils soient avec lui et pour les envoyer proclamer la Bonne Nouvelle » employant le verbe de la création. Telle sera leur double mission : partager l'intimité de Jésus et partir évangéliser comme il le faisait lui-même. Lc 6,13 ajoute : « Il leur donna le nom d'Apôtres ». Jésus les choisit librement. Il a l'initiative. Personne ne se porte candidat.

❷ La signification des Douze est liée aux douze tribus d'Israël dont le rassemblement devait se réaliser à la fin des temps, en signe du rassemblement de l'humanité entière. Aussi les Douze siégeront sur douze trônes pour juger les douze tribus d'Israël (Mt 19,28).

❸ Les Douze sont les confidents de Jésus. Parmi eux se détache un groupe restreint de trois : Pierre, Jacques et Jean, plus proches que les autres. Ils seront les témoins de sa transfiguration et de son agonie à Gethsémani. À la tête des Douze est toujours nommé Simon, dont Jésus a changé le nom en Pierre. Il est le porte-parole des Douze. En trois occasions, Jésus confie à Pierre une mission particulière par rapport au groupe des Douze et à l'ensemble des disciples. Pierre confesse que Jésus est le Messie, Fils de Dieu, et Jésus proclame Pierre comme le rocher sur lequel il bâtira son Église (Mt 16,18). Pierre devra affermir ses frères (Lc 22,31-32) ; il sera le berger des brebis du Christ (Jn 21,15-17). Pierre reniera le Christ au moment de la Passion (Mt 26,69-75). C'est cependant à lui que Jésus ressuscité se manifestera d'abord (Lc 24,34).

❹ Ces « Douze » (Mt 10,5), Jésus les enverra parcourir les villes et les villages pour prolonger sa propre activité missionnaire : ils prêchent comme lui le règne de Dieu, guérissent les malades, chassent les démons. « Voyant les foules, Jésus fut saisi de compassion envers elles, parce qu'elles étaient désemparées et abattues comme des brebis sans berger » (Mt 9,36). Jésus investit ses douze Apôtres des mêmes pouvoirs qui furent les siens. Ils sont ses envoyés plénipotentiaires. Ils ne devront pas se laisser absorber par des questions d'intendance, mais se consacrer uniquement à annoncer le règne de Dieu.

❺ En choisissant les Douze, Jésus a posé les fondements de l'apostolat et de la continuité de son œuvre à travers l'histoire. Les Apôtres recevront l'Esprit Saint à la Pentecôte ; ils prêcheront le Christ ressuscité et établiront l'Église en tous lieux. Les Évêques sont les successeurs des Apôtres.

« Venez, et vous verrez »

L'appel des Douze.

Marc 3,13-19

13 Jésus gravit la montagne, et il appela ceux
qu'il voulait. Ils vinrent auprès de lui, 14 et il
en institua douze pour qu'ils soient avec lui
et pour les envoyer proclamer la Bonne Nouvelle
15 avec le pouvoir d'expulser les démons.
16 Donc, il établit les Douze : Pierre – c'est
le nom qu'il donna à Simon –, 17 Jacques, fils
de Zébédée, et Jean, le frère de Jacques –
il leur donna le nom de « Boanergès », c'est-
à-dire : « Fils du tonnerre » –, 18 André, Philippe,
Barthélemy, Matthieu, Thomas, Jacques,
fils d'Alphée, Thaddée, Simon le Zélote,
19 et Judas Iscariote, celui-là même qui le livra.

L'appel des premiers disciples selon saint Jean.

Jean 1,35-48

35 Le lendemain encore, Jean se trouvait là
avec deux de ses disciples. 36 Posant son
regard sur Jésus qui allait et venait, il dit :
« Voici l'Agneau de Dieu. » 37 Les deux disciples
entendirent ce qu'il disait, et ils suivirent
Jésus. 38 Se retournant, Jésus vit qu'ils le
suivaient, et leur dit : « Que cherchez-vous ? »
Ils lui répondirent : « Rabbi – ce qui veut dire :
Maître –, où demeures-tu ? » 39 Il leur dit :
« Venez, et vous verrez. » Ils allèrent donc,
ils virent où il demeurait, et ils restèrent
auprès de lui ce jour-là. C'était vers la dixième
heure (environ quatre heures de l'après-midi).
40 André, le frère de Simon-Pierre, était l'un
des deux disciples qui avaient entendu la
parole de Jean et qui avaient suivi Jésus.
41 Il trouve d'abord Simon, son propre frère,
et lui dit : « Nous avons trouvé le Messie » –
ce qui veut dire : Christ. 42 André amena son
frère à Jésus. Jésus posa son regard sur lui
et dit : « Tu es Simon, fils de Jean ; tu t'ap-
pelleras Kèphas » – ce qui veut dire : Pierre.
43 Le lendemain, Jésus décida de partir pour
la Galilée. Il trouve Philippe, et lui dit : « Suis-
moi. » 44 Philippe était de Bethsaïde, le village
d'André et de Pierre. 45 Philippe trouve Natha-
naël et lui dit : « Celui dont il est écrit dans
la loi de Moïse et chez les Prophètes, nous
l'avons trouvé : c'est Jésus fils de Joseph, de
Nazareth. » 46 Nathanaël répliqua : « De Naza-
reth peut-il sortir quelque chose de bon ? »
Philippe répond : « Viens, et vois. » 47 Lorsque
Jésus voit Nathanaël venir à lui, il déclare
à son sujet : « Voici vraiment un Israélite :
il n'y a pas de ruse en lui. » 48 Nathanaël
lui demande : « D'où me connais-tu ? » Jésus
lui répond : « Avant que Philippe t'appelle,
quand tu étais sous le figuier, je t'ai vu. »

Des histoires pour faire comprendre

Jésus proclame le règne de Dieu. Pour se faire comprendre, Jésus se fait pédagogue.
Jésus dit : *À quoi le règne de Dieu est-il comparable, à quoi vais-je le comparer ? Il est comparable à une graine de moutarde qu'un homme a prise et jetée dans son jardin. Elle a poussé, elle est devenue un arbre, et les oiseaux du ciel ont fait leur nid dans ses branches.* (Lc 13,18-19)

> Jésus observe le monde dans lequel il vit. Il évoque des scènes de la nature ou de la vie quotidienne : le blé, la vigne, les oiseaux, la pêche, l'herbe qui pousse. Il décrit un semeur, une femme qui cherche une perle précieuse, un vigneron, un berger, un père de famille… Il fait des comparaisons, ce sont les paraboles.

Le règne de Dieu est le règne de l'amour parce que Dieu est amour. Jésus emploie des paraboles pour parler de l'amour tendre et miséricordieux de son Père.
Si l'un de vous a cent brebis et qu'il en perd une, n'abandonne-t-il pas les quatre-vingt-dix-neuf autres dans le désert pour aller chercher celle qui est perdue, jusqu'à ce qu'il la retrouve ? Quand il l'a retrouvée, il la prend sur ses épaules, tout joyeux, et, de retour chez lui, il rassemble ses amis et ses voisins pour leur dire : « Réjouissez-vous avec moi, car j'ai retrouvé ma brebis, celle qui était perdue ! » (Lc 15,4-6)

Tu peux choisir l'une de ces quarante histoires pour en faire une bande dessinée.

Jésus parle en paraboles

Le règne de Dieu est proche

Avec Jésus, le projet de Dieu se réalise pleinement. En parlant du royaume ou du règne de Dieu, Jésus annonce le Dieu vivant qui agit dans l'histoire. Le royaume ou le règne est déjà là dans la personne de Jésus, qui dit : « le règne de Dieu est au milieu de vous » (Lc 17,21). Il l'est dans les guérisons et les signes qu'il accomplit. Mais ce règne peut-il bien se déployer ? Ce règne, nous pouvons l'accueillir dans notre cœur, au plus intime de notre être. Le royaume prêché par Jésus est comme une semence qui peut germer en nous.

Les paraboles du Royaume

Dans son enseignement au sujet du royaume de Dieu, Jésus se sert du langage imagé des paraboles (cf. Mt 13). En partant de choses de la vie ces récits nous font comprendre que ce règne est déjà à l'œuvre parmi nous. Les exemples utilisés par Jésus en illustrent différents aspects : la petite graine de moutarde, la semence jetée en terre, le levain enfoui dans la pâte, le trésor caché dans un champ, la perle fine, le festin. Quel défi pour nous que d'accueillir le Royaume dans le quotidien de notre existence !

Quel règne annonce-t-il ?

Dès les premiers pas de sa vie publique en Galilée, Jésus « proclame l'Évangile de Dieu ; il disait: «Les temps sont accomplis: le règne de Dieu est tout proche. Convertissez-vous et croyez à l'Évangile» (Mc 1,14-15). Jésus prêche le règne de Dieu. Ses premiers auditeurs sont étonnés. Mc 1,22 nous dit: «Il enseignait en homme qui a autorité et non pas comme les scribes.» La foule s'exclamait: «Voilà un enseignement nouveau, donné avec autorité.» (Mc 1,27)

❶ Jésus savait parler au cœur de tous ses auditoires: foules, convives, cercle restreint des disciples choisis. Jésus a développé le genre de la parabole. On en recense quarante dans les synoptiques. À partir de l'observation de la création et des gestes de la vie quotidienne, Jésus met en scène des attitudes typiques dans lesquelles pouvait s'exprimer la nouveauté de l'Évangile du règne. Pour lui le «règne de Dieu» est une réalité dynamique en train d'advenir, sans rapport avec les rêves de domination politique de son époque. Le règne est à la fois une réalité à venir et déjà présente. Il «se rapproche» (Mc 1,15), il s'agit de se tenir prêt, de tendre vers son avènement. «Que ton règne vienne» enseigne Jésus dans la prière du Notre Père (Mt 6,10). Il est objet d'attente. En même temps il dit à ses disciples: «Le règne est parmi vous» (Lc 17,21). Il est en effet tout entier présent dans la personne de Jésus.

❷ Le règne vient sans que personne ne l'attende. Cinq paraboles invitent à se tenir prêts, à rester vigilants. Le règne se rapproche toujours. Il est ouvert à ceux qui ont un cœur de pauvre et qui n'attendent leur salut que de Dieu (Mt 5,3). Pour le temps présent, le règne de Dieu se situe dans une tension vers un achèvement situé dans l'au-delà de l'histoire.

❸ Lorsqu'il parle du règne de Dieu, Jésus invite à opérer un renversement des valeurs : ne pas prendre pour définitif l'horizon de la vie terrestre, user des biens de ce monde, mais ne pas s'attacher à des sécurités illusoires et inconsistantes. Jésus prêche un règne, pur don de Dieu.

❹ Jésus a lié la venue définitive du règne de Dieu à son propre retour, en s'identifiant à la figure du Fils de l'Homme dont parle le prophète Daniel (Dn 7,13; Mt 25,31).

« Le Royaume des cieux est comparable... »

La parabole du fils retrouvé.

Luc 15,11-32

11 Jésus dit encore : « Un homme avait deux fils. 12 Le plus jeune dit à son père : "Père, donne-moi la part de fortune qui me revient." Et le père leur partagea ses biens. 13 Peu de jours après, le plus jeune rassembla tout ce qu'il avait, et partit pour un pays lointain où il dilapida sa fortune en menant une vie de désordre. 14 Il avait tout dépensé, quand une grande famine survint dans ce pays, et il commença à se trouver dans le besoin.
15 Il alla s'engager auprès d'un habitant de ce pays, qui l'envoya dans ses champs garder les porcs. 16 Il aurait bien voulu se remplir le ventre avec les gousses que mangeaient les porcs, mais personne ne lui donnait rien. 17 Alors il rentra en lui-même et se dit : "Combien d'ouvriers de mon père ont du pain en abondance, et moi, ici, je meurs de faim !
18 Je me lèverai, j'irai vers mon père, et je lui dirai : Père, j'ai péché contre le ciel et envers toi. 19 Je ne suis plus digne d'être appelé ton fils. Traite-moi comme l'un de tes ouvriers."
20 Il se leva et s'en alla vers son père. Comme il était encore loin, son père l'aperçut et fut saisi de compassion ; il courut se jeter à son cou et le couvrit de baisers. 21 Le fils lui dit : "Père, j'ai péché contre le ciel et envers toi. Je ne suis plus digne d'être appelé ton fils." 22 Mais le père dit à ses serviteurs : "Vite, apportez le plus beau vêtement pour l'habiller, mettez-lui une bague au doigt et des sandales aux pieds, 23 allez chercher le veau gras, tuez-le, mangeons et festoyons,
24 car mon fils que voilà était mort, et il est revenu à la vie ; il était perdu, et il est retrouvé." Et ils commencèrent à festoyer.
25 Or le fils aîné était aux champs. Quand il revint et fut près de la maison, il entendit la musique et les danses. 26 Appelant un des serviteurs, il s'informa de ce qui se passait.
27 Celui-ci répondit : "Ton frère est arrivé, et ton père a tué le veau gras, parce qu'il a retrouvé ton frère en bonne santé." 28 Alors le fils aîné se mit en colère, et il refusait d'entrer. Son père sortit le supplier. 29 Mais il répliqua à son père : "Il y a tant d'années que je suis à ton service sans avoir jamais transgressé tes ordres, et jamais tu ne m'as donné un chevreau pour festoyer avec mes amis.
30 Mais, quand ton fils que voilà est revenu après avoir dévoré ton bien avec des prostituées, tu as fait tuer pour lui le veau gras !"
31 Le père répondit : "Toi, mon enfant, tu es toujours avec moi, et tout ce qui est à moi est à toi. 32 Il fallait festoyer et se réjouir ; car ton frère que voilà était mort, et il est revenu à la vie ; il était perdu, et il est retrouvé !" »

Jésus guérit les malades

Les miracles sont des signes qui nous font comprendre que le règne de Dieu apporte la guérison, la paix, la joie, la vie. Jésus guérit un aveugle, un paralysé, un malade mental (dit possédé), une main sans vie. Il guérit même le jour du sabbat, jour consacré à Dieu et au repos.

« Lève-toi, prends ton brancard, et marche. » Et aussitôt l'homme fut guéri. Il prit son brancard : il marchait !
(Jn 5,8-9)
Jésus veut l'homme debout, libre, joyeux.
Peu avant la Pâque, une grande foule suit Jésus parce que tous voient les gens qu'il a guéris. Il nourrit la foule avec cinq pains et deux poissons, pour nous faire comprendre qu'il est lui-même la nourriture inépuisable dont nous avons besoin (Jn 6,1-15).
Ces signes sont faits pour que nous découvrions qui est Jésus et le règne qu'il annonce.
Jésus fait ces miracles ou signes pour convaincre les hommes de croire en lui. Chaque fois qu'une personne décide de dire « oui » à Dieu, le règne de Dieu progresse sur terre.
Toi aussi, tu as le pouvoir de faire avancer le règne de Dieu, ici et maintenant, chaque fois que tu lui ouvres ton cœur.

Des signes qui annoncent et anticipent le Règne

« Qui donc est-il pour que même le vent et la mer lui obéissent ? » (Mc 4,41)

Qu'est ce qu'un miracle?

Un miracle est un phénomène sensible qui déroge aux lois constantes et connues de la nature, comme signe d'une intervention de Dieu. Dieu est toujours l'auteur des miracles. Dans l'Évangile, nous voyons diverses sortes de miracles opérés par Jésus : tempête apaisée, malades guéris, morts qui retrouvent la vie.

Une invitation à croire en Jésus

Jésus accompagne ses paroles par de nombreux « miracles, prodiges et signes » (Ac 2,22) qui montrent que le Royaume est présent en lui. Les miracles fortifient la foi en Celui qui fait les œuvres du Père : ils témoignent que Jésus est l'envoyé de Dieu, le Fils de Dieu. L'essentiel, ce n'est donc pas le miracle en tant que tel, mais le signe qui invite à croire librement en Jésus. Les miracles ne sont pas réalisés pour satisfaire la curiosité.

Mieux que la guérison

En libérant certains hommes des maux de la faim (Jn 6,1-15), de l'injustice (Lc 19,8), de la maladie et de la mort (Mt 11,5), Jésus nous révèle toute la tendresse du Père. Ces signes sont là pour nous faire comprendre que Jésus nous apporte un salut intégral qui saisit notre cœur et nous libère de l'esclavage le plus grand, celui du péché (Jn 8,34-36).
La venue du royaume de Dieu est la défaite du royaume de Satan (Lc 8,26-39). L'Évangile m'invite à accueillir la Bonne Nouvelle du salut qui ne se réduit pas à la bonne santé, à la réussite sociale, professionnelle ou financière. L'Évangile a le pouvoir de me guérir en profondeur.

« De quelle autorité fait-il cela ? »

Les contemporains de Jésus observaient qu'il parlait avec autorité mais aussi qu'« il commande avec autorité et puissance aux esprits impurs » (Lc 4,36). Les Évangiles nous rapportent de nombreuses scènes de miracles. Les termes exacts employés sont « œuvres de puissance » et « signes ». Les miracles opérés par Jésus n'ont rien à voir avec les prodiges que pouvaient réaliser des thaumaturges. Ils sont l'expression physique de la puissance de transformation de sa parole. Les opérations spectaculaires sont faites pour égarer. Les œuvres de Jésus montrent que le règne de Dieu qu'il prêche est déjà à l'œuvre dans la guérison des maladies du corps et de l'esprit, dans l'expulsion des esprits mauvais. Jésus agit par « la puissance de l'Esprit » qui l'habite (Lc 4,14). Les miracles attestent que Jésus est le Messie annoncé.

❶ Les signes posés par Jésus annoncent un monde nouveau. Comme le Créateur, Jésus « est à l'œuvre » (Jn 5,17), y compris le jour du sabbat, ou lorsqu'il dépasse les interdits de son temps : toucher un lépreux ou parler avec une pécheresse.
❷ L'Évangile selon saint Jean compte sept signes, à commencer par l'eau changée en vin à Cana jusqu'à la résurrection de Lazare. Les signes sont faits pour acheminer les hommes vers la foi, et par la foi vers la vie éternelle (cf. Jn 20,31). Le signe provoque la foi.
❸ Jésus chassait les démons. Ce point est capital pour comprendre que la prédication du règne de Dieu par Jésus portait des coups au règne adverse de Satan. Satan apparaît dans la tentation de Jésus (Mt 4,1-11), dans la tentation de Pierre (Mt 16,23), derrière Judas qui va livrer le Maître (Jn 13,27), puis au mont des Oliviers où il semble triompher (Lc 22,40-42.53). Satan est mis en déroute là où le règne de Dieu est proclamé.

« Là où il passait, il faisait le bien »

Le premier signe de Jésus, dans l'Evangile de Jean, est l'eau changée en vin aux noces de Cana.

Jean 2,1-12

1 Le troisième jour, il y eut un mariage à Cana de Galilée. La mère de Jésus était là. 2 Jésus aussi avait été invité au mariage avec ses disciples. 3 Or, on manqua de vin. La mère de Jésus lui dit : « Ils n'ont pas de vin. » 4 Jésus lui répond : « Femme, que me veux-tu ? Mon heure n'est pas encore venue. » 5 Sa mère dit à ceux qui servaient : « Tout ce qu'il vous dira, faites-le. » 6 Or, il y avait là six jarres de pierre pour les purifications rituelles des Juifs ; chacune contenait deux à trois mesures, (c'est-à-dire environ cent litres). 7 Jésus dit à ceux qui servaient : « Remplissez d'eau les jarres. » Et ils les remplirent jusqu'au bord.
8 Il leur dit : « Maintenant, puisez, et portez-en au maître du repas. » Ils lui en portèrent.
9 Et celui-ci goûta l'eau changée en vin. Il ne savait pas d'où venait ce vin, mais ceux qui servaient le savaient bien, eux qui avaient puisé l'eau. Alors le maître du repas appelle le marié 10 et lui dit : « Tout le monde sert le bon vin en premier et, lorsque les gens ont bien bu, on apporte le moins bon. Mais toi, tu as gardé le bon vin jusqu'à maintenant. »
11 Tel fut le commencement des signes que Jésus accomplit. C'était à Cana de Galilée. Il manifesta sa gloire, et ses disciples crurent en lui. 12 Après cela, il descendit à Capharnaüm avec sa mère, ses frères et ses disciples, et ils demeurèrent là-bas quelques jours.

Jésus redonne vie à Lazare, le frère de Marthe et de Marie.

Jean 11,32-44

32 Marie arriva à l'endroit où se trouvait Jésus. Dès qu'elle le vit, elle se jeta à ses pieds et lui dit : « Seigneur, si tu avais été ici, mon frère ne serait pas mort. » 33 Quand il vit qu'elle pleurait, et que les Juifs venus avec elle pleuraient aussi, Jésus, en son esprit, fut saisi d'émotion, il fut bouleversé, 34 et il demanda : « Où l'avez-vous déposé ? » Ils lui répondirent : « Seigneur, viens, et vois. » 35 Alors Jésus se mit à pleurer. 36 Les Juifs disaient : « Voyez comme il l'aimait ! » 37 Mais certains d'entre eux dirent : « Lui qui a ouvert les yeux de l'aveugle, ne pouvait-il pas empêcher Lazare de mourir ? » 38 Jésus, repris par l'émotion, arriva au tombeau. C'était une grotte fermée par une pierre. 39 Jésus dit : « Enlevez la pierre. » Marthe, la sœur du défunt, lui dit : « Seigneur, il sent déjà ; c'est le quatrième jour qu'il est là. » 40 Alors Jésus dit à Marthe : « Ne te l'ai-je pas dit ? Si tu crois, tu verras la gloire de Dieu. » 41 On enleva donc la pierre. Alors Jésus leva les yeux au ciel et dit : « Père, je te rends grâce parce que tu m'as exaucé.
42 Je le savais bien, moi, que tu m'exauces toujours ; mais je le dis à cause de la foule qui m'entoure, afin qu'ils croient que c'est toi qui m'as envoyé. » 43 Après cela, il cria d'une voix forte : « Lazare, viens dehors ! » 44 Et le mort sortit, les pieds et les mains liés par des bandelettes, le visage enveloppé d'un suaire. Jésus leur dit : « Déliez-le, et laissez-le aller. »

Qui est-il vraiment ?

Jésus révèle à ses proches sa véritable identité. À mesure que le temps passe, Jésus est de plus en plus connu : beaucoup de gens viennent l'écouter, et ses paroles ne laissent pas indifférent. Mais personne ne sait qui il est vraiment. C'est cette vérité qu'il va révéler progressivement.
Aux Douze il demande : *Et vous, que dites-vous ? Pour vous, qui suis-je ?* (Mt 16,15)
Ses Apôtres le voient prier. En priant, Jésus s'adresse à Dieu en l'appelant « Père ». Son attitude et ses paroles émerveillent ses Apôtres qui lui demandent de leur apprendre à prier.
Père, Seigneur du ciel et de la terre, je proclame ta louange : ce que tu as caché aux sages et aux savants, tu l'as révélé aux tout-petits. (Lc 10,21)

Ses Apôtres l'entendent parler de son Père. De même, quand il parle de Dieu à ses disciples, Jésus leur dit qu'il est le Fils de Dieu, envoyé sur terre par le Père pour sauver les hommes. Il dévoile petit à petit l'intimité qui le lie au Père, la communion qui les unit : Le Père et moi, nous sommes UN. (Jn 10,30)

Simon-Pierre avait donné la réponse juste :
Tu es le Christ, le Fils du Dieu vivant ! (Mt 16,16)
Telle est la foi de l'Église.

« Pour vous, qui suis-je ? »

Jésus, le révélateur du Père

La nouveauté du message du Christ, c'est sa relation avec le Père. « Le Père et moi, nous sommes UN » (Jn 10,30). En Jésus le règne de Dieu annoncé est déjà présent. En lui Dieu se fait proche. Jésus révèle le visage du vrai Dieu : un Père plein de miséricorde pour tout être humain. « Celui qui m'a vu, a vu le Père » (Jn 14,9). Toute la mission de Jésus est axée sur cette révélation du Père.

La prière du Fils

Les Évangiles montrent souvent Jésus en train de prier : lors de son baptême, lors de la transfiguration, avant de choisir les douze Apôtres. Jésus commence toujours par invoquer son Père. Ainsi Jésus montre sa grande proximité avec Dieu qu'il appelle son Père.

Faire la volonté du Père

La prière de Jésus est une remise, humble et confiante, de sa volonté humaine à la volonté aimante du Père. Jésus est le Fils bien-aimé qui accomplit l'œuvre du Père : « Ma nourriture, c'est de faire la volonté de Celui qui m'a envoyé et d'accomplir son œuvre » (Jn 4,34). Selon l'Épître aux Hébreux, faire la volonté du Père est le but de l'Incarnation du Fils : en entrant dans ce monde, le Christ dit : « Tu m'as formé un corps (...) Me voici, je suis venu, mon Dieu, pour faire ta volonté » (He 10,5-9). Jésus n'agit que par et pour le Père (Jn 6,57).

Messie et Fils de Dieu

Après la confession de Pierre à Césarée de Philippe, le cercle des fidèles de Jésus se rétrécit. Jésus annonce sa passion.

❶ Il se présente comme le Fils. Jésus parle de Dieu en engageant sa propre personne. Les Évangiles nous montrent souvent Jésus s'adressant à Dieu comme son Père. « [Jésus] exulta de joie sous l'action de l'Esprit Saint et il dit:... Père, Seigneur du ciel et de la terre, ce que tu as caché aux sages et aux savants tu l'as révélé aux tout petits» (Lc 10,21). Ainsi affleure la révélation de Dieu Trinité. Jésus, conduit par l'Esprit, s'adresse à Dieu.

❷ Parlant à Madeleine, Jésus distingue: «mon Père et votre Père» (Jn 20,17). Il n'y a qu'un Dieu Père; Jésus se situe par rapport à lui dans une relation unique. Jésus appelle Dieu *Abba*, avec une proximité, un abandon, une confiance, une familiarité respectueuse qui n'appartiennent qu'à lui.

❸ Par rapport à «son Père», Jésus se désigne comme le Fils. «Tout m'a été remis par mon Père; personne ne connaît le Père sinon le Fils, et celui à qui le Fils veut le révéler» (Mt 11,27).

❹ L'Évangile selon saint Jean clarifie la relation de Jésus avec Dieu qu'il appelle son Père. «Le Père et moi nous sommes UN» (Jn 10,30). «Qui m'a vu, a vu le Père» (Jn 14,9). Le Fils est dans le Père et le Père est dans le Fils, formant un seul être divin dans l'Esprit.

❺ Jésus pose des actes qui relèvent de l'unique compétence de Dieu: il pardonne les péchés (Mt 9,2); il radicalise la loi de Moïse (Mt 5,21-48); il déclare que le sabbat est fait pour l'homme et non l'homme pour le sabbat (Mc 2,27-28).

❻ La communion de Jésus avec le Père est communion dans l'Esprit Saint. Jésus enverra l'Esprit Saint à ses disciples, pour qu'il demeure avec eux, l'Esprit qui procède du Père (Jn 15,26).

❼ Au cours de son ministère, Jésus se fait connaître comme le «Fils de l'Homme» à venir. Cette figure eschatologique apparaît dans le livre de Daniel (Dn 7,13). C'est un être céleste qui viendra pour le jugement du monde à la fin des temps. Jésus est le Fils de l'Homme qui passe par la souffrance avant d'entrer dans la gloire et juger le monde.

❽ À la lumière de la Résurrection, les disciples connaîtront l'identité de Jésus, Fils de Dieu, et le proclameront Seigneur (Jn 21,7).

❾ Jésus nous pose la même question qu'à ses disciples proches: «Pour vous qui suis-je?» (Mt 16,15).

« Celui qui m'a vu a vu le Père »

La confession de Pierre.
Matthieu 16,13-20

[13] Jésus, arrivé dans la région de Césarée-de-Philippe, demandait à ses disciples : « Au dire des gens, qui est le Fils de l'homme ? » [14] Ils répondirent : « Pour les uns, Jean le Baptiste ; pour d'autres, Élie ; pour d'autres encore, Jérémie ou l'un des prophètes. » [15] Jésus leur demanda : « Et vous, que dites-vous ? Pour vous, qui suis-je ? » [16] Alors Simon-Pierre prit la parole et dit : « Tu es le Christ, le Fils du Dieu vivant ! » [17] Prenant la parole à son tour, Jésus lui dit : « Heureux es-tu, Simon fils de Yonas : ce n'est pas la chair et le sang qui t'ont révélé cela, mais mon Père qui est aux cieux. [18] Et moi, je te le déclare : Tu es Pierre, et sur cette pierre je bâtirai mon Église ; et la puissance de la Mort ne l'emportera pas sur elle. [19] Je te donnerai les clés du royaume des Cieux : tout ce que tu auras lié sur la terre sera lié dans les cieux, et tout ce que tu auras délié sur la terre sera délié dans les cieux. » [20] Alors, il ordonna aux disciples de ne dire à personne que c'était lui le Christ.

Jésus révèle qui il est.
Jean 10,22-30

[22] Alors arriva la fête de la dédicace du Temple à Jérusalem. C'était l'hiver. [23] Jésus allait et venait dans le Temple, sous la colonnade de Salomon. [24] Les Juifs firent cercle autour de lui ; ils lui disaient : « Combien de temps vas-tu nous tenir en haleine ? Si c'est toi le Christ, dis-le nous ouvertement ! » [25] Jésus leur répondit : « Je vous l'ai dit, et vous ne croyez pas. Les œuvres que je fais, moi, au nom de mon Père, voilà ce qui me rend témoignage. [26] Mais vous, vous ne croyez pas, parce que vous n'êtes pas de mes brebis. [27] Mes brebis écoutent ma voix ; moi, je les connais, et elles me suivent. [28] Je leur donne la vie éternelle : jamais elles ne périront, et personne ne les arrachera de ma main. [29] Mon Père, qui me les a données, est plus grand que tout, et personne ne peut les arracher de la main du Père. [30] Le Père et moi, nous sommes UN. »

Jésus a des ennemis

Des foules suivent Jésus et se rassemblent sur son passage. Sa célébrité, ses actes et ses paroles dérangent, bouleversent l'ordre établi. Certains le voient aussi comme un concurrent et craignent qu'il ne prenne le pouvoir.

Il mange avec les publicains, réputés pécheurs ; il appelle à sa suite un collecteur d'impôts ; il parle à des femmes de mauvaise vie et même à des étrangères. Il côtoie les exclus de la société. Il se moque des scribes et des pharisiens : *Malheureux êtes-vous, scribes et pharisiens hypocrites !* (Mt 23,13) Il guérit le jour du sabbat. Pire encore, il se permet de dire au paralysé : *Tes péchés sont pardonnés.* (Mc 2,5) Pour ses opposants, c'est le blasphème suprême, puisque seul Dieu peut pardonner les péchés. Il va jusqu'à redonner vie à son ami Lazare. Pour qui se prend-il ? Pourquoi bouscule-t-il les rites, la Loi de Moïse ? La réponse, tu la connais : elle est dans les pages précédentes !

La résurrection de son ami Lazare va être le prétexte pour condamner à mort cet homme dangereux ! *Les grands prêtres et les scribes ainsi que les notables cherchaient à le faire mourir.* (Lc 19,47)

Incompréhensions et oppositions

Des réactions diverses

Devant les signes et miracles de Jésus, les réactions sont très diverses. Les signes accomplis par Jésus sont susceptibles de plusieurs interprétations. Jésus dit que c'est la foi qui produit le miracle, pas l'inverse (cf. Lc 8,25). Ailleurs, Marc nous dit même que les disciples « n'avaient rien compris au sujet [de la multiplication] des pains » (Mc 6,52).

L'opposition se durcit

En face de Jésus, il y a les disciples qui le suivent parce qu'ils lui font confiance. Il y a aussi le groupe des personnes qui s'étonnent et s'interrogent. Il y a enfin ceux qui se méfient et préparent sa perte. L'instauration du royaume de Dieu rencontre nécessairement des oppositions. Dès les premiers chapitres de l'Évangile selon saint Marc, on remarque une vive opposition entre Jésus et les pharisiens. Dans l'Évangile selon saint Matthieu, Jésus n'est pas tendre à leur égard. Les pharisiens sont des Juifs religieux, soucieux de la stricte observance de la Loi. Ils sont pleins d'orgueil et de mépris pour les pécheurs.

Les repas de Jésus avec les pécheurs

Pour un bon nombre de pharisiens, Jésus est un imposteur, car il semble ne pas obéir à la Loi juive : non seulement il n'observe pas le sabbat, mais il appelle Dieu son propre Père, se faisant ainsi l'égal de Dieu (cf. Jn 5,18) ! Aux pharisiens Jésus répond : « Je ne suis pas venu appeler des justes mais des pécheurs » (Mt 9,13). À la femme adultère, Jésus dira : « Personne ne t'a condamnée ? Moi non plus je ne te condamne pas. Va, et désormais ne pèche plus » (Jn 8,11). Jésus ne cautionne pas le péché, mais il montre aux pécheurs son amour fou capable de les sauver.

Tous se coalisent contre lui

Dans la prédication de Jésus, plusieurs points soulèvent l'indignation des docteurs de la Loi : il a pris des libertés vis-à-vis de la Loi et particulièrement vis-à-vis du sabbat (Mc 2,23-28) ; il a pardonné les péchés (Mc 2,5) ; il a appelé Dieu son Père (Jn 5,18), et s'est déclaré Fils de Dieu (Mt 26,64). Aux yeux du pouvoir romain, il pouvait passer pour séditieux. Son entrée triomphale dans Jérusalem met un comble à la suspicion des autorités juives et romaines.

❶ Jésus lui-même est dur à l'égard des scribes et des **pharisiens**. Ces derniers formaient un parti rigoriste en Israël. Depuis la révolte des Maccabées au IIe siècle av. J.-C., ils concentraient leur attention sur l'observance stricte de la Loi, allant jusqu'à en amplifier les exigences. Les pharisiens prenaient leurs distances par rapport aux autorités du Temple qui formaient le parti des sadducéens. Les pharisiens contrôlent la plus grande partie de la population ; ils accusent les **sadducéens** de collaborer trop étroitement avec l'occupant romain. Les grandes familles sacerdotales étaient sadducéennes. Le peuple était instruit par les pharisiens.

❷ On parle aussi des **hérodiens**, clients et partisans de la famille d'Hérode installée au pouvoir par la volonté de Rome. Ils étaient alliés aux sadducéens. Avec les sadducéens, il faut encore nommer les **publicains** qui, par leurs fonctions, travaillaient au service de Rome. À l'arrière plan de ces groupes officiels, se profilent les **esséniens**, dont les écrits ont été découverts près de la mer Morte en 1947. Cette mouvance faisait sécession et poussait ses membres à se préparer au grand combat des fils de lumière contre les fils des ténèbres, les Kittim, c'est-à-dire les Romains. Cette attitude de résistance était partagée par le mouvement des zélotes, et se manifestera lors de la guerre juive de 66-70. Les **zélotes** prônaient la lutte armée contre l'occupant. Jésus n'a cessé de décevoir les zélotes et tous ceux qui attendaient un Messie guerrier.

❸ L'autorité romaine est représentée par le procurateur de Judée, Ponce Pilate, siégeant à Césarée. À Jérusalem, le Grand-Prêtre et son Grand-Conseil, le Sanhédrin, constituent l'autorité religieuse juive. Ils doivent composer avec le gouverneur.

❹ Jésus ne s'est jamais prononcé sur la légitimité de la présence romaine en Israël. Dans sa prédication du règne de Dieu, il évite soigneusement tout ce qui pouvait être interprété comme une incitation à renverser l'ordre établi. Alors que Jésus ne se situait pas sur le terrain politique, sadducéens et hérodiens l'accusaient d'être du côté des zélotes, adversaires de l'ordre romain. Si Jésus avait donné l'impression de soutenir la présence de l'occupant, les pharisiens l'auraient traité de collaborateur. D'où la question piège sur l'impôt dû à César, à laquelle Jésus répond : « Rendez à César ce qui est à César et à Dieu ce qui est à Dieu » (Mt 22,21).

❺ Le tétrarque Hérode, qui avait fait décapiter Jean Baptiste, est intrigué par Jésus (Lc 9,7). Les pharisiens et les hérodiens (Mt 12,14), puis les grands-prêtres et les pharisiens (Jn 11,53) décident de faire périr Jésus. Ses proches aussi font défection, y compris sa famille, ses disciples et même les Douze au moment de son arrestation (Mt 26,56). L'Évangile selon saint Jean nous montre que dans la chaîne de ceux qui ont livré Jésus, c'est toute l'humanité qui est représentée. Jésus sera condamné pour avoir revendiqué la royauté en Israël (Jn 18,37).

« Qu'un seul homme meure pour le peuple »

Pharisiens et Hérodiens se liguent contre Jésus.

Marc 3,1-6

1 Jésus entra de nouveau dans la synagogue ; il y avait là un homme dont la main était atrophiée. 2 On observait Jésus pour voir s'il le guérirait le jour du sabbat. C'était afin de pouvoir l'accuser. 3 Il dit à l'homme qui avait la main atrophiée : « Lève-toi, viens au milieu. » 4 Et s'adressant aux autres : « Est-il permis, le jour du sabbat, de faire le bien ou de faire le mal ? de sauver une vie ou de tuer ? » Mais eux se taisaient. 5 Alors, promenant sur eux un regard de colère, navré de l'endurcissement de leurs cœurs, il dit à l'homme : « Étends la main. » Il l'étendit, et sa main redevint normale. 6 Une fois sortis, les pharisiens se réunirent en conseil avec les partisans d'Hérode contre Jésus, pour voir comment le faire périr.

Judas, les pharisiens, les grands prêtres, Pilate livrent Jésus.

Jean 18,1-3.12-14.28-31

1 Ayant ainsi parlé, Jésus sortit avec ses disciples et traversa le torrent du Cédron ; il y avait là un jardin, dans lequel il entra avec ses disciples. 2 Judas, qui le livrait, connaissait l'endroit, lui aussi, car Jésus et ses disciples s'y étaient souvent réunis. 3 Judas, avec un détachement de soldats ainsi que des gardes envoyés par les grands prêtres et les pharisiens, arrive à cet endroit. Ils avaient des lanternes, des torches et des armes…

12 Alors la troupe, le commandant et les gardes juifs se saisirent de Jésus et le ligotèrent.
13 Ils l'emmenèrent d'abord chez Hanne, beau-père de Caïphe qui était grand prêtre cette année-là. 14 Caïphe était celui qui avait donné aux Juifs ce conseil : « Il vaut mieux qu'un seul homme meure pour le peuple… »

28 Alors on emmène Jésus de chez Caïphe au Prétoire. C'était le matin. Ceux qui l'avaient amené n'entrèrent pas dans le Prétoire, pour éviter une souillure et pouvoir manger l'agneau pascal.

29 Pilate sortit donc à leur rencontre et demanda : « Quelle accusation portez-vous contre cet homme ? » 30 Ils lui répondirent : « S'il n'était pas un malfaiteur, nous ne t'aurions pas livré cet homme. » 31 Pilate leur dit : « Prenez-le vous-mêmes et jugez-le suivant votre loi. »

Le juste est condamné à mort

Jésus se rend à Jérusalem avec les Douze pour la Pâque juive. Monté sur un ânon, il est accueilli triomphalement. La foule l'acclame comme un roi. Les grands prêtres sont indignés et cherchent à le faire arrêter.

> Jésus fait préparer une salle pour partager avec ses disciples le repas de la Pâque. Au cours du repas, il prend du pain, prononce la bénédiction, le rompt : *Prenez, mangez ceci est mon corps.* Puis il prend la coupe de vin : *Buvez-en tous, car ceci est mon sang, le sang de l'Alliance, versé pour la multitude, en rémission des péchés.* (Mt 26,26-28)

Auparavant, geste étonnant, Jésus a lavé les pieds de ses disciples, pour montrer qu'il est le serviteur de tous. Par ce geste il t'invite à faire de même (Jn 13,15).
Après le repas, Jésus part au mont des Oliviers. Il se met à l'écart pour prier. Arrive une troupe armée, conduite par Judas. Il est arrêté. Commencent les interrogatoires : chez Caïphe, le Grand Prêtre, puis chez Pilate, le gouverneur romain qui le fait fouetter, et le livre pour qu'il soit crucifié. Jésus traverse la ville chargé d'une croix qu'il porte jusqu'au Golgotha. C'est là qu'il est crucifié entre deux bandits. Il expire à 3 heures de l'après-midi, puis est déposé dans un tombeau fermé par une lourde pierre et gardé par des soldats.

« Je donne ma vie »

Le repas pascal, un moment de don

Les puissances politiques et religieuses vont se coaliser contre Jésus. On l'accusera de vouloir se faire roi. Ce soir là, Jésus partage avec les douze Apôtres le repas pascal au cours duquel il institue l'eucharistie.
Jésus donne aux générations à venir un « mémorial » de la Passion qu'il va subir et de sa Résurrection. La Cène est anticipation de la Passion, de la mort et de la Résurrection. Il prend le pain et dit : « Ceci est mon corps livré pour vous. » Puis il prend la coupe remplie de vin : « Ceci est mon sang versé pour vous. » Et il ajoute « Faites cela en mémoire de moi » (Lc 22,19).
Pierre est sur le point de le renier et les disciples vont laisser Jésus seul.

Crucifié

Lorsque Judas livre Jésus, celui-ci se laisse faire. Il ne cherche pas à opposer de résistance. Intérieurement il est libre, puisqu'il a choisi de donner sa vie, de se livrer : « Nul ne peut me l'enlever : je la donne de moi-même » (cf. Jn 10,18). Jésus est condamné par les grands-prêtres. Pilate, le gouverneur romain, laisse faire. Jésus subit le supplice de la croix. Il est flagellé et crucifié entre deux brigands. Sur la croix, Jésus s'écrie : « Père, pardonne-leur : ils ne savent pas ce qu'ils font » (Lc 23,34). Près de lui se tiennent Marie sa mère et le disciple qu'il aimait (Jn 19,25-27).

Le tombeau

Ayant toujours fait ce qui plaît au Père, Jésus sur la croix pousse un cri : « Tout est accompli » (Jn 19,30). Sa mission accomplie, Jésus peut revenir au Père : « Père, entre tes mains je remets mon esprit » (Lc 23,46).
Jésus est alors déposé au tombeau.
Il rejoint dans la mort tous les défunts passés, présents et à venir, leur apportant ainsi son salut. Dans l'obscurité luit déjà la lueur de Pâques.

« Il les aima jusqu'au bout »

Le récit de la Passion et de la Résurrection occupe la plus grande place dans les Évangiles. Il s'agit de récits suivis qui rendent compte des étapes de la dernière semaine de Jésus à Jérusalem.

❶ Ils débutent par son entrée messianique dans la ville. Pour se démarquer de la figure du Messie guerrier, Jésus monte sur un ânon. Il est acclamé comme « Fils de David » (Mt 21,9). La ferveur messianique de la foule ne pouvait qu'inquiéter les autorités juives autant que les autorités romaines.

❷ Devant l'enthousiasme de la foule, les autorités du Temple, Grand-Prêtre et anciens décident de « l'arrêter par ruse et de le faire mourir » (Mt 26,4). L'un des Douze, Judas Iscariote, se rend chez le Grand-Prêtre pour livrer Jésus en échange d'une somme d'argent (Mt 26,14-15).

❸ À l'approche de la Pâque juive, Jésus fait apprêter une salle pour y célébrer le repas pascal avec ses disciples. Le lieu choisi se situe sur le mont Sion, l'ancienne citadelle de David. Pendant cette dernière cène, Jésus institue l'eucharistie : le repas pascal anticipe le sacrifice de sa vie, le lendemain. « Prenez et mangez : ceci est mon corps », « Buvez en tous, car ceci est mon sang, le sang de l'Alliance », « faites cela en mémoire de moi » (Mt 26,26-28 ; Lc 22,19-20).

❹ Sur le chemin du mont des Oliviers, Jésus s'arrête dans le domaine de Gethsémani et se retire pour prier. Les trois disciples Pierre, Jacques et Jean sont avec lui, mais s'endorment et le laissent seul.

❺ Jésus est arrêté sur les indications de Judas et sur les instructions du Grand-Prêtre auquel il est d'abord présenté. Jésus confesse qu'il est le Fils de Dieu. Accusé de blasphème, il est condamné à mort par le sanhédrin, le lendemain matin vendredi, puis déféré devant le tribunal du gouverneur Pilate ; il est dénoncé comme prétendant à la royauté en Israël (Jn 18,34-35). Devant Pilate, Jésus déclare : « Ma royauté n'est pas de ce monde », ajoutant qu'il est « venu dans le monde pour rendre témoignage à la vérité » (Jn 18,36-37). Ne trouvant pas de motif de condamnation, le gouverneur demande à la foule si elle veut qu'il relâche, selon la coutume, Jésus ou un bandit nommé Barrabas. La foule demande Barrabas. Pilate se lave les mains de cette condamnation et livre Jésus aux autorités juives pour qu'il soit crucifié (Jn 19,16).

❻ Au moment de l'arrestation de Jésus, ses disciples s'enfuient, pris de peur et persuadés de l'échec de sa mission (Mc 14,50). Jésus avait pourtant annoncé par trois fois à ses disciples qu'il serait livré, qu'il devrait souffrir, être mis à mort et que trois jours après, il ressusciterait (cf. Mc 8,31). Pierre le renie trois fois.

❼ Jésus porte sa croix hors de la ville vers le lieu dit Golgotha. Un homme nommé Simon de Cyrène l'aide à porter sa croix. Jésus est crucifié entre deux malfaiteurs. Au-dessus de lui un écriteau « Jésus le Nazaréen roi des Juifs » (Jn 19,19). Il rend l'esprit vers trois heures de l'après-midi, le vendredi, au moment où l'on immole les agneaux pour la Pâque juive. Enroulé dans un linceul, le corps de Jésus est enseveli à proximité dans un tombeau neuf. Une pierre est roulée à l'entrée du tombeau.

« Père, pardonne-leur... »

Jésus devant Pilate.

Marc 15,1-20

1 Dès le matin, les grands prêtres convo-
quèrent les anciens et les scribes, et tout
le Conseil suprême. Puis, après avoir ligoté
Jésus, ils l'emmenèrent et le livrèrent à Pilate.
2 Celui-ci l'interrogea : « Es-tu le roi des Juifs ? »
Jésus répondit : « C'est toi-même qui le dis. »
3 Les grands prêtres multipliaient contre lui les
accusations. 4 Pilate lui demanda à nouveau :
« Tu ne réponds rien ? Vois toutes les accusa-
tions qu'ils portent contre toi. » 5 Mais Jésus
ne répondit plus rien, si bien que Pilate fut
étonné. 6 À chaque fête, il leur relâchait
un prisonnier, celui qu'ils demandaient. 7 Or,
il y avait en prison un dénommé Barabbas,
arrêté avec des émeutiers pour un meurtre
qu'ils avaient commis lors de l'émeute. 8 La
foule monta donc chez Pilate, et se mit
à demander ce qu'il leur accordait d'habitude.
9 Pilate leur répondit : « Voulez-vous que
je vous relâche le roi des Juifs ? » 10 Il se
rendait bien compte que c'était par jalousie
que les grands prêtres l'avaient livré. 11 Ces
derniers soulevèrent la foule pour qu'il leur
relâche plutôt Barabbas. 12 Et comme Pilate
reprenait : « Que voulez-vous donc que je fasse
de celui que vous appelez le roi des Juifs ? »,
13 de nouveau ils crièrent : « Crucifie-le ! »
14 Pilate leur disait : « Qu'a-t-il donc fait de
mal ? » Mais ils crièrent encore plus fort :
« Crucifie-le ! » 15 Pilate, voulant contenter
la foule, relâcha Barabbas et, après avoir fait
flageller Jésus, il le livra pour qu'il soit crucifié.
16 Les soldats l'emmenèrent à l'intérieur du
palais, c'est-à-dire dans le Prétoire. Alors ils
rassemblent toute la garde, 17 ils le revêtent
de pourpre, et lui posent sur la tête une cou-
ronne d'épines qu'ils ont tressée. 18 Puis ils
se mirent à lui faire des salutations, en disant :
« Salut, roi des Juifs ! » 19 Ils lui frappaient
la tête avec un roseau, crachaient sur lui, et
s'agenouillaient pour lui rendre hommage.
20 Quand ils se furent bien moqués de lui,
ils lui enlevèrent le manteau de pourpre,
et lui remirent ses vêtements. Puis, de là,
ils l'emmènent pour le crucifier.

Le matin de Pâques

Jésus a été crucifié. Il est mort. Il a été déposé dans un tombeau. Ses ennemis sont rassurés. Apparemment, ils ont eu le dernier mot.
Mais… quand le sabbat est terminé, Marie de Magdala et d'autres femmes se rendent au tombeau. La pierre est roulée. Affolées elles courent avertir les Apôtres. Pierre et Jean se précipitent sur les lieux, voient le tombeau vide, les bandelettes posées là et le linge qui recouvrait sa tête, roulé à part.
Il vit, et il crut. Jusque-là, en effet, les disciples n'avaient pas compris que, selon l'Écriture, il fallait que Jésus ressuscite d'entre les morts. (Jn 20,8-9)
Deux autres disciples se rendent de Jérusalem à Emmaüs. Jésus les rejoint sur la route. Ils attestent l'avoir reconnu, au moment du repas, alors qu'il leur partageait le pain. Victoire !

Jésus n'est pas resté prisonnier de la mort.
Il est vivant. **Jésus est ressuscité !**
Jésus reste encore 40 jours avec ses disciples et les enseigne. Ils comprennent peu à peu qui est Jésus et tout ce qui s'est passé.
Leur foi devient plus solide.

Le jour de son « Ascension » il leur donne cette consigne : *Allez ! De toutes les nations faites des disciples : baptisez-les au nom du Père, et du Fils, et du Saint-Esprit… Et moi, je suis avec vous tous les jours jusqu'à la fin du monde.* (Mt 28,19-20)

Le tombeau est vide

La résurrection de Jésus est l'événement inattendu qui se déroule le matin de Pâques, le premier jour de la semaine : « Pourquoi cherchez-vous le Vivant parmi les morts ? » (Lc 24,5). La résurrection de Jésus Christ suppose qu'il était réellement mort quand on l'a déposé dans le sépulcre, et aussi qu'il s'est montré vivant à des témoins dignes de foi. Les Évangiles nous disent qu'après sa résurrection, Jésus apparut pendant 40 jours à ses disciples de nombreuses fois. Il apparut à Marie Madeleine (Jn 20,1-18), aux saintes femmes (Mt 28,9-10), à Pierre (Lc 24,34), aux disciples réunis (Jn 20,19-23), à tous ses Apôtres au cénacle huit jours après sa sortie du tombeau (Jn 20,24-29), aux Apôtres sur les bords du lac de Tibériade (Jn 21,1-25), à Jacques (1 Co 15,7), à plus de cinq cents frères en Galilée (1 Co 15,6), enfin, avant de monter au ciel, à ses disciples réunis à Jérusalem (Ac 1,3-12).

La paix du Ressuscité

L'événement pascal proclame la victoire de la lumière sur les ténèbres, de la vie sur la mort, de l'amour sur la haine. Le signe de cette victoire est la paix. Cette paix est le message constant du Ressuscité (Lc 24,36 ; Jn 20,19). Depuis la Résurrection, les hommes peuvent trouver la paix dans le Seigneur ressuscité. Cette paix, acquise au prix de son sang, les chrétiens de toutes les époques l'accueillent pour en vivre.

Croire en Jésus ressuscité

Le dimanche de Pâques est la plus grande fête chrétienne. La résurrection de Jésus est l'événement qui fait basculer le monde dans l'espérance. La résurrection est l'événement sur lequel repose la foi chrétienne. Croire, c'est croire en Jésus ressuscité. !

« Pourquoi cherchez-vous le Vivant parmi les morts ? »

L'événement sur lequel repose toute la foi chrétienne se déroule le matin de Pâques, le premier jour de la semaine, troisième jour depuis le vendredi de l'ensevelissement.
Nous ne pouvons pas nous représenter le phénomène de la Résurrection, qui appartient déjà au monde à venir. Les Évangiles nous montrent seulement qu'il a laissé des traces dans notre monde :
❶ ***Le tombeau vide.*** Les femmes courent au tombeau pour compléter les rites de l'embaumement et trouvent la pierre roulée et le tombeau vide. Elles courent vers les disciples ; Pierre et le disciple bien-aimé courent vers le tombeau. Le bien-aimé voyant le tombeau vide, avec le linceul affaissé et le suaire qui entourait la tête encore roulé à sa place, « vit et crut ». Il laisse Pierre entrer le premier (Jn 20,1-10).
La Résurrection est un événement qui a laissé des traces en notre monde sensible de l'espace et du temps, bien qu'il appartienne déjà au monde spirituel à venir. Le corps de Jésus est transfiguré en gloire, spiritualisé.
Les récits évangéliques rendent compte de la nouveauté absolue d'un être appartenant déjà au monde de Dieu qui se fait reconnaître dans le monde temporel et spatial qui fut le sien et qui est le nôtre.
❷ ***Les apparitions.*** Le Ressuscité se manifestera de bien des manières à ses disciples pendant quarante jours avant de monter au ciel, expression qui signifie qu'il passe entièrement à la vie de Dieu. Le témoignage le plus ancien est donné par saint Paul en 1 Co 15,5-8. D'après les Évangiles, Jésus ressuscité s'est manifesté en premier à Marie de Magdala, puis à Pierre seul (Lc 24,34). Jésus apparaît à ses disciples au bord du lac de Tibériade. Après une pêche miraculeuse, Jésus confie à Pierre le rôle de berger de son troupeau (Jn 21,15-19).
❸ ***L'Ascension.*** Après quarante jours d'apparitions à Pierre, puis aux Douze, puis à d'autres (cf. 1 Co 15,5-8), Jésus est emporté au ciel. C'est l'Ascension. Luc place l'Ascension à la fin des apparitions du Ressuscité et au début de la mission des Apôtres (Ac 1,4-11). Matthieu ne parle pas d'un espace de quarante jours entre la résurrection et l'exaltation glorieuse de Jésus (Mt 28,16-20). Chez Jean, le Ressuscité confère l'Esprit Saint à ses disciples dès le soir de Pâques : « Il souffla sur eux et il leur dit : "Recevez l'Esprit Saint" » (Jn 20,22).

« Il vit et il crut »

Le tombeau vide.
Jean 20,1-10

[1] Le premier jour de la semaine, Marie Madeleine se rend au tombeau de grand matin ; c'était encore les ténèbres. Elle s'aperçoit que la pierre a été enlevée du tombeau. [2] Elle court donc trouver Simon-Pierre et l'autre disciple, celui que Jésus aimait, et elle leur dit : « On a enlevé le Seigneur de son tombeau, et nous ne savons pas où on l'a déposé. » [3] Pierre partit donc avec l'autre disciple pour se rendre au tombeau. [4] Ils couraient tous les deux ensemble, mais l'autre disciple courut plus vite que Pierre et arriva le premier au tombeau. [5] En se penchant, il s'aperçoit que les linges sont posés à plat ; cependant il n'entre pas. [6] Simon-Pierre, qui le suivait, arrive à son tour. Il entre dans le tombeau ; il aperçoit les linges, posés à plat, [7] ainsi que le suaire qui avait entouré la tête de Jésus, non pas posé avec les linges, mais roulé à part à sa place. [8] C'est alors qu'entra l'autre disciple, lui qui était arrivé le premier au tombeau. Il vit, et il crut. [9] Jusque-là, en effet, les disciples n'avaient pas compris que, selon l'Écriture, il fallait que Jésus ressuscite d'entre les morts. [10] Ensuite, les disciples retournèrent chez eux.

Pierre proclame la résurrection du Christ à Jérusalem le jour de la Pentecôte.
Actes 2,22-24

[22] Hommes d'Israël, écoutez les paroles que voici. Il s'agit de Jésus le Nazaréen, homme que Dieu a accrédité auprès de vous en accomplissant par lui des miracles, des prodiges et des signes au milieu de vous, comme vous le savez vous-mêmes. [23] Cet homme, livré selon le dessein bien arrêté et la prescience de Dieu, vous l'avez supprimé en le clouant sur le bois par la main des impies. [24] Mais Dieu l'a ressuscité en le délivrant des douleurs de la mort, car il n'était pas possible qu'elle le retienne en son pouvoir.

Méliton de Sardes, Homélie sur la Pâque (IVe siècle).

Le Seigneur, étant Dieu, revêtit l'homme, souffrit pour celui qui souffrait, fut enchaîné pour celui qui était captif, fut jugé pour le coupable, fut enseveli pour celui qui était enseveli. Il ressuscita des morts et déclara à haute voix : « Qui disputera contre moi ? Qu'il se présente en face de moi ! C'est moi qui ai délivré le condamné ; c'est moi qui ai rendu la vie au mort ; c'est moi qui ai ressuscité l'enseveli. Qui ose me contredire ? C'est moi, dit-il, qui suis le Christ, qui ai détruit la mort, qui ai triomphé de l'adversaire, qui ai lié l'ennemi puissant, et qui ai emporté l'homme vers les hauteurs des cieux ; c'est moi, dit-il, qui suis le Christ. »

Et toi, veux-tu le suivre ?

Jésus s'est tellement passionné pour notre sort, qu'il a affronté la mort et qu'il l'a vaincue. Depuis Pâques, un nouvel horizon s'ouvre devant nous.
Le moment est venu pour toi de décider si tu veux être disciple de Jésus.

Dans cette première partie de ce Catéchisme, tu as été mis en présence de quelques faits et paroles de Jésus. À toi d'en découvrir davantage dans les Évangiles. C'est là que Jésus nous donne les moyens d'apporter du sens à notre vie. Beaucoup d'hommes, de femmes, d'enfants l'ont compris avant toi. Ils sont pour toi des exemples à suivre. Dans cette grande famille des chrétiens, tu as ta place.

Ce projet, d'être disciple de Jésus, te dépasse, te semble irréalisable ? N'oublie pas que Jésus a dit :
Je ne vous laisserai pas orphelins, je reviens vers vous ! (Jn 14,18)
Prête l'oreille ! Comme à Pierre, Jésus te dit :
Toi, suis moi ! (Jn 21,22)

Je me décide pour Jésus

Le sens de ma vie et l'aspiration au bonheur

La société actuelle me propose le bonheur en m'enfermant souvent dans de fausses sécurités : consommation, jouissance sans limite, individualisme et culture de l'ego. Cette vision m'enferme dans une vie qui ne me satisfait pas et dans laquelle je ne suis pas heureux. Au seuil de ma vie d'adulte, me suis-je posé la question du sens que je voulais donner à ma vie ? Se poser cette question, c'est déjà s'engager à la suite du Seigneur.

Le double itinéraire de la foi

Les Évangiles tracent deux chemins spirituels nécessaires et complémentaires : le chemin des hommes vers Jésus Christ et celui de Jésus Christ vers les hommes.

– Des hommes vers Jésus Christ, le chemin de la liberté. Dans les Évangiles, Jésus questionne ses disciples : « Et vous que dites-vous ? Pour vous, qui suis-je ? » (Mt 16,15). À chacun de se mettre en route et de découvrir peu à peu qui est Jésus.

– De Jésus Christ vers les hommes, le chemin de la révélation. La foi est une grâce à accueillir pour connaître et aimer Dieu. L'homme part à la découverte du vrai visage de Dieu, révélé en Jésus Christ.

La conversion, fruit de la rencontre avec le Christ

La vie des saints montre une lente transformation de tout leur être par la grâce du Seigneur. Certains, qui menaient au départ une vie débridée, ont fait l'expérience d'une rencontre avec le Christ qui les a totalement bouleversés.

Cette première partie de ton parcours s'achève avec ta décision de devenir disciple de Jésus. Ta « conversion » consiste à te tourner vers lui pour apprendre de l'Église qui il est et ce qu'il a fait pour toi.

La conversion

Me voici parvenu au terme du cycle des préparations. J'ai entendu l'annonce du Christ sauveur. J'ai récapitulé le parcours de mon existence. J'y ai découvert des traces de Celui que je cherchais sans savoir toujours le nommer. Dans ma vie comme dans celle du peuple élu, il y a eu des étapes. Je suis venu sans avoir une perception claire du désir qui m'habite : découvrir qui est Dieu. Comme beaucoup de personnes, je me faisais une idée vague de la divinité, de la religion, et en particulier de la foi chrétienne. En franchissant les étapes de cette introduction à la foi, j'ai découvert ceci :

❶ Dieu ne s'invente pas. Il n'est pas le fruit de mon imagination ou de l'ingéniosité humaine. Le Dieu vers lequel j'ai été acheminé est un Dieu qui se révèle. Je ne peux que l'accueillir dans mon esprit et mon cœur, chercher à le connaître toujours davantage.

❷ Dieu se fait connaître dans ses œuvres. La création lui rend témoignage par sa richesse infinie et sa beauté. Il se fait connaître aussi dans l'histoire des hommes. Il intervient pour conclure une série d'alliances avec les hommes, d'abord avec l'humanité entière en Adam puis Noé, ensuite en choisissant un peuple avec Abraham, en lui donnant sa Loi en Moïse, en lui envoyant ses messagers que sont les prophètes. Enfin, Dieu se fait connaître en son Fils Jésus. « Celui qui m'a vu, dit Jésus, a vu le Père » (Jn 14,9).

❸ Je découvre que Dieu veut m'associer à sa vie, que librement je me tourne vers lui en refusant les fausses sécurités que donne le monde. Si Dieu intervient ainsi dans l'histoire et dans mon histoire, c'est parce que j'ai besoin d'un sauveur, d'un autre que moi-même, autre que ceux qui m'entourent pour me libérer de mes idoles et me faire découvrir la voie du bonheur auquel j'aspire.

❹ Je me sens confirmé dans mon désir de vivre avec les autres selon les normes de notre commune humanité, inscrites dans notre nature, et que confirment les dix commandements. Je pressens aussi que pour vivre selon la loi morale, j'ai besoin du soutien d'une force qui me dépasse et que m'accorde le Christ.

❺ J'ai cherché à mener une vie droite, en m'ouvrant à Dieu et au prochain. J'ai esquissé des prières, j'ai pratiqué la solidarité. Ma prière spontanée me rapproche du Seigneur. J'attends de lui qu'Il vienne confirmer ma bonne volonté.

❻ Enfin, j'ai été mis en face de Jésus, la Parole vivante de Dieu faite chair. J'ai découvert les Évangiles qui témoignent de ses paroles et de ses actes. J'ai entendu les derniers mots de l'Évangile selon saint Jean 20,30-31 : « Il y a encore beaucoup d'autres signes que Jésus a faits en présence des disciples et qui ne sont pas mis par écrit dans ce livre. Mais ceux-là ont été écrits pour que vous croyiez que Jésus est le Christ, le Fils de Dieu, et pour qu'en croyant, vous ayez la vie en son nom. » Moi aussi, je crois. Je me tourne vers toi, Seigneur, pour devenir ton disciple.

Me voici, Seigneur !

Pierre prêche la conversion le jour de la Pentecôte.

Actes 2,37-40

37 Les auditeurs furent touchés au cœur ; ils dirent à Pierre et aux autres Apôtres : « Frères, que devons-nous faire ? » 38 Pierre leur répondit : « Convertissez-vous, et que chacun de vous soit baptisé au nom de Jésus Christ pour le pardon de ses péchés ; vous recevrez alors le don du Saint-Esprit. 39 Car la promesse est pour vous, pour vos enfants et pour tous ceux qui sont loin, aussi nombreux que le Seigneur notre Dieu les appellera. »
40 Par bien d'autres paroles encore, Pierre les adjurait et les exhortait en disant : « Détournez-vous de cette génération tortueuse, et vous serez sauvés. »

Alors qu'il vient d'être arrêté, Paul s'adresse au peuple de Jérusalem. Il parle de sa vocation et de sa conversion.

Actes 21,40-22,10

21,40 Paul, debout sur les marches, fit signe de la main au peuple. Un grand silence s'établit, et il prit la parole en araméen :
22,1 « Frères et pères, écoutez ce que j'ai à vous dire maintenant pour ma défense. »
2 Quand ils l'entendirent s'adresser à eux en araméen, le calme se fit plus grand encore. Il leur dit : 3 « Je suis Juif, né à Tarse en Cilicie, mais élevé ici dans cette ville, où, à l'école de Gamaliel, j'ai reçu une éducation strictement conforme à la Loi de nos pères ; j'avais pour Dieu une ardeur jalouse, comme vous tous aujourd'hui. 4 J'ai persécuté à mort ceux qui suivent le Chemin du Seigneur Jésus ; j'arrêtais hommes et femmes, et les jetais en prison ; 5 le grand prêtre et tout le collège des Anciens peuvent en témoigner. Ces derniers m'avaient donné des lettres pour nos frères de Damas où je me rendais : je devais ramener à Jérusalem, ceux de là-bas, enchaînés, pour qu'ils subissent leur châtiment.
6 Donc, comme j'étais en route et que j'approchais de Damas, soudain vers midi, une grande lumière venant du ciel m'enveloppa de sa clarté. 7 Je tombai sur le sol, et j'entendis une voix me dire : "Saul, Saul, pourquoi me persécuter ?" 8 Et moi je répondis : "Qui es-tu, Seigneur ? – Je suis Jésus le Nazaréen, celui que tu persécutes." 9 Ceux qui étaient avec moi virent la lumière, mais n'entendirent pas la voix de celui qui me parlait. 10 Alors je dis : "Que dois-je faire, Seigneur ?" Le Seigneur me répondit : "Relève-toi, va jusqu'à Damas ; et là on te dira tout ce qu'il t'est prescrit de faire." »

ILLVM OPORTET
CRESCERE
ME AVTEM
MINVI

Nous devenons disciples du Christ

Entrons dans la Nouvelle Alliance

Par Jésus Christ, la vérité est venue jusqu'à nous

Le Christ nous fait naître à la vie éternelle

Appelés à vivre selon la loi d'amour

Nous prions comme Jésus priait

Jésus nous donne son Esprit.
Nous le rencontrons dans les écrits du Nouveau Testament.
Son Église nous confie le Symbole de la foi,
elle nous fait renaître par les sacrements
pour une vie nouvelle selon la grâce,
et nous enseigne à prier Dieu comme Notre Père.

HANNES
IN PRINCIPIO
BVS HEROD

Entrons dans la Nouvelle Alliance

Ma route vers le baptême

Si tu as été baptisé enfant, tu te prépares sans doute à la première communion ou à la confirmation. Ou peut-être as-tu demandé le baptême avec l'accord de tes parents ? Cette partie du Catéchisme est faite pour toi. Elle t'aide à comprendre ce que signifie être chrétien. Être chrétien c'est croire. C'est donner sa confiance au Christ et accueillir dans ton cœur tout ce qu'il a enseigné. Pour cela, l'Église te vient en aide. L'essentiel de la foi est concentré dans la prière du « Je crois en Dieu » que tu vas bientôt découvrir.

On devient chrétien par un cadeau qu'on reçoit. Ce cadeau c'est la vie nouvelle que nous procurent les sacrements. Le baptême est le premier sacrement et la condition pour recevoir tous les autres. Ton parcours va te conduire aux trois sacrements de l'initiation chrétienne : baptême, confirmation, eucharistie. Tu connaîtras aussi les autres sacrements.

Le chrétien a reçu le Saint-Esprit qui le transforme. Tu vas découvrir comment le Saint-Esprit t'aide à vivre dans la fidélité à ton baptême en venant habiter dans ton cœur. Enfin, tu apprendras à prier comme le Seigneur nous l'a enseigné.
Bonne route avec Jésus !

En route pour le baptême

Après la première étape qui t'a conduit jusqu'à la décision personnelle de suivre le Christ, voici maintenant celle qui va faire de toi un disciple.
On appelle « initiation » la formation catéchétique qui mène au baptême, à la confirmation et à l'eucharistie. Ces trois sacrements de l'initiation chrétienne font de toi un chrétien à part entière.
Tu es maintenant dans la situation du « catéchumène », de celui qui écoute, qui se prépare à entrer dans l'Église en devenant disciple du Christ. Cette préparation se fait sur plusieurs années pour te permettre de bien assimiler les fondements de la foi et de la morale chrétiennes.
L'Église est lancée dans sa mission lorsque le Saint-Esprit promis par Jésus est descendu sur les Apôtres pour les transformer intérieurement. Toi aussi tu vas découvrir le Saint-Esprit à l'œuvre dans l'Église et dans ta vie.

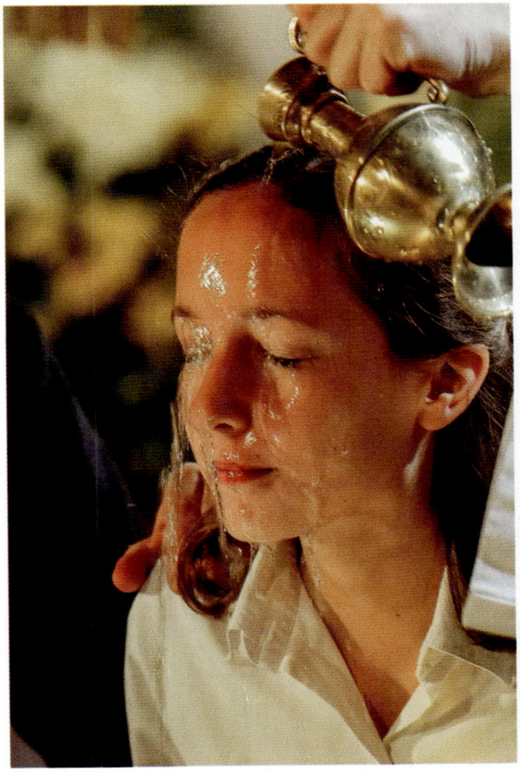

Normalement l'initiation chrétienne s'achève au cours du Carême. La communauté chrétienne qui t'a accueilli t'accompagne dans cette démarche.
Devant la communauté tu réponds « oui » à l'appel décisif.
Tu reçois le Credo que tu apprends par cœur et que tu « restitueras » au moment des « scrutins ». Enfin, au cours de la nuit pascale, tu seras plongé dans les eaux du baptême, c'est-à-dire dans la mort et la résurrection du Christ, et tu deviendras un « homme nouveau ».
Le parcours de l'initiation va te conduire à la découverte des quatre grands piliers de l'existence chrétienne :
– Tu vas proclamer le Credo qui résume la foi de l'Église.
– Tu iras à la découverte des sacrements de la vie nouvelle.
– Tu comprendras la motivation chrétienne de la vie morale.
– Tu t'habitueras à prier comme le Seigneur nous l'a enseigné.

« Je sais en qui j'ai mis ma foi »

L'initiation chrétienne se situe au centre de l'action catéchétique. Celui qui s'est converti désire se tourner vers le Christ, «renaître de l'eau et de l'Esprit», devenir son disciple et entrer dans son Église. L'initiation est un chemin qui mène à l'adhésion à la foi chrétienne et aux sacrements de la vie nouvelle: le baptême, la confirmation, l'eucharistie. L'initiation est le parcours habituel de la catéchèse, de l'enfance et de l'adolescence. De plus en plus, elle est aussi celle des «recommençants» et des catéchumènes adultes. Lorsque la confirmation et l'eucharistie sont reçues longtemps après le baptême, à l'âge de raison, le candidat découvre aussi le sacrement de la réconciliation. Actuellement, le schéma le plus courant est le suivant: baptême à la naissance ou dans l'enfance, première communion vers 9 ou 11 ans, confirmation en général à partir de 15 ans. En France la «profession de foi» se situe vers 12-13 ans, elle n'est pas un sacrement, mais la reconnaissance par le jeune de l'engagement pris par les parents, le parrain et la marraine le jour de son baptême. L'initiation se fait autant par la liturgie que par l'enseignement. Le catéchuménat adulte comporte les étapes suivantes:

❶ L'entrée en catéchuménat est un acte ecclésial. Je suis entouré par ceux qui vont m'accompagner sur le chemin de mon baptême. Avec d'autres, je suis accueilli dans l'Église, entouré par des catéchistes. Je reçois le signe de la croix. Je prends place dans l'assemblée. Je participe à une liturgie de la Parole. Devant toute la communauté, j'exprime mon désir de connaître et de suivre Jésus.

❷ Le catéchumène découvre les grandes divisions de l'année liturgique qui déploient devant lui la fresque de l'histoire du salut. Par la tradition et l'explication du Symbole (le Credo), il découvre la foi de l'Église dans laquelle il va être baptisé. Enfin, il apprend à prier le Notre Père en enfant de Dieu.

❸ L'appel décisif. Au début du carême, le catéchumène exprime devant l'Église son désir d'être baptisé. Par la voix de son ministre, habituellement l'Évêque, j'entends le Seigneur m'appeler à poursuivre ma route.

❹ Trois «scrutins» se déroulent dans les semaines qui précèdent Pâques. «Le Seigneur regarde le cœur» (1 S 16,7). Le catéchumène se laisse «scruter» par le regard du Seigneur. Il confirme son désir d'aller jusqu'au baptême. À mesure qu'il découvre l'amour de Dieu, il prend conscience de ses faiblesses. Le rite pénitentiel de l'exorcisme vient compléter chaque scrutin. Le catéchumène implore l'aide du Seigneur pour continuer sa route. Les mains étendues, le prêtre prononce une prière pour demander au Seigneur de lui donner sa force.

❺ À l'approche de Pâques, on peut procéder à la «reddition du Symbole» par les catéchumènes proclamant publiquement la foi de l'Église. On peut ajouter le rite de «l'Effata» (cf. Mc 7,34), ouverture des oreilles et de la bouche et terminer par une onction de l'huile des catéchumènes.

❻ Les sacrements de l'initiation sont conférés aux adultes lors de la nuit pascale. Ceux qui ont été baptisés enfant seront instruits du sacrement de la réconciliation au moment opportun, avant leur confirmation ou leur première communion. Le sacrement de la réconciliation ravive la grâce du baptême et prépare l'enfant ou l'adulte à recevoir un nouveau sacrement de l'initiation chrétienne.

Le catéchuménat, une démarche d'initiation

Concile Vatican II,
Décret *Ad Gentes*

14. Catéchuménat et initiation chrétienne: Ceux qui ont reçu de Dieu, par l'intermédiaire de l'Église, la foi au Christ, doivent être admis au catéchuménat par des cérémonies liturgiques. Le catéchuménat n'est point un simple exposé des dogmes et des préceptes, mais une formation à la vie chrétienne intégrale et un apprentissage par lesquels les disciples sont unis au Christ leur Maître. Les catéchumènes doivent donc être initiés, de façon appropriée, au mystère du salut et à la pratique des mœurs évangéliques, et introduits, par des rites sacrés, à célébrer à des époques successives, dans la vie de la foi, de la liturgie et de la charité du Peuple de Dieu.

Ensuite, délivrés de la puissance des ténèbres (cf. Col 1,13), par les sacrements de l'initiation chrétienne, morts avec le Christ, ensevelis avec lui et ressuscités avec lui (cf. Rm 6,4-11 ; Col 2,12-13 ; 1 P 3,21-22 ; Mc 16,16), ils reçoivent l'Esprit d'adoption filiale (cf. 1 Th 1,5-7 ; Ac 8,14-17) et célèbrent avec tout le Peuple de Dieu le mémorial de la mort et de la résurrection du Seigneur.

Il faut souhaiter que la liturgie du temps du Carême et du temps de Pâques soit restaurée de telle manière qu'elle prépare l'âme des catéchumènes à la célébration du mystère pascal, pendant les solennités duquel ils sont régénérés par le baptême dans le Christ.

Cette initiation chrétienne au cours du catéchuménat doit être l'œuvre non pas des seuls catéchistes ou des seuls prêtres, mais celle de toute la communauté des fidèles, spécialement celle des parrains, en sorte que dès le début les catéchumènes sentent qu'ils appartiennent au Peuple de Dieu. La vie de l'Église étant apostolique, les catéchumènes doivent de même apprendre à coopérer activement par le témoignage de leur vie et la profession de leur foi à l'évangélisation et à l'édification de l'Église.

Enfin le statut juridique des catéchumènes doit être fixé clairement dans le nouveau Code ; ils sont déjà unis à l'Église, ils sont déjà de la maison du Christ, et il n'est pas rare qu'ils mènent une vie de foi, d'espérance et de charité ».

Du vent et du feu

Jésus est monté au ciel. Les Apôtres restent seuls. Ils sont rassemblés dans une maison à Jérusalem ; ils prient. Avec Marie ils sont dans l'attente.

> 50 jours après Pâques, pendant la fête juive
> de Pentecôte, voilà qu'un bruit pareil
> à un violent coup de vent ébranle la pièce.
> Ils voient apparaître sur chacun d'eux
> comme des langues de feu.
> *Tous furent remplis d'Esprit Saint.* (Ac 2,4)

Poussés par cette force, ils sortent et Pierre proclame : « Jésus est ressuscité et l'Esprit Saint promis a été répandu sur nous. » Les Juifs venus en pèlerinage de toutes les nations, émerveillés, comprennent ces paroles chacun dans sa propre langue.
Les Apôtres se souviennent que Jésus leur avait promis de ne pas les laisser orphelins. Leur peur s'envole ; avec force ils annoncent la Bonne Nouvelle de l'Évangile ; ils font des disciples et baptisent *au nom du Père, et du Fils, et du Saint-Esprit*. (Mt 28,19)
Très impatients de poursuivre la mission de Jésus, poussés par l'Esprit Saint, ils prêchent Jésus ressuscité. Des communautés se forment : fidèles à écouter l'enseignement des Apôtres, à vivre en communion fraternelle, à rompre le pain et à participer aux prières.
À Antioche, pour la première fois, le nom de « chrétiens » est donné aux disciples de Jésus (cf. Ac 11,26).

L'Esprit Saint transforme les Apôtres

L'Église en mission

L'événement de la Pentecôte est raconté dans les Actes des Apôtres (Ac 2,1-13). Les Apôtres réunis à Jérusalem se sentent subitement habités par une présence symbolisée par un fort coup de vent et des langues de feu qui descendent sur leur tête. Cette présence, c'est l'Esprit Saint, l'Esprit de Dieu, qui autrefois a saisi les prophètes. Il va pousser les Apôtres à annoncer le message du Christ aux confins du monde, dans toutes les langues de la terre.

Une force venue d'en-haut

Les Apôtres se sont souvenus de la promesse que Jésus leur avait faite : « Vous allez recevoir une force, celle de l'Esprit Saint qui descendra sur vous, vous serez alors mes témoins à Jérusalem, dans toute la Judée et la Samarie, et jusqu'aux extrémités de la terre » (Ac 1,8). Cette force de l'Esprit permet à l'Église de rester fidèle à sa vocation fondamentale d'annoncer l'Évangile, à temps et à contretemps.

Le Saint-Esprit dans l'Église

Moi aussi, j'ai reçu l'Esprit Saint le jour de mon baptême et de ma confirmation. Comme les Apôtres, je suis envoyé en mission pour annoncer la bonne nouvelle de la résurrection de Jésus ! Jésus me donne son Esprit qui m'éclaire et me conseille pour être fidèle à sa Parole chaque jour de ma vie. La mission de l'Esprit Saint est fondamentale dans l'Église et la vie des chrétiens. Sans l'action du Saint-Esprit en chacun de nous et dans l'Église, nous serions à court de souffle ; les missionnaires n'iraient plus annoncer l'Évangile ; la parole de Dieu n'aurait plus de goût. Après le temps des préparations (Ancien Testament), et le temps de la rédemption par le Christ (l'Évangile), commence le temps de l'Église animée par l'Esprit Saint.

Baptisés dans l'Esprit

La Pentecôte est l'effusion de l'Esprit Saint sur les Douze, dont le groupe a été reconstitué après la défection de Judas. «C'est dans l'Esprit Saint que vous serez baptisés d'ici peu de jours» (Ac 1,5), dit Jésus aux Apôtres peu avant de monter au ciel. L'Esprit est suggéré sous la forme d'un violent coup de vent et des langues de feu. Les Apôtres sont transformés.
Ils s'étaient dispersés pleins de crainte après l'arrestation de Jésus, les voilà réunis, proclamant sans peur qu'il est ressuscité.

❶ La Pentecôte est l'antithèse de Babel. En rejetant Dieu comme leur Père commun, les hommes s'étaient pris eux-mêmes pour des dieux. Divisés, ils se sont dispersés sur toute la surface de la terre. La Pentecôte se déroule en présence de «Juifs venant de toutes les nations sous le ciel», et «tous comprenaient les Apôtres dans leur propre dialecte» (Ac 2,5.8). Lorsque les parents et amis du centurion Corneille entendent la prédication de Pierre, le livre des Actes présente l'épisode comme une Pentecôte des païens: «même sur les nations, le don de l'Esprit Saint avait été répandu» (Ac 10,45).

❷ Pierre prêche la résurrection: «Ce Jésus, Dieu l'a ressuscité, nous tous nous en sommes, témoins. Élevé par la droite de Dieu, il a reçu du Père l'Esprit Saint qui était promis, et il l'a répandu sur nous» (Ac 2,32-33). Les verbes employés sont: remettre debout, relever, réveiller, enlever au ciel, passer au monde de Dieu (le ciel), être assis à la droite de Dieu. Dieu est l'auteur de l'action de ressusciter. L'Esprit Saint est le principe de la vie ressuscitée.

❸ Jésus est connu maintenant dans la plénitude de son être. «Il l'a fait Seigneur et Christ, ce Jésus que vous aviez crucifié» (Ac 2,36).
– Jésus ressuscité est salué du titre de Seigneur réservé à Dieu.
– Il est appelé Messie-Christ; il exerce une royauté non pas terrestre mais spirituelle universelle. Il règne jusqu'à ce que tout lui soit soumis. Le règne de Dieu proclamé par Jésus devient réalité dans le règne du Fils.
– «Selon la chair, est né de la descendance de David et, selon l'Esprit de sainteté, a été établi dans sa puissance de Fils de Dieu par sa résurrection d'entre les morts, lui, Jésus Christ, notre Seigneur» (Rm 1,3-4).
Il est le Fils unique qui est dans le sein du Père (Jn 1,18).
– Il est «le médiateur d'une alliance nouvelle» (He 9,15). Il exerce sa médiation sacerdotale à partir du ciel (He 10,21).
– Il est l'accomplissement des Écritures (Ac 2,14-36; 1 Co 15,3-4 ; Mt 5,17).

❹ Les disciples qui ont reçu l'Esprit Saint proclament maintenant à toutes les nations que Jésus est Seigneur.
Le livre des Actes montre l'Esprit Saint à l'œuvre dans le ministère des Apôtres, surtout de Pierre et de Paul. L'apostolat se situe dans le prolongement de la mission du Fils: «De même que le Père m'a envoyé, moi aussi, je vous envoie» (Jn 20,21). Le Christ agit dans la prédication des Apôtres, dans les sacrements qu'ils vont dispenser, dans le ministère d'unité qu'ils vont déployer. «Tout pouvoir m'a été donné au ciel et sur la terre. Allez! De toutes les nations faites des disciples: Baptisez-les au nom du Père, et du Fils, et du Saint-Esprit» (Mt 28,18-19).

L'Esprit Saint aux origines de l'Église

Actes 2,1-13

1 Quand arriva le jour de la Pentecôte, au
terme des cinquante jours, ils se trouvaient
réunis tous ensemble. 2 Soudain un bruit
survint du ciel comme un violent coup de
vent : la maison où ils étaient assis en fut
remplie tout entière. 3 Alors leur apparurent
des langues qu'on aurait dites de feu, qui se
partageaient, et il s'en posa une sur chacun
d'eux. 4 Tous furent remplis d'Esprit Saint :
ils se mirent à parler en d'autres langues, et
chacun s'exprimait selon le don de l'Esprit.
5 Or, il y avait, résidant à Jérusalem, des Juifs
religieux, venant de toutes les nations sous
le ciel. 6 Lorsque ceux-ci entendirent la voix
qui retentissait, ils se rassemblèrent en foule.
Ils étaient en pleine confusion parce que cha-
cun d'eux entendait dans son propre dialecte
ceux qui parlaient. 7 Dans la stupéfaction
et l'émerveillement, ils disaient : « Ces gens
qui parlent ne sont-ils pas tous Galiléens ?
8 Comment se fait-il que chacun de nous les
entende dans son propre dialecte, sa langue
maternelle ? 9 Parthes, Mèdes et Élamites,
habitants de la Mésopotamie, de la Judée
et de la Cappadoce, de la province du Pont
et de celle d'Asie, 10 de la Phrygie et de la
Pamphylie, de l'Égypte et des contrées de Libye
proches de Cyrène, Romains de passage,
11 Juifs de naissance et convertis, Crétois
et Arabes, tous nous les entendons parler
dans nos langues des merveilles de Dieu. »
12 Ils étaient tous dans la stupéfaction et la
perplexité, se disant l'un à l'autre : « Qu'est-ce
que cela signifie ? » 13 D'autres se moquaient
et disaient : « Ils sont pleins de vin doux ! »

Les Apôtres, témoins de Jésus

Les grandes étapes de la mission de Jésus ont d'abord été racontées. Puis, pour ne rien oublier, les premiers disciples ont décidé de tout mettre par écrit. Ainsi, leurs enseignements pouvaient circuler partout et être fidèlement transmis pour l'avenir. Le Nouveau Testament rassemble le témoignage que les Apôtres nous ont transmis.

Les quatre Évangiles en forment la partie la plus importante. Chaque dimanche, quand les chrétiens se rassemblent, une page d'Évangile est proclamée à la messe.

Évangile veut dire « Bonne Nouvelle ».

Les Actes des Apôtres, écrits par Luc, racontent les débuts de l'Église et les étonnants voyages de saint Paul.

Les Lettres de Paul ont été adressées aux différentes communautés qu'il a fondées. Le dimanche à la messe, tu entends souvent un passage d'une lettre de Paul.

Les Lettres de Jacques, de Pierre, de Jean, de Jude, l'Épître aux Hébreux et **l'Apocalypse** font partie du Nouveau Testament.

L'Écriture Sainte regroupe l'Ancien et le Nouveau Testament.

« Testament » veut dire « Alliance ».

L'Ancien Testament rappelle les alliances que Dieu a scellées avec le peuple élu ; le Nouveau est l'alliance nouvelle proposée à toute l'humanité, scellée dans la mort et la résurrection de Jésus. Familiarise-toi avec le Nouveau Testament.

Les livres de la Nouvelle Alliance

Le témoignage des Apôtres

La première communauté chrétienne est née et s'est développée grâce au témoignage des Apôtres. Ce témoignage, mis par écrit, est venu jusqu'à nous. Les écrits du Nouveau Testament nous transmettent l'enseignement des Apôtres. Ce témoignage est le socle sur lequel est construite la foi de l'Église.

Diversité et unité dans les textes

Le Nouveau Testament comprend : les Évangiles selon saints Matthieu, Marc, Luc et Jean qui nous transmettent les paroles et les actes de Jésus ; le livre des Actes des Apôtres écrit par saint Luc qui relate la vie des premières communautés chrétiennes ; les Lettres de saint Paul, la Lettre aux Hébreux, les Lettres de saint Jacques, saint Pierre, saint Jean et saint Jude ; enfin, le livre de l'Apocalypse. Les quatre Évangiles constituent le cœur de l'Écriture Sainte et sont le trésor le plus précieux de l'Église ; les trois premiers présentent entre eux tellement de ressemblances qu'ils peuvent être mis en parallèle, d'où leur nom de « Synoptiques ».

L'Ancien et le Nouveau Testament

Le Nouveau Testament forme avec l'Ancien Testament un ensemble indissociable : la Bible chrétienne. L'Ancien Testament déploie l'Alliance que Dieu a contractée avec le peuple juif. Dans le Nouveau Testament, les disciples de Jésus témoignent comment Dieu a envoyé son Fils unique Jésus, mort sur la croix et ressuscité pour sauver tous les hommes et les appeler à croire en sa Parole.

Le Christ, Parole vivante, est la clé qui nous donne accès à toute la Sainte Écriture.

Ce que nous avons vu, entendu et touché...

Ce que nous connaissons du Christ et de l'Église primitive, nous le devons au Nouveau Testament, même si quelques sources externes peuvent aussi nous donner quelques renseignements.
Le Nouveau Testament est la mise par écrit de la tradition des paroles et des faits concernant Jésus. Les premiers textes écrits recueillis dans le Nouveau Testament sont les Lettres de saint Paul, vingt ans après la résurrection du Seigneur.

❶ Le Nouveau Testament se compose de 27 textes différents : les 4 Évangiles, le livre des Actes des Apôtres, 13 épîtres de saint Paul, l'épître aux Hébreux, sept épîtres dites catholiques (1 de saint Jacques, 2 de saint Pierre, 3 de saint Jean, 1 de saint Jude) et le livre de l'Apocalypse. Ces textes forment le canon, c'est-à-dire la règle des livres reçus et lus par toute l'Église. Le canon du Nouveau Testament est le même pour toutes les Églises chrétiennes.

❷ Ensemble, Ancien et Nouveau Testament forment la Bible chrétienne. Le Nouveau Testament est la clé d'interprétation de l'Ancien. Saint Paul écrit aux Corinthiens : « Jusqu'à ce jour, chaque fois qu'ils lisent Moïse, un voile est sur leur cœur. C'est seulement par la conversion au Seigneur que le voile tombe. Car le Seigneur est l'Esprit » (2 Co 3,15-17). « Le Nouveau est caché dans l'Ancien, l'Ancien apparaît dans le Nouveau », dit saint Augustin (*Quaest. in Heptat.* 2,73). Les Pères de l'Église ont lu l'Ancien Testament comme figure et annonce du Nouveau, le Nouveau étant la réalisation des promesses de l'Ancien. Ainsi toute la Bible parle du Christ. Il est le Verbe qui inspire les prophètes et qui, à la plénitude des temps, se fait chair.

❸ L'interprétation authentique de la Bible est une tâche du Magistère de l'Église : papes et conciles définissent les points de la révélation biblique qui ont donné lieu à des interprétations divergentes. Leur autorité s'enracine dans la mission des Apôtres de conserver intact le dépôt de la foi, de réfuter les erreurs et de tracer la voie à suivre.

❹ Le Nouveau Testament nous fait connaître les étapes de la croissance de l'Église. D'abord concentrée à Jérusalem, autour de Pierre, l'annonce de l'Évangile se répand à Damas, sur la côte méditerranéenne, à Antioche et à Rome, par des missionnaires judéo-chrétiens de langue grecque. La question de l'admission des païens se pose : faut-il d'abord qu'ils se fassent juifs et qu'ils passent par la circoncision et l'observance de la loi de Moïse ? L'assemblée apostolique de Jérusalem décide de ne pas imposer la religion juive aux nouveaux adeptes. Paul enseigne la justification par la foi sans les œuvres rituelles de la Loi. Le christianisme est une religion universelle.

❺ À partir des années 60, le christianisme se démarque des spéculations qui le réduisent à une gnose, une pure connaissance. La foi chrétienne s'appuie sur la réalité de la vie, de la mort et de la résurrection de Jésus.

« Une alliance nouvelle et éternelle »

Hébreux 9,1-12

1 La première Alliance avait donc ses pré-
ceptes pour le culte ainsi que son Lieu saint
dans ce monde. 2 Une tente y était disposée,
la première, où se trouvaient le chandelier à
sept branches et la table avec les pains de
l'offrande ; c'est ce qu'on nomme le Saint.
3 Derrière le second rideau, il y avait la tente
appelée le Saint des saints, 4 contenant un
brûle-parfum en or et l'arche d'Alliance en-
tièrement recouverte d'or, dans laquelle se
trouvaient un vase d'or contenant la manne,
le bâton d'Aaron qui avait fleuri, et les tables
de l'Alliance ; 5 au-dessus de l'arche, les ké-
roubim de gloire couvraient de leur ombre la
plaque d'or appelée propitiatoire. Mais il n'y a
pas lieu maintenant d'entrer dans les détails.
6 Les choses étant ainsi disposées, les prê-
tres entrent continuellement dans la première
tente quand ils célèbrent le culte. 7 Mais dans
la deuxième tente, une fois par an, le grand
prêtre entre seul, et il ne le fait pas sans of-
frir du sang pour lui-même et pour les fautes
que le peuple a commises par ignorance.
8 L'Esprit Saint montre ainsi que le chemin du
sanctuaire n'a pas encore été manifesté tant
que la première tente reste debout. 9 C'est
là une préfiguration pour le temps présent :
les dons et les sacrifices qui sont offerts ne
sont pas capables de mener à la perfection
dans sa conscience celui qui célèbre le culte ;
10 ces préceptes, liés à des observances pour
les aliments, boissons et ablutions diverses,
concernent seulement la chair et ne sont
valables que jusqu'au temps du relèvement !
11 Le Christ est venu, grand prêtre des biens à
venir. Par la tente plus grande et plus parfaite,
celle qui n'est pas œuvre de mains humaines
et n'appartient pas à cette création, 12 il est
entré une fois pour toutes dans le sanctuaire,
en répandant, non pas le sang de boucs et
de jeunes taureaux, mais son propre sang.
De cette manière, il a obtenu une libération
définitive.

Par Jésus Christ, la vérité est venue jusqu'à nous

Notre profession de Foi :

Je donne ma confiance à Dieu

La foi que les Apôtres nous ont transmise est condensée dans une prière qu'on appelle le « symbole » ou encore le Credo. « Credo » veut dire « je crois ». Ainsi tu t'engages personnellement lorsque tu dis « je crois ».
Le Symbole est le résumé de la foi. Il te permet de dire en qui tu crois et ce que tu crois.

Ce que dit le Credo
Le Credo proclame notre foi en Dieu vivant et vrai qui est Père, Fils et Saint-Esprit.
- Le Père créateur qui est à l'origine de tout.
- Son Fils, qui est né de la Vierge Marie, a souffert, est mort pour nous, est ressuscité, est monté au ciel.
- Le Saint-Esprit souffle de la vie et de l'amour divin, nous fait entrer dans la vie nouvelle d'enfants de Dieu.

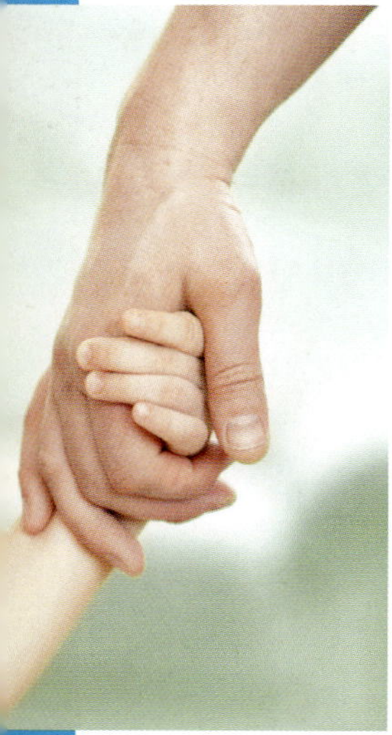

Puis le Credo énonce :
- L'Église une, sainte, catholique et apostolique, le pardon des péchés, notre propre résurrection et la vie éternelle.

Ne t'inquiète pas si tu as l'impression de ne pas tout comprendre. La foi va à Dieu, qui se fait connaître et qui a son projet sur nous. Elle va plus loin que notre intelligence. Grâce aux mots du Credo, tu mets ta confiance en Dieu, tel que Jésus nous l'a fait connaître.
- Ainsi, tu peux déjà dire « Amen », c'est-à-dire « Je suis d'accord ».

Tous les chrétiens du monde se reconnaissent dans la proclamation de la même foi.
Repère à quel moment de la messe le Credo « *Je crois...* » est proclamé !

Je crois
ce que croit l'Église

Nous proclamons notre foi

Le résumé fidèle de la foi des Apôtres est exprimé dans ce qu'on appelle les « symboles de la foi ». Parmi eux, deux tiennent une place toute particulière dans la vie de l'Église : le « Symbole des Apôtres » et le « Symbole de Nicée-Constantinople » du nom de deux grands conciles (325 et 381).
Le mot « symbole » est pris ici au sens de signe de reconnaissance et de communion. Dans l'Antiquité, deux personnes appelées à se reconnaître pour se transmettre un message devaient présenter l'une à l'autre la moitié d'un même objet brisé (les deux parties réunies devant s'emboîter parfaitement). Les symboles de la foi sont donc ces résumés dans lesquels se reconnaissent tous les chrétiens. On les appelle aussi « professions de foi » ou encore Credo en raison de la première parole : « Je crois ».

La foi en la Sainte Trinité

La première « profession de foi » se fait lors du baptême à travers le symbole baptismal où, sous forme interrogative, on trouve les trois parties constitutives de tout Credo, en référence aux trois Personnes divines de la Sainte Trinité. Il est question du Père et de l'œuvre de la création ; de Jésus Christ, le Sauveur de tous les hommes ; de l'Esprit Saint, source et principe de notre sanctification.
Tout au long de sa vie, le baptisé aura à renouveler sa foi en proclamant le Credo.

Qu'est-ce que « croire » ?

L'Esprit Saint conduit les Apôtres «dans la vérité tout entière» (Jn 16,13). Sous la mouvance de l'Esprit Saint l'Église approfondit sa connaissance du Christ, révélateur du Père. La foi est alors élaborée en une doctrine cohérente. Il convient, en effet de distinguer entre foi, doctrine et théologie.

– La foi est l'adhésion personnelle au Dieu qui se fait connaître. Elle engage ma vie et mon salut. «Celui qui croira et sera baptisé sera sauvé» (Mc 16,16). Mon adhésion ne va pas à une proposition abstraite; elle s'adresse à une personne concrète. Croire, c'est répondre à la question posée par Jésus: «Pour vous, qui suis-je?» (Mt 16,15). La foi reçue et transmise a un centre vers lequel tout converge: le Christ.

– La doctrine est l'élaboration en une vision cohérente de l'ensemble des données de la foi. La doctrine précise cette cohérence à l'aide des ressources du langage humain. La doctrine sur la Sainte Trinité et le Christ a été élaborée à l'aide des ressources de la philosophie grecque. La doctrine est nécessaire pour écarter les fausses interprétations du message révélé. La foi a son objet non dans la doctrine mais en celui que la doctrine permet de mieux connaître.

– La théologie dogmatique est une voie d'accès à la cohérence de la foi. La théologie peut emprunter diverses médiations culturelles. Elle ne doit pas contredire la doctrine. Elle prépare les chemins de la doctrine.

❶ Lorsque nous prions le Credo et que nous adhérons à chacune de ses affirmations, nous utilisons un texte doctrinal, le Symbole, pour exprimer notre foi. Quand nous disons: «Je crois», c'est bien notre foi personnelle qui s'exprime.

❷ Or la foi suppose un double mouvement:

– Elle est un acte personnel, un acte de notre liberté. Personne ne peut croire à ma place ni m'obliger à croire. La foi, c'est la confiance illimitée donnée à Jésus, le Christ. Elle engage toute ma personne : mon intelligence, ma sensibilité, ma volonté. Elle est enracinée en moi. Par la foi nous sommes sauvés.

– La foi est reçue, proclamée et vécue dans la communauté qui se réclame de Jésus, l'Église. L'Église (nos familles, nos éducateurs, les personnes croyantes qui nous ont mis sur le chemin du Christ) nous transmet la foi.
En accueillant la foi de l'Église, nous entrons dans le trésor immense de la révélation que Dieu fait de lui-même.

❸ La célébration de la nuit pascale exprime parfaitement la démarche croyante. La communauté des disciples de Jésus est rassemblée autour du cierge pascal, symbole du Christ ressuscité. En cet instant, elle dit toute sa foi. «La foi chrétienne consiste à croire en la résurrection du Christ», dit saint Augustin (*Discours sur les Psaumes* 120,6). La communauté prend le temps de porter son regard sur tout ce qui précède le Christ, remontant jusqu'à la création du monde.
La révélation de l'Ancien Testament nous devient alors pleinement intelligible. Puis l'on célèbre les sacrements de la vie nouvelle. Le Christ nous introduit dans sa vie ressuscitée. Il nous donne son Esprit. Nous découvrons qu'il est la Parole vivante et que nous sommes les membres de son corps. Nous voyons notre propre vie et la vie du monde avec les yeux de Jésus, pleins d'espérance.

Les symboles de la foi

Le Credo de Nicée-Constantinople
Je crois en un seul Dieu, le Père tout-puissant,
créateur du ciel et de la terre,
de l'univers visible et invisible.
Je crois en un seul Seigneur, Jésus Christ,
le Fils unique de Dieu,
né du Père avant tous les siècles ;
Il est Dieu, né de Dieu, lumière, née
de la lumière, vrai Dieu, né du vrai Dieu.
Engendré, non pas créé, de même nature
que le Père, et par lui tout a été fait.
Pour nous les hommes et pour notre salut,
il descendit du ciel ;
Par l'Esprit Saint, il a pris chair de la Vierge
Marie et s'est fait homme.
Crucifié pour nous sous Ponce Pilate,
il souffrit sa passion et fut mis au tombeau.
Il ressuscita le troisième jour,
conformément aux Écritures,
et il monta au ciel ;
il est assis à la droite du Père.
Il reviendra dans la gloire,
pour juger les vivants et les morts ;
et son règne n'aura pas de fin.
Je crois en l'Esprit Saint,
qui est Seigneur et qui donne la vie ;
il procède du Père et du Fils.
Avec le Père et le Fils,
il reçoit même adoration et même gloire ;
il a parlé par les prophètes.
Je crois en l'Église,
une, sainte, catholique et apostolique.
Je reconnais un seul baptême
pour le pardon des péchés.
J'attends la résurrection des morts
et la vie du monde à venir. Amen.

Le Symbole des Apôtres
Je crois en Dieu le Père tout-puissant,
créateur du ciel et de la terre.
Et en Jésus Christ,
son Fils unique, notre Seigneur ;
qui a été conçu du Saint-Esprit,
est né de la Vierge Marie,
a souffert sous Ponce Pilate,
a été crucifié,
est mort et a été enseveli,
est descendu aux enfers,
le troisième jour est ressuscité des morts,
est monté aux cieux,
est assis à la droite de Dieu
le Père tout-puissant
d'où il viendra juger les vivants et les morts.
Je crois en l'Esprit Saint,
à la sainte Église catholique,
à la communion des saints,
à la rémission des péchés,
à la résurrection de la chair,
à la vie éternelle. Amen

Le Père, à l'origine de tout

Il ne faut pas se représenter Dieu le Père sous une forme humaine. Cependant, pour nous faire découvrir quelques aspects du mystère de Dieu, des artistes ont fait des images qui évoquent des qualifications du Père : éternel, tout-puissant, créateur, source du Fils et de l'Esprit.

Le **Père tout-puissant** : la toute-puissance est marquée par la triple couronne, le manteau rouge et la main de commandement à l'image des rois d'autrefois.

Le **Père de toute éternité** est représenté avec une barbe blanche, comme pour marquer son grand âge.

Le **Père, Créateur** du ciel et de la terre.

Le **Père gouvernant l'univers**, tient dans sa main un globe, signe de souveraineté.

Unité : Le Père est la source éternelle du Fils et de l'Esprit. L'Esprit est le lien d'Amour qui unit le Père et le Fils.

La Trinité :
Dieu est vie et amour

Dans l'Ancien Testament, Abraham abandonne toutes les idoles pour mettre sa confiance en Dieu, l'Unique. L'Arche d'Alliance que Moïse a fait construire pour abriter les Tables de la Loi est le signe de la présence du Dieu unique, vivant et vrai, au milieu de son peuple.
Grâce à Jésus, nous allons plus loin dans la connaissance de Dieu. Jésus nous révèle la vie du Dieu unique. Dieu est Amour, échange, don de soi, relation entre trois personnes : le Père, le Fils, le Saint-Esprit.

Un seul Dieu en trois personnes éternelles, sans commencement ni fin. Tel est le grand mystère de la vie de Dieu. De ces trois personnes, le Père est toujours l'origine ; le Fils est engendré par le Père ; et le Saint-Esprit est à la fois le lien entre le Père et le Fils, et le fruit de leur relation.

La Sainte Trinité nous fait découvrir que nous sommes aimés et que nous sommes faits pour aimer. Toi aussi, tu es une personne, qui pense, qui agit et qui aime. Saint Jean nous dit : *Celui qui n'aime pas, n'a pas connu Dieu, car Dieu est amour.* (1 Jn 4,8)
Jésus nous a montré ce qu'aimer veut dire. C'est donner sa vie pour les autres. Ainsi nous comprenons que Dieu lui-même est Amour de toute éternité. Laisse Jésus te conduire toujours plus avant dans le mystère d'amour qu'est Dieu.

Dieu Père, source de toute vie

Comment Dieu se révèle-t-il comme Père?

La paternité de Dieu est manifestée dans la création : « Seigneur, c'est toi notre Père. Nous sommes l'argile, c'est toi qui nous façonnes, nous sommes tous l'ouvrage de tes mains » (Is 64,7). La notion de Père est liée aussi à son amour miséricordieux : « mon père et ma mère m'abandonnent ; le Seigneur me reçoit » (Ps 26,10). Dieu révèle qu'il est « riche en miséricorde » (Ép 2,4) en allant jusqu'à nous donner son propre Fils. Jésus te révèle que Dieu est « Père » dans un sens inouï : Il est éternellement Père en relation à son Fils unique, qui éternellement est Fils en relation au Père. Dans son Fils, Dieu le Père t'adopte comme son enfant bien aimé (cf. Rm 8,15.29 ; Ép 1,5). Tel est le mystère bouleversant de la Trinité, un seul Dieu en trois personnes : Père, Fils et Esprit Saint.

Dieu est-il tout-puissant?

Nous affirmons dans le Credo que Dieu est le Père tout-puissant parce qu'il a fait le ciel et la terre, les choses visibles et invisibles. Tout ce qui existe dans la création vient de Dieu. Dieu a tout créé librement et par amour. Il a voulu que d'autres que lui resplendissent de sa gloire. La paternité de Dieu précède et oriente sa toute-puissance. C'est une toute-puissance d'amour. Sur la croix de Jésus, Dieu y manifeste sa puissance qui est celle de son Amour, une puissance cachée et humiliée qui n'écrase pas l'homme mais appelle et respecte sa liberté.

Un seul Dieu en trois personnes

La Sainte Trinité

En envoyant son Fils unique et l'Esprit d'Amour, Dieu révèle son secret le plus intime : il est lui-même éternellement échange d'amour, Père, Fils et Esprit Saint, et il te destine à partager cet échange. Le Père est Dieu, il est la source, il engendre éternellement le Fils et lui donne tout dans le don de l'Esprit Saint. Le Fils est Dieu, il est engendré éternellement par le Père, il reçoit tout de lui, rempli par son Esprit. Il est le Verbe de Dieu (Jn 1,1), son image parfaite (Col 1,15) et l'empreinte de sa substance (He 1,3). Le Saint-Esprit est Dieu, il est le don de Dieu qui communique au Fils toute la richesse et l'amour du Père et, en retour, communique au Père toute la reconnaissance du Fils.

Le Dieu des chrétiens

La Révélation apportée par Jésus nous montre que Dieu est un être unique en trois personnes, c'est le mystère de la Trinité. Pour les chrétiens, l'unité de Dieu est unité dans la communion. Notre Dieu est Père, Fils et Esprit, mystère d'Amour. La mission de l'Esprit Saint est d'immerger l'humanité dans la vie trinitaire. Le fondement de la vie chrétienne, c'est la Trinité : tout faire pour plaire au Père, en imitant Jésus Christ par notre docilité à l'Esprit Saint.

Père tout-puissant et créateur

Le premier article du symbole apostolique proclame Dieu comme «le Père tout-puissant, créateur du ciel et de la terre». Cette proclamation contient le mystère de celui qui est Père avant la création du monde dans la Trinité éternelle. Dieu comme Père nous a été révélé par le Christ. Dans l'Être divin éternel, le Père est l'origine, la source. Il engendre le Fils et l'Esprit Saint procède de lui.

❶ Dieu Père est dit *tout-puissant*, car il est la source absolue de la vie trinitaire, et il est à l'origine absolue de la création. Tout existe par sa libre volonté. Rien n'est en mesure de s'y opposer. Sa toute-puissance est celle de l'amour qui se donne et qui donne la vie. Le Fils montre que dans l'abaissement de la croix la puissance de salut et d'amour de Dieu se révèle.

❷ On ne peut isoler les personnes de la Trinité comme si elles agissaient chacune pour son propre compte. Toujours le Dieu unique est totalement présent en chacune des trois personnes. Les trois personnes ont tout en commun, à l'exception de ce qui définit chacune spécifiquement: seul le Père engendre, seul le Fils est engendré, seul l'Esprit procède. Les noms divins apparaissent dans l'ordre de leurs interventions dans l'histoire du salut. La Trinité est une communion de personnes. Ce concept de personne est emprunté à la philosophie grecque mais repensé pour exprimer les relations intratrinitaires.

❸ Dieu se manifeste à nous comme Créateur. Il crée «le ciel et la terre», c'est-à-dire l'univers tout entier. La terre est le monde visible auquel nous appartenons. Le ciel est le monde invisible de Dieu entouré de ses créatures spirituelles, les anges. Déjà dans l'Ancien Testament il était question des anges, créatures invisibles, personnelles, immortelles. Elles entourent le trône de Dieu. Ange est le nom de leur fonction, c'est-à-dire messager. Le concile de Latran IV (1215) dit: «Dieu a tout ensemble, dès le commencement du temps, créé de rien l'une et l'autre créature, la spirituelle et la corporelle, c'est-à-dire les anges et le monde terrestre; puis la créature humaine qui tient des deux, composée qu'elle est d'esprit et de corps.»

❹ La puissance de Dieu se dévoile dans la création d'abord, dans la rédemption ensuite. L'une et l'autre sont œuvre d'amour. Dieu mène toute chose à son achèvement, par des voies connues de lui seul.

❺ La création met en jeu les trois personnes. Le prologue de Jean dit: «Au commencement était le Verbe… et le Verbe était Dieu… C'est par lui que tout est venu à l'existence, et rien de ce qui s'est fait ne s'est fait sans lui.» (Jn 1,1-3). Saint Paul dira à propos du Fils: «En lui tout fut créé. Il est avant toute chose et tout subsiste en lui» (Col 1,16-17). L'épître aux Hébreux parle du Fils que Dieu «a établi héritier de toutes choses et par qui aussi il a créé les mondes» (He 1,2). De même, l'Esprit est-il dit «Esprit créateur»… Le Verbe et l'Esprit sont comme les deux mains avec lesquelles le Père a façonné l'univers. (cf. saint Irénée, *Adv. haer.* IV, Pr. 4).

Dieu Un et Trinité

Maintenant que le Christ nous a révélé Dieu comme Père et nous a envoyé l'Esprit Saint nous pouvons confesser Dieu dans la plénitude de son être, mystère insondable auquel nous voici associés par notre baptême. En enfants adoptifs du Dieu éternel et véritable nous prononçons la profession de foi de l'Église.

❶ La profession de foi de l'Église se présente sous la forme du symbole. Le symbole est le résumé authentique de la foi de l'Église. L'origine du symbole est liée à l'administration du sacrement du baptême. Le catéchumène qui va recevoir ce sacrement doit proclamer sa foi, qui est celle de l'Église. Il sera baptisé «au nom du Père, et du Fils et du Saint-Esprit». Sa profession de foi sera articulée autour des trois personnes de la Trinité. Le symbole de la foi contient non seulement la mention des Trois Personnes divines de la Trinité, mais aussi leurs œuvres conjointes que sont l'Église, le Pardon des péchés, la Résurrection de la chair et la Vie éternelle.

❷ Les deux symboles en usage dans les célébrations eucharistiques sont le symbole des Apôtres, qui est l'ancien symbole baptismal de l'Église de Rome, et le symbole des conciles de Nicée et de Constantinople (325 et 381), plus développé. Il faut les connaître par cœur.

❸ La structure des symboles est comparable à la structure des «anaphores» (prières eucharistiques). Celles-ci s'adressent sous forme de louange au Père (la Préface), puis font mémoire de l'œuvre de salut du Fils, et enfin invoquent l'Esprit Saint sur les dons (l'épiclèse) puis sur la communauté rassemblée.

❹ La première partie du Credo est consacrée au Dieu unique qui est Père tout-puissant, créateur du ciel et de la terre. Dans l'Ancien Testament Dieu s'était révélé comme le Dieu unique par qui tout a été fait, comme celui qui est. Grâce au Christ nous connaissons maintenant quelque chose de cet être divin, de sa vie interne. L'Évangile de Jean dit : « Dieu, personne ne l'a jamais vu ; le Fils unique, lui qui est Dieu, lui qui est dans le sein du Père, c'est lui qui l'a fait connaître » (Jn 1,18). L'être divin, éternel, nous dit encore saint Jean, est Lumière et Amour (1 Jn 1,5 ; 4,8), lumière qui est vérité, amour qui est communion et don de sa propre vie. Nous saisissons ainsi que nous ne pouvons pas parler de Dieu comme d'un être inaccessible.

❺ Nous pouvons appeler Dieu « notre Père » parce que Jésus Christ nous l'a révélé comme Père. Jésus appelle Dieu son Père et se désigne comme son Fils. La foi de l'Église proclame Jésus Fils de Dieu né de Marie.

❻ Dès le premier article du Credo surgit le mystère du Dieu Trinité. La foi dans le Dieu unique va au Dieu Père par son Fils dans l'Esprit Saint. L'Esprit Saint « nous conduit vers la vérité toute entière » et nous pouvons contempler Dieu dans son être éternel de communion d'amour entre ces trois personnes.

❼ Dieu, « Celui qui est », sans commencement, éternel avant la création de l'espace et du temps, est Lumière increée et Amour qui se communique. Jamais – si ce mot de notre temporalité a un sens dans l'éternité – Dieu n'a été sans communiquer ses dons, jamais il n'a été sans échange d'amour. Le mystère central de la foi est le mystère de la Sainte Trinité. Inaccessible à la seule raison, ce mystère sollicite notre capacité de comprendre et nous conduit plus loin dans l'exploration de tout ce qui est. Nous croyons au Père révélé comme tel par le Fils, dans l'Esprit qu'il nous a donné.

La Sainte Trinité, un seul Dieu

Dans l'Évangile selon saint Jean, Jésus parle de sa relation filiale au Père et de l'envoi de l'Esprit Saint.

Jean 14,1-17.24-26

1 Que votre cœur ne soit pas bouleversé :
vous croyez en Dieu, croyez aussi en moi.
2 Dans la maison de mon Père, il y a de nom-
breuses demeures ; sinon, vous aurais-je dit :
"Je pars vous préparer une place" ? 3 Quand
je serai parti vous préparer une place, je re-
viendrai et je vous emmènerai auprès de moi,
afin que là où je suis, vous soyez, vous aussi.
4 Pour aller où je vais, vous savez le chemin.»
5 Thomas lui dit : « Seigneur, nous ne savons
pas où tu vas. Comment pourrions-nous savoir
le chemin ? » 6 Jésus lui répond : « Moi, je suis
le Chemin, la Vérité et la Vie ; personne ne va
vers le Père sans passer par moi. 7 Puisque
vous me connaissez, vous connaîtrez aussi
mon Père. Dès maintenant vous le connais-
sez, et vous l'avez vu. » 8 Philippe lui dit : « Sei-
gneur, montre-nous le Père ; cela nous suffit. »
9 Jésus lui répond : « Il y a si longtemps que
je suis avec vous, et tu ne me connais pas,
Philippe ! Celui qui m'a vu a vu le Père.
Comment peux-tu dire : "Montre-nous le
Père" ? 10 Tu ne crois donc pas que je suis
dans le Père et que le Père est en moi ! Les
paroles que je vous dis, je ne les dis pas
de moi-même; le Père qui demeure en moi
fait ses propres œuvres. 11 Croyez-moi :
je suis dans le Père, et le Père est en moi ;
si vous ne me croyez pas, croyez du moins
à cause des œuvres elles-mêmes. 12 Amen,
amen, je vous le dis : celui qui croit en moi
fera les œuvres que je fais. Il en fera même
de plus grandes, parce que je pars vers
le Père, 13 et tout ce que vous demanderez
en mon nom, je le ferai, afin que le Père soit
glorifié dans le Fils. 14 Quand vous me de-
manderez quelque chose en mon nom, moi,
je le ferai. 15 Si vous m'aimez, vous garderez
mes commandements. 16 Moi, je prierai le Père,
et il vous donnera un autre Défenseur
qui sera pour toujours avec vous : 17 l'Esprit
de vérité…
24 Or, la parole que vous entendez n'est pas
de moi : elle est du Père, qui m'a envoyé.
25 Je vous parle ainsi, tant que je demeure
avec vous ; 26 mais le Défenseur, l'Esprit Saint
que le Père enverra en mon nom, lui, vous
enseignera tout, et il vous fera souvenir de
tout ce que je vous ai dit. »

La Trinité est présente dans la prière de Jésus.

Luc 10,21-22

21 À l'heure même, Jésus exulta de joie sous
l'action de l'Esprit Saint, et il dit : « Père, Sei-
gneur du ciel et de la terre, je proclame ta
louange : ce que tu as caché aux sages et
aux savants, tu l'as révélé aux tout-petits. Oui,
Père, tu l'as voulu ainsi dans ta bienveillance.
22 Tout m'a été remis par mon Père. Personne
ne connaît qui est le Fils, sinon le Père ;
et personne ne connaît qui est le Père, sinon
le Fils et celui à qui le Fils veut le révéler. »

Au baptême de Jésus, le Père et l'Esprit se manifestent.

Matthieu 3,16-17

16 Dès que Jésus fut baptisé, il remonta de
l'eau, et voici que les cieux s'ouvrirent : il vit
l'Esprit de Dieu descendre comme une
colombe et venir sur lui. 17 Et des cieux, une
voix disait : « Celui-ci est mon Fils bien-aimé,
en qui je trouve ma joie. »

Jésus, vrai Dieu et vrai homme

Par sa Parole, Dieu a créé le monde. En bon pédagogue, Dieu a attendu le moment propice, pour donner un corps à sa Parole :
Au commencement était le Verbe, et le Verbe était auprès de Dieu… Et le Verbe s'est fait chair, il a habité parmi nous. (Jn 1,1.14)
Cette Parole créatrice éternelle, le Verbe, est le Fils unique de Dieu.

Le Verbe fait chair, c'est Jésus.
L'Incarnation :
Le Fils de Dieu « a pris chair de la Vierge Marie ». Il est devenu homme, il s'est incarné « par le fait de l'Esprit Saint ».
L'enfant qui est engendré en elle vient de l'Esprit Saint dit l'ange à Joseph (Mt 1,20).
Jésus est à la fois Dieu et homme. Il a connu nos joies et nos peines, nos fatigues, nos souffrances, nos espérances.

La Passion et la Résurrection
Le Credo a soin de préciser que nous croyons dans la réalité historique de l'Incarnation, de la Passion, de la mort sur la croix, de la descente au séjour des morts, de la Résurrection le troisième jour, de sa montée au ciel. Note que la Passion est bien datée : elle a eu lieu du temps où Ponce Pilate était préfet de Judée.

Jésus dans la gloire. Le jugement
Jésus règne maintenant avec le Père dans les cieux. Il reviendra dans la gloire à la fin des temps pour le jugement.
Apprends par cœur le symbole des Apôtres.

Voici ce que nous croyons au sujet de Jésus, le Christ.
1. Il est la deuxième Personne de la Sainte Trinité, Dieu éternel avec le Père et le Saint-Esprit. Il n'a pas de commencement. Il est « engendré » par le Père avant le temps. Il est désigné comme le Fils ou comme la Parole du Père.
2. La Parole s'est faite chair. Le Fils s'est incarné dans le sein de la Vierge Marie. Il est né à Bethléem. Jésus est pour nous *l'image du Dieu invisible*. (Col 1,15)
3. Il a vécu à Nazareth pendant trente ans, puis pendant trois ans il a prêché en Galilée et en Judée. Il s'est entouré de douze Apôtres et de nombreux disciples.
4. Il a été condamné à l'époque de Ponce Pilate, préfet de Judée. Il a souffert la Passion et il est mort sur la croix à Jérusalem. Il est descendu dans le séjour des morts pour leur ouvrir les portes du ciel.
5. Le troisième jour il est ressuscité d'entre les morts. Après quarante jours il est monté aux cieux, à la droite de Dieu le Père où il règne sur le monde.
6. Il reviendra glorieux à la fin des temps pour le jugement final des vivants et des morts.

«Vraiment, cet homme était Fils de Dieu !»

222

Qui Jésus est-il vraiment?

Le mystère de Jésus ne se comprend que si l'on tient compte de la réalité invisible de sa divinité. Vrai Dieu, Jésus Christ est un seul Dieu avec le Père et le Saint-Esprit. En même temps, Jésus Christ est vraiment homme, l'un d'entre nous, notre frère, sans cesser pour autant d'être Dieu et notre Seigneur. Jésus n'est pas un homme qui devient Dieu : Il est Dieu qui se fait homme. L'Église appelle « Incarnation » l'action par laquelle Dieu le Fils assume notre humanité. Le mystère de l'Incarnation nous donne de contempler en Jésus Christ la nature divine et la nature humaine unies en une seule Personne. Les deux natures sont parfaitement unies en Jésus, sans mélange, sans confusion, sans division (Concile de Chalcédoine en 451). Contre toutes les erreurs au sujet du Christ, l'Église a maintenu fermement la foi en Jésus Christ vrai Dieu et vrai homme.

L'Invisible rendu visible

Le Fils de Dieu s'est incarné dans le sein de la Vierge Marie par l'action du Saint-Esprit. Le Fils éternel qui est la Parole du Père a pris un vrai corps et une vraie âme humaine, par lesquels Dieu invisible s'est rendu visible. Pour cette raison, le Christ peut être représenté et vénéré par des images saintes. Jésus de Nazareth « a travaillé avec des mains d'homme, il a pensé avec une intelligence d'homme, il a aimé avec un cœur d'homme » (Concile Vatican II).

Le mystère pascal

Le mystère pascal de Jésus : les souffrances de sa Passion, sa mort, sa Résurrection et sa glorification, est au centre de la foi chrétienne : il nous fait pénétrer dans « la sagesse de Dieu », « scandale pour les Juifs et folie pour les païens » (1 Co 1,23). Les deux symboles de la foi évoquent sobrement la passion de Jésus avec deux verbes : « Il a souffert », « Il a été crucifié ». Cet « amour jusqu'au bout » (Jn 13,1) du Fils de Dieu manifesté sur la Croix réconcilie toute l'humanité avec le Père. Mis au tombeau Jésus visite tous ceux qui étaient morts avant lui en attente du Rédempteur, pour leur ouvrir les portes du ciel (cf. Mt 27,52). Le troisième jour, Jésus est ressuscité d'entre les morts ! Désormais, l'Amour est vainqueur de la mort ! La Résurrection est la vérité la plus haute de notre foi dans le Christ.
Quarante jours après sa résurrection, Jésus monte au ciel dans la gloire du Père pour nous y préparer une place et nous envoyer l'Esprit Saint : c'est l'Ascension.
Dix jours après l'Ascension, le jour de la Pentecôte, l'Esprit Saint descend sur les Apôtres, les remplissant de foi et de force pour prêcher, baptiser et faire grandir l'Église.

Il reviendra dans la gloire

Jésus est maintenant près du Père, d'où Il viendra un jour « pour juger les vivants et les morts ». Il reviendra dans la gloire, mais nous n'en connaissons ni le jour ni l'heure. C'est pourquoi nous vivons en veillant dans la prière : « Viens, Seigneur Jésus ! » (Ap 22,20). La venue glorieuse du Seigneur manifestera la victoire définitive et visible de Dieu sur le mal. Il dévoilera les secrets des cœurs, la conduite de chacun envers Dieu et envers son prochain.

Pour notre salut il s'est fait homme

La deuxième partie du symbole, consacrée au Fils, est la plus développée. Elle comporte des éléments kérygmatiques et des réponses à diverses hérésies. La structure est la suivante :
– les noms du Christ : Seigneur, Christ, Fils unique de Dieu ;
– sa génération éternelle ;
– sa génération charnelle ;
– le kérygme pascal : a souffert, est mort, a été enseveli, est ressuscité, est monté aux cieux ;
– son retour glorieux.

❶ Les titres de Seigneur, Christ, Fils de Dieu ont été donnés à Jésus ressuscité par la première génération des disciples dans les Évangiles.

❷ Le Credo de Nicée-Constantinople consacre un développement à la génération éternelle du Fils. Il s'agissait de réfuter l'erreur d'Arius pour qui le Fils était une créature tirée du néant, car « il fut un temps où il n'était pas ». Le Credo affirme que le Fils n'a pas été créé, mais engendré et qu'il est coéternel au Père. Il n'est pas davantage une émanation du Père. L'engendrement du Fils avant tous les siècles est un processus éternel. L'Écriture réserve toujours le verbe « engendrer » au Fils, alors qu'elle parle de « créer » ou de « faire » pour les créatures. L'enjeu est considérable.
Si le Christ n'est pas vrai Fils, il n'est pas vrai Dieu et nous ne sommes pas entraînés par lui dans la vie divine. Lumière née de la lumière, comme les rayons issus du soleil sont lumière autant que le soleil lui-même. Enfin le terme « consubstantiel » utilisé par le Credo, désigne l'unique Être divin dans lequel communient de toute éternité le Père, le Fils et l'Esprit.
« Pour nous les hommes et pour notre salut, il descendit du ciel. » Par cette incise, le Credo de Nicée-Constantinople indique le pourquoi de l'Incarnation. Pour nous sauver le Verbe s'est fait chair. Il est le Verbe de Dieu, le Fils éternellement engendré. Il descend du ciel. Comme le dit l'épître aux Philippiens, « ayant la condition de Dieu… ; il s'est anéanti, prenant la condition de serviteur, devenant semblable aux hommes… ; il s'est abaissé, devenant obéissant jusqu'à la mort » (Ph 2,6-8). Le ciel est synonyme de monde divin. Il ne faut pas se figurer un espace au-delà de l'espace. L'Incarnation est la kénose, la descente dans la condition humaine, marquée par la fragilité de la mort. Elle est la condition de l'exaltation du Ressuscité qui nous entraîne dans sa victoire.
Il y va de notre salut. Ce mot contient le tout du christianisme. Les hommes ont besoin d'être sauvés. Livrés à eux-mêmes, ils sont tombés sous l'emprise du mal, sous le règne du « prince de ce monde ». « Ils ont échangé la vérité de Dieu contre le mensonge ; ils ont vénéré la création plutôt que son Créateur » (Rm 1,25). Le salut c'est l'initiative de Dieu qui offre au genre humain une nouvelle possibilité de retourner dans la communion avec lui. Le salut a été préparé, préfiguré, annoncé jusqu'à ce qu'il soit réalisé dans la personne du Christ. Dieu « veut que tous les hommes soient sauvés et parviennent à la connaissance de la vérité » (1 Tm 2,4). Si les hommes sont arrachés à la mort, ils le doivent à l'unique médiateur Jésus Christ, ceux qui croient en lui d'abord, et ceux qui ne l'ont pas connu mais qui ont mené une vie droite. « Nous avons mis notre espérance dans le Dieu vivant, qui est le Sauveur de tous les hommes, et au plus haut point, des croyants » (1 Tm 4,10).

❸ «Conçu du Saint-Esprit, né de la Vierge Marie». «Il a pris chair de la Vierge Marie et s'est fait homme ». Il faut noter que la personne du Verbe a l'initiative : il prend chair de («ek» en grec) Marie et se fait homme «**anthropos – homo**» qui inclut le genre masculin et féminin, ce qui correspond à «s'est fait chair». Le Verbe prenant chair dans le genre masculin, s'identifie en fait à toute créature humaine, homme et femme.
Sa conception humaine s'est faite par la puissance du Saint-Esprit, et non par paternité humaine. Le Verbe a réalisé son union avec son humanité selon sa manière d'exister, «selon son hypostase», avait affirmé le concile d'Éphèse (431). Jésus est Dieu devenu homme. Le Fils de Dieu, qui est Dieu, s'est fait l'un de nous. Le concile de Chalcédoine (451) formulera ainsi l'unité de la personne du Christ, Dieu et homme: «Il faut confesser… un seul et même Christ, Fils, Seigneur, unique engendré, que nous reconnaissons être en deux natures, sans confusion ni changement, sans division ni séparation, les propriétés des deux natures restant sauves et se rencontrant en une seule personne et hypostase».
❹ Puis le Credo enchaîne sur le kérygme de la Passion et de la Résurrection. Le centre de la foi, c'est l'événement pascal, comme en témoigne déjà 1 Co 15,3-7. Cet événement est décliné en moments : passion du Christ sous Ponce Pilate, crucifixion, ensevelissement, descente aux enfers, résurrection conformément aux Écritures, ascension à la droite de Dieu le Père, attente de son retour glorieux. L'événement est daté dans l'histoire: «sous Ponce Pilate», préfet de Judée. Les deux symboles évoquent sobrement la Passion avec deux verbes: «il a souffert», «il a été crucifié». Seul le symbole des Apôtres ajoute la descente aux enfers, c'est-à-dire au séjour des morts. Le Christ est descendu au séjour des morts, il a partagé la condition de tous les morts d'avant et d'après lui. C'est la dernière étape de la kénose et de sa mission rédemptrice. Ces morts qui attendent leur libération, Jésus vient les entraîner dans sa résurrection. Ainsi «l'Évangile a été annoncée aussi aux morts» (1 P 4,6). La résurrection est pour l'humanité tout entière. «Il est ressuscité le troisième jour conformément aux Écritures» reprend 1 Co 15,4. C'est l'annonce centrale du kérygme. Glorifié, le Ressuscité est monté aux cieux, où il s'assied à la droite du Père. La session à la droite est synonyme d'exaltation céleste. Dans notre humanité désormais transfigurée, le Fils éternel reprend sa place d'égal du Père en divinité. Il inaugure alors son règne souverain qui durera jusqu'à la consommation des siècles. Tandis que persiste encore «le mystère d'iniquité» (2 Th 2,7), le Christ règne à travers son Église qui est son corps visible en ce monde.
❺ Le Christ glorieux reviendra à la fin des temps pour le jugement universel. Il accomplira alors la prophétie de Daniel 7 sur le Fils de l'Homme. La tension eschatologique vers l'accomplissement de l'histoire est une composante essentielle de la foi au Christ. Nul ne connaît le jour ni l'heure de son retour. En attendant, l'Église prie: «Viens, Seigneur Jésus!» (Ap 22,20). L'Église aura à résister à la tentation diabolique des messianismes terrestres, politiques ou idéologiques qui prétendront substituer un règne terrestre au règne libérateur de Dieu.

Le Fils de Dieu, Verbe fait chair

L'Évangile selon saint Marc commence par ces mots…

Marc 1,1

1 Commencement de l'Évangile de Jésus, Christ, Fils de Dieu.

Lors de son baptême dans le Jourdain Jésus est désigné comme le Fils du Père éternel.

Matthieu 3,16-17

16 Dès que Jésus fut baptisé, il remonta de l'eau, et voici que les cieux s'ouvrirent : il vit l'Esprit de Dieu descendre comme une colombe et venir sur lui. 17 Et des cieux, une voix disait : « Celui-ci est mon Fils bien-aimé, en qui je trouve ma joie. »

Jésus affirme la préexistence du Fils éternel et sa condition divine.

Jean 8,56-59

56 «Abraham votre père a exulté, sachant qu'il verrait mon Jour. Il l'a vu, et il s'est réjoui.»
57 Les Juifs lui dirent alors : « Toi qui n'as pas encore cinquante ans, tu as vu Abraham ! »
58 Jésus leur répondit : « Amen, amen, je vous le dis : avant qu'Abraham fût, moi, JE SUIS. »
59 Alors ils ramassèrent des pierres pour les lui jeter. Mais Jésus, en se cachant, sortit du Temple.

Jésus se révèle comme le Fils.

Matthieu 11,25-27

25 En ce temps-là, Jésus prit la parole et dit : « Père, Seigneur du ciel et de la terre, je proclame ta louange : ce que tu as caché aux sages et aux savants, tu l'as révélé aux tout-petits. 26 Oui, Père, tu l'as voulu ainsi dans ta bienveillance. 27 Tout m'a été remis par mon Père ; personne ne connaît le Fils, sinon le Père, et personne ne connaît le Père, sinon le Fils, et celui à qui le Fils veut le révéler. »

Du prologue de l'Évangile selon saint Jean.

Jean 1,1.14.18

1 Au commencement était le Verbe, et le Verbe était auprès de Dieu, et le Verbe était Dieu…

14 Et le Verbe s'est fait chair, il a habité parmi nous, et nous avons vu sa gloire, la gloire qu'il tient de son Père comme Fils unique, plein de grâce et de vérité… 18 Dieu, personne ne l'a jamais vu ; le Fils unique, lui qui est Dieu, lui qui est dans le sein du Père, c'est lui qui l'a fait connaître.

Dieu souffle de vie

« Je crois en l'Esprit Saint. » Après le Père et le Fils, le Credo nous parle de l'Esprit Saint. Sais-tu de qui il s'agit ? Pour comprendre, reviens un instant aux événements de la Pentecôte (cf. n° 32 page 198).

> L'Esprit Saint est la personne divine qui relie le Père et le Fils dans un même amour. Le Saint-Esprit est Dieu qui se communique à notre esprit.

Une force mystérieuse. Souviens-toi qu'au jour de la Pentecôte, les Apôtres se sont sentis remplis d'une force mystérieuse. Les Apôtres sentent à l'intérieur d'eux-mêmes la présence d'une force inconnue qui les habite. Jésus leur avait annoncé qu'ils allaient recevoir *une puissance venue d'en haut*. (Lc 24,49)
Les Apôtres n'ont plus peur. Ils proclament partout : *Ce Jésus, Dieu l'a ressuscité ; nous tous, nous en sommes témoins... Il a reçu du Père l'Esprit Saint qui était promis, et il l'a répandu sur nous*. (Ac 2,32-33)

Jésus est présent et agit parmi nous et en nous par son Esprit. Le Saint-Esprit vient habiter en ton cœur. Au jour de ton baptême et à ta confirmation, toi aussi, tu as reçu ou tu recevras l'Esprit Saint, car tu es l'enfant bien-aimé de Dieu. L'Esprit Saint nous fait vivre avec le Père et le Fils. Laisse-le te guider, te réconforter et te fortifier.

L’Esprit conduit à la vérité tout entière

Le souffle divin

L’Esprit Saint est la troisième Personne de la Sainte Trinité, Dieu en trois personnes distinctes et unies : le Père, le Fils et l’Esprit Saint. L’Esprit Saint est Dieu. Il est le souffle qui donne la vie. On « entend sa voix », on reconnaît son passage à des signes, mais on ne peut savoir « ni d’où il vient ni où il va » (Jn 3,8). L’Esprit Saint habite en nous. Il nous pousse de l’intérieur.

Noms et symboles de l’Esprit Saint

Jésus appelle l’Esprit Saint « Esprit Paraclet » (Consolateur, Avocat, Réconfort) et « Esprit de Vérité ». Le Nouveau Testament l’appelle encore Esprit du Christ, du Seigneur, de Dieu, Esprit de gloire, de la promesse. Les symboles de l’Esprit Saint sont nombreux : l’eau vive qui jaillit du cœur transpercé du Christ et abreuve les baptisés ; le souffle qui anime les Apôtres et les témoins du Christ ; l’onction avec l’huile, qui est le signe sacramentel de la confirmation ; le feu qui transforme ce qu’il touche ; la nuée, obscure ou lumineuse, où se révèle la gloire divine ; l’imposition des mains par laquelle l’Esprit est donné ; la colombe qui descend sur le Christ et demeure sur lui au moment de son baptême.

L’œuvre du Saint-Esprit

L’Esprit réalise la merveille de la venue du Verbe éternel dans le corps vierge de Marie. Il atteste que Jésus est le Fils bien-aimé du Père. L’Esprit Saint est l’âme de l’Église : il l’édifie, l’anime et la sanctifie, principalement par les sacrements. Esprit d’amour, il produit en chacun des baptisés la vie divine de la charité, inspire la prière au Père, répand ses dons que l’on appelle « charismes ». Il envoie les chrétiens témoigner de la Vérité du Christ. Souviens-toi que tu as reçu l’onction de l’Esprit Saint à ton baptême et à ta confirmation.

Le Saint-Esprit, principe du monde à venir

L'article consacré au Saint-Esprit est plus développé dans le symbole de Nicée-Constantinople. Il affirme la pleine divinité du Saint-Esprit, en intégrant la doctrine de saint Basile de Césarée. L'Esprit est désigné par les titres scripturaires de Seigneur (1 Co 2,12; 2 Co 3,17), source de vie (Rm 8,10; Jn 6,63), qui procède du Père (Jn 14,26; 15,26).

❶ La consubstantialité divine du Saint-Esprit par rapport au Père et au Fils est affirmée par l'expression: «il reçoit même adoration et même gloire». Dans les relations trinitaires, le mode d'exister du Saint-Esprit est la «procession», au sens de «sortir de».

❷ Concernant cette procession du Saint-Esprit, Charlemagne avait fait ajouter le *Filioque* à la version latine du Credo, ajout qui a donné lieu à une divergence de vue doctrinale avec l'Église orthodoxe. Le concile de Lyon II (1274) a trouvé un accord en disant que l'Esprit «procède éternellement du Père et du Fils, non comme de deux principes, mais comme d'un seul principe … par une seule et unique spiration».

❸ L'Esprit Saint agit dans l'Ancien Testament. Il est évoqué dans le souffle créateur aux origines du monde (Gn 1,2). Il est à l'œuvre dans toute l'histoire du salut, préparant l'homme à recevoir le Verbe de Dieu fait chair. «Il a parlé par les prophètes». Il est annoncé comme l'agent des temps messianiques. Sur le Messie «reposera l'Esprit du Seigneur» (Is 11,2).

❹ À mesure que s'approchent les temps du Messie, l'action de l'Esprit s'intensifie. Marie conçoit son fils, Verbe de Dieu, par la puissance du Saint-Esprit. L'Esprit repose sur Jésus au jour de son baptême, il lui inspire la fidélité à sa mission de serviteur souffrant. Jésus prie le Père dans l'Esprit Saint. Jésus promet le don de l'Esprit à ses disciples. Jésus ne donne l'Esprit qu'une fois glorifié. Le soir de la Résurrection, il leur donnera l'Esprit Saint en soufflant sur eux, pour en faire des créatures nouvelles. Saint Paul peut écrire: «L'amour de Dieu a été répandu dans nos cœurs par l'Esprit Saint qui nous a été donné» (Rm 5,5).

❺ Toute la mission des Apôtres est placée sous la mouvance du Rescucité. La Pentecôte inaugure l'effusion de l'Esprit sur l'humanité qui entre dans la mouvance du ressuscité. L'Esprit Saint est le principe de vie du monde à venir. Dès maintenant, il nous est donné d'anticiper la vie à venir grâce à l'Esprit reçu sous forme d'«arrhes» ou de «prémices». «Nous aussi, en nous mêmes, nous gémissons; nous avons commencé à recevoir l'Esprit Saint, mais nous attendons notre adoption et la rédemption de notre corps» (Rm 8,23). «Dieu a mis dans nos cœurs l'Esprit, première avance sur ses dons» (2 Co 1,22).

❻ Le croyant vit par l'Esprit et sous l'impulsion de l'Esprit (Ga 5, 25). «Le fruit de l'Esprit est: amour, joie, paix, patience, bonté, bienveillance, fidélité, douceur et maîtrise de soi» (Ga 5,22-23). Dans le cœur du croyant, l'Esprit produit des «fruits» de vie nouvelle.

❼ Si chaque baptisé est devenu un «sanctuaire de l'Esprit Saint» (1 Co 6,19), l'Esprit est l'âme de l'Église entière et la maintient dans l'unité.

❽ L'Esprit opère dans les sacrements. Par sa puissance, invoquée dans l'épiclèse, les offrandes eucharistiques sont transformées dans le corps et le sang du Christ; par l'imposition des mains et l'onction est réalisé le sacrement de la confirmation et conféré le sacerdoce.

Jésus annonce le don de l'Esprit Saint, le Défenseur, le Paraclet.
Jean 16,12-15

12 J'ai encore beaucoup de choses à vous
dire, mais pour l'instant vous ne pouvez pas
les porter. 13 Quand il viendra, lui, l'Esprit de
vérité, il vous conduira dans la vérité tout
entière. En effet, ce qu'il dira ne viendra pas
de lui-même : mais ce qu'il aura entendu,
il le dira ; et ce qui va venir, il vous le fera
connaître. 14 Lui me glorifiera, car il recevra ce
qui vient de moi pour vous le faire connaître.
15 Tout ce que possède le Père est à moi ; voilà
pourquoi je vous ai dit : L'Esprit reçoit ce qui
vient de moi pour vous le faire connaître.

Le Christ ressuscité souffle sur ses disciples et leur donne l'Esprit.
Jean 20,19-23

19 Le soir venu, en ce premier jour de la
semaine, alors que les portes du lieu où
se trouvaient les disciples étaient verrouillées
par crainte des Juifs, Jésus vint, et il était là
au milieu d'eux. Il leur dit : « La paix soit avec
vous ! » 20 Après cette parole, il leur montra
ses mains et son côté. Les disciples furent
remplis de joie en voyant le Seigneur. 21 Jésus
leur dit de nouveau : « La paix soit avec vous !
De même que le Père m'a envoyé, moi aussi,
je vous envoie. » 22 Ayant ainsi parlé, il souffla
sur eux et il leur dit : « Recevez l'Esprit Saint.
23 À qui vous remettrez ses péchés, ils seront
remis ; à qui vous maintiendrez ses péchés,
ils seront maintenus. »

Hymne *Veni Creator*

Viens, Esprit Créateur, nous visiter.
Viens éclairer l'âme de tes fils ;
Emplis nos cœurs de grâce et de lumière,
Toi qui créas toute chose avec amour.

Toi le Don, l'envoyé du Dieu Très Haut,
Tu t'es fait pour nous le Défenseur ;
Tu es l'Amour, le Feu, la source vive,
Force et douceur de la grâce du Seigneur.

Donne-nous les sept dons de ton amour,
Toi le doigt qui œuvres au Nom du Père ;
Toi dont il nous promit le règne et la venue,
Toi qui inspires nos langues pour chanter.

Mets en nous ta clarté, embrase-nous
En nos cœurs, répands l'amour du Père ;
Viens fortifier nos corps dans leur faiblesse,
Et donne-nous ta vigueur éternelle.

Chasse au loin l'ennemi qui nous menace,
Hâte-toi de nous donner la paix ;
Afin que nous marchions sous ta conduite,
Et que nos vies soient lavées de tout péché.

Fais-nous voir le visage du Très-Haut,
Et révèle-nous celui du Fils ;
Et toi, l'Esprit commun qui les rassemble,
Viens en nos cœurs, qu'à jamais
nous croyions en toi.

Gloire à Dieu notre Père dans les cieux,
Gloire au Fils qui monte des Enfers ;
Gloire à l'Esprit de Force et de Sagesse,
Dans tous les siècles des siècles. Amen

La communauté des disciples rassemblée par les Apôtres

Pierre, pêcheur en Galilée, a été appelé par Jésus pour être désormais « pêcheur d'hommes » (Mc 1,17).
Plus tard, Pierre affirme : *Jésus, tu es le Christ, le Fils du Dieu Vivant !*
Devant cette foi assurée, Jésus répond : *Tu es Pierre, et sur cette pierre je bâtirai mon Église... Je te donnerai les clefs du Royaume des cieux...* (Mt 16,18-19)
Lourde responsabilité confiée à Pierre !
Tu vois pourquoi il est souvent représenté tenant deux clés en main.

> L'Église est la communauté des disciples de Jésus animée par l'Esprit Saint, confiée aux Apôtres avec Pierre à leur tête.

Le mot « église » écrit avec un petit « é » désigne le bâtiment.
« Église » avec un grand « E » est un mot d'origine grecque : « Ecclesia » qui signifie « Assemblée », communauté de baptisés.
Au plus proche de toi, l'Église c'est ta paroisse confiée à un prêtre.
Ton diocèse, confié à ton évêque, comporte l'ensemble des paroisses.
Le Pape, successeur de saint Pierre, fait l'unité de tous les évêques comme chef visible de l'Église entière.
Rappelle-toi, Jésus a dit : *Et moi, je suis avec vous tous les jours jusqu'à la fin du monde.* (Mt 28,20)

L'Église est le corps du Christ. Dans la célébration de l'eucharistie, nous sommes vraiment l'Église dont le Christ est la tête.

Dans le Credo, l'Église est proclamée :

Une: c'est la mission des Apôtres et de leurs successeurs de veiller à ce que tous les baptisés restent unis dans la même foi !

Sainte: même imparfaite, Jésus Christ la rend sainte, lui accorde sans cesse son pardon, sa grâce, sa force.

Catholique: veut dire universelle. Depuis l'Ascension, l'Église qui est le Corps du Christ, accueille des personnes de toutes les nations.

Apostolique: l'Église est apostolique, car Jésus l'a confiée à ses Apôtres. Leur prédication et leur témoignage ont été recueillis dans le Nouveau Testament. On ne peut pas inventer l'Église, on la reçoit ! Nos évêques sont les successeurs des Apôtres et les témoins de l'enseignement des Apôtres.

La communion des saints: C'est la grande famille des disciples du Christ, unissant ceux du ciel à ceux de la terre. Les saints du ciel sont pour nous des exemples à suivre. Certains sont célèbres comme saint Pierre et saint Paul, ou saint Martin, mais il y a aussi des saints anonymes.

Connais-tu le saint dont tu portes le prénom ? Demande-lui de veiller sur toi !

> Nous appartenons à cette grande communauté visible et invisible, une grande chaîne de témoins dont tu es un maillon.

Membres du Corps du Christ

Tous appelés à la sainteté

Tantôt l'Église est appelée peuple de Dieu, corps du Christ ou épouse du Christ. Tantôt elle est appelée mère, maison de Dieu ou famille de Dieu. Ces images nous aident à entrer dans le mystère de l'Église. Celle-ci comprend une réalité visible car elle est composée de personnes, elle a ses institutions et ses lois propres. Mais dans cette réalité humaine et palpable, l'Église représente et accomplit une réalité spirituelle, divine, qui se perçoit uniquement avec les yeux de la foi : le Ressuscité, par le don du sacrement de l'ordre, ne cesse de la gouverner, de la sanctifier, de la nourrir de sa Parole.

J'aime mon Église

Dieu aime l'Église d'un amour irrévocable, malgré les péchés de ses enfants. L'Église n'a jamais prétendu être un peuple de parfaits. Ceux qui la composent sont des pécheurs, appelés à trouver le pardon que Jésus leur offre par elle (cf. Jn 20,23). Grâce à l'Église, tu ne cesses d'être engendré à la vie nouvelle de l'Esprit Saint pour être consacré et participer à la mission du Christ, prêtre, prophète et roi.

L'Église, signe de l'unité de l'humanité

L'Église est catholique, c'est-à-dire universelle, parce qu'elle s'intéresse à tous les hommes sans exclusion. Elle a en elle tout ce qu'il faut pour assurer le salut de toute l'humanité. Elle est envoyée en mission à toutes les nations. Comme société constituée et organisée dans le monde, l'unique Église du Christ est présente dans l'Église catholique, gouvernée par le successeur de Pierre et par les évêques en communion avec lui. Avec humilité, l'Église catholique reçoit cette grâce. Elle reconnaît que de nombreux éléments de vérité existent dans les autres Églises et communautés ecclésiales. Avec ces dernières et l'assistance de l'Esprit Saint, l'Église catholique cherche à réaliser l'unité des chrétiens par le dialogue, la prière et la conversion des cœurs.

De Jésus à l'Église

Saint Paul nous dit que l'Église est le Corps vivant dont le Christ ressuscité est la Tête et dont les baptisés sont les membres. Ces organes ne peuvent vivre l'un sans l'autre. Par l'Esprit Saint, le Christ s'unit intimement lui-même à ses fidèles. Ainsi, ceux qui croient au Christ sont unis entre eux par la charité, formant un seul corps, l'Église, dont l'unité se réalise dans la diversité des membres et des fonctions. Voilà pourquoi il ne peut y avoir qu'une seule Église.

Sur le modèle des Apôtres

Le Christ a commandé : « Allez ! Faites des disciples, baptisez-les au nom du Père, et du Fils, et du Saint-Esprit » (Mt 28,19). Jésus a fondé son Église sur les Apôtres, en plaçant à leur tête Simon-Pierre, à qui Jésus a dit : « Tu es Pierre, et sur cette pierre, je bâtirai mon Église » (Mt 16,18). Par l'imposition des mains, les Apôtres ont désigné des successeurs, les évêques. L'ensemble des évêques succède ainsi au collège apostolique. Le pape, comme évêque de Rome, est successeur de saint Pierre. Il doit veiller à l'unité de l'Église. Il est le vicaire du Christ, la tête du collège des évêques et le pasteur de toute l'Église. Les évêques ont chacun en charge une Église locale appelée diocèse, sur lequel ils doivent veiller. Grâce à leur ministère, la foi des Apôtres et les sacrements sont transmis à chaque génération. Les évêques ont pour coopérateurs les prêtres qui exercent leur ministère dans nos aumôneries et nos paroisses.

Sacrement de salut pour le monde

236

Les articles suivants du Credo peuvent être considérés comme un développement de celui consacré au Saint-Esprit. L'Esprit Saint guide et anime l'Église; il agit dans les sacrements. Il est le principe de résurrection qui transforme l'existence charnelle en existence spirituelle et en vie éternelle. Les symboles baptismaux anciens associaient explicitement ces articles à l'Esprit Saint. Ces articles du Credo ne sont pas introduits de la même manière que ceux qui déclarent: je crois en Dieu le Père, en son Fils Jésus, en l'Esprit Saint. Pour ne pas confondre Dieu et ses œuvres, on dit: «Crois-tu que l'Église est sainte, catholique et apostolique, que la rémission des péchés nous est accordée, que la chair ressuscitera?» Ces réalités sont l'œuvre de l'Esprit Saint.

❶ Église veut dire «convocation», assemblée du peuple. L'assemblée du peuple d'Israël était une figure de l'Église maintenant ouverte à tous les peuples. Le Christ a fondé son Église – le rassemblement de ses disciples – sur le rocher de l'Apôtre Pierre, lui-même, Jésus étant la pierre d'angle de l'édifice (Ép 2,20). Il l'a fondée par le don de sa vie. De son côté transpercé jaillissent l'eau et le sang (cf. Jn 19,34), signes des sacrements du baptême et de l'eucharistie qui suscitent et nourrissent l'Église. Les auteurs spirituels ont vu dans cet événement la naissance de la nouvelle Ève, l'Église, tirée du côté ouvert du Christ, nouvel Adam.

❷ Le même mot «Église» désigne à la fois la communauté eucharistique locale, rassemblée autour de son évêque, et la communauté universelle, rassemblée autour du successeur de Pierre. L'Église vivante a donné son nom à l'édifice dans lequel elle se rassemble. Nos églises sont des signes multiformes de la présence de l'Église, Corps du Christ, dans notre monde.

❸ L'Église apparaît dans le symbole, car sans elle nous n'avons pas accès à la foi. Notre foi est celle que l'Église nous a transmise. L'Église, avec l'assistance du Saint-Esprit, conserve le dépôt de la foi apostolique, le développe d'une manière homogène. Ce n'est pas la société ecclésiale empirique toujours pécheresse en qui nous croyons mais en la puissance du Saint-Esprit capable de la purifier et de la guider dans l'unité. C'est pourquoi l'Église est dite «sacrement du salut» pour tout le genre humain. Elle est le signe de l'union des hommes avec Dieu et de l'unité du genre humain.

❹ L'Église est définie dans le Nouveau Testament comme:

– Peuple de Dieu, dont on devient membre par la nouvelle naissance du baptême; il ne connaît pas de frontière nationale ou culturelle. Le baptême en fait un peuple sacerdotal, prophétique et royal qui se met au service des autres.

– Corps du Christ, dont chaque baptisé est un membre et dont le Christ est la tête. Chacun y déploie son charisme propre pour l'édification de tous (1 Co 12,7), au service de tous. Ce Corps se développe jusqu'à atteindre sa taille parfaite (Ép 4,13).

– Épouse du Christ (Ép 5,25-27).

– Temple de Dieu (1 Co 3,16; Ép 2,21).

Les « notes » de l'Église expriment ce qu'est l'Église dans le dessein de Dieu. L'Église est une réalité à la fois historique et d'au-delà de l'histoire. Elle a un commencement absolu dans le dessein éternel de Dieu de nous sauver. Elle est préfigurée dans le peuple de l'ancienne alliance. Elle est à la fois terrestre et céleste. Elle comprend les fidèles du passé déjà associés à la gloire et qui jouissent de la vision béatifique. Ainsi, l'Église est:

❶ **Une**, car elle est le Corps unique du Christ, appelé à rassembler dans l'unité les enfants de Dieu dispersés. Le symbole de cette unité qui a pour modèle la Trinité sainte est le don de l'Esprit, le feu de la Pentecôte. Jésus a prié pour l'unité de son Église (Jn 17,21). L'unité ne détruit pas la diversité humaine qui la compose. Cette unité est manifestée spirituellement par la communion dans la foi, l'espérance et la charité et organiquement par le ministère du successeur de Pierre.

❷ **Sainte**, l'Église l'est par la grâce de celui qui est sa tête, le Christ qui ne cesse de la sanctifier, de la corriger, de lui pardonner ses péchés et de la renouveler par le don de son Esprit. La sainteté de l'Église n'exclut pas que ses membres soient pécheurs. Les saints proclamés par l'Église sont des témoins de la sainteté de l'Église entière.

❸ **Catholique**, mot qui veut dire «de partout», car l'Église est le rassemblement de tous les hommes sans frontière aucune de race, de culture, d'âge, de nation. Le mot paraît pour la première fois sous la plume de saint Polycarpe de Smyrne (vers 160). La mission universelle de l'Église répond à son exigence de catholicité.

❹ **Apostolique**, car confiée par le Christ aux Apôtres et fondée sur leur témoignage. Par les Apôtres choisis par Jésus et envoyés par lui nous connaissons l'œuvre de salut du Christ. Le Nouveau Testament est le témoignage écrit de la foi et de la mission apostolique. Le collège des Apôtres a Pierre pour tête. La mission des Apôtres est prolongée jusqu'à la fin des temps par leurs successeurs qu'ils ont eux-mêmes institués. Les évêques forment un collège, avec à sa tête le pape, successeur de Pierre. L'Église voulue par le Christ subsiste dans l'Église catholique. D'autres Églises ou communautés ecclésiales sont dans une certaine communion, bien qu'imparfaite, avec l'unité catholique.

Une et universelle

Jésus fonde son Église sur Pierre, le rocher.

Matthieu 16,13-19

13 Jésus, arrivé dans la région de Césarée-de-Philippe, demandait à ses disciples : « Au dire des gens, qui est le Fils de l'homme ? » 14 Ils répondirent : «Pour les uns, Jean le Baptiste ; pour d'autres, Élie ; pour d'autres encore, Jérémie ou l'un des prophètes. » 15 Jésus leur demanda : « Et vous, que dites-vous ? Pour vous, qui suis-je ? » 16 Alors Simon-Pierre prit la parole et dit : « Tu es le Christ, le Fils du Dieu vivant ! » 17 Prenant la parole à son tour, Jésus lui dit : « Heureux es-tu, Simon fils de Yonas : ce n'est pas la chair et le sang qui t'ont révélé cela, mais mon Père qui est aux cieux. 18 Et moi, je te le déclare : Tu es Pierre, et sur cette pierre je bâtirai mon Église ; et la puissance de la Mort ne l'emportera pas sur elle. 19 Je te donnerai les clés du royaume des Cieux : tout ce que tu auras lié sur la terre sera lié dans les cieux, et tout ce que tu auras délié sur la terre sera délié dans les cieux. »

L'unique Église du Christ est présente dans la multitude des Églises répandues dans le monde qui vivent en communion les unes avec les autres.

Concile Vatican II, *Constitution Lumen Gentium* § 8

Le Christ, unique médiateur, crée et continuellement soutient sur la terre, comme un tout visible, son Église sainte, communauté de foi, d'espérance et de charité, par laquelle il répand, à l'intention de tous, la vérité et la grâce. Cette société organisée hiérarchiquement d'une part et le corps mystique d'autre part, l'ensemble discernable aux yeux et la communauté spirituelle, l'Église terrestre et l'Église enrichie des biens célestes ne doivent pas être considérées comme deux choses, elles constituent au contraire une seule réalité complexe, faite d'un double élément humain et divin… C'est là l'unique Église du Christ, dont nous professons dans le symbole l'unité, la sainteté, la catholicité et l'apostolicité, cette Église que notre Sauveur, après sa résurrection, remit à Pierre pour qu'il en soit le pasteur (Jn 21,17), qu'il lui confia, à lui et aux autres Apôtres, pour la répandre et la diriger (cf. Mt 28,18…) et dont il a fait pour toujours la « colonne et le fondement de la vérité » (1 Tm 3,15). Cette Église comme société constituée et organisée en ce monde, c'est dans l'Église catholique qu'elle subsiste, gouvernée par le successeur de Pierre et les évêques qui sont en communion avec lui, bien que des éléments nombreux de sanctification et de vérité se trouvent hors de sa sphère, éléments qui, appartenant proprement par le don de Dieu à l'Église du Christ, portent par eux-mêmes à l'unité catholique.

La mère du Sauveur

Par l'Esprit Saint, il a pris chair de la Vierge Marie.

Dans l'arbre généalogique d'un enfant, on fait apparaître les parents, les grands parents et on essaie de remonter le plus loin possible !
Matthieu et Luc énumèrent les ancêtres de Jésus. Peintres et sculpteurs représentent souvent cette généalogie de Jésus avec Jessé le père de David tout en bas, puis David, Salomon... L'arbre se termine avec *Joseph l'époux de Marie, de laquelle fut engendré Jésus*. (Mt 1,16 ; Lc 3,23)

> Joseph est le père légal de Jésus, mais Marie est sa mère réelle. Le seul ancêtre charnel de Jésus est Marie.

Qui donc est Marie?
Si tu cherches sur une carte de géographie, tu trouveras Nazareth, son village natal. Comme toute jeune fille de son âge elle était promise en mariage. La famille de Marie, comme tout le peuple juif, attendait la venue d'un libérateur, d'un Messie.

> Quand l'ange Gabriel lui demande de porter le Fils du Très-Haut, d'abord surprise, elle le questionne puis, rassurée, elle accepte. *Que tout m'advienne selon ta parole*. (Lc 1,38)

L'usage aurait voulu que Joseph la rejette. Mais c'est un homme de foi, un juste : il prend Marie dans sa maison. Elle mettra au monde le Sauveur, Dieu fait homme. C'est pourquoi elle sera appelée « Mère de Dieu ».

Marie,
comblée de grâce

Marie, Mère du Sauveur

Marie est vraiment Mère de Dieu parce qu'elle est la Mère de Jésus, le Fils de Dieu (cf. Jn 2,1 ; 19, 25). En effet, celui qui a été conçu par le Saint-Esprit et qui est devenu vraiment son fils est le Fils éternel du Père. En prévision de cette mission, Marie est immaculée dès sa conception. Cela signifie que, par la grâce de Dieu et en vue des mérites de Jésus, Marie est préservée du péché originel dès sa conception.

Le «oui» de Marie

Par la grâce de Dieu, Marie a également été préservée de tout péché personnel durant toute sa vie. Elle est « comblée de grâce » (Lc 1,28), « toute sainte ». Quand l'ange lui annonce qu'elle mettrait au monde « le Fils du Très-Haut » (Lc 1,32), Marie donne librement son consentement dans « l'obéissance de la foi » (Rm 1,5). Par son « oui », l'ancienne Alliance s'accomplit en la Nouvelle. Confiante que « rien n'est impossible à Dieu » (Lc 1,37), elle se laisse conduire avec les Apôtres (Ac 1,14) par l'Esprit Saint tout au long de sa vie jusqu'au pied de la croix de Jésus (Jn 19,25-27).

Marie, notre Mère

Quand les Évangiles parlent de « frères et sœurs de Jésus », il s'agit de parents proches de Jésus, selon une expression utilisée dans la Bible. Mais, par la foi, nous pouvons dire que nous sommes tous les « frères et sœurs » de Jésus (cf. Mc 3,31-35). En demeurant obéissante aux côtés de son Fils, le « nouvel Adam », la Vierge Marie devient la nouvelle Ève, la véritable mère des vivants, qui coopère avec son amour maternel, à leur naissance et à leur croissance dans l'ordre de la grâce (cf. Jn 19,25-27). Vierge et Mère, Marie est la figure de l'Église, sa plus parfaite réalisation.

Marie, Mère de Dieu

Le Credo mentionne la Vierge Marie en proclamant la naissance du Verbe selon la chair. La place de Marie dans la vie de l'Église est à la fois discrète et omniprésente. Selon la grâce qui lui a été offerte et qu'elle a accueillie, Marie est la figure même du croyant et de l'humanité nouvelle rachetée par son Fils. Le Concile Vatican II a traité du mystère de Marie en conclusion de sa Constitution sur l'Église. En effet, la personne de Marie concentre en elle tout le mystère de l'Église.

❶ Marie a été reconnue *Theotokos*, «**Mère de Dieu**» par le Concile d'Éphèse (431). La personne divine éternelle du Verbe a pris chair de la Vierge Marie par l'action de l'Esprit Saint. En mettant au monde le Verbe incarné, Marie n'est pas seulement mère de l'homme Jésus, mais inséparablement mère de la personne divine du Fils éternel qui se fait homme en son sein. Elle est donc appelée «Mère de Dieu».

❷ Le Nouveau Testament nous parle de Marie dans les Évangiles de l'enfance de Jésus (Mt 1-2, Lc 1,26-2,52), lors des noces de Cana (Jn 2,1-12), au sujet des questions posées par la foule (Mt 13,46-50; Mc 3,31-35; 6,3; Lc 4,22; 8,19-21; Jn 6,42) ; au pied de la croix (Jn 19,25-27). Les Actes des Apôtres nous montrent Marie présente avec les disciples au cénacle (Ac 1,14).

– L'**Annonciation**: l'ange Gabriel annonce à Marie qu'elle serait la mère du Sauveur par la puissance de l'Esprit Saint. Marie répond: «Je suis la servante du Seigneur. Que tout m'advienne selon ta parole.» (Lc 1,38)

– La **Visitation**: Marie se rend chez sa cousine Élisabeth, elle-même enceinte de Jean Baptiste. Élisabeth salue Marie: «Tu es bénie plus que toutes les femmes, béni aussi est le fruit de ton sein». Marie répond par le cantique du Magnificat (Lc 1,39-56).

– En 1854, le pape Pie IX proclame le dogme de l'**Immaculée Conception**, selon lequel «la bienheureuse Vierge Marie a été, au premier instant de sa conception, par une grâce et une faveur singulière du Dieu tout-puissant, en vue des mérites de Jésus Christ, Sauveur du genre humain, préservée intacte de toute souillure du péché originel». Ainsi Marie est la nouvelle Ève, sans tache, qui n'a jamais opposé de refus au projet de Dieu.

– En 1950, le pape Pie XII a proclamé le dogme de l'**Assomption de la Vierge Marie** auquel l'Église croyait unanimement depuis des siècles. Ainsi, «Marie a été élevée en son âme et en son corps à la gloire céleste». En Marie opère la puissance de la résurrection du Christ. Le Christ ressuscité a associé sa bienheureuse mère à sa condition glorieuse, en transfigurant son corps mortel en corps glorieux, préfigurant ainsi ce qui est réservé à tous ses disciples fidèles.

❸ Marie est ainsi une icône de l'Église. En elle est déjà réalisé le dessein que Dieu a sur toute l'humanité: l'arracher au royaume de la mort et l'associer à sa propre vie éternelle. Marie qui est Mère de Dieu est aussi invoquée comme «**Mère de l'Église**». Sur la croix, Jésus avait dit à Marie: «Femme, voici ton fils.» Et au disciple bien-aimé: «Voici ta mère» (Jn 19,25-27).

La piété chrétienne a vu dans cette parole l'évocation du rôle maternel que Marie est appelée à exercer par rapport à toutes les générations de croyants.

❹ Le peuple chrétien est appelé à se confier à l'intercession de Marie pour persévérer dans la foi, l'espérance et la charité. En se tournant vers Marie, le chrétien découvre avec émerveillement que croire, aimer et espérer est chose simple, profondément humaine et vraie.

Marie,
Mère des hommes

Saint Justin,
***Dialogue avec Tryphon*, 100, 5-6**

Ève était vierge, sans corruption : en concevant la parole du serpent, elle enfantait désobéissance et mort. Or la vierge Marie conçut foi et joie lorsque l'ange Gabriel lui annonça la bonne nouvelle que l'Esprit du Seigneur viendrait sur elle et que la puissance du Très-Haut la couvrirait de son ombre et qu'à cause de cela l'Être saint qui devait naître d'elle serait Fils de Dieu ; et elle répondit : « Qu'il m'arrive selon ta parole. »

Saint Irénée,
***Démonstration* 33**

Il fallait qu'Adam fût récapitulé dans le Christ – afin que ce qui est mortel fût absorbé et englouti par l'immortalité et qu'Ève [fût récapitulée] en Marie – afin qu'une vierge, se faisant l'avocate d'une vierge, détruisît et abolît la désobéissance d'une vierge par l'obéissance d'une vierge. Et la transgression qui avait été commise par le moyen du bois fut détruite par le moyen de l'obéissance sur le bois…

La prière à Marie

Je vous salue, Marie,
Pleine de grâce,
Le Seigneur est avec vous.
Vous êtes bénie entre toutes les femmes
Et Jésus le fruit de vos entrailles est béni.
Sainte Marie, Mère de Dieu,
Priez pour nous, pauvres pécheurs,
Maintenant et à l'heure de notre mort.
Amen.

Le chapelet est composé de cinq dizaines de « Je vous salue Marie ». Chaque dizaine correspond à un événement de la vie du Christ ou de la Vierge. Les mystères sont regroupés en quatre catégories :

Mystères joyeux : l'Annonciation ; la Visitation ; la naissance de Jésus ; la présentation de Jésus au Temple ; le recouvrement de Jésus au Temple.

Mystères lumineux : Le baptême de Jésus ; les noces de Cana ; l'annonce du royaume de Dieu ; la Transfiguration ; l'institution de l'eucharistie.

Mystères douloureux : l'agonie de Jésus ; la flagellation ; le couronnement d'épines ; le portement de croix ; le crucifiement et la mort de Jésus sur la croix.

Mystères glorieux : la Résurrection ; l'Ascension ; la Pentecôte ; l'Assomption de Marie ; le couronnement de Marie.

L'Église recommande la prière du chapelet qui soutient la foi de beaucoup de fidèles.

Comme une nouvelle naissance

Le baptême est cité dans le Credo, car il est le sacrement qui fait de nous des chrétiens. On ne peut le recevoir qu'une seule fois. On ne peut plus l'effacer.

> Le baptême c'est comme une nouvelle naissance, une naissance à la vie qui ne finira pas. Nous sommes greffés sur le tronc du Christ ; nous recevons de lui la vie nouvelle de la grâce. *Vous tous que le baptême a unis au Christ, vous avez revêtu le Christ* dit saint Paul (Gal 3,27). « Reçois ce vêtement blanc » dit le prêtre au nouveau baptisé.

Souviens-toi aussi de la parole de Jésus ressuscité aux Apôtres au soir de Pâques. *Recevez l'Esprit Saint. À qui vous remettrez ses péchés, ils seront remis ; à qui vous maintiendrez ses péchés, ils seront maintenus* (Jn 20,22-23). Le pardon des péchés est réalisé par le baptême. *Celui qui croira et sera baptisé sera sauvé* (Mc 16,16). Sans le baptême, nous resterions prisonniers du péché.
Le sacrement de la réconciliation renouvelle en nous la grâce du baptême, nous remet à neuf, nous redonne le désir d'agir en chrétiens, en disciples de Jésus.

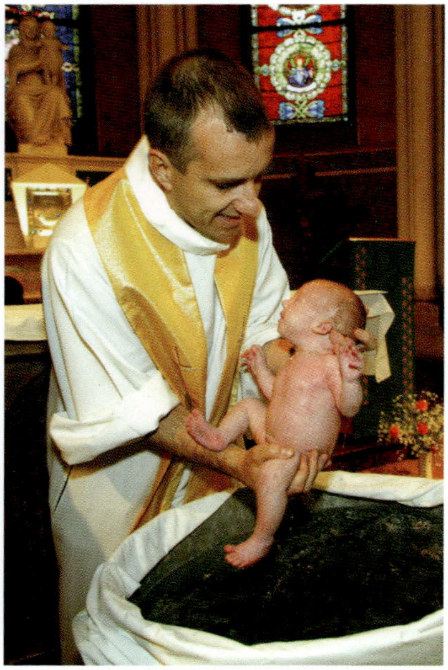

Un seul baptême
un seul Sauveur

Durant sa vie terrestre, Jésus est accueillant à tous les pécheurs. Il ne cesse de leur offrir son pardon. Jésus a voulu continuer dans son Église cette œuvre de salut et de miséricorde. Le Credo que nous professons met en relation le pardon des péchés avec le baptême et la profession de foi en l'Esprit Saint.

En effet, le jour de Pâques, le Christ ressuscité confie aux Apôtres le pouvoir de pardonner les péchés après avoir soufflé sur eux pour leur donner l'Esprit Saint (cf. Jn 20,22-23). En entendant le discours de Pierre à Jérusalem, le jour de la Pentecôte, les foules sont touchées et lui demandent ce qu'elles doivent faire. Pierre les invite à se repentir et à se faire baptiser pour obtenir la rémission des péchés et recevoir le don de l'Esprit Saint (cf. Ac 2,37-41).

Le baptême est le premier sacrement, le sacrement par lequel nous renaissons à la grâce de Dieu et par lequel nous devenons chrétiens. Il efface le péché originel – celui de la désobéissance radicale – et nous unit au Christ mort et ressuscité ; il nous donne l'Esprit Saint et nous fait enfants de Dieu et de l'Église.

De par la volonté du Christ, l'Église possède le pouvoir de remettre les péchés commis après le baptême. Elle exerce ce pouvoir par le ministère des prêtres, dans le sacrement de la réconciliation. Dans ce sacrement tu peux expérimenter à quel point Dieu t'aime personnellement.

Pour le pardon des péchés

Le seul sacrement mentionné dans le Credo est le baptême ; il est la porte d'entrée des autres sacrements. Il est le passage de la mort à la vie, en union avec le Christ mort et ressuscité. Le baptême est donc d'abord mort au vieil homme pécheur. Il efface les péchés de la vie antérieure. Il est promesse de conversion des mœurs et du cœur. Pour les péchés commis ultérieurement, le sacrement de pénitence permettra de réactiver la grâce du baptême.

❶ L'insistance sur « un seul » baptême s'explique par le fait que le baptême ne nous appartient pas. Il est un don de la grâce qui nous fait accéder à la vie divine ; le baptême ne peut être ni effacé ni réitéré.
« Il y a un seul Corps et un seul Esprit… un seul Seigneur, une seule foi, un seul baptême, un seul Dieu et Père de tous, au-dessus de tous, par tous, et en tous » (Ép 4,5-6).

❷ Le pardon des péchés est l'objet même de l'action rédemptrice du Christ. Le péché conduit à la mort. La victoire du Christ sur la mort conduit à la vie éternelle. Par le baptême, le Christ nous associe réellement à son « passage » de la mort à la vie.

❸ Le mot « baptême » évoque une immersion. Le baptême par immersion se pratique encore. Il consiste à plonger tout le corps dans la cuve baptismale. Le néophyte, qui sort de l'eau, est revêtu d'un vêtement blanc, il « revêt l'homme nouveau, créé selon Dieu dans la justice et la sainteté » (Ép 4,24). Le baptême est encore qualifié de « bain de la nouvelle naissance et de la rénovation dans l'Esprit Saint » (Tt 3,5).

❹ Le kérygme apostolique lie étroitement l'annonce de la résurrection du Christ et l'effusion de l'Esprit au pardon des péchés et au baptême (cf. Lc 24,47 ; Ac 2,32-33). « Convertissez-vous, et que chacun de vous soit baptisé au nom de Jésus Christ pour le pardon de ses péchés ; vous recevrez alors le don du Saint-Esprit » (Ac 2,38).

❺ Le baptême est indissociablement baptême « dans l'eau et l'Esprit Saint ». L'immersion dans l'eau est le signe efficace de la venue de l'Esprit Saint dans le cœur de la personne baptisée. La grâce de l'Esprit Saint est appelée « grâce sanctifiante ». Le péché grave qu'on appelle « mortel » fait mourir à la grâce sanctifiante. Celle-ci ne pourra être retrouvée que dans le sacrement de la pénitence (voir n° 47).

Le bain de la nouvelle naissance

Romains 6, 1-11

1 Que dire alors ? Allons-nous demeurer dans
le péché pour que la grâce se multiplie ?
2 Pas du tout. Puisque nous sommes morts
au péché, comment pourrions-nous vivre
encore dans le péché ? 3 Ne le savez-vous
pas ? Nous tous qui par le baptême avons
été unis au Christ Jésus, c'est à sa mort
que nous avons été unis par le baptême.
4 Si donc, par le baptême qui nous unit à sa
mort, nous avons été mis au tombeau avec
lui, c'est pour que nous menions une vie
nouvelle, nous aussi, comme le Christ qui,
par la toute-puissance du Père, est ressusci-
té d'entre les morts. 5 Car, si nous avons été
unis à lui par une mort qui ressemble à la
sienne, nous le serons aussi par une résur-
rection qui ressemblera à la sienne. 6 Nous
le savons : l'homme ancien qui est en nous a
été fixé à la croix avec lui pour que le corps
du péché soit réduit à rien, et qu'ainsi nous
ne soyons plus esclaves du péché. 7 Car celui
qui est mort est affranchi du péché.
8 Et si nous sommes passés par la mort avec
le Christ, nous croyons que nous vivrons aussi
avec lui. 9 Nous le savons en effet : ressuscité
d'entre les morts, le Christ ne meurt plus ; la
mort n'a plus de pouvoir sur lui. 10 Car lui qui
est mort, c'est au péché qu'il est mort une
fois pour toutes ; lui qui est vivant, c'est pour
Dieu qu'il est vivant. 11 De même, vous aussi,
pensez que vous êtes morts au péché, mais
vivants pour Dieu en Jésus Christ.

Comme Jésus, nous ressusciterons

Tu es maintenant un peu familiarisé avec le vocabulaire de la Bible. Quand tu lis « la chair », tu comprends : l'homme mortel, avec ses limites et ses fragilités. Jésus, c'est Dieu qui se fait chair pour être semblable à nous. Or, Jésus est ressuscité dans sa chair, c'est-à-dire dans la totalité de son être, corps et âme.

> Jésus a dit : *Moi, je suis la résurrection et la vie.* (Jn 11,25)
> Jamais on n'oserait parler d'une résurrection de la chair si Jésus ne nous avait pas précédés dans la résurrection. Mais attention, la résurrection ne signifie pas retour en arrière à un état de vie physique et mortelle. La résurrection de la chair, c'est la transformation de notre être tout entier par l'Esprit Saint.

Beaucoup de religions croient en l'immortalité de l'âme seule. La foi nous dit que nous serons transformés tout entiers. Nous ne savons pas comment cela se fera. La résurrection des morts aura lieu à la fin des temps, lorsque le Christ reviendra « juger les vivants et les morts », comme le dit le Credo. Alors s'ouvrira la perspective de la vie éternelle. Sais-tu que par les sacrements tu participes déjà à la vie de Jésus ressuscité ? Tu vois que le chrétien ne parle pas de la mort comme d'un point final de son existence. La mort physique est un passage. Dans la vie éternelle, tu seras « avec le Christ » pour toujours.

La transformation de notre être

Quand une personne meurt, son corps est enterré ou crématisé (ce que l'Église permet à condition de ne pas rejeter la foi en la résurrection). Les chrétiens savent qu'il y a pour cette personne une vie après la mort.

Au jour du « jugement dernier », notre corps de chair ressuscitera. Le terme « chair » désigne l'homme dans sa condition de faiblesse et de mortalité. La chair est digne aux yeux de Dieu. En effet, nous croyons en Dieu, créateur de la chair ; nous croyons que Dieu s'est fait chair pour racheter la chair, nous croyons en la résurrection de la chair. Dieu ne sauve pas que l'esprit de l'homme, il sauve la personne tout entière avec son corps et son âme.

La résurrection de la chair signifie que l'état définitif de l'homme n'est pas seulement l'âme séparée du corps, mais que nos corps mortels sont aussi appelés à être transfigurés un jour. De même que le Christ est vraiment ressuscité des morts et vit pour toujours, de même, il nous ressuscitera tous, au dernier jour, avec un corps incorruptible, « ceux qui ont fait le bien sortiront pour ressusciter et vivre, ceux qui ont fait le mal, pour ressusciter et être jugés » (Jn 5,29).

À la mort, on dit qu'il y a séparation du corps et de l'âme. La matière de notre corps se décompose tandis que notre âme va à la rencontre de Dieu et attend qu'au dernier jour, elle soit de nouveau réunie à son corps transfiguré.
La mort physique n'est donc pas la fin de tout et on ne doit pas en avoir peur. Cherche donc à vivre dans la grâce de Dieu, en évitant le péché et faisant de ta vie une offrande agréable à Dieu.

La chair peut-elle ressusciter ?

Le symbole apostolique parle de résurrection de la chair, celui de Nicée de résurrection des morts. Le premier emploie le langage de l'anthropologie biblique. L'homme mortel est charnel, il est animé d'un souffle vital qui s'éteint. Saint Paul a opposé la chair et l'Esprit. L'Esprit Saint de Dieu accueilli par notre esprit est principe de transformation de notre existence charnelle en existence spirituelle. Après avoir saisi notre âme, ce principe de vie intérieure, la résurrection saisira tout notre être, corps et âme. La résurrection de la chair c'est la nouvelle création spirituelle qui saisira toute notre personne pour la transformer en être de gloire associé à la vie divine pour toujours. Tout ce que nous avons vécu dans notre condition charnelle sera transformé en existence spirituelle.

❶ L'Ancien Testament parle de résurrection des morts dans 2 Macchabées 7,9.14.23. Le prophète Ézéchiel avait laissé entrevoir une forme de résurrection qui serait une sorte de retour à la vie terrestre (Éz 37,1-14). À l'époque de Jésus les Pharisiens croyaient en la résurrection à la fin des temps, les Sadducéens n'y croyaient pas, car elle n'était pas enseignée par la Torah (Mt 22,23).

❷ Or la résurrection finale revêt une consistance singulière depuis que le Christ est ressuscité. Sa résurrection est le gage et la promesse de la nôtre. Bien plus, le Christ dit de lui-même : « Je suis la résurrection et la vie » (Jn 11,25).

❸ La résurrection n'est pas vie selon la chair, mais vie selon l'Esprit. Notre chair sera transformée, spiritualisée.

❹ La mort est le salaire du péché (Rm 6,23). Le péché a été terrassé par le Christ, obéissant jusqu'à la mort. Par sa mort, il nous a rendu la vie.

Transfigurés dans la gloire

1 Corinthiens 15,12-19

[12] Nous proclamons que le Christ est ressus-
cité d'entre les morts ; alors, comment cer-
tains d'entre vous peuvent-ils affirmer qu'il
n'y a pas de résurrection des morts ? [13] S'il
n'y a pas de résurrection des morts, le Christ
non plus n'est pas ressuscité. [14] Et si le Christ
n'est pas ressuscité, notre proclamation est
sans contenu, votre foi aussi est sans contenu ;
[15] et nous faisons figure de faux témoins
de Dieu, pour avoir affirmé, en témoignant
au sujet de Dieu, qu'il a ressuscité le Christ,
alors qu'il ne l'a pas ressuscité si vraiment
les morts ne ressuscitent pas. [16] Car si les
morts ne ressuscitent pas, le Christ non plus
n'est pas ressuscité. [17] Et si le Christ n'est
pas ressuscité, votre foi est sans valeur, vous
êtes encore sous l'emprise de vos péchés ;
[18] et donc, ceux qui se sont endormis dans
le Christ sont perdus. [19] Si nous avons mis
notre espoir dans le Christ pour cette vie
seulement, nous sommes les plus à plaindre
de tous les hommes.

Concile Vatican II, Constitution sur l'Église dans le monde de ce temps § 18,2

Mais si toute imagination ici défaille, l'Église, instruite par la Révélation divine, affirme que Dieu a créé l'homme en vue d'une fin bienheureuse, au-delà des misères du temps présent. De plus, la foi chrétienne enseigne que cette mort corporelle, à laquelle l'homme aurait été soustrait s'il n'avait pas péché, sera un jour vaincue, lorsque le salut, perdu par la faute de l'homme, lui sera rendu par son tout-puissant et miséricordieux Sauveur. Car Dieu a appelé et appelle l'homme à adhérer à lui de tout son être, dans la communion éternelle d'une vie divine inaltérable. Cette victoire, le Christ l'a acquise en ressuscitant, libérant l'homme de la mort par sa propre mort. À partir des titres sérieux qu'elle offre à l'examen de tout homme, la foi est ainsi en mesure de répondre à son interrogation angoissée sur son propre avenir. Elle nous offre en même temps la possibilité d'une communion dans le Christ avec nos frères bien-aimés qui sont déjà morts, en nous donnant l'espérance qu'ils ont trouvé près de Dieu la véritable vie.

Et après la mort ?

252

Tout être vivant arrive un jour au terme de son existence biologique ; les humains n'échappent pas à cette loi de la nature.

Pourtant Jésus a vaincu la mort !

Jésus a annoncé à ses disciples : ceux qui sont fidèles à sa Parole auront la vie éternelle.

Je suis la Résurrection et la vie : celui qui croit en moi, même s'il meurt, vivra. (Jn 11,25)

Oui, le Christ nous a donné la vie éternelle en nous associant à sa vie de Ressuscité ! La vie éternelle, c'est sa vie, c'est la vie de Dieu.
C'est ce que Jésus révèle à Marthe :

Moi, je suis la résurrection et la vie. Celui qui croit en moi, même s'il meurt, vivra; quiconque vit et croit en moi ne mourra jamais. Crois-tu cela ? (Jn 11,25-26)

Le baptême est le signe que tu acceptes ce pacte de vie !

Quand commence cette vie ? Oui, la vie éternelle commence au baptême. C'est pourquoi, le jour où une personne demande le baptême à l'Église, on lui demande :
– Que demandez-vous à l'Église de Dieu ?
– La foi.
– Que vous apporte la foi ?
– La vie éternelle.
Le Christ te conduit sur le chemin de la foi pour que tu aies la vie éternelle.

Es-tu prêt à prendre aujourd'hui ce chemin ?

Le bonheur éternel

De quoi parle-t-on?

Le « monde à venir » tient une grande place dans l'enseignement de Jésus. Il nous rappelle que le temps de notre vie n'est pas limité au temps de notre vie sur terre, mais que nous avons un avenir sans fin avec lui, dans le ciel. Écoute, par exemple, ceci : « nul n'aura quitté, à cause de moi et de l'Évangile... sans qu'il reçoive, en ce temps déjà, le centuple... et la vie éternelle dans le monde à venir » (Mc 10,29-30).

Jésus appelle ce temps à venir le temps du règne de Dieu. Dans ses paraboles, Jésus nous donne une vision imagée du règne de Dieu. C'est un champ fertile, de la pâte dont on fait le pain, une vigne, un repas de noces...

Ce qui pour nous est encore un monde « à venir », est déjà le monde où le Christ est entré en homme ressuscité. Ce monde, c'est celui de la vie de Dieu, la vie éternelle, que nous appelons encore le ciel. Nous vivons dans l'attente de ce monde à venir, parce que nous sommes faits pour ce monde encore invisible, qui se situe au-delà du temps de l'histoire humaine.

Le bonheur de la vie éternelle

Au soir de ma vie, je serai « jugé » sur l'amour. Dans ce jugement, se révélera la vérité profonde de mes choix. Alors apparaîtra en pleine lumière ce que je suis déjà. En relation avec ma foi et mes œuvres, je recevrai la récompense.

Celle-ci consiste dans l'accession au bonheur du Ciel, immédiate ou après une purification proportionnée. Ceux qui persisteraient dans le refus de Dieu se condamnent eux-mêmes à l'enfer.

« Gagner » la vie éternelle, c'est tout gagner. « Perdre » la vie éternelle, c'est tout perdre. La vie éternelle commence avec le baptême. Elle se poursuit au-delà de la mort et n'aura pas de fin.

« La vie n'est pas détruite, elle est transformée »

Saint Jean parle souvent de la vie éternelle que nous donne la foi au Christ, vie qui n'a pas de fin. Seul Dieu qui existe en dehors du temps et qui a créé le temps, est éternel. Toutes les créatures ont eu un commencement dans le temps. Nous n'existions pas avant d'être conçus. Dieu a créé notre âme pour qu'elle soit la forme de notre corps mortel. La vie éternelle pour nous se situe au-delà de ce monde, de l'espace et du temps, donc au-delà de notre condition de vie actuelle.

❶ Jésus a souvent opposé le temps présent au temps à venir, le siècle présent au siècle futur. Le monde à venir n'est plus la création présente, mais l'achèvement spirituel de cette même création. Nous partagerons la vie de Dieu hors du temps, alors que l'univers entier sera esprit.

❷ Le Nouveau Testament nous enseigne que ce monde présent aura une fin, dont Dieu seul connaît le jour et l'heure, selon l'ordre suivant:

– Résurrection de tous les morts: Ceux qui sont dans les tombeaux entendront sa voix; alors ceux qui ont fait le bien sortirons pour ressusciter et vivre, ceux qui ont fait le mal, pour ressusciter et être jugés.» (Jn 5,28-29).

– Alors le Fils de l'Homme apparaîtra dans sa gloire pour procéder au jugement. Il séparera les justes des réprouvés (cf. Mt 25,32). Face au Christ éclatera la vérité de nos vies, de nos pensées, de nos engagements. Le fil conducteur de l'histoire apparaîtra dans toute sa clarté. Tout ce qui a été touché par la puissance de l'amour recevra la consistance de l'éternité; tout ce qui aura été mensonge, cupidité, méchanceté, haine sera englouti dans le néant.

– Le royaume de Dieu, appelé encore la Jérusalem céleste, sera établi pour toujours. Les justes régneront avec le Christ.

❸ L'Église nous enseigne qu'après notre mort, nous serons jugés sur notre fidélité au commandement d'aimer Dieu et le prochain.

– Les uns iront au séjour bienheureux, jouir de la vision de Dieu.

– D'autres connaîtront une purification en proportion des fautes passées, avant de parvenir à la vision béatifique.

– D'autres connaîtront l'enfer, c'est-à-dire la séparation éternelle d'avec Dieu qui résulte du refus délibéré et définitif de son amour.

La vie à venir...

Romains 8,5-11

5 En effet, ceux qui se conforment à la chair
tendent vers ce qui est charnel ; ceux qui se
conforment à l'Esprit tendent vers ce qui est
spirituel ; 6 et la chair tend vers la mort, mais
l'Esprit tend vers la vie et la paix. 7 Car la ten-
dance de la chair est ennemie de Dieu, elle
ne se soumet pas à la loi de Dieu, elle n'en
est même pas capable. 8 Ceux qui sont sous
l'emprise de la chair ne peuvent pas plaire
à Dieu. 9 Or, vous, vous n'êtes pas sous l'em-
prise de la chair, mais sous celle de l'Esprit,
puisque l'Esprit de Dieu habite en vous. Celui
qui n'a pas l'Esprit du Christ ne lui appartient
pas. 10 Mais si le Christ est en vous, le corps,
il est vrai, reste marqué par la mort à cause
du péché, mais l'Esprit vous fait vivre, puisque
vous êtes devenus des justes. 11 Et si l'Esprit
de celui qui a ressuscité Jésus d'entre les
morts habite en vous, celui qui a ressuscité
Jésus, le Christ, d'entre les morts donnera
aussi la vie à vos corps mortels par son
Esprit qui habite en vous.

1 Jean 1,1-4

1 Ce qui était depuis le commencement,
ce que nous avons entendu,
ce que nous avons vu de nos yeux,
ce que nous avons contemplé
et que nos mains ont touché
du Verbe de vie, nous vous l'annonçons.
2 Oui, la vie s'est manifestée,
nous l'avons vue,
et nous rendons témoignage :
nous vous annonçons
la vie éternelle qui était
auprès du Père
et qui s'est manifestée à nous.
3 Ce que nous avons vu et entendu,
nous vous l'annonçons à vous aussi,
pour que, vous aussi,
vous soyez en communion avec nous.
Or nous sommes, nous aussi,
en communion avec le Père et avec son Fils,
Jésus Christ.
4 Et nous écrivons cela,
afin que notre joie soit parfaite.

EST·NO
SICHAR
VERI·A ORATORES·AI ADVNT PA
T SPIRITV ET· RITATE

Le Christ nous fait naître à la vie éternelle

Jésus te donne sa vie

Par l'action de l'Esprit Saint, Dieu agit dans son Église.
Le Christ est présent dans sa Parole,
mais aussi dans ces signes sensibles que sontles sacrements.

> Il y a sept sacrements, le premier étant la condition pour recevoir les autres : le baptême, la confirmation, l'eucharistie, la réconciliation, l'onction des malades, l'ordre et le mariage.
> Chaque sacrement comporte une parole, un geste ou un élément matériel : l'eau, l'huile, le pain et le vin. Dans le sacrement, c'est Dieu qui agit. C'est pourquoi on dit que les sacrements sont efficaces.

Les sacrements ne sont pas des gestes symboliques. Ils réalisent ce qu'ils signifient. Ils font entrer dans nos vies mortelles la vie éternelle. Ainsi, le baptême qui efface le péché originel, te fait vraiment enfant de Dieu ; le pain et le vin deviennent réellement le corps et le sang du Christ.
Un chemin de vie. Les personnes qui demandent à devenir chrétiennes suivent une préparation qui conduit aux trois sacrements « de l'initiation » : le baptême, la confirmation, et l'eucharistie. Pour devenir chrétien, il faut recevoir ces trois sacrements. Nous allons les découvrir ensemble.

Des signes
et des gestes

Le Christ, source des sacrements

Les sacrements sont des signes visibles par lesquels Jésus agit dans notre vie pour nous donner la vie nouvelle de la grâce. Ils ont été institués par le Christ et confiés à l'Église.
La parole de Dieu et les sacrements nourrissent continuellement la vie de l'Église.
Le Christ, dans sa mort et sa résurrection, est la source et le fondement de tous les sacrements.
L'Esprit Saint est la puissance agissante dans les sacrements. Il transforme le signe matériel en réalité spirituelle.
L'Église et ses ministres sont le canal par lequel les sacrements nous sont conférés.
Les sacrements ne sont pas de purs symboles. Ils ne sont pas des gestes magiques. Ils nous procurent réellement ce qu'ils signifient. Ils sont efficaces par eux-mêmes. Ainsi, l'eau du baptême lave réellement du péché originel et donne la vie divine ; le pain et le vin deviennent réellement le corps et le sang du Christ ; le pardon reçu en confession efface réellement mes péchés.

Les sept sacrements de l'Église

La tradition a reconnu sept sacrements : les trois sacrements de l'initiation chrétienne (baptême, confirmation et eucharistie), les sacrements de la guérison (pénitence, onction des malades), les sacrements au service de la communion et de la mission (ordre et mariage).
Les rites visibles (eau, pain, vin, imposition des mains, onction d'huile...) par lesquels les sacrements sont célébrés, signifient et réalisent les grâces propres de chaque sacrement : vie de Dieu par le baptême, pardon de Dieu par la pénitence, service des frères par l'ordination, don réciproque des époux dans le mariage.
Quels sont les sacrements que tu as déjà reçus et quels sont ceux auxquels tu te prépares ?

Nous participons à la vie même de Dieu

La vie sacramentelle est une originalité du christianisme. Les sacrements nous ont été laissés par le Christ. Ils sont des lieux de l'action du Saint-Esprit. Ils suscitent et accompagnent la vie nouvelle de la grâce. Sans les sacrements nous serions une Église de la Parole seulement. Nous sommes l'Église de la Parole et des sacrements. Les sacrements nourrissent notre être nouveau, notre vie spirituelle.

❶ Le mot vient de *sacramentum* qui traduit le grec *mysterion*: action divine salvifique de portée invisible sous la forme de paroles, de rites ou de symboles visibles. Le sacrement consiste en un geste rituel qui signifie et confère la grâce. Le geste sacramentel est efficace par lui-même. Dès lors que nous recevons validement un sacrement, il opère en nous une transformation qui nous conforme au Christ, homme nouveau, vainqueur de la mort. L'efficacité du sacrement ne dépend pas de notre disposition psychologique ou de notre entendement. Ainsi le baptême reçu dans l'enfance nous marque à jamais.

❷ Il faut comprendre les sacrements dans leur source: la résurrection du Christ et le don de l'Esprit Saint. Le Christ a inauguré un monde nouveau, celui du règne de Dieu qui est anticipé sur la terre par chaque démarche sacramentelle. Du Christ source, la notion de sacrement passe à l'Église entière qui est son Corps. L'Église est le sacrement primordial, le lieu de la présence visible et efficace du Christ ressuscité dans le monde et l'anticipation du Royaume à venir.

❸ La tradition a reconnu sept sacrements: le baptême, la confirmation, l'eucharistie, la réconciliation, l'onction des malades, l'ordre et le mariage. Le baptême est nécessaire pour recevoir les autres sacrements. Baptême, confirmation, eucharistie constituent les sacrements de l'initiation. Trois sacrements ne peuvent être reçus qu'une fois dans la vie: le baptême, la confirmation, l'ordre. Ils impriment une marque indélébile, un sceau posé sur l'être intérieur de la personne. On ne peut jamais effacer un sacrement. Dans certains cas, on peut prononcer une sentence de nullité de l'ordination ou du mariage, mais c'est pour constater que les conditions n'étaient pas réunies pour la validité du sacrement.

❹ Les sacrements ont pour auteur le Christ agissant à travers un ministre. Il y a une diversité de ministres. Le ministre ordinaire des sacrements est le prêtre, sauf pour l'ordre qui est réservé à l'évêque. Le baptême peut être administré par un diacre, et en cas d'urgence, par un fidèle laïc ou même un non chrétien. Pour le mariage, les deux époux sont les ministres du sacrement lorsqu'ils échangent leur consentement devant le prêtre ou le diacre, témoin au nom de l'Église. La confirmation est réservée à l'évêque, mais il peut déléguer un prêtre. L'eucharistie, la réconciliation, l'onction des malades ne peuvent être célébrés que par le prêtre ou l'évêque. Le ministre agit validement s'il a l'intention de faire ce que fait l'Église dans "les formes prescrites.

❺ Dans l'administration des sacrements on distingue entre la forme du sacrement qui consiste en des paroles qu'il faut prononcer obligatoirement, et la matière du sacrement. Chaque fois l'objet matériel (eau, huile, pain, vin) est transformé en ce qu'il signifie (nouvelle naissance, corps et sang du Christ…). L'eucharistie et la réconciliation sont les sacrements auxquels nous avons le plus souvent recours pour alimenter notre vie chrétienne.

Le Christ, source des sacrements

Les Pères de l'Église ont vu dans le sang et l'eau jaillis du côté du Christ en croix les signes des sacrements du baptême et de l'eucharistie.

Jean 19,31-34

31 Comme c'était le jour de la Préparation (c'est-à-dire le vendredi), il ne fallait pas laisser les corps en croix durant le sabbat, d'autant plus que ce sabbat était le grand jour de la Pâque. Aussi les Juifs demandèrent à Pilate qu'on enlève les corps après leur avoir brisé
les jambes. 32 Les soldats allèrent donc briser les jambes du premier, puis de l'autre homme crucifié avec Jésus. 33 Quand ils arrivèrent
à Jésus, voyant qu'il était déjà mort, ils ne lui brisèrent pas les jambes, 34 mais un des
soldats avec sa lance lui perça le côté ; et aussitôt, il en sortit du sang et de l'eau.

Saint Bonaventure,
Breviloquium, liv. 6,
Les remèdes sacramentels, § 2.

Les sacrements sont des signes sensibles, institués par Dieu comme remèdes, dans lesquels « opère secrètement, sous l'enveloppe du sensible, une force divine », de telle sorte qu'ils représentent par similitude, signifient par institution, confèrent par sanctification une certaine grâce spirituelle.

Concile Vatican II,
Constitution sur la sainte liturgie § 59.

Les sacrements ont pour fin de sanctifier les hommes, d'édifier le Corps du Christ, enfin de rendre le culte à Dieu ; mais, à titre de signes, ils ont aussi un rôle d'enseignement. Non seulement ils supposent la foi, mais encore, par les paroles et les choses, ils la nourrissent, ils la fortifient, ils l'expriment ; c'est pourquoi ils sont dits sacrements de la foi. Certes, ils confèrent la grâce, mais, en outre, leur célébration dispose au mieux les fidèles à recevoir fructueusement cette grâce, à rendre à Dieu le juste culte, et à exercer la charité. Il est donc de la plus grande importance que les fidèles comprennent facilement les signes des sacrements et fréquentent de la façon la plus assidue les sacrements qui nourrissent la vie chrétienne.

Plonger avec le Christ

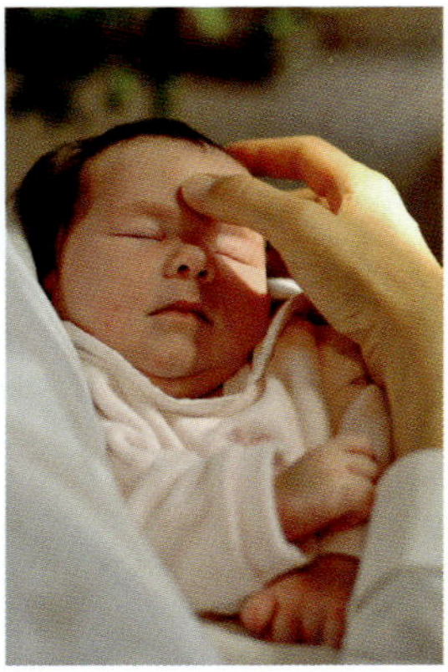

As-tu déjà assisté à un baptême ?
• Le prêtre ou le diacre accueille la famille à l'entrée de l'église et trace sur le front de l'enfant ou de l'adulte « le signe de la croix du Christ notre Sauveur. »
• Après la lecture de textes bibliques et la prière commune de l'assemblée, le célébrant bénit l'eau au baptistère et invite l'assemblée à professer la foi.
• Celui qui va être baptisé (ou ses parents, parrain et marraine) renonce à Satan et professe la foi baptismale, c'est-à-dire le Credo.
« Croyez-vous en Dieu le Père ? en Jésus Christ son Fils ? en l'Esprit Saint ? »
« Je crois ! »
• Puis le célébrant verse l'eau sur la tête de l'enfant ou de l'adulte ou le plonge dans l'eau, par trois fois : « **N., je te baptise au nom du Père, et du Fils, et du Saint-Esprit**. »

Le signe du baptême est l'eau. Le mot « baptême » signifie plongée ! Oui, une plongée dans le Christ, qui s'achève en une remontée avec le Christ, signe de notre passage à la vie nouvelle.

• Le célébrant fait une onction du saint-chrême sur le front du baptisé, en signe du don du Saint-Esprit.
• Le baptisé est revêtu alors d'un vêtement blanc, signe qu'il est devenu une création toute neuve : tu as revêtu le Christ.
• Le célébrant lui remet un cierge, allumé au grand cierge de Pâques : tu es devenu lumière dans le Christ.

Passer de la mort à la vie

D'où vient ce nom de baptême?

Le nom de baptême vient du geste qui le réalise : baptiser signifie « plonger », « immerger ». La plongée dans l'eau signifie pour celui qui demande le baptême, son union au Christ dans sa mort et sa résurrection. Le baptême est donc conféré en plongeant la personne dans l'eau, ou en lui versant de l'eau sur la tête, avec les paroles : « Je te baptise au nom du Père, et du Fils, et du Saint-Esprit ». Le baptisé devient comme une « nouvelle création » (2 Co 5,17).

À quel âge se faire baptiser?

Bien que les premiers baptêmes aient été conférés à des adultes, très tôt l'Église a permis et encouragé le baptême donné aux petits enfants. Le baptême manifeste ainsi le don gratuit de Dieu et non un mérite de notre part. Les petits enfants, comme les adultes, sont baptisés dans la foi de l'Église.

Qui baptise?

Le baptême est normalement conféré par l'évêque, le prêtre ou le diacre. En cas de nécessité, toute personne, même non chrétienne, peut donner le baptême, pourvu qu'elle veuille faire ce que l'Église croit.

À quoi sert le baptême?

Le baptême imprime dans le cœur de celui qui le reçoit la marque indélébile de la Sainte Trinité qui le consacre comme fils adoptif du Père, membre du Christ et temple du Saint-Esprit. Les effets de la grâce du baptême sont triples : le pardon des péchés ; la naissance à la vie éternelle ; l'incorporation à l'Église et la participation à la mission du Christ. La foi grandit au rythme de la vie. C'est pourquoi chaque année lors de la vigile pascale, l'Église invite les baptisés à renouveler les promesses de leur baptême.
Chaque jour, souviens-toi que tu es « chrétien », c'est-à-dire que tu appartiens au Christ.

Naître de l'eau et de l'Esprit

Le baptême chrétien est le passage de la mort à la vie, le don de l'Esprit Saint, qui efface les péchés et opère une nouvelle création. Le baptême de Jean Baptiste était un baptême de pénitence pour le pardon des péchés. Celui du Christ est un baptême dans l'Esprit Saint. L'eau et l'Esprit sont intimement liés, le premier comme signe du second. L'immersion pratiquée lors du baptême signifie descente dans la mort – mort au péché – et le relèvement pour une vie nouvelle. Dans l'histoire du salut le baptême chrétien a été préfiguré : alliance avec Noé après le déluge, passage de la mer Rouge, traversée du Jourdain vers la Terre sainte, baptême de Jésus par Jean Baptiste. Le symbolisme de l'eau qui purifie, d'où sort la vie, aide à comprendre le baptême comme rupture avec le monde de la mort, nouvelle naissance dans l'Esprit et lien renoué avec Dieu.

❶ Le Ressuscité a donné aux disciples l'ordre de baptiser les hommes de toutes nations, « au nom du Père, et du Fils et du Saint-Esprit » (Mt 28,19). Le baptême vient sceller la conversion par le don de l'Esprit Saint. Pierre prêche à Jérusalem le jour de la Pentecôte : « Convertissez-vous ; et que chacun de vous soit baptisé au nom de Jésus Christ pour le pardon de ses péchés ; vous recevrez alors le don du Saint-Esprit » (Ac 2,38).

❷ Jésus avait dit : « Personne, à moins de naître de l'eau et de l'Esprit, ne peut entrer dans le royaume de Dieu » (Jn 3,5), et encore : « Qui croira et sera baptisé sera sauvé » (Mc 16,16). Le baptême est nécessaire pour être sauvé. Pour être valide, le baptême doit être administré au nom de la Sainte Trinité avec de l'eau versée sur le front (baptême par infusion) ou par immersion. L'Église reconnaît le « baptême de sang » lorsqu'une personne convertie au Christ subit le martyre avant d'avoir pu être baptisée. On parle aussi du « baptême de désir » lorsqu'une personne qui se préparait au baptême meurt avant d'avoir pu recevoir le sacrement. Par ailleurs, « Dieu veut que tous les hommes soient sauvés » (1 Tm 2,4). Ceux qui ont mené une vie droite, mais n'ont pas connu le Christ et n'ont pu recevoir le baptême, Dieu les sauve par des voies connues de lui seul.

❸ Par le baptême nous « revêtons » le Christ (Ga 3,27). Saint Paul dit encore de qu'« il s'agit de vous défaire de l'homme ancien… Revêtez-vous de l'homme nouveau, créé, selon Dieu, dans la justice et la sainteté » (Ép 4,22-24). Il fait de nous « une créature nouvelle » (2 Co 5,17) et des enfants adoptifs du Père. Concrètement, le baptême efface tous les péchés : le péché originel et les péchés antérieurs. Il nous communique la grâce sanctifiante qui permet de mener une vie selon la grâce et les vertus théologales.

❹ Cette nouveauté de vie s'exprime dans le sacerdoce baptismal ou sacerdoce commun de tous les fidèles, qui fait que chacun est le prêtre de l'offrande de sa propre vie. En effet, dans la nouvelle alliance, nous n'offrons pas à Dieu des sacrifices rituels, mais notre propre vie. Saint Paul écrivait aux Romains : « Je vous exhorte à lui présenter votre corps – votre personne entière – en sacrifice vivant, saint et capable de plaire à Dieu. » (Rm 12,1).

❺ Lorsqu'un adulte se convertit au Christ il reçoit en même temps les trois sacrements de l'initiation chrétienne, de préférence lors de la célébration de la nuit pascale. Lorsque le baptême est administré à un enfant, il est disjoint de la confirmation et de l'eucharistie.

« Naître d'en haut »

Jean 3,1-8

[1] Il y avait un homme, un pharisien nommé
Nicodème ; c'était un notable parmi les Juifs.
[2] Il vint trouver Jésus pendant la nuit. Il lui
dit : « Rabbi, nous le savons, c'est de la part
de Dieu que tu es venu comme un maître qui
enseigne, car personne ne peut accomplir les
signes que toi, tu accomplis, si Dieu n'est pas
avec lui. » [3] Jésus lui répondit : « Amen, amen,
je te le dis : à moins de naître d'en haut, on ne
peut voir le royaume de Dieu. » [4] Nicodème
lui répliqua : « Comment un homme peut-il
naître quand il est vieux ? Peut-il entrer une
deuxième fois dans le sein de sa mère et
renaître ? » [5] Jésus répondit : « Amen, amen,
je te le dis : personne, à moins de naître de
l'eau et de l'Esprit, ne peut entrer dans le
royaume de Dieu. [6] Ce qui est né de la chair
est chair ; ce qui est né de l'Esprit est esprit.
[7] Ne sois pas étonné si je t'ai dit : il vous faut
naître d'en haut. [8] Le vent souffle où il veut :
tu entends sa voix, mais tu ne sais ni d'où
il vient ni où il va. Il en est ainsi pour qui est
né du souffle de l'Esprit. »

Concile Vatican II, Constitution
Lumen gentium (1965) :
Le sacerdoce commun
de tous les baptisés.

§ 10. Le Christ Seigneur, grand prêtre d'entre les hommes (cf. He 5,1-5) a fait du peuple nouveau « un Royaume, des prêtres pour son Dieu et Père » (Ap 1,6 ; 5,9-10). Les baptisés, en effet, par la régénération et l'onction du Saint-Esprit, sont consacrés pour être une demeure spirituelle et un sacerdoce saint, de façon à offrir, par toutes les activités du chrétien autant d'hosties spirituelles, en proclamant les merveilles de celui qui, des ténèbres, les a appelés à son admirable lumière (cf. 1 P 2,4-10). C'est pourquoi tous les disciples du Christ, persévérant dans la prière et la louange de Dieu (cf. Ac 2,42-47), doivent s'offrir en victimes vivantes, saintes, agréables à Dieu (cf. Rm 12,1), porter témoignage du Christ sur toute la surface de la terre et rendre raison, sur toute requête, de l'espérance qui est en eux d'une vie éternelle (cf. 1 P 3,15).

Le sacerdoce commun des fidèles et le sacerdoce ministériel ou hiérarchique, qui ont entre eux une différence essentielle et non seulement de degré, sont cependant ordonnés l'un à l'autre : l'un et l'autre, en effet, chacun selon son mode propre, participe de l'unique sacerdoce du Christ. Celui qui a reçu le sacerdoce ministériel jouit d'un pouvoir sacré pour former et conduire le peuple sacerdotal, pour faire, dans le rôle du Christ, le sacrifice eucharistique et l'offrir à Dieu au nom du peuple tout entier ; les fidèles eux, de par le sacerdoce royal qui est le leur, concourent à l'offrande de l'Eucharistie et exercent leur sacerdoce par la réception des sacrements, la prière et l'action de grâces, le témoignage d'une vie sainte, leur renoncement et leur charité effective.

L'Esprit Saint vient dans ton cœur

Longtemps, la confirmation a été célébrée en même temps que le baptême. Puis, au fil des siècles, les enfants sont baptisés à la naissance et confirmés plus tard. La confirmation est donnée par l'évêque, successeur des Apôtres, quand les enfants sont conscients de leur demande.

Souviens-toi !

Après l'événement bouleversant de la Pentecôte, les Apôtres ont baptisé les nouveaux convertis en disant :

Vous recevrez le don du Saint-Esprit. (Ac 2,38)

En imposant les mains, l'évêque prie :

Dieu très bon... comme tu l'as promis, répands maintenant sur eux ton Esprit Saint.

Puis il marque du signe de la croix le front de chacun avec une huile parfumée, le saint-chrême.

N., sois marqué de l'Esprit Saint, le don de Dieu. Amen.

> La confirmation est le complément du baptême. Jésus nous fait renaître « de l'eau et de l'Esprit » (Jn 3,5). L'Esprit est le don définitif que Dieu nous fait de lui-même pour nous rendre plus forts.

Ce jour-là, tu reçois la force et l'audace dont tu as besoin pour montrer que tu es chrétien, pour vivre ta foi au milieu des autres.

Chaque confirmation est comme une Pentecôte!

Consacré par l'Esprit

Le don de l'Esprit Saint

Confirmer veut dire : affermir, rendre plus fort, fortifier.
La confirmation est le complément du baptême. Ce sacrement communique les dons de l'Esprit Saint, nous enracine plus profondément dans notre vie d'enfant de Dieu, nous unit plus fermement au Christ, rend plus solide notre lien avec l'Église, nous associe davantage à sa mission et nous aide à rendre témoignage de la foi chrétienne par nos paroles et nos actions. Cette force spirituelle nouvelle est apportée par les dons du Saint-Esprit qui sont au nombre de sept : la sagesse, l'intelligence (des choses de Dieu), le conseil, la force (d'âme), la science (des choses de Dieu), la piété (le respect envers Dieu et les choses sacrées), et la crainte de Dieu.

Comment reçoit-on ce sacrement?

L'Évêque est le ministre habituel de la confirmation.
Le sacrement de confirmation est conféré par l'imposition des mains et l'onction du saint chrême sur le front, avec les paroles suivantes : « N., sois marqué de l'Esprit Saint, le don de Dieu ! ». Pour recevoir ce sacrement, il faut être baptisé, avoir été instruit des principales vérités de la foi et avoir le désir d'ancrer sa foi toujours plus profondément dans le Seigneur.
Le sacrement de confirmation peut être donné aux fidèles dès l'âge de raison. Un parrain ou une marraine assiste le confirmand ; il lui revient de veiller à ce que la personne confirmée se conduise en vrai témoin du Christ. Les catholiques qui désirent se marier à l'Église et qui n'ont pas encore reçu le sacrement de confirmation le recevront normalement avant d'être admis au mariage.
Réfléchis à ce que dit saint Paul : « L'Esprit Saint atteste à notre esprit que nous sommes enfants de Dieu. » (Rm 8,16)

« L'Esprit habite en vous »

Le sacrement de la confirmation est étroitement lié à celui du baptême. Il est l'accomplissement de la grâce baptismale sur le chemin de l'initiation chrétienne. Le baptême chrétien est un baptême par l'eau et l'Esprit, deux dimensions qu'illustrent le baptême proprement dit et la confirmation. Celle-ci est synonyme de don de l'Esprit. Le mot confirmation signifie affermissement de la grâce du baptême. Comme en tout sacrement, le Christ agit par la puissance de l'Esprit Saint. Un autre mot pour « confirmation » est « chrismation » c'est-à-dire onction avec l'huile consacrée, le saint chrême, signe du don de l'Esprit Saint.

❶ Le don de l'Esprit achève l'œuvre du salut. Il est annoncé pour les temps messianiques. Dieu dit : « Je répandrai mon esprit sur tout être de chair » (Jl 3,1). À la Pentecôte, Pierre proclame que cette promesse s'est réalisée en Jésus qui « a reçu du Père l'Esprit qui était promis, et il l'a répandu » (Ac 2,33).

❷ Dans la Bible, ce don de l'Esprit apparaît dans deux rites : l'imposition des mains et l'onction d'huile sainte. Le geste de l'imposition des mains appelle l'Esprit Saint sur la personne. C'est l'« épiclèse » ou l'appel. Ce geste est employé pour la confirmation, l'eucharistie, l'onction des malades et le sacrement de l'ordre. L'onction de la confirmation est faite avec le saint chrême, huile sainte parfumée consacrée par l'évêque lors de la messe chrismale. L'onction est assimilée à un sceau qui marque la personne d'un caractère indélébile. Paul écrit : Dieu « nous a consacrés ; il nous a marqués de son sceau, et il a mis dans nos cœurs l'Esprit » (2 Co 1,21- 22).

❸ Lors du baptême d'un enfant, le nouveau baptisé reçoit déjà l'onction du saint chrême sur la tête. Il recevra une nouvelle fois l'onction au moment de sa confirmation. Si c'est un adulte qui est baptisé, il reçoit une seule onction, celle du sacrement de la confirmation, après l'imposition des mains. Il est alors baptisé et confirmé. Le rituel de la confirmation des adultes montre bien que ce sacrement est un complément du baptême.

❹ La confirmation peut être donnée, comme la première communion, dès l'âge de discrétion, c'est-à-dire sept ans. La confirmation est exigée pour recevoir le sacrement du mariage et de l'ordre. Les adultes qui ne l'ont pas reçu devraient la demander. Comme pour le baptême, le confirmand choisit un parrain ou une marraine, garant de la maturité de sa démarche. En cas de danger de mort, tout prêtre peut administrer la confirmation aux baptisés qui ne l'ont pas reçue. L'onction du saint chrême est le rite essentiel du sacrement, qui suit le geste de l'imposition des mains.

Sois marqué de l'Esprit Saint

La grâce du baptême consiste dans le don de l'Esprit.
Pierre prêche à Jérusalem le jour de la Pentecôte : « Élevé par la droite de Dieu, il a reçu du Père l'Esprit Saint qui était promis, et il l'a répandu. »
Actes 2,33.

Actes 2,37-39

37 Les auditeurs furent touchés au cœur ; ils dirent à Pierre et aux autres Apôtres : « Frères, que devons-nous faire ? » 38 Pierre leur répondit : « Convertissez-vous, et que chacun de vous soit baptisé au nom de Jésus Christ pour le pardon de ses péchés ; vous recevrez alors le don du Saint-Esprit. 39 Car la promesse est pour vous, pour vos enfants et pour tous ceux qui sont loin, aussi nombreux que le Seigneur notre Dieu les appellera. »

Dès l'âge apostolique, l'enseignement sur le baptême est associé à celui sur l'imposition des mains. La confirmation est conférée par l'imposition des mains et l'onction du saint chrême.

Hébreux 6,1-3

1 Dès lors, laissons de côté l'enseignement élémentaire sur le Christ, élevons-nous à la perfection d'adultes, au lieu de poser une nouvelle fois les fondements, à savoir : conversion avec rejet des œuvres mortes et foi en Dieu, 2 instruction sur les baptêmes et l'imposition des mains, la résurrection des morts et le jugement définitif. 3 Nous élever à la perfection d'adultes, voilà donc ce que nous allons faire si Dieu le permet.

Rituel du sacrement de la confirmation.
Imposition des mains.

« Dieu très bon, Père de Jésus, le Christ, notre Seigneur,
Regarde les baptisés sur qui nous imposons les mains :
Par le baptême, tu les as libérés du péché,
Tu les as fait renaître de l'eau et de l'Esprit.
Répands maintenant sur eux ton Esprit Saint ;
Donne-leur en plénitude l'Esprit qui reposait sur ton Fils Jésus :
Esprit de sagesse et d'intelligence,
Esprit de conseil et de force,
Esprit de connaissance et d'affection filiale ;
Remplis-les de l'esprit d'adoration.
Par Jésus Christ, notre Sauveur,
Qui est vivant pour les siècles des siècles. Amen. »

La chrismation.

« Sois marqué de l'Esprit Saint, le don de Dieu. »

Jésus, « pain vivant descendu du ciel »

« Eucharistie », un mot typiquement chrétien, un mot grec qui veut dire « Merci » ou « Action de grâce ». Jésus a institué l'eucharistie à l'occasion de la fête de la Pâque juive. Il avait réuni ses douze Apôtres pour ce repas.
Jésus a fait une prière d'action de grâce à Dieu son Père, au cours de laquelle il s'offrait lui-même par avance en sacrifice. Il offre sa vie pour les hommes en mourant sur la croix. Ce don total de lui-même est plus puissant que tout le mal commis par les hommes.

Le pain que Jésus distribue n'est plus le pain, mais son Corps livré. Le vin n'est plus le vin, mais son Sang versé. Par l'eucharistie, Jésus nous fait entrer dans sa prière d'action de grâce et rend présent pour nous le sacrifice de la croix.

Ceci est mon corps donné pour vous… Faites cela en mémoire de moi. Cette coupe est la Nouvelle Alliance en mon sang répandu pour vous… (Lc 22,19-20)

Jésus a bien dit : *Prenez et mangez … Buvez en tous* (Mt 26,26.28). Il se donne à nous en nourriture, pour soutenir notre vie. Tu peux aussi t'unir à Jésus en lui confiant ta vie, ton travail, tes soucis et tes joies. Quand tu iras communier, tu recevras le Christ, « pain vivant ». Tu fais corps avec le Christ, chaque dimanche, à la messe.

Tous ensemble, unis par le sacrement de l'eucharistie, Christ, prêtre et fidèles ne font plus qu'un. On parle alors de « communion ».
Le prêtre célèbre ce merveilleux sacrement qui a été confié par le Christ à l'Église. Il a été consacré pour célébrer l'eucharistie à la suite de Jésus. Il refait les gestes du Christ et redit ses paroles. Par la puissance de l'Esprit, le Christ est réellement présent, et il actualise le don de sa vie pour le salut de tous les hommes.
La messe. Sans doute as-tu déjà participé à une messe ? Tu peux alors te souvenir du moment où les fidèles reçoivent l'eucharistie. Après la lecture de la parole de Dieu et la présentation des dons, le prêtre « consacre » le pain et le vin pour qu'ils deviennent le Corps et le Sang du Christ. Les fidèles s'avancent ensuite en procession jusqu'à l'autel pour « communier », c'est-à-dire pour recevoir le Corps du Christ, pour se nourrir de l'eucharistie.
Du pain et du vin. Les signes de ce sacrement sont le pain et le vin. Ils sont déposés sur l'autel, afin que le Christ les transforme en son Corps et son Sang, pour se donner à nous en nourriture.
Si un jour, tu juges que tu n'es pas prêt à communier, croise tes mains sur ta poitrine, et tu recevras la bénédiction du prêtre.

Devenez ce que vous recevez : le Corps du Christ

L'eucharistie dans les récits évangéliques

Eucharistie vient d'un mot grec qui signifie « action de grâce », « remerciement » : elle est la louange et l'action de grâce de Jésus à son Père, lors de la Cène, le dernier repas célébré au Cénacle, la veille de sa mort.
Les Évangiles nous renseignent sur l'institution de l'eucharistie au cours du dernier repas que Jésus prit avec ses disciples. Jésus prononce la bénédiction sur le pain et dit : « Prenez, ceci est mon corps » ; il fait de même avec la coupe remplie de vin et dit : « Ceci est mon sang, le sang de l'Alliance, versé pour la multitude » (Mt 26,26-28).
Le « sacrement de l'eucharistie » est le Corps et le Sang du Christ, après que le pain et le vin aient été consacrés. Par extension, l'eucharistie désigne la messe elle-même au cours de laquelle est offert le sacrifice eucharistique.

Pas quelque chose, mais quelqu'un

Jésus a ordonné à ses Apôtres de célébrer l'eucharistie jusqu'à son retour, les établissant alors prêtres du Nouveau Testament. Les eucharisties que nous célébrons ne sont pas une cérémonie du souvenir, mais un « mémorial », c'est-à-dire l'actualisation de la mort et de la résurrection de Jésus. Lorsque tu participes à la messe, Jésus t'associe à l'offrande qu'il fait de lui-même et qui sauve le monde.
N'oublie pas : Jésus a voulu se donner à nous sous forme de nourriture, pour que nous puissions être assimilés à lui. L'eucharistie est un sacrifice parce que Jésus y actualise l'offrande de lui-même ; c'est aussi un repas, puisque nous communions à son Corps et à son Sang.

Une vie eucharistique

Dès les tout débuts de l'Église, les chrétiens se réunissent chaque dimanche pour faire mémoire du « premier jour de la semaine » qui vit le Christ se relever d'entre les morts. Si le Christ se livre avec son Corps et son Sang, c'est pour qu'à ton tour, tu reçoives de lui la vie nouvelle de la grâce. Comprends-tu alors pourquoi la fidélité à l'eucharistie est si essentielle ?

Les dispositions pour approcher de la communion

Un chrétien doit se préparer à recevoir le Corps du Christ pour la première fois. Ensuite, il est invité à communier régulièrement à chaque eucharistie, particulièrement le dimanche. La célébration eucharistique comporte toujours, en une seule et même action : la liturgie de la parole de Dieu et la célébration eucharistique à proprement parler. Cette célébration comprend l'offertoire ou présentation du pain et du vin, puis leur consécration en Corps et Sang du Seigneur après invocation de l'Esprit Saint, l'offrande de soi et de toute l'assemblée avec le Christ au Père en disant : Par Lui, avec Lui, et en Lui, le Notre Père, puis la communion. Celui qui veut recevoir le Christ dans la communion doit se trouver en état de grâce. Celui qui a conscience d'avoir péché gravement ne doit pas communier sans avoir reçu le pardon par le sacrement de la réconciliation.

L'eucharistie, soleil de Dieu

Lors de la consécration s'opère la transsubstantiation, c'est-à-dire le changement du pain et du vin en Corps et Sang du Christ. N'aie pas peur de retenir ce mot. On appelle aussi « Saint-Sacrement » le Corps du Christ conservé au tabernacle ou exposé pour l'adoration.

« *Mon corps livré… mon sang versé pour vous* »

Le sacrement de l'eucharistie est le sommet de l'initiation chrétienne et de la vie sacramentelle. Il nous fait entrer en communion avec le Christ offrant sa vie pour nous et nous entraînant dans sa résurrection. L'existence même de l'Église est liée à l'eucharistie. L'Église fait l'eucharistie en la célébrant, mais l'eucharistie fait aussi l'Église comme Corps vivant du Christ, nourrie du don de sa vie.

❶ L'eucharistie est l'actualisation du sacrifice de la croix, réalisé « une fois pour toutes » et chaque fois rendu présent à nos vies. Dans l'eucharistie est rendu visible le sacerdoce actuel du Christ qui s'offre lui-même, la communauté des fidèles unissant l'offrande de sa propre vie à l'offrande que le Christ fait de lui-même, par le ministère du prêtre qui prend sacramentellement la place du Christ.

❷ L'eucharistie, comme le sacrifice de la croix dont elle est la réactualisation, est l'accomplissement de la pâque juive, du « passage » de la terre d'esclavage à la liberté. Le signe de la première alliance devient réalité spirituelle et passage de la mort à la vie. L'Évangile selon saint Jean montre que le Christ est mort en croix à l'heure où Israël sacrifiait l'agneau pascal (cf. Jn 19,31).

❸ Eucharistie vient du verbe grec « rendre grâce ». Dans la célébration de l'eucharistie, c'est toute l'œuvre du salut qui est évoquée, puisqu'elle culmine dans la Pâque du Christ. On l'appelle encore le repas du Seigneur, la sainte Cène, dernier repas au cours duquel le Seigneur a institué l'eucharistie, par les paroles « ceci est mon corps », « cela est mon sang » et « faites cela en mémoire de moi ». Les récits de l'institution nous sont transmis par les Évangiles (Mt 26,26-29; Mc 14,22-25; Lc 22,14-20) et saint Paul (1 Co 11,23-26). Le discours de Jésus sur le pain de vie prépare les disciples à l'eucharistie (Jn 6,22-59).

❹ En célébrant l'eucharistie, l'Église n'évoque pas un souvenir du passé. Elle proclame que le pain et le vin sont vraiment changés dans le Corps et le Sang du Christ. Ce changement est appelé transsubstantiation, car les apparences du pain et du vin demeurent, mais leur réalité subsistante est convertie au Corps et Sang du Christ, par la puissance de l'Esprit Saint invoqué par l'épiclèse. Le réalisme de la foi nous permet d'affirmer la présence réelle du Christ sous les apparences du pain et du vin. Cette présence est réelle et non symbolique.

❺ L'eucharistie a été instituée par le Christ au cours du dernier repas pris avec les Douze, le jeudi saint. Jésus y anticipe le sacrifice de sa vie : « Voici mon corps livré, mon sang versé. » En même temps il confie à ses Apôtres seuls la mission de réitérer les paroles de la sainte Cène, instituant ainsi le sacerdoce de la nouvelle alliance.

❻ Tous les fidèles participent activement au sacrifice eucharistique : tous ceux qui sont présents, en unissant l'offrande de leur vie à celle du Christ, et le prêtre en agissant en la personne du Christ, tête de son Église. L'eucharistie est le signe de l'unité et de la communion. On ne peut y communier que si l'on est réconcilié avec le Seigneur et avec ses frères. La prière eucharistique, appelée canon, rappelle toujours le nom du pape et de l'évêque pour signifier qu'il n'y a pas d'eucharistie en dehors de la communion avec l'évêque successeur des Apôtres et avec le pape successeur de Pierre au service de l'unité de toute l'Église.

Les disciples ont pris l'habitude de se réunir «le premier jour de la semaine» pour «la fraction du pain». Ce jour est devenu le dimanche, *dies dominica*, le jour du Seigneur, jour de l'assemblée eucharistique des chrétiens.
Le mot messe –*missa* – est emprunté au dernier rite de l'eucharistie qui est l'envoi en mission. «*Ite missa est*».
Il désigne l'ensemble de la célébration qui, encadrée par un rite d'entrée et d'envoi, comporte quatre parties: la préparation pénitentielle, la liturgie de la parole, la liturgie eucharistique proprement dite, la communion.

Voici ce que dit l'*Introduction générale au Missel romain* de 2002

❶ **Ouverture de la célébration** (46-54)
– Le chant d'entrée
– Le salut à l'autel et au peuple rassemblé
– La préparation pénitentielle
– Le *Kyrie eleison*
– Le *Gloria in excelsis*
– La prière d'ouverture

❷ **Liturgie de la Parole** (55-71)
– Le silence
– Les lectures bibliques
– Le psaume responsorial
– L'acclamation avant l'Évangile
– L'homélie
– La profession de foi
– La prière universelle

❸ **Liturgie eucharistique** (72-89)
– La préparation des dons
– La prière sur les offrandes
– La prière eucharistique
– Les rites de communion
– L'oraison dominicale
– Le rite de la paix
– La fraction du pain
– La communion

❹ **Rites de conclusion** (90)

« Faites cela… … en mémoire de moi »

Paul et les Évangiles nous transmettent le récit de l'institution de l'eucharistie.

1 Corinthiens 11,23-29

23 J'ai moi-même reçu ce qui vient du Sei-
gneur, et je vous l'ai transmis : la nuit où il était
livré, le Seigneur Jésus prit du pain, 24 puis,
ayant rendu grâce, il le rompit, et dit : « Ceci
est mon corps, qui est pour vous. Faites cela
en mémoire de moi. » 25 Après le repas, il fit
de même avec la coupe, en disant : « Cette
coupe est la nouvelle Alliance en mon sang.
Chaque fois que vous en boirez, faites cela
en mémoire de moi. »
26 Ainsi donc, chaque fois que vous mangez
ce pain et que vous buvez cette coupe,
vous proclamez la mort du Seigneur, jusqu'à
ce qu'il vienne. 27 Et celui qui aura mangé le pain
ou bu la coupe du Seigneur d'une manière
indigne devra répondre du corps et du sang
du Seigneur. 28 On doit donc s'examiner
soi-même avant de manger de ce pain et
de boire à cette coupe. 29 Celui qui mange
et qui boit mange et boit son propre jugement
s'il ne discerne pas le corps du Seigneur.

Luc 22,14-20
(Voir aussi Matthieu 26,26-29 ; Marc 14,22-25)

14 Quand l'heure fut venue, Jésus prit place
à table, et les Apôtres avec lui. 15 Il leur dit :
« J'ai désiré d'un grand désir manger cette
Pâque avec vous avant de souffrir ! 16 Car je
vous le déclare : jamais plus je ne la mangerai
jusqu'à ce qu'elle soit pleinement accomplie
dans le royaume de Dieu. » 17 Alors, ayant
reçu une coupe et rendu grâce, il dit : « Prenez
ceci et partagez entre vous. 18 Car je vous le
déclare : désormais, jamais plus je ne boirai
du fruit de la vigne jusqu'à ce que le royaume
de Dieu soit venu. »
19 Puis, ayant pris du pain et rendu grâce, il le
rompit et le leur donna, en disant : « Ceci est
mon corps, donné pour vous. Faites cela en
mémoire de moi. » 20 Et pour la coupe, après
le repas, il fit de même, en disant : « Cette
coupe est la nouvelle Alliance en mon sang
répandu pour vous. »

Saint Justin nous parle de l'eucharistie, célébrée par les chrétiens de Rome vers 150.

1 Apologie, 65

[1] Quant à nous, après avoir ainsi lavé celui qui a embrassé la foi et donné son assentiment (à la doctrine), nous le menons auprès de ceux que nous appelons « les frères », au lieu où ils sont assemblés, afin de faire ensemble des prières ferventes pour nous-mêmes, pour celui qui a été illuminé et pour tous les autres, où qu'ils se trouvent, afin qu'après avoir connu la vérité, nous méritions aussi, par nos actions, d'être reconnus comme gens de bonne conduite et bons observateurs des préceptes reçus, afin de parvenir ainsi au salut éternel. [2] Quand les prières sont terminées, nous nous saluons mutuellement par un baiser. [3] Ensuite on apporte à celui qui préside l'assemblée des frères du pain et une coupe d'eau et de vin trempé ; il les prend et adresse louange et gloire au Père de l'univers, par le nom du Fils et de l'Esprit Saint et il fait une longue action de grâces pour tous les biens qu'il a daigné nous accorder. Quand il a terminé les prières et l'action de grâces, tout le peuple présent exprime son accord par des acclamations, en disant : Amen. Amen est un mot hébreu, qui signifie : Ainsi soit-il. [5] Quand le président de l'assemblée a achevé la prière de l'eucharistie et que tout le peuple a exprimé son accord, ceux que nous appelons les diacres distribuent à chacun des assistants du pain et du vin mélangé d'eau, sur lesquels a été prononcée la prière de l'action de grâces, et ils en portent aussi aux absents.

Je me réconcilie avec Dieu

Quand tu désobéis, quand tu mens, quand tu fais du mal... Rappelle-toi ce que tu ressens ! Tu es mal à l'aise, tu te sens seul.
Malheureux peut-être ?
Nous sommes pécheurs lorsque nous faisons des choses qui ne correspondent pas à ce que Dieu, notre Père, attend de nous. Le péché est toujours une forme de désobéissance à Dieu. Mais Dieu continue de nous aimer. Dieu nous offre toujours le pardon. Rappelle toi : *Même si, elle (une maman) oubliait son enfant, moi, je ne t'oublierai pas.* (Is 49,15)

> Grâce au sacrement de réconciliation, tu vas vivre une rencontre avec Dieu. N'aie pas peur de te confier à lui. Dans le secret total, tu avoues tes manquements au prêtre. En te reconnaissant pécheur, tu ouvres ton cœur à Dieu qui t'aime. Puisque tu regrettes ce que tu as fait, Dieu va t'aider à progresser !

Le prêtre t'impose les mains : avec la force de l'Esprit Saint il te donne l'absolution. Il a reçu, le jour de son ordination, le pouvoir de pardonner les péchés au nom de Dieu, comme Jésus l'a donné à ses disciples : *Recevez l'Esprit Saint. À qui vous remettrez ses péchés, ils seront remis.* (Jn 20,22-23)
Le prêtre te proposera une pénitence, par exemple de dire une prière, et de faire une belle action qui va manifester ta conversion.

Le Seigneur me relève

Le don du retour vers Dieu

Le Seigneur Jésus Christ, médecin des âmes et des corps, a pardonné ses péchés au paralysé et lui a rendu la santé du corps (cf. Mc 2,1-12). Il a voulu que son Église continue son œuvre de guérison et de salut, par la force de l'Esprit Saint. Le pardon des péchés commis après le baptême est accordé par le sacrement dit de la conversion, de la confession, de la pénitence ou de la réconciliation.

Un sacrement qui délivre

Le sacrement de la pénitence est une rencontre avec Dieu ; il se réalise par une rencontre avec un prêtre. La confession individuelle et complète des péchés graves suivie du pardon sacramentel appelé l'absolution est le moyen habituel de la réconciliation avec Dieu et avec l'Église. Il est aussi recommandé de confesser les péchés dits « véniels », c'est-à-dire « excusables, dignes de pardon », que nous commettons souvent, sans perdre la grâce sanctifiante.

Ce sacrement comporte trois étapes :

– la contrition ou repentir : tu regrettes sincèrement les péchés que tu as commis ;
– la confession des péchés ou aveu auprès d'un prêtre, ministre de la réconciliation ;
– la satisfaction ou réparation : le prêtre t'impose une « pénitence », généralement une prière à dire ou un service pour le prochain.

Puis tu dis **l'acte de contrition** : Apprends-le par cœur.

> « Mon Dieu j'ai un très grand regret de vous avoir offensé parce que vous êtes infiniment bon, infiniment aimable et que le péché vous déplait. Je prends la ferme résolution, avec le secours de votre sainte grâce, de ne plus vous offenser et de faire pénitence. »

« *Heureux l'homme*
dont la faute est enlevée et le péché remis ! »

❶ Le sacrement de pénitence ou de réconciliation fait revivre la grâce du baptême perdue à la suite du péché. Aux origines de l'Église, seul le baptême était considéré comme le sacrement de la conversion totale et définitive avec Dieu. La pénitence est rendue nécessaire par la faiblesse humaine qui retombe dans le péché après le baptême.
On a exposé plus haut le sens du péché. La miséricorde de Dieu nous dévoile les ravages du péché de l'homme en même temps que le pardon de Dieu toujours offert.
La forme de ce sacrement a connu des évolutions au cours des siècles. Depuis le concile de Latran IV (1215) la confession auriculaire, personnelle, secrète, à un prêtre met en valeur la conversion intérieure, la possibilité de se décharger de ses fautes, d'entendre une parole de réconfort et de pardon et de repartir guéri, le cœur léger et reconnaissant.
La démarche du pénitent suppose la contrition qui consiste à détester son péché et à ne plus vouloir recommencer, la confession ou aveu des péchés à un prêtre, et la satisfaction qui cherche à réparer les torts commis.
– Ce qui est premier c'est l'attitude de conversion intérieure. Elle s'obtient par un examen de conscience qui observe notre comportement à la lumière de l'Évangile.
– La confession des péchés doit mentionner les péchés mortels.
La confession régulière des péchés véniels aide à progresser dans la voie de la conversion. Il ne faut pas cacher sciemment des péchés graves. L'absolution n'est valide que si tous les péchés connus ont été avoués.
– La «pénitence» ou satisfaction que le confesseur impose, consiste à réparer les désordres causés par le péché. Il peut s'agir de dire une prière, de restituer un bien volé, de rendre sa dignité à une personne calomniée, de s'abstenir de certaines habitudes nocives pour la santé du corps et de l'âme.
Le sacrement nous rétablit dans la grâce baptismale que le péché avait étouffée. Il rétablit notre communion avec Dieu et l'Église.
❷ Il faut distinguer le pardon sacramentel de l'absolution d'une censure. Une censure (excommunication, interdit, suspense) est une peine ecclésiastique encourue pour des actions graves contre la foi ou la discipline de l'Église. Les censures ne peuvent être absoutes que par le Pape ou l'évêque ou le prêtre pénitencier qui en a reçu la faculté.
❸ L'absolution sacramentelle nous libère de la peine éternelle qui est privation de Dieu (Mt 25,46), mais pas de la peine temporelle due au péché pourtant effacé, car en nous subsiste une inclination au mal qui a besoin d'être purifiée. L'indulgence partielle ou plénière libère en partie ou entièrement des peines temporelles dues pour le péché des vivants ou des morts. Le purgatoire est ce processus de purification. Dans la communion des saints, les fidèles vivants et ceux déjà morts sont solidaires. Les mérites des uns servent à atténuer les peines des autres. C'est le trésor inépuisable de grâces que le Christ a laissé à son Église.

Jésus donne à Pierre le pouvoir de lier et de délier. Ce même pouvoir il le donne à ses Apôtres et aux prêtres.

Matthieu 16,17-19

17 Prenant la parole à son tour, Jésus lui dit : « Heureux es-tu, Simon fils de Yonas : ce n'est pas la chair et le sang qui t'ont révélé cela, mais mon Père qui est aux cieux. 18 Et moi, je te le déclare : Tu es Pierre, et sur cette pierre je bâtirai mon Église ; et la puissance de la mort ne l'emportera pas sur elle. 19 Je te donnerai les clés du Royaume des cieux : tout ce que tu auras lié sur la terre sera lié dans les cieux, et tout ce que tu auras délié sur la terre sera délié dans les cieux. »

Matthieu 18,15-18

15 Si ton frère a commis un péché contre toi, va lui faire des reproches seul à seul. S'il t'écoute, tu as gagné ton frère. 16 S'il ne t'écoute pas, prends en plus avec toi une ou deux personnes afin que toute l'affaire soit réglée sur la parole de deux ou trois témoins. 17 S'il refuse de les écouter, dis-le à l'assemblée de l'Église ; s'il refuse encore d'écouter l'Église, considère-le comme un païen et un publicain. 18 Amen, je vous le dis : tout ce que vous aurez lié sur la terre sera lié dans le ciel, et tout ce que vous aurez délié sur la terre sera délié dans le ciel.

Jean 20,19-23

19 Le soir venu, en ce premier jour de la semaine, alors que les portes du lieu où se trouvaient les disciples étaient verrouillées par crainte des Juifs, Jésus vint, et il était là au milieu d'eux. Il leur dit : « La paix soit avec vous ! » 20 Après cette parole, il leur montra ses mains et son côté. Les disciples furent remplis de joie en voyant le Seigneur. 21 Jésus leur dit de nouveau : « La paix soit avec vous ! De même que le Père m'a envoyé, moi aussi, je vous envoie. » 22 Ayant ainsi parlé, il souffla sur eux et il leur dit : « Recevez l'Esprit Saint. 23 À qui vous remettrez ses péchés, ils seront remis ; à qui vous maintiendrez ses péchés, ils seront maintenus. »

Après l'acte de contrition, je reçois l'absolution.

Rituel du sacrement de pénitence

« Que Dieu notre Père vous montre sa miséricorde. Par la mort et la résurrection de son Fils, il a réconcilié le monde avec lui et il a envoyé l'Esprit Saint pour la rémission des péchés. Par le ministère de l'Église qu'il vous accorde le pardon et la paix. Et moi, au nom du Père et du Fils et du Saint-Esprit, je vous pardonne tous vos péchés. »
Je réponds : Amen !

L'huile du réconfort

La force de Dieu pour les plus faibles. Peut-être connais-tu autour de toi des personnes qui sont malades, des amis qui sont à l'hôpital ? Dans l'Évangile, on voit Jésus toujours présent auprès des malades. On le voit avec un aveugle-né, un paralytique, des lépreux...

Le signe de l'huile. Pour les Anciens, l'huile d'olivier servait de remède. Répandue sur le corps, elle est le signe de guérison de toute la personne ; non seulement le corps, mais aussi le cœur et l'âme.

L'un de vous est malade ? qu'il appelle les Anciens en fonction dans l'Église : ils prieront sur lui après lui avoir fait une onction d'huile au nom du Seigneur. Cette prière inspirée par la foi sauvera le malade : le Seigneur le relèvera et, s'il a commis des péchés, il recevra le pardon. (Jc 5,14-15)

> Le prêtre impose les mains sur la tête du malade. Ensuite, avec « l'huile des malades », il trace un signe de croix sur son front et sur la paume de ses mains.

« Par cette onction sainte, que le Seigneur, en sa grande bonté, te réconforte par la grâce de l'Esprit Saint. »
– « Amen. »
« Ainsi, t'ayant libéré de tous péchés, qu'il te sauve et **te relève**. »
– « Amen. »
La confiance retrouvée apaise le malade.

La confiance en Dieu apaise

Une assurance de vie

Le sacrement de l'onction des malades n'est pas un sacrement réservé aux derniers moments comme le laissaient entendre les expressions « extrême onction » et « derniers sacrements ». Ce sacrement ne s'adresse pas seulement aux grands malades à l'article de la mort et aux personnes âgées dont les forces déclinent. Il peut être donné à une personne jeune, par exemple, avant une opération grave. L'onction des malades peut être reçue plusieurs fois dans sa vie.

Comment reçoit-on le sacrement des malades?

Seuls les prêtres peuvent donner le sacrement des malades. Le sacrement est conféré par l'imposition des mains en silence, suivie de l'onction faite sur le front et les mains avec l'huile des malades bénite lors de la messe chrismale. Le prêtre dit ces paroles : « – N., par cette onction sainte, que le Seigneur en sa grande bonté, vous réconforte par la grâce de l'Esprit-Saint. – Amen. – Ainsi, vous ayant libéré de tous péchés, qu'il vous sauve et vous relève. – Amen. » La célébration peut se dérouler à l'hôpital, chez le malade ou lors d'une célébration communautaire. Cette dernière forme de célébration est souvent bien acceptée par les personnes âgées.

Qu'apporte le sacrement des malades?

Par la force de l'Esprit Saint, les fruits du sacrement de l'onction des malades sont : l'union du malade à la souffrance de Jésus au moment de sa Passion ; le réconfort, la paix et le courage pour supporter chrétiennement les souffrances de la maladie ou de la vieillesse ; le pardon des péchés si la confession n'a pas été possible ; le rétablissement de la santé dans certains cas. On appelle « viatique » la communion que l'on reçoit lorsque la mort est proche.

Un sacrement de guérison spirituelle

Une personne gravement malade ou en fin de vie a besoin d'être entourée de l'affection de ses proches. Plus que jamais elle a besoin de la présence de l'Église et de la force que donne le Seigneur. La visite aux malades et aux personnes âgées est une dimension du service auquel tous les baptisés sont appelés. «J'étais malade et vous m'avez visité» (Mt 25,36), dit le Seigneur.

❶ Les sacrements qui sont proposés aux malades sont trois: la réconciliation, l'onction, l'eucharistie. Dans l'épître de saint Jacques nous lisons: «L'un de vous est-il malade? Qu'il appelle les Anciens en fonction dans l'Église: ils prieront sur lui après lui avoir fait une onction d'huile au nom du Seigneur. Cette prière inspirée par la foi sauvera le malade: le Seigneur le relèvera et, s'il a commis des péchés, il recevra le pardon» (Jc 5,14-15). À partir de ce texte, l'Église a développé la pratique du sacrement de l'onction des malades, jadis appelée extrême-onction.

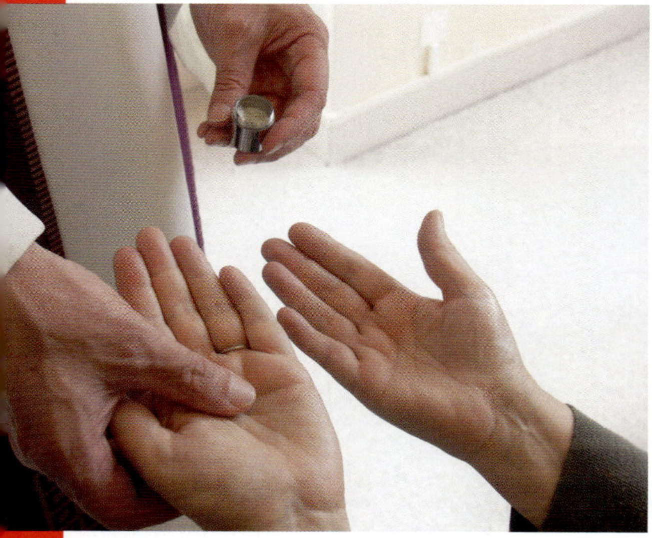

❷ L'huile des malades est bénite par l'évêque lors de la messe chrismale, en même temps que le saint chrême et l'huile des catéchumènes.

❸ Envoyés en mission les Douze «faisaient des onctions d'huile à de nombreux malades, et les guérissaient» (Mc 6,13). L'huile a cette propriété de pénétrer la peau sans la blesser, de l'assouplir, de guérir des blessures. Elle est devenue un symbole de la pénétration du Saint-Esprit dans nos cœurs.

❹ Le sacrement comporte l'imposition des mains et l'onction sur les mains et sur le front, signes du don de l'Esprit Saint. Si le malade ne peut se confesser, ce sacrement lui apportera le pardon de ses péchés. Il est recommandé d'administrer l'onction des malades aux personnes en danger de mort, ou qui doivent affronter une opération périlleuse. Le sacrement vise à redonner la vigueur physique mais aussi à préparer l'âme au grand passage. Il peut être réitéré. Les prêtres sont les ministres de ce sacrement. La célébration peut être individuelle ou communautaire.

❺ Le sacrement de l'onction des malades doit être reçu dans les mêmes dispositions que celui de la réconciliation. Ils sont tous deux des sacrements de guérison.

L’onction des malades

Le prêtre fait une onction avec l’huile des malades sur le front et une autre sur les mains.

Rituel du sacrement des malades

- N., par cette onction sainte, que le Seigneur, en sa grande bonté, vous réconforte par la grâce de l’Esprit Saint.
- Amen.
- Ainsi, vous ayant libéré de tous péchés, qu’il vous sauve et vous relève.
- Amen.
- N., désormais la force de Dieu agit dans votre faiblesse. Remercions le Seigneur : recueillons-nous et prions en silence.

Le prêtre représente le Christ

Tu connais des prêtres. Pour devenir prêtre il faut avoir reçu le sacrement de l'ordre.
Jésus a voulu que la mission qu'il a confiée à ses Apôtres continue après leur mort jusqu'à la fin des temps.
Les Apôtres ont eu des successeurs. Ce sont les évêques. Connais-tu ton évêque ? Les évêques se sont entourés de collaborateurs, les prêtres.
Que fait un prêtre ? Il baptise, il célèbre l'eucharistie, il te fait le catéchisme, il pardonne les péchés au nom de Jésus, il aide les personnes à mieux vivre leur foi, il prie.
Avec les évêques et les prêtres, il y a aussi les diacres. Ceux-ci aident les prêtres dans leurs différentes missions : prêcher, célébrer, assurer l'entraide dans la communauté.

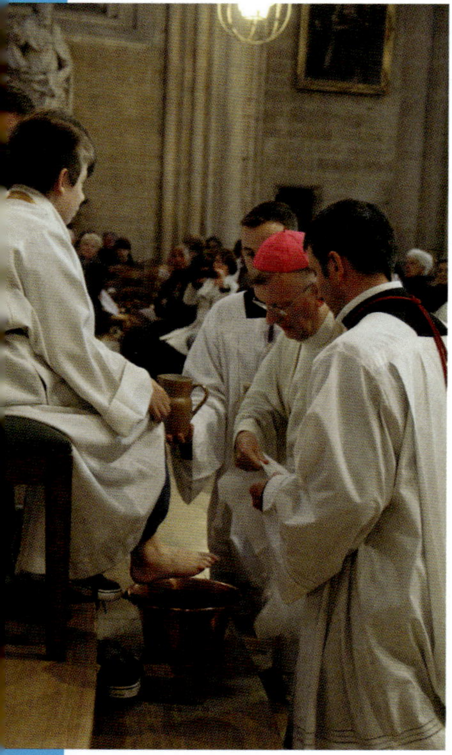

Quand Jésus a-t-il décidé qu'il devait y avoir des prêtres ?
Souviens-toi : quand il a consacré le pain et le vin, le soir du jeudi saint, et qu'il a dit : Faites cela en mémoire de moi (Lc 22,19). Le prêtre est là pour que tu sentes que Jésus veut être proche de toi. Le prêtre est son représentant.

Comment devient-on prêtre ?

Demande à un prêtre que tu connais.
En général, un jeune homme qui se sent appelé, entre au séminaire. Là il fait les études et les stages nécessaires pour être prêtre. Quand il est jugé apte, on le présente à l'évêque : lui seul peut l'« ordonner », c'est-à-dire en faire un prêtre.

Envoyé à la suite des Apôtres

Le sacrement de l'ordre: pourquoi et comment?

On appelle Ordre le sacrement par lequel la mission confiée par le Christ à ses Apôtres est transmise dans l'Église jusqu'à la fin des temps. L'ordre indique le corps des ministres de l'Église, dans lequel on est intégré au moyen de l'imposition des mains (ordination) et de la prière consécratoire. Cette consécration permet d'exercer un pouvoir sacré au nom et par l'autorité du Christ pour le service du peuple de Dieu. L'ordre se compose de trois degrés qui sont irremplaçables pour la structure organique de l'Église : l'épiscopat (l'évêque), le presbytérat (le prêtre) et le diaconat (le diacre).

L'**évêque** (du grec *epi-skopos*, « celui qui surveille ») est successeur des Apôtres, et à ce titre, il reçoit l'Esprit souverain ; il est docteur de la foi, chargé de l'enseigner et de la transmettre avec fidélité. Aidé par ses prêtres et ses diacres, il exerce sa charge pastorale au sein d'une circonscription appelée diocèse.

Les **prêtres** sont les collaborateurs de l'évêque pour annoncer l'Évangile, célébrer le culte divin, encourager et guider les communautés chrétiennes. Comme l'évêque, le prêtre reçoit un pouvoir sacré d'agir dans les sacrements au nom et par l'autorité du Christ, pour le service du peuple de Dieu. Le prêtre est le signe visible du Seigneur Jésus. Le jour de son ordination, l'onction de l'Esprit Saint marque le prêtre d'un caractère spirituel indélébile. La mission du prêtre s'exerce généralement à la tête d'une communauté paroissiale ou d'une aumônerie.

Le **diacre** est configuré par l'ordination diaconale et l'effusion de l'Esprit Saint au Christ serviteur de tous. Il est ordonné pour le service de l'Église. Sous l'autorité de son évêque, le diacre exerce ce service dans le cadre du ministère de la Parole, du culte divin et de la charité. À la différence des évêques et des prêtres qui sont célibataires, le diacre permanent peut être marié.

Configurés au Christ

Par *ordination* on entend agrégation à un *ordo*, c'est-à-dire à un corps constitué, selon le vocabulaire latin. Ce corps constitué c'est le ministère ecclésial, en trois degrés : diaconat, presbytérat, épiscopat, qui a lui-même pris le relais du ministère apostolique. Le Christ a établi à l'intérieur du groupe de ses disciples le groupe des Douze dont il a fait ses « Apôtres », ses envoyés plénipotentiaires pour assurer sa présence à toutes les générations. Il les a envoyés prêcher ; il leur a demandé de réitérer le sacrement de l'eucharistie. Les Apôtres ont établi pour leur succéder les évêques qui se sont associé les presbytres et les diacres.

❶ L'Église voit dans les ministres de l'ancienne alliance une préfiguration du ministère ecclésial. Au service du peuple, Moïse avait établi Aaron, grand prêtre, assisté de 70 anciens ou presbytres, aidés dans leurs tâches par les fils de Lévi. Jésus, par l'offrande de sa vie réalisée une fois pour toutes, a accompli le sacerdoce de l'ancienne Loi. Il est maintenant le seul grand prêtre qui intercède pour nous auprès du Père. Le sacerdoce unique et nouveau du Christ est la source du sacerdoce de la nouvelle Alliance. Nous l'avons vu : tous les baptisés participent au sacerdoce du Christ par l'offrande spirituelle de leur propre vie. Pour que le peuple de Dieu puisse exercer son « sacerdoce commun », le Seigneur se rend présent en son sein par le ministère apostolique que prolonge le ministère ecclésial. Le sacerdoce ministériel est au service du sacerdoce commun de tous les fidèles. Le Christ agit à travers le ministre ordonné.

❷ Le ministère apostolique est une configuration au Christ Prêtre, Maître de vérité et Pasteur de son peuple. De même, les degrés de l'épiscopat et du presbytérat sont des participations ministérielles au sacerdoce du Christ. Le diaconat, qui est placé au service des deux degrés précédents, est une participation au Christ qui s'est fait le serviteur de tous. L'évêque reçoit la plénitude du sacrement de l'ordre, avec la charge d'enseigner, de sanctifier et de gouverner en agissant en représentant du Christ. Les prêtres sont les collaborateurs des évêques dans leur triple charge pastorale.

❸ Les trois degrés du sacrement de l'ordre sont conférés par l'imposition des mains et la prière consécratoire. Le sacrement imprime à chaque degré un caractère indélébile. Seul l'évêque peut conférer le sacrement de l'ordre. Pour les degrés de l'épiscopat et du presbytérat, l'ordre est conféré à des hommes célibataires, dans l'Église latine. Dans les Églises orientales, le presbytérat peut aussi être conféré à des hommes mariés. Le diaconat permanent, dans l'Église latine, est normalement conféré à des hommes mariés.

❹ Quant à leurs compétences, les ministères ordonnés s'emboîtent les uns dans les autres. Ce que peut faire le diacre, le prêtre le peut aussi ; ce que peut faire le prêtre l'évêque le fait. Dans notre discipline, le diacre peut prêcher au cours de la liturgie eucharistique, baptiser, « assister » au mariage au nom de l'Église. Le prêtre est habilité à célébrer l'eucharistie, à pardonner les péchés, à donner l'onction aux malades, à être éventuellement délégué pour donner le sacrement de la confirmation.

❺ Le sacerdoce de l'évêque et du prêtre est particulièrement liés à l'eucharistie. Pour cette raison, le concile de Trente dit que les prêtres (évêques et presbytres) succèdent aux Apôtres dans le sacerdoce (*sess. XXIII*, chap. 1).

Les ministres ordonnés

Concile Vatican II,
Constitution *Lumen gentium* (1965)

« Le ministère ecclésiastique, institué par Dieu, est exercé dans la diversité des ordres par ceux que déjà depuis l'Antiquité on appelle évêques, prêtres, diacres» (LG 28).

Les évêques, successeurs des Apôtres.

§ 20. « La mission divine confiée par le Christ aux Apôtres est destinée à durer jusqu'à la fin des siècles (cf. Mt 28,20), étant donné que l'Évangile qu'ils doivent transmettre est pour l'Église principe de toute sa vie, pour toute la durée du temps. C'est pourquoi les Apôtres prirent soin d'instituer, dans cette société hiérarchiquement ordonnée, des successeurs. »

Les prêtres.

§ 28. « Tout en dépendant des évêques dans l'exercice de leurs pouvoirs, les prêtres leur sont cependant unis dans la dignité sacerdotale ; et par la vertu du sacrement de l'ordre, à l'image du Christ prêtre suprême et éternel (He 5,1-10 ; 7,24 ; 9,11-28), ils sont consacrés pour prêcher l'Évangile et pour être les pasteurs des fidèles et célébrer le culte divin en vrais prêtres du Nouveau Testament. Participant, à leur niveau de ministère, de la charge de l'unique Médiateur qui est le Christ (1 Tm 2,5), ils annoncent à tous la parole de Dieu. C'est dans le culte ou synaxe eucharistique que s'exerce par excellence leur charge sacrée : là, agissant en la personne du Christ et proclamant son mystère, ils réunissent les vœux des fidèles au sacrifice de leur chef, représentant et appliquant dans le sacrifice de la messe, jusqu'à ce que le Seigneur vienne (cf. 1 Co 11,26), l'unique sacrifice du Nouveau Testament, celui du Christ s'offrant une fois pour toutes à son Père en victime immaculée (cf. He 9,11-28). En faveur des fidèles pénitents ou malades, ils remplissent, à un titre éminent, le ministère de la réconciliation et du soulagement ; ils présentent à Dieu le Père les besoins et les prières des fidèles (cf. He 5,1-4). Exerçant, pour la part d'autorité qui est la leur, la charge du Christ, pasteur et chef, ils rassemblent la famille de Dieu, fraternité qui n'a qu'une âme, et, par le Christ, dans l'Esprit, ils la conduisent à Dieu le Père ».

Les diacres.

§ 29. « Au degré inférieur de la hiérarchie se trouvent les diacres auxquels on a imposé les mains « non pas en vue du sacerdoce, mais en vue du ministère ». La grâce sacramentelle, en effet, leur donne la force nécessaire pour servir le Peuple de Dieu dans la « diaconie » de la liturgie, de la parole et de la charité, en communion avec l'évêque et son presbyterium. Selon les dispositions à prendre par l'autorité qualifiée, il appartient aux diacres d'administrer solennellement le baptême, de conserver et de distribuer l'Eucharistie, d'assister, au nom de l'Église, au mariage et de le bénir, de porter le viatique aux mourants, de donner lecture aux fidèles de la Sainte Écriture, d'instruire et exhorter le peuple, de présider au culte et à la prière des fidèles, d'être ministres des sacramentaux, de présider aux rites funèbres et à la sépulture. Consacrés aux offices de charité et d'administration, les diacres ont à se souvenir de l'avertissement de saint Polycarpe : « Être miséricordieux, zélés, marcher selon la vérité du Seigneur qui s'est fait le serviteur de tous ».

Unis devant Dieu

Le sacrement du mariage est l'union devant Dieu d'un homme et d'une femme. Jésus a voulu que le mariage soit une union pour la vie. L'homme et la femme se promettent fidélité. Le sacrement leur donne la grâce de rester fidèles l'un à l'autre.

Une fois qu'ils sont mariés devant Dieu, personne ne peut défaire le lien qui unit les deux époux. Seule la mort d'un des époux rompt ce lien. La personne veuve peut alors se remarier. Les époux se donnent l'un à l'autre le sacrement du mariage, en présence du prêtre ou du diacre, lorsqu'ils se promettent fidélité. Pour pouvoir se marier dans l'Église, il faut être baptisé et confirmé, avoir l'âge minimum de 18 ans, se décider librement et bien comprendre ce que le Seigneur demande à des époux chrétiens.
On se marie pour rester ensemble et pour avoir des enfants.

Les enfants ont besoin d'avoir près d'eux des parents heureux qui les aiment et qui leur donnent le meilleur d'eux-mêmes.
Le mariage permet aux époux de fonder une famille chrétienne. On dit que la famille chrétienne est une « Église de maisonnée ». C'est dans la douceur du foyer familial que tu apprends les grandes valeurs de la vie. La meilleure catéchèse est celle que tu reçois à la maison.

Le sacrement de l'amour fidèle

Le sacrement de mariage: «Je me donne à toi»

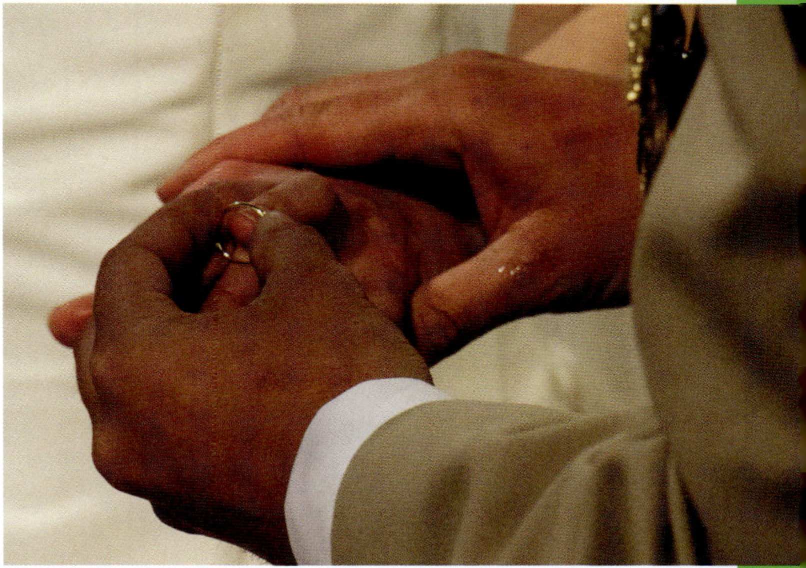

En créant l'homme et la femme, Dieu les appelle, dans le mariage, à une intime communion de vie et d'amour entre eux : « À cause de cela, ils ne sont plus deux, mais un seul » (Mt 19,6). Se marier à l'Église, c'est dire à l'autre, devant Dieu, une parole qui engage tout l'être : « Je te reçois et je me donne à toi. » Le mariage est un sacrement de l'Église. L'union de l'homme et de la femme est appelée à manifester l'amour indéfectible du Christ pour son Église (cf. Ép 5,32).

Les quatre piliers du mariage

• La liberté d'engagement : les futurs époux se choisissent et s'engagent librement. Un mariage contraint est nul.
• La fidélité : fidélité et confiance ont la même racine. L'homme et la femme s'engagent d'une manière exclusive l'un envers l'autre pour la vie.
• L'indissolubilité : l'engagement des époux devant Dieu n'est pas révocable. Seule la mort d'un des époux met fin à cet engagement.
• La fécondité : Les époux sont prêts à transmettre la vie, à accueillir et à éduquer des enfants.

Le sacrement de mariage crée entre les époux un lien perpétuel et exclusif. Dieu lui-même accueille le consentement des époux pour que ce lien devienne une source permanente de grâce. Ainsi, le mariage conclu et consommé entre baptisés ne peut jamais être dissout. Le sacrement donne aux époux la grâce nécessaire pour parvenir à la sainteté dans la vie conjugale et familiale.

« Ce que Dieu a uni, que l'homme ne le sépare pas »

Le mariage entre un homme et une femme correspond à la volonté du Créateur. Après avoir créé l'homme et la femme à son image, Dieu bénit leur union : « Soyez féconds et multipliez-vous, remplissez la terre et soumettez-la » (Gn 1,28). Le mariage humain est appelé à être une image de l'amour dont le Créateur nous aime : amour fait du don réciproque des époux, amour fécond qui transmet la vie. Avant d'être une institution humaine, le mariage relève d'une disposition divine valable pour tous les hommes. Il relève de la loi naturelle universelle.

❶ Le Christ a rétabli le mariage dans la perfection voulue par le Créateur : il est unique (pas de polygamie) ; il est indissoluble (pas de divorce, « Ce que Dieu a uni, que l'homme ne le sépare pas » Mt 19,6) ; il est ouvert à la procréation et à l'éducation des enfants. De plus, entre baptisés, le mariage a été élevé à la dignité de sacrement, car il est objet d'une grâce spéciale et devient signe et sacrement de l'union du Christ et de l'Église (Ép 5,31-32). Les époux chrétiens vivent leur mariage comme un appel à découvrir et à manifester l'amour indéfectible, inconditionnel et irrévocable du Christ pour son Église.

❷ La grâce sacramentelle du mariage est aujourd'hui plus nécessaire que jamais pour vivre le mariage selon le dessein de Dieu manifesté par le Christ. Alors que dans la société l'engagement à vie est à peine concevable, que des unions de toutes sortes sont admises, que beaucoup d'unions se nouent hors mariage, que des formes juridiques d'union concurrencent le mariage, les chrétiens peuvent donner un témoignage attendu sur la beauté du mariage dans ses propriétés inhérentes de fidélité, d'indissolubilité et de fécondité. Les époux « ne feront plus qu'un » (Gn 2,24 ; Mc 10,8), un seul cœur et une seule âme pour toujours. La grâce du sacrement aide à ne pas pécher contre le sixième et le neuvième commandement.

❸ L'Église reconnaît comme indissoluble le mariage naturel, c'est-à-dire le mariage entre deux non-baptisés. Entre baptisés, le mariage est indissoluble lorsque deux conditions ont été remplies : il doit être l'objet d'un engagement mutuel totalement libre et il doit être consommé. Lorsque l'une des parties est validement baptisée hors de l'Église catholique, une autorisation de mariage mixte doit être demandée pour la licéité du mariage. Si le mariage a lieu entre un baptisé catholique et un non-baptisé, il faut demander une dispense de disparité de culte. Pour la validité du mariage est également requise la forme canonique, à savoir la célébration devant un prêtre ou un diacre. Une dispense de la forme peut être obtenue dans certains cas.

❹ Dans le rite latin, les deux époux se donnent le sacrement en échangeant leurs consentements. Dans les Églises catholiques orientales, c'est la bénédiction du prêtre qui est constitutive du sacrement.

❺ Le mariage n'est dissout que par la mort de l'un des époux. Les personnes divorcées remariées civilement ne peuvent accéder aux sacrements de la réconciliation et de l'eucharistie que si elles vivent dans la continence. Elles sont l'objet d'une attention particulière de la part de l'Église qui ne les exclut pas de son sein, mais les aide à comprendre qu'il n'est pas en son pouvoir de rompre le lien du premier mariage.

Le mariage

Le mariage sacrement de l'amour du Christ pour son Église.

Éphésiens 5,25-33

25 Vous, les hommes, aimez votre femme
à l'exemple du Christ : il a aimé l'Église, il s'est
livré lui-même pour elle, 26 afin de la rendre
sainte en la purifiant par le bain de l'eau bap-
tismale, accompagné d'une parole ; 27 il voulait
se la présenter à lui-même, cette Église,
resplendissante, sans tache, ni ride, ni rien de
tel ; il la voulait sainte et immaculée. 28 C'est
de la même façon que les maris doivent
aimer leur femme : comme leur propre corps.
Celui qui aime sa femme s'aime soi-même.
29 Jamais personne n'a méprisé son propre
corps : au contraire, on le nourrit, on en prend
soin. C'est ce que fait le Christ pour l'Église,
30 parce que nous sommes les membres de
son corps. Comme dit l'Écriture : 31 À cause
de cela, l'homme quittera son père et sa
mère, il s'attachera à sa femme, et tous deux
ne feront plus qu'un. 32 Ce mystère est grand :
je le dis en référence au Christ et à l'Église.
33 Pour en revenir à vous, chacun doit aimer
sa propre femme comme lui-même, et la
femme doit avoir du respect pour son mari.

Le mariage et la famille

Concile Vatican II, Constitution *Gaudium et spes* § 48.

La communauté profonde de vie et d'amour que forme le couple a été fondée et dotée de ses lois propres par le Créateur ; elle est établie sur l'alliance des conjoints, c'est-à-dire sur leur consentement personnel irrévocable. Une institution, que la loi divine confirme, naît ainsi, au regard même de la société, de l'acte humain par lequel les époux se donnent et se reçoivent mutuellement. En vue du bien des époux, des enfants et aussi de la société, ce lien sacré échappe à la fantaisie de l'homme. Car Dieu lui-même est l'auteur du mariage qui possède en propre des valeurs et des fins diverses ; tout cela est d'une extrême importance pour la continuité du genre humain, pour le progrès personnel et le sort éternel de chacun des membres de la famille, pour la dignité, la stabilité, la paix et la prospérité de la famille et de la société humaine tout entière. Et c'est par sa nature même que l'institution du mariage et l'amour conjugal sont ordonnés à la procréation et à l'éducation qui, tel un sommet, en constituent le couronnement. Aussi l'homme et la femme qui, par l'alliance conjugale « ne sont plus deux, mais une seule chair » (Mt 19,6), s'aident et se soutiennent mutuellement par l'union intime de leurs personnes et de leurs activités ; ils prennent ainsi conscience de leur unité et l'approfondissent sans cesse davantage. Cette union intime, don réciproque de deux personnes, non moins que le bien des enfants, exigent l'entière fidélité des époux et requièrent leur indissoluble unité.

Appelés à vivre selon la loi d'amour

La morale chrétienne

Changer nos cœurs

Dans un grand discours qu'il prononce en Galilée, Jésus décrit l'attitude de ceux qui se convertissent au « règne de Dieu » (cf. Mt 5,1-12). C'est tout autre chose que ce que nous pouvions imaginer. Jésus enseigne la voie du vrai bonheur de façon inattendue. **C'est l'Évangile des Béatitudes**. Le mot « béatitude » signifie un bonheur parfait, être heureux ! Mais, étonnamment, le mot « heureux » est associé à des situations qui nous semblent plutôt malheureuses !

> Que dit Jésus ? Jésus vient bouleverser nos habitudes. Il proclame bienheureux les doux, les pauvres, les plus fragiles d'entre les hommes, ceux qui pleurent, ceux qui ont faim et soif de la justice... ! En effet, d'habitude, on pense que ce sont les plus forts, les plus riches, les plus beaux qui ont de la chance, qui sont bienheureux, qui « réussissent dans la vie »...
> Jésus veut ainsi te dire que le bonheur a sa racine dans ton cœur.

Un bonheur encore plus grand! Ce grand bonheur promis par Jésus durera toujours ! Toi, es-tu heureux parce que tu as beaucoup de choses à toi, ou parce tu as su rendre quelqu'un plus heureux ? Tu vois la différence ? Le bonheur que Jésus te souhaite commence ici sur la terre. Dès maintenant, sois heureux ! « Laisse-toi aimer... ».

Le bonheur n'est pas ce que l'on croit

Le désir naturel du bonheur

Une soif de plénitude habite le cœur de l'homme. Ce désir naturel de bonheur est d'origine divine. L'homme est un être assoiffé d'infini, sans cesse en quête de rivages nouveaux. Il pose ses choix selon les aspirations profondes de son cœur. Notre cœur est formé par les influences et les enseignements qu'il reçoit. Que nous enseigne Jésus ?

Les Béatitudes de Jésus

Les Béatitudes, enseignées par Jésus au début du discours sur la Montagne (cf. Mt 5,1-12 et Lc 6,20-23) sont la proclamation des valeurs du royaume de Dieu. Elles sont la réponse divine à cette soif de bonheur inscrite dans le cœur de l'homme.

Un avant-goût du Royaume

Le chemin des Béatitudes est impraticable à l'homme pécheur, laissé à ses propres forces. Seul peut le parcourir celui que soutient l'Esprit Saint et qui entre dans le Notre Père, modèle de toute prière chrétienne (cf. Mt 6,7-14). À travers les Béatitudes, Jésus promet un bonheur déjà présent qui est un avant-goût du Royaume à venir.

Les Béatitudes nous montrent jusqu'où peut aller un cœur transformé par la grâce. Au lieu de nous enchaîner aux sécurités passagères de ce monde, les Béatitudes nous engagent sur un chemin de liberté insoupçonné. Jésus renverse bien des manières de penser et d'agir : il déclare heureux les pauvres, les doux, les pacifiques, les affamés, ceux qui pleurent et ceux qui sont persécutés.

Tu vois que la morale chrétienne vécue jusqu'au bout t'emmène bien plus loin que les exigences de l'éthique naturelle. Être libre et heureux dans ces conditions n'est possible que si l'on est habité par l'Esprit du Christ.

Laquelle des neuf paroles des Béatitudes te parle le plus ?

Être heureux selon l'Évangile

Les Béatitudes sont la proclamation des valeurs du royaume de Dieu, elles sont l'horizon de toute la morale chrétienne ; elles supposent la disponibilité à l'Esprit Saint qui fait toutes choses nouvelles. Elles heurtent le sens commun qui s'attache aux valeurs tangibles rivées à l'horizon de ce monde. Celui qui sait vivre « heureux » selon les Béatitudes a accompli la conversion qui fait passer du vieil homme au nouveau. Les Béatitudes supposent un décentrement de soi, une compassion sans borne pour le prochain et une force d'âme capable d'aimer ses ennemis. Jésus promet un bonheur déjà présent, encore secret, enfoui dans le cœur du croyant, qui anticipe le royaume à venir, malgré la dure réalité des temps présents. Ce bonheur découle de la participation intime à la vie du Christ. Il n'est pas d'ordre sensible ni psychologique. Les Béatitudes (Mt 5,3-12) peuvent se regrouper selon trois thèmes :

❶ Heureux ceux qui ne comptent pour rien en ce monde, socialement, culturellement, ceux qui n'ont pas de voix et dont les droits sont bafoués et qui n'attendent de salut que de Dieu : les « pauvres », les « affligés », les « doux », qui attendent tout de la bonté divine. À ceux-là, est promis le royaume ; la consolation leur arrive avec le Christ ; ils recevront gratuitement ce qu'il leur faut ; ils seront rassasiés de la justice divine.

❷ Heureuses ces mêmes personnes qui manifestent de la miséricorde et de la solidarité envers les autres ; qui agissent sans calcul, d'un cœur désintéressé ; qui créent des relations de paix et de réconciliation entre les hommes. Elles connaîtront les bienfaits de la miséricorde de Dieu, elles verront Dieu dans son royaume ; elles seront accueillies par lui au jour du jugement.

❸ Heureux ces fidèles lorsqu'ils sont rejetés par les hommes, calomniés, persécutés à cause de leur situation et de leur foi. Ils peuvent se réjouir, car les témoins de Dieu ont toujours été en butte à l'incompréhension de leur entourage. Ils recevront la récompense finale qui est la vie éternelle.

La première et la dernière Béatitude se terminent par la formule « le Royaume des cieux est à eux. »

« Heureux les pauvres de cœur »

Matthieu 5,1-12

1 Voyant les foules, Jésus gravit la montagne.
Il s'assit, et ses disciples s'approchèrent
de lui. 2 Alors, ouvrant la bouche, il les enseignait.
Il disait :
3 « Heureux les pauvres de cœur,
car le Royaume des cieux est à eux.
4 Heureux ceux qui pleurent,
car ils seront consolés.
5 Heureux les doux,
car ils recevront la terre en héritage.
6 Heureux ceux qui ont faim et soif de la justice,
car ils seront rassasiés.
7 Heureux les miséricordieux,
car ils obtiendront miséricorde.
8 Heureux les cœurs purs, car ils verront Dieu.
9 Heureux les artisans de paix,
car ils seront appelés fils de Dieu.
10 Heureux ceux qui sont persécutés pour
la justice, car le royaume des Cieux est à eux.
11 Heureux êtes-vous si l'on vous insulte,
si l'on vous persécute et si l'on dit faussement
toute sorte de mal contre vous, à cause
de moi.
12 Réjouissez-vous, soyez dans l'allégresse,
car votre récompense est grande
dans les cieux !
C'est ainsi qu'on a persécuté les prophètes
qui vous ont précédés. »

« *Qui est mon prochain ?* »

Dans l'Ancien Testament, les dix commandements transmis par Moïse balisent le chemin de la vie humaine. Jésus a enseigné les commandements. Quelqu'un a demandé à Jésus :
Maître, dans la Loi, quel est le grand commandement ? Jésus répondit : Tu aimeras le Seigneur ton Dieu de tout ton cœur, de toute ton âme et de tout ton esprit. Voilà le grand, le premier commandement. Et le second lui est semblable : Tu aimeras ton prochain comme toi-même.
(Mt 22,35-39)

> Pour Jésus, aimer est le secret de la vie morale. Aimer Dieu et aimer son prochain vont ensemble. Mais alors, qui est mon prochain ? Tout homme est ton prochain.

Lis la parabole du « Bon Samaritain » (Lc 10,29-37).
En donnant sa propre vie pour nous sauver, Jésus ouvre ce commandement à une dimension nouvelle !
Aimez-vous les uns les autres comme je vous ai aimés.
(Jn 15,12)
L'important dans cette parole est le « comme ». La loi d'amour est la loi de la vie chrétienne. On n'aime pas avec des mots, mais avec des actes et avec un cœur pur. C'est vraiment ce que Jésus attend de toi, de nous tous !

Une loi de liberté

Tu te demandes : est-ce qu'un chrétien se distingue des autres hommes par sa conduite ? Tu as compris que les dix commandements s'adressent à tous les hommes. C'est la morale de base. Jésus n'est pas venu abolir la loi morale mais l'accomplir (cf. Mt 5,17). « Accomplir » veut dire réaliser pleinement et surtout : donner la motivation intérieure pour vivre selon la loi de Dieu.

La vie dans l'Esprit, vocation de l'homme

Baptisés en Jésus, les chrétiens participent à la vie de son Esprit et ils sont appelés à se laisser conduire par lui. Cet Esprit en toi est source d'amour pour t'aider à éviter le mal et à faire beaucoup de bien ! Cette vie nouvelle, donnée en germe par le baptême, doit être alimentée par la prière et par les sacrements.

Libre pour faire le bien

Jésus te rend capable d'intérioriser les règles énoncées dans les dix commandements pour que tu ne les subisses pas comme des ordres imposés de l'extérieur mais pour que tu les acceptes de bon cœur. La morale chrétienne ne consiste pas à se plier à des commandements qu'on ne comprendrait pas. Pour vivre cette loi de liberté, nous avons besoin de la grâce du Saint-Esprit.

Le double commandement de l'amour

« Tu aimeras le Seigneur ton Dieu de tout ton cœur, de toute ton âme et de tout ton esprit. Voilà le grand, le premier commandement. Et le second lui est semblable : Tu aimeras ton prochain comme toi-même » (Mt 22,37-39). Jésus résume tous les commandements en un seul et double commandement. Aimer Dieu nous porte à aimer notre prochain. Aimer son prochain est une route pour rencontrer Dieu. Ces deux commandements de l'amour comprennent tous les aspects de la vie morale du chrétien.

« *S'il me manque l'amour, je ne suis rien* »

Jésus a dit: «Je vous donne un commandement nouveau: c'est de vous aimer les uns les autres. Comme je vous ai aimés, aimez-vous les uns les autres» (Jn 13,34). Et encore: «Il n'y a pas de plus grand amour que de donner sa vie pour ceux qu'on aime» (Jn 15,13).

❶ Toute la nouveauté de la vie morale chrétienne est dans ces paroles.

– Jésus emploie le mot «commandement». Les commandements de Dieu sont connus. Ils s'adressent à tout homme.
Ils sont la synthèse de la Loi. Ce que Jésus nous demande n'est pas optionnel. Son commandement fait de nous des chrétiens.

– Ce commandement est «nouveau». La nouveauté réside dans le «comme». Le Christ nous a aimés en nous donnant sa vie. Le mot amour traduit le mot grec *agapè*, qui est amour, don de soi, amour désintéressé pour le bien de l'autre. Nous ne pouvons pas aimer comme le Christ si nous ne demeurons pas dans son amour (Jn 15,9). Car aimer d'*agapè* signifie laisser le Christ aimer en nous. Il s'agit d'un amour purifié de tout égoïsme, de toute recherche de soi. Se dessaisir de sa vie signifie ne pas utiliser l'autre pour ses propres fins, mais se mettre à son service. Dans tout le Nouveau Testament *agapè* est synonyme de *diakonia*, de service. Servir prend de multiples formes. Jésus demande de faire de notre vie un service du prochain.

– Jésus lui-même nous a enseigné que nous devons aimer non seulement nos condisciples, mais notre «prochain», c'est-à-dire tout homme qui croise notre route et qui a besoin de nous, comme l'illustre la parabole du Bon Samaritain (Lc 10,29-37).

❷ À son tour saint Paul nous dit: «Celui qui aime son prochain a pleinement accompli la loi… L'amour est le plein accomplissement de la loi» (Rm 13,8-10). En effet, les commandements peuvent se résumer dans la loi de l'amour de Dieu et du prochain. «La loi nous a servi de pédagogue jusqu'au Christ» (Ga 3,24). La morale chrétienne n'est pas une nouvelle morale, mais l'accomplissement de la morale humaine avec l'aide de la grâce. Accomplir veut dire réaliser pleinement. Sans la grâce, nul n'est capable d'aimer comme le Christ nous a aimés. Or la nouveauté de vie chrétienne consiste dans l'accueil de l'Esprit Saint. «L'amour de Dieu a été répandu dans nos cœurs par l'Esprit Saint qui nous a été donné» (Rm 5,5).

❸ On comprend mieux la nouveauté de l'attitude chrétienne si l'on songe que dans l'Ancien Testament, on témoigne de son amour pour Dieu en observant sa Loi. Dans le Nouveau, aimer comme le Christ nous a aimés est l'accomplissement plénier de la Loi. Sans le Christ nous sommes incapables d'assumer toute la loi morale dans l'amour. Notre relation à Dieu n'est pas une relation de crainte devant celui qui nous juge pour chaque manquement à ses commandements. «Il n'y a pas de crainte dans l'amour, l'amour parfait bannit la crainte. Quant à nous, nous aimons parce que Dieu lui-même nous a aimés le premier» (1 Jn 4,18-19).

❹ Par l'amour nous participons à la vie divine qui n'est autre chose qu'une communion éternelle d'amour et de don réciproque entre le Père, le Fils et l'Esprit. «Dieu est Amour » (1 Jn 4,8.16). Il l'a révélé dans son Fils. Notre amour est une participation à l'amour de Dieu. «L'Amour vient de Dieu et quiconque aime est né de Dieu et parvient à la connaissance de Dieu» (1 Jn 4,7). Connaître Dieu comme Amour nous permet d'aimer notre prochain. «Voici le commandement que nous tenons de lui : celui qui aime Dieu, qu'il aime aussi son frère» (1 Jn 4,21).

La charité

1 Corinthiens 13,1-13

1 J'aurais beau parler toutes les langues
des hommes et des anges, si je n'ai pas la
charité, s'il me manque l'amour, je ne suis
qu'un cuivre qui résonne, une cymbale
retentissante. 2 J'aurais beau être prophète,
avoir toute la science des mystères et toute
la connaissance de Dieu, j'aurais beau avoir
toute la foi jusqu'à transporter les monta-
gnes, s'il me manque l'amour, je ne suis rien.
3 J'aurais beau distribuer toute ma fortune
aux affamés, j'aurais beau me faire brûler
vif, s'il me manque l'amour, cela ne me sert
à rien.
4 L'amour prend patience ; l'amour rend service ;
l'amour ne jalouse pas ; il ne se vante pas,
ne se gonfle pas d'orgueil ; 5 il ne fait rien
d'inconvenant ; il ne cherche pas son intérêt ;
il ne s'emporte pas ; il n'entretient pas de ran-
cune ; 6 il ne se réjouit pas de ce qui est injuste,
mais il trouve sa joie dans ce qui est vrai ;
7 il supporte tout, il fait confiance en tout,
il espère tout, il endure tout.
8 L'amour ne passera jamais. Les prophéties
seront dépassées, le don des langues cessera,
la connaissance actuelle sera dépassée. 9 En
effet, notre connaissance est partielle, nos
prophéties sont partielles. 10 Quand viendra
l'achèvement, ce qui est partiel sera dépassé.
11 Quand j'étais petit enfant, je parlais comme
un enfant, je pensais comme un enfant,
je raisonnais comme un enfant. Maintenant
que je suis un homme, j'ai dépassé ce qui
était propre à l'enfant. 12 Nous voyons actuel-
lement de manière confuse, comme dans un
miroir ; ce jour-là, nous verrons face à face.
Actuellement, ma connaissance est partielle ;
ce jour-là, je connaîtrai parfaitement, comme
j'ai été connu. 13 Ce qui demeure aujourd'hui,
c'est la foi, l'espérance et la charité ; mais
la plus grande des trois, c'est la charité.

Avec Jésus, tout devient possible

Aimez-vous les uns les autres comme je vous ai aimés.
Avec ce commandement, Jésus provoque un grand changement, le monde ne sera plus jamais le même : *Si donc quelqu'un est dans le Christ, il est une créature nouvelle. Le monde ancien s'en est allé, un monde nouveau est déjà né*. (2 Co 5,17)

Pourquoi saint Paul dit-il que le monde ancien s'en est allé ? Le monde ancien, c'est celui du péché et de la mort. Par sa croix et sa résurrection Jésus a vaincu ce monde-là. Il nous ouvre à une vie nouvelle.
Jésus nous montre la puissance de l'amour, qui est capable de transformer nos vies. Ainsi, l'Évangile est une bonne nouvelle qui change vraiment le monde ! Il suffit que tu ouvres ton cœur à Jésus. Son Esprit viendra habiter en toi pour te souffler ce qui est bien. Pour te faire comprendre cela, Jésus prend l'image de la vigne.

> *Moi, je suis la vigne, et vous, les sarments.*
> (Jn 15,5)
> Avec Jésus, tout devient possible !
> Si tu te laisses animer par l'Esprit de Jésus, tu auras en toi sa force et sa joie : *… comme la sève se répand dans les sarments…* (Jn 15,2)
> Ta vie nouvelle, c'est le Christ qui vit en toi.

« N'ayez plus peur ! »

Souvent, Jésus a dit à ses disciples : N'ayez pas peur ! *Pourquoi êtes-vous si craintifs ? N'avez-vous pas encore la foi ?* (Mc 4,40)
Au début de leur rencontre, les Apôtres ne connaissaient pas Jésus. Comment faire confiancen à quelqu'un que l'on ne connaît pas ?
Confiance ! C'est moi ; n'ayez plus peur ! (Mt 14,27)
Jésus donne à ses Apôtres une belle assurance, l'assurance d'être aimé et de n'être jamais abandonné de Dieu.
Tous ceux qui se laissent conduire par l'Esprit de Dieu, ceux-là sont fils de Dieu. C'est en lui que nous crions : Abba ! c'est-à-dire Père ! (Rm 8,14-15)

> L'Esprit Saint est un formidable moteur, il entraîne en toi tout ce qu'il y a de meilleur. Quand tu le laisses agir, l'Esprit de Dieu parle en toi, il produit en toi ses fruits, il réalise en toi ses œuvres. C'est ce que l'on appelle **la grâce**.

Voici le fruit de l'Esprit : amour, joie, paix, patience, bonté, bienveillance, fidélité, douceur et maîtrise de soi. En ces domaines, la Loi n'intervient pas... Puisque l'Esprit nous fait vivre, marchons sous la conduite de l'Esprit. (Ga 5,22-23.25)
Alors, réjouis-toi, toi qui a la chance de connaître Jésus.

Je deviens l'homme nouveau

Le baptisé, un homme nouveau

Le jour de son baptême, le chrétien devient un homme nouveau. À la remise du vêtement blanc, la liturgie dit à celui qui vient d'être baptisé : « N. tu es devenu une création nouvelle dans le Christ ». Nous appelons « grâce » cette vie nouvelle que Dieu nous donne. Sans la grâce, nous n'irions pas loin, malgré tous nos efforts.

La vie «dans le Christ»

Ta vie d'homme nouveau, racheté par le Christ, animé par l'Esprit Saint, est vie « dans le Christ ». Tout au long de ta vie de baptisé, tu auras besoin de cet Esprit d'amour pour t'ajuster petit à petit à la volonté du Père. « Car je ne rougis pas de l'Évangile : il est une force de Dieu pour le salut de tout croyant » (Rm 1,16).
Par la grâce de ton baptême et de ta confirmation, tu réagis en chrétien aux événements de la vie : tes relations avec tes parents, tes amis. L'Esprit du Seigneur qui habite en toi t'aide à distinguer ce qui est bien et ce qui est mal. Les fruits de l'Esprit sont « amour, joie, paix, patience, bonté, bienveillance, fidélité, douceur et maîtrise de soi » (Ga 5, 22-23).

Devenir comme Jésus

La vie nouvelle de la grâce s'inscrit concrètement dans ta vie de jeune. Elle est le fruit d'une conversion continuelle. Elle est reconnaissable aux changements de ton comportement, à une plus grande maîtrise de toi-même, à l'intérêt que tu portes au Christ et à l'Église.
Cette vie nouvelle où l'Esprit du Seigneur agit dans la profondeur de ton cœur ne se donne pas en spectacle. Elle est la respiration de ton « homme intérieur ». Elle fait corps avec toi-même. Cette vie-là ne finira pas.

OCRVCIS.IACOBI DENS.IGNATII Q: IN SVPRA SCRIPTI REQVIESCVNT.CORP

«Vous avez appris qu'il a été dit… Eh bien ! moi, je vous dis »

Le chrétien vit sous le régime de la grâce, et non plus de la loi. La loi morale est maintenant intériorisée. Il vit et agit sous la motion de l'amour, don du Saint-Esprit.

❶ La nouveauté de la morale chrétienne n'est pas dans une nouvelle liste de commandements ou d'attitudes externes, mais dans l'injonction « maintenant que tu es membre du corps du Christ, deviens toujours davantage ce que tu es ». La vie du chrétien répond aux impulsions intérieures de l'Esprit qui lui fait intérioriser la loi morale et la vivre dans sa plénitude qui est l'amour.

❷ Jésus radicalise la loi de Moïse : il l'interprète dans son intention initiale, à sa racine, et par là même l'arrache à tout détournement ritualisé pour en faire un instrument de la conversion des cœurs.

❸ Jésus est venu « non pas abolir la Loi ou les Prophètes, mais accomplir » (Mt 5,17). Ainsi, le sermon sur la Montagne reprend la deuxième table du Décalogue et en intériorise les exigences (Mt 5,21-48). Dieu avait annoncé par le prophète : dans la Nouvelle Alliance, «Je mettrai ma Loi au plus profond d'eux-mêmes ; je l'inscrirai sur leur cœur » (Jr 31,33).

– *Tu ne tueras point :* Tu ne te mettras pas en colère contre ton frère, tu ne l'insulteras pas, tu chercheras à te réconcilier avec lui. Le Christ a « tué la haine dans sa propre chair » et réconcilié tous les hommes avec Dieu (Ép 2,14.16).

– *Tu ne commettras pas d'adultère :* Tu ne regarderas pas une femme pour la désirer. «Tout homme qui regarde une femme avec convoitise a déjà commis l'adultère avec elle dans son cœur » (Mt 5,28). Tu ne te sépareras pas de ta femme pour en épouser une autre. L'homme ne doit pas séparer ce que Dieu a uni (Mt 19,6). Tu changeras ton cœur et ton regard : « C'est du cœur que proviennent les pensées mauvaises : meurtres, adultères et inconduite » (Mt 15,19).

– *Tu ne parjureras pas :* Tu ne jureras pas du tout et tu diras la vérité. « La vérité vous rendra libres » dit Jésus (Jn 8,32). Qui cherche la vérité rencontre la personne du Christ, qui est « le Chemin, la Vérité, la Vie » (Jn 14,6),

«venu en ce monde pour rendre témoignage à la vérité» (Jn 18,37). Le mensonge procède de l'esprit du mal. Le diable «est menteur et père du mensonge» (Jn 8,44).

– *Tu aimeras ton prochain et tu haïras ton ennemi:* «Aimez vos ennemis, et priez pour ceux qui vous persécutent» (Mt 5,44). Jésus résume les commandements en un seul et double commandement de l'amour de Dieu et du prochain: «Tu aimeras le Seigneur ton Dieu de tout ton cœur, de toute ton âme et de tout ton esprit; voilà le grand, le premier commandement. Et le second lui est semblable: Tu aimeras ton prochain comme toi-même. De ces deux commandements dépend toute la Loi, ainsi que les prophètes» (Mt 22,37-40). Il faut ajouter cette précision que pour le Christ le prochain, c'est tout homme qui croise ma route (cf. la parabole du Bon Samaritain, Lc 10,29-37). Quant à aimer son prochain, Jésus nous demande de l'aimer *comme* il nous a aimés (Jn 15,12). Ce commandement est «nouveau» (Jn 13,34), en ce qu'il tient tout entier dans le «comme». Saint Paul dira: «Le plein accomplissement de la Loi, c'est l'amour» (Rm 13,9-10).

❹ Seule la grâce du Christ nous permet de vivre selon la loi morale universelle. «Là où le péché a abondé, la grâce a surabondé» (Rm 5,20). Le chrétien est comme le sarment enté sur le cep: «Celui qui demeure en moi et en qui je demeure, celui-là porte beaucoup de fruit; car en dehors de moi, vous ne pouvez rien faire» (Jn 15,5). «L'amour de Dieu a été répandu dans nos cœurs par l'Esprit Saint qui nous a été donné» (Rm 5,5).

❺ Parmi les fruits de l'Esprit, saint Paul énumère: «amour, joie, paix, patience, bonté, bienveillance, fidélité, douceur et maîtrise de soi» (Ga 5,22-23).

L'œuvre du Saint-Esprit en nous

2 Corinthiens 5,14-19

14 En effet, l'amour du Christ nous saisit
quand nous pensons qu'un seul est mort
pour tous, et qu'ainsi tous ont passé par la
mort. 15 Car le Christ est mort pour tous, afin
que les vivants n'aient plus leur vie centrée
sur eux-mêmes, mais sur lui, qui est mort
et ressuscité pour eux. 16 Désormais nous
ne regardons plus personne d'une manière
simplement humaine : si nous avons connu
le Christ de cette manière, maintenant nous
ne le connaissons plus ainsi. 17 Si donc
quelqu'un est dans le Christ, il est une créa-
ture nouvelle. Le monde ancien s'en est allé,
un monde nouveau est déjà né. 18 Tout cela
vient de Dieu : il nous a réconciliés avec lui
par le Christ, et il nous a donné le ministère
de la réconciliation. 19 Car c'est bien Dieu qui,
dans le Christ, réconciliait le monde avec lui :
il n'a pas tenu compte des fautes, et il a dé-
posé en nous la parole de la réconciliation.

1 Jean 5,1-12

1 Celui qui croit que Jésus est le Christ,
celui-là est né de Dieu ;
celui qui aime le Père qui a engendré
aime aussi le Fils qui est né de lui.
2 Voici comment nous reconnaissons
que nous aimons les enfants de Dieu :
lorsque nous aimons Dieu
et que nous accomplissons
ses commandements.
3 Car tel est l'amour de Dieu :
garder ses commandements ;
et ses commandements ne sont pas
un fardeau,
4 puisque tout être qui est né
de Dieu est vainqueur du monde.
Or la victoire remportée sur le monde,
c'est notre foi.
5 Qui donc est vainqueur du monde ?
N'est-ce pas celui qui croit
que Jésus est le Fils de Dieu ?
6 C'est lui, Jésus Christ,
qui est venu par l'eau et par le sang :
non pas seulement avec l'eau,
mais avec l'eau et avec le sang.
Et celui qui rend témoignage, c'est l'Esprit,
car l'Esprit est la vérité.
7 En effet, ils sont trois qui rendent
témoignage,
8 l'Esprit, l'eau et le sang,
et les trois n'en font qu'un.
9 Nous acceptons bien le témoignage
des hommes ;
or, le témoignage de Dieu a plus de valeur,
puisque le témoignage de Dieu, c'est celui
qu'il rend à son Fils.
10 Celui qui met sa foi dans le Fils de Dieu
possède en lui-même ce témoignage.
Celui qui ne croit pas Dieu,
celui-là fait de Dieu un menteur,
puisqu'il n'a pas mis sa foi
dans le témoignage que Dieu rend à son Fils.
11 Et ce témoignage, le voici :
Dieu nous a donné la vie éternelle,
et cette vie est dans son Fils.
12 Celui qui a le Fils possède la vie ;
celui qui n'a pas le Fils de Dieu
ne possède pas la vie.

Dieu donne tout gratuitement

On peut comparer les dix commandements à un maître d'école qui te dit ce qu'il faut faire et ce qu'il ne faut pas faire. Il t'indique ce qui est permis et ce qui est interdit, mais il ne peut que montrer de l'extérieur ce qui est bien et ce qui est mal.
Jésus n'est pas venu supprimer les commandements, mais te rendre capable de les vivre. Il dit à ses disciples : *Ne pensez pas que je sois venu abolir la Loi ou les Prophètes : je ne suis pas venu abolir, mais accomplir* (Mt 5,17).
Accomplir signifie : réaliser pleinement, mener à sa perfection. La perfection de la loi, c'est l'amour. La loi d'amour, c'est la grâce.

> Si tu aimes comme Jésus, tu obéis à une loi inscrite en ton cœur, tu n'as pas l'impression qu'on t'oblige à faire quelque chose que tu ne comprendrais pas.

Tu vois, tu n'es pas tout seul. Par sa grâce, Jésus éclaire les choix que tu dois faire chaque jour ; il te soutient dans tes efforts. Il est auprès de toi ; jamais il ne t'abandonne si tu tombes, toujours il te précède sur ton chemin.
Retiens cette belle parole : *La grâce et la vérité sont venues par Jésus Christ.* (Jn 1,17)

Foi, espérance, charité

De quelqu'un qui est courageux, généreux, juste, on dit qu'il est vertueux. La vertu, c'est l'habitude de faire le bien. Beaucoup de vertus sont naturelles ; tous les hommes peuvent les avoir.

> Le chrétien reçoit du Christ une « vie nouvelle » selon la grâce. Cette vie se caractérise par trois « vertus ». On les appelle aussi vertus surnaturelles : la foi, l'espérance, la charité.

Découvrons ensemble ces trois vertus :

– **La foi**. Tu as la foi lorsque tu t'en remets totalement à Dieu parce que tu as confiance en lui. Concrètement, avoir la foi, c'est devenir disciple de Jésus. Tu peux dire *Seigneur, tu es pour moi le Chemin, la Vérité, la Vie* (cf. Jn 14,6). C'est cela la foi.

– **L'espérance** est la confiance en ce Dieu qui réalisera ce qu'il t'a promis : la vie éternelle, dans la joie et la paix. L'espérance te donne courage dans les épreuves, car tu sais qu'avec Jésus tu t'en sortiras.

– **La charité**. Tu peux t'habituer à ce mot qui signifie « amour », au sens où Jésus nous a aimés. Souviens-toi que le commandement de Jésus, c'est d'aimer Dieu et le prochain inséparablement.

Saint Paul nous dit *la plus grande des trois, c'est la charité*. (1 Co 13,13) Qu'en penses-tu ?

Transformé par la grâce

La grâce

Voilà un mot capital du vocabulaire chrétien.
Saint Jean (Jn 1,17) nous dit : « La grâce et la vérité sont venues par Jésus Christ. » Il faut comprendre le mot « grâce » comme synonyme de « don gratuit ». Le salut que nous apporte le Christ est un cadeau. Ce que nous recevons par grâce n'est pas dû à nos propres forces ou à nos propres mérites.
• La grâce est le régime sous lequel nous vivons, alors qu'avant le Christ le peuple de l'Ancien Testament vivait « sous la loi ». La grâce est à comprendre comme accomplissement et dépassement de la loi.
• La grâce est encore à comprendre en relation avec la nature. Tout homme doit vivre selon la loi de la nature inscrite en lui. L'homme recréé par la foi et le baptême vit selon la grâce.
• La grâce nous rend capables de vivre en enfants de Dieu. Jésus a employé une image : « Je suis la vigne et vous êtes les sarments... De même que le sarment ne peut pas porter de fruit par lui-même s'il ne demeure pas sur la vigne, de même vous non plus, si vous ne demeurez pas en moi » (cf. Jn 15,1-4).
La grâce, c'est la vie nouvelle du Christ qui circule en nous.

Grâce sanctifiante et grâce actuelle

• La grâce de la vie nouvelle est appelée « grâce sanctifiante ». « Si quelqu'un m'aime, dit Jésus, il gardera ma parole ; mon Père l'aimera, nous viendrons vers lui et, chez lui, nous nous ferons une demeure » (Jn 14,23). L'expression « grâce sanctifiante » veut dire : Dieu habite en nous.
– Cette vie divine en nous est plus que la vie naturelle (notre vie biologique, psychologique, sociale). On dit que la grâce produit en nous la « vie surnaturelle ». La vie surnaturelle de la grâce nous est donnée par le sacrement du baptême, puis par les autres sacrements.
– Ce qu'on appelle le « péché mortel » nous fait perdre la vie de la grâce, la vie surnaturelle. Car alors nous refusons volontairement de rester greffés sur le tronc de la vigne qu'est Jésus Christ. La grâce sanctifiante nous est rendue par le sacrement du pardon.

• Chacun connaît ses propres faiblesses. Quand nous subissons une tentation où nous risquons de céder au mal, l'Esprit Saint vient à notre secours. Il nous suggère le droit chemin. On appelle cette aide ponctuelle que Dieu nous donne la « grâce actuelle ». La grâce sanctifiante qui vaut pour toujours est ainsi actualisée lorsque tu en as particulièrement besoin.

« Recherchez les dons spirituels »

Foi, espérance, charité

Sous le régime de la grâce, la loi morale est intériorisée. Le chrétien peut ainsi vivre et agir sous la mouvance de l'amour, don de l'Esprit Saint : « L'amour de Dieu a été répandu dans nos cœurs par l'Esprit Saint qui nous a été donné » (Rm 5,5). L'accueil quotidien de la grâce divine se fait au moyen des trois vertus appelées « théologales » que sont la foi, l'espérance et la charité. Ces vertus sont à distinguer des vertus naturelles (la prudence, la justice, la force, la tempérance). On les appelle « théologales » parce qu'elles sont des dons de Dieu et nous orientent directement vers Dieu.

– **La foi** est l'assentiment de notre intelligence et de toute notre personne à Dieu qui se révèle à nous.

– **L'espérance** est l'attente des biens que Dieu nous a promis et que nous ne pouvons obtenir par nous-mêmes.

– **La charité** ou l'amour, c'est la capacité d'aimer comme Jésus nous a aimés.

Saint Paul nous dit : « De ces trois vertus, la plus grande, c'est la charité » (1 Co 13,13).

Nous accueillons librement... le don gratuit de Dieu

L'homme naturel créé par Dieu a, inscrite en son cœur, la loi morale naturelle universelle qu'il est appelé à découvrir et à suivre en obéissant à sa conscience. La loi morale naturelle est confirmée et proclamée dans le Décalogue qui trouve son accomplissement et sa perfection dans la loi d'amour évangélique. Celle-ci consiste en la grâce du Saint-Esprit donnée à qui croit au Christ.

❶ La grâce est le don gratuit que Dieu nous fait en nous délivrant du péché par son Fils Jésus, qui fait de nous ses enfants adoptifs, «donc héritiers de Dieu, héritiers avec le Christ» participant pour toujours de la vie divine (cf. Rm 8,17).

❷ La grâce nous est donnée par Dieu librement. Nul ne peut y prétendre. Nul ne la mérite. L'Église nous enseigne que dans notre vie tout est grâce. Si nous sommes en attitude d'accueillir la grâce c'est encore un don de Dieu. On l'appelle **la grâce prévenante**. Tout au long de notre vie, la grâce agit. Elle est un don surnaturel. Donc nous ne pouvons la percevoir avec nos sens. Elle est une certitude de foi. Elle nous rend capables d'agir selon l'amour dont le Christ nous a aimés. La grâce qui fait de nous des enfants de Dieu s'appelle **la grâce sanctifiante**. Celle-ci nous permet de participer à la vie de Dieu, puisque greffés sur le Christ par le baptême nous sommes morts au péché et ressuscités à la vie nouvelle. La grâce ne peut agir en nous si nous ne l'accueillons pas librement.

❸ Saint Paul nous dit: «Là où le péché s'est multiplié, la grâce a surabondé. De même que le péché a établi son règne de mort, de même la grâce doit établir son règne en rendant juste pour la vie éternelle par Jésus Christ notre Seigneur» (Rm 5,20-21).

❹ La grâce se manifeste par les trois vertus théologales: la foi, l'espérance, la charité.

– **La foi** est le don de la totale adhésion à Jésus Christ, «qui m'a aimé et s'est livré lui-même pour moi» (Ga 2,20). La foi nous fait entrer dans la sphère du Christ qui nous révèle qui est Dieu.

– **L'espérance** nous fait anticiper l'accomplissement final de notre existence en Dieu. C'est vivre tendu vers le retour du Christ, vers l'achèvement en nous de ce qu'il a commencé avec notre baptême.

– **La charité**, c'est l'amour de Dieu et du prochain pour lui-même, comme Jésus nous a aimés. Il n'y a pas normalement de foi sans charité ni de charité sans foi. Saint Paul nous dit: «La plus grande des trois [foi, espérance, charité], c'est la charité» (1 Co 13,13). Saint Jacques écrit: «Comme le corps privé de souffle est mort, de même la foi sans les œuvres est morte» (Jc 2,26). Ces œuvres c'est l'amour du prochain et la prière.

La vie selon la grâce

Le Christ nous fait passer de la domination du péché à la vie selon la grâce.

Romains 5,12.14-15.18-19.21

12 Nous savons que par un seul homme, le péché est entré dans le monde, et que par le péché est venue la mort ; et ainsi, la mort est passée en tous les hommes, étant donné que tous ont péché… 14 Or, Adam préfigure celui qui devait venir. 15 Mais il n'en va pas du don gratuit comme de la faute. En effet, si la mort a frappé la multitude par la faute d'un seul, combien plus la grâce de Dieu s'est-elle répandue en abondance sur la multitude, cette grâce qui est donnée en un seul homme, Jésus Christ…

18 Bref, de même que la faute commise par un seul a conduit tous les hommes à la condamnation, de même l'accomplissement de la justice par un seul a conduit tous les hommes à la justification qui donne la vie.

19 En effet, de même que par la désobéissance d'un seul être humain la multitude a été rendue pécheresse, de même par l'obéissance d'un seul la multitude sera-t-elle rendue juste…

21 Ainsi donc, de même que le péché a établi son règne de mort, de même la grâce doit établir son règne en rendant juste pour la vie éternelle par Jésus Christ notre Seigneur.

Prières chrétiennes

Acte de foi :

Mon Dieu, je crois fermement toutes les vérités que vous avez révélées et que vous nous enseignez par votre Église, parce que vous ne pouvez ni vous tromper ni nous tromper.

Acte d'espérance :

Mon Dieu, j'espère avec une ferme confiance que vous me donnerez, par les mérites de Jésus Christ, votre grâce en ce monde et le bonheur éternel dans l'autre, parce que vous l'avez promis et que vous tenez toujours vos promesses.

Acte de charité :

Mon Dieu, je vous aime de tout mon cœur, et plus que tout, parce que vous êtes infiniment bon. Et j'aime mon prochain comme moi-même pour l'amour de vous.

Les saints, de vrais modèles

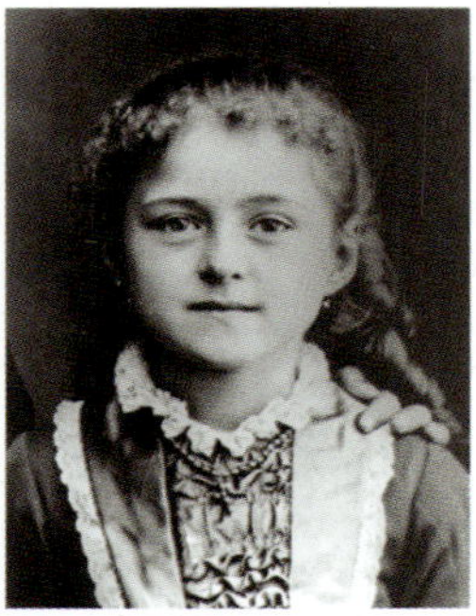

Des gens heureux. Les saints sont des gens vraiment heureux, au sens des Béatitudes ! Ils ont tout misé sur le Christ. Saint ou parfait ? On pense souvent que les saints et les saintes sont des personnes parfaites, sans aucun défaut. En fait, comme toutes les personnes, ils ont des qualités et des défauts. Ce qui fait d'eux des saints, c'est leur grand amour de Dieu et du prochain.

Des gens célèbres ou inconnus. Certains saints sont très célèbres : saint Pierre, saint Paul, et les saints Nicolas, Louis, François d'Assise, Thérèse de Lisieux, Teresa de Calcutta, Jean-Paul II... et d'autres le sont moins.

Connais-tu le saint dont tu portes le prénom ? As-tu cherché à t'en faire un ami, à le découvrir ?

La Toussaint. Chaque jour de l'année, on fête un saint différent. Tu peux retrouver les noms des saints sur un calendrier. Le jour de la Toussaint (1er novembre), c'est la fête de tous les saints, y compris de tous ceux qui sont restés inconnus.

La sainteté : ta vocation ! Tout chrétien est appelé à devenir saint. Pour cela tu n'as pas besoin de faire des choses extraordinaires, mais de tout faire avec amour. C'est un beau projet pour ton avenir, un projet pour lequel Dieu sera toujours à tes côtés.

Les saints, des vies réussies

Un saint n'est pas un être parfait

Un saint est un amoureux de Dieu qui s'est laissé toucher par la grâce et qui laisse le projet de Dieu se réaliser en lui, dans le contexte de sa vie quotidienne, à tout âge, en toute profession, en toute situation, malgré ses limites et ses fragilités.

Rayonnant de l'amour de Dieu

Quels saints connais-tu ? François d'Assise, Jean-Marie Vianney, Bernadette Soubirous, Maximilien Kolbe, Mère Teresa ? Ce sont des personnes qui rayonnent d'une vie intérieure, vie que l'on peut deviner à travers leur regard, à travers leur façon d'aimer les gens, de les servir.
La sainteté se manifeste sur les traits d'une personne qui vit selon les Béatitudes, selon les critères du règne de Dieu.
L'Église nous donne les saints en exemples, car chacun est comme le reflet d'un aspect de la sainteté du Christ.

Et toi, as-tu un saint pour modèle?

La vie à la suite de Jésus n'est pas une promenade tranquille ! Les Béatitudes t'aident à cueillir le bonheur là où tu ne le chercherais pas spontanément : dans le renoncement à ton égoïsme, dans le don de toi-même aux autres et à Dieu, dans le dépassement.
Le saint renonce à lui-même pour se rendre transparent au Christ.
Beaucoup de personnes, comme saint Ignace de Loyola, se sont converties en lisant des vies de saints.
Quelle vie de saint ou de sainte aimerais-tu découvrir ?

La communion des saints

Depuis la plus haute Antiquité, l'Église vénère ceux qu'elle considère comme des modèles de fidélité au Christ.
Au temps des persécutions, les saints étaient des martyrs qui ont donné leur vie plutôt que de renier leur foi. Puis sont venus les moines qui quittaient le monde et se vouaient à la prière, au travail et à la méditation. Beaucoup d'évêques, de fondateurs d'Églises, de fondateurs d'ordres et de congrégations religieuses ont été reconnus comme saints. La sainteté peut éclore dans tous les états de vie. Nombreux sont les laïcs déclarés saints par l'Église.

❶ À partir du XIe siècle, la papauté se réserve les canonisations, soumises à des enquêtes préalables rigoureuses.
La procédure prévoit plusieurs étapes : s'il y a renommée de sainteté, la personne est déclarée serviteur de Dieu.
Si l'héroïcité de ses vertus est constatée et qu'un miracle lui est attribué, elle accède à la béatification. Si un nouveau miracle est constaté, elle peut être canonisée. Les saints sont inscrits au calendrier liturgique, soit au commun de l'Église universelle, soit d'une région ou d'un diocèse.

❷ L'Église vénère les saints. Les saints ne reçoivent pas le culte qui n'est dû qu'à Dieu. Lorsque nous célébrons la mémoire ou la fête d'un saint, nous prions Dieu avec lui et nous nous confions à son intercession. Nous croyons en la communion des saints qui relie l'Église militante de la terre à l'Église triomphante du ciel.

❸ Tous, quelle que soit notre condition, nous sommes appelés par Dieu à la sainteté. Jésus disait : « Vous serez parfaits comme votre Père céleste est parfait. » (Mt 5,48)

Les saints du ciel

Jean contemple la multitude des élus, martyrs de Jésus

Apocalypse 7,9-17

9 Après cela, j'ai vu : et voici une foule immense, que nul ne pouvait dénombrer, une foule de toutes nations, tribus, peuples et langues. Ils se tenaient debout devant le Trône et devant l'Agneau, vêtus de robes blanches, avec des palmes à la main.
10 Et ils s'écriaient d'une voix forte :
« Le salut appartient à notre Dieu
qui siège sur le Trône
et à l'Agneau ! »
11 Tous les anges se tenaient debout autour du Trône, autour des Anciens et des quatre Vivants ; se jetant devant le Trône, face contre terre, ils se prosternèrent devant Dieu.
12 Et ils disaient :
« Amen !
Louange, gloire, sagesse et action de grâce,
honneur, puissance et force à notre Dieu,
pour les siècles des siècles ! Amen ! »
13 L'un des Anciens prit alors la parole
et me dit : « Ces gens vêtus de robes blanches,
qui sont-ils, et d'où viennent-ils ? »
14 Je lui répondis :
« Mon seigneur, toi, tu le sais. »
Il me dit :
« Ceux-là viennent de la grande épreuve ;
ils ont lavé leurs robes,
ils les ont blanchies par le sang de l'Agneau.
15 C'est pourquoi ils sont devant le trône
de Dieu,
et le servent, jour et nuit, dans son sanctuaire.
Celui qui siège sur le Trône
établira sa demeure chez eux.
16 *Ils n'auront plus faim, ils n'auront plus soif,*
ni le soleil ni la chaleur ne les accablera,
17 puisque l'Agneau qui se tient au milieu
du Trône sera leur pasteur pour les conduire
aux sources des eaux de la vie.
Et Dieu essuiera toute larme de leurs yeux. »

Nous prions comme Jésus priait

Écoute et parle avec Dieu

Les évangélistes nous rapportent que Jésus priait souvent seul, à l'écart… dans le désert ou dans la montagne.
Père, Seigneur du ciel et de la terre, je proclame ta louange (Mt 11,25)
Jésus puisait dans la prière la force de continuer sa mission.
À la synagogue, au Temple, les jours de sabbat, il prie suivant les rites juifs avec sa communauté. Il chante les Psaumes, il commente les rouleaux de la Torah.
Un jour, ses disciples lui demandent : *Seigneur, apprends-nous à prier*. Et Jésus leur enseigne le Notre Père (Lc 11,1).

Toi aussi, tu peux prier comme Jésus.
Tu peux choisir un endroit tranquille, par exemple un coin de ta chambre, pour parler à Dieu, seul à seul, et l'écouter parler à ton cœur. Tu pries avec les autres, le dimanche à la messe, ou avec ton groupe de catéchèse.

> Dis merci à Dieu pour toutes les belles choses que tu vis parle-lui de tes peines, et de tes joies ; demande-lui pardon, aussi… Ta prière peut se résumer en quelques mots : Bonjour – Merci – S'il te plaît – Pardon.

Si tu as l'impression que Jésus n'est pas là quand tu pries, ne te laisse pas troubler. Même si tu ne sens pas sa présence, Jésus est toujours fidèle, il reste tout proche de toi. Et plus tu le pries, plus il vit en toi, au cœur de tout ce que tu fais.

Prier, c'est possible

La prière comme désir

Pour prier il faut avoir le désir de prier, être habité par une soif. Car prier c'est désirer recevoir un message. C'est écouter ce que l'Esprit du Seigneur veut te suggérer. Pour être en mesure d'écouter, il faut du silence, du recueillement, faire le vide des images et des sons qui nous encombrent, pour accueillir une Parole qui vient d'ailleurs.

Je dialogue avec Dieu

Les Apôtres voyaient souvent Jésus se retirer pour prier. Un jour, ils lui demandèrent : « Seigneur, apprends-nous à prier. » Jésus leur répondit : « Quand vous priez dites : Père… » (Lc 11,1-4). La prière de Jésus est un dialogue entre lui, le Fils, et le Père. Avec lui, la prière chrétienne est toujours le dialogue d'un enfant de Dieu avec son Père. Dans ce dialogue, Dieu est présent, un Dieu vivant qui agit le premier : il invite à la rencontre, il parle au fond du cœur, il éclaire, il élève jusqu'à lui, il transforme nos demandes.

Des types de prières

Il y a deux formes de prière : la prière personnelle et la prière communautaire. Toute prière doit comporter un moment de louange et de remerciement à Dieu pour tout ce que nous lui devons. On formule ensuite une demande, pour soi ou les siens. La prière nous aide à accepter la volonté du Seigneur.
La prière communautaire par excellence est l'eucharistie.

La prière chrétienne

Tu peux prier, seul ou avec d'autres, le chapelet, méditer un texte, écouter un chant, ou simplement contempler un beau spectacle de la nature.
Toute prière chrétienne te met en communion avec la Sainte Trinité. Lorsque tu pries, ta prière est adressée au Père, par le Fils, dans l'Esprit Saint.
Retiens bien cela.

« *Demandez, on vous donnera...* »

Les premiers chrétiens ne priaient ensemble le Notre Père qu'après leur baptême. En effet, le baptême fait de nous des fils et des filles adoptifs. En cette qualité seulement nous pouvons entrer dans la prière même de Jésus qui s'adresse à Dieu comme à son Père. Ainsi, toute prière chrétienne est prière qui s'adresse au Père, par le Fils, dans l'Esprit.

❶ Jésus priait souvent, surtout avant chacune des grandes étapes de sa mission messianique. Sa prière est communion avec le Père dans l'Esprit. Jésus se retirait dans la solitude pour prier. La prière de Jésus est une prière filiale, de confiance dans le Père, pour que sa volonté ne soit autre que celle du Père.

« À l'heure même, Jésus exulta sous l'action de l'Esprit Saint, et il dit : "Père, Seigneur du ciel et de la terre, je proclame ta louange : ce que tu as caché aux sages et aux savants, tu l'as révélé aux tout-petits. Oui, Père, tu l'as voulu ainsi dans ta bienveillance" » (Lc 10,21).

Nous pouvons apprendre de la prière de Jésus qu'elle commence toujours par une action de grâce (Jn 11,41-42), avant de formuler une demande. Avant de demander et de recevoir un don, on adhère à celui qui va le donner. Jusque dans son agonie, Jésus s'en remet à la volonté du Père (Lc 22,42). Dans son cri il renferme le cri de supplication de toute l'humanité en détresse qui aspire à être sauvée (Mc 15,37).

❷ Le baptisé, greffé sur le Christ, est en condition d'adorer Dieu « en esprit et en vérité » (Jn 4,23). Le culte qu'il rend à Dieu n'est plus celui d'une action rituelle, mais consiste en l'offrande de sa propre vie (Rm 12,1; 1 P 2,5) Le culte est ainsi spiritualisé parce qu'il englobe toute l'existence conforme à la volonté de Dieu.

Dans sa prière, le chrétien inclut l'offrande de sa propre vie.

Jésus a associé ses disciples à sa propre prière. Dès lors, toute prière chrétienne épouse la démarche de la prière de Jésus.

La prière individuelle : « Mais toi, quand tu pries, retire-toi dans ta pièce la plus retirée, ferme la porte, et prie ton Père qui est présent dans le secret ; ton Père qui voit dans le secret te le rendra. Père, qui voit dans le secret, te le rendra » (Mt 6,6). La prière doit être vraie, pas une parade, ni un rabâchage de paroles. Elle doit consister en un dialogue authentique, où l'on se met devant Dieu tel que l'on est.

La prière communautaire : Jésus va enseigner la prière qui commence par les mots « Notre Père ». Elle est par essence la prière que nous disons en tant que membres de la communauté des disciples de Jésus. Elle est le modèle de toute prière.

Que nous priions seuls ou en assemblée, notre prière est toujours celle de l'Église. Si toute prière va au Père, par le Christ, dans l'Esprit, nous pouvons aussi adresser notre prière au Christ ou à l'Esprit Saint.

Nous pouvons prier en communion avec la Vierge Marie. Avec elle nous pouvons « magnifier le Seigneur » pour les œuvres qu'il a accomplies et nous pouvons lui confier nos demandes et supplications afin qu'elle les inclue dans sa propre prière toujours exaucée.

Comment Jésus priait

Jésus est en prière lorsqu'il est transfiguré.

Luc 9,28-29

28 Environ huit jours après avoir prononcé ces paroles, Jésus prit avec lui Pierre, Jean et Jacques, et il gravit la montagne pour prier.
29 Pendant qu'il priait, l'aspect de son visage devint autre, et son vêtement devint d'une blancheur éblouissante.

Jésus exulte de joie lorsque les disciples reviennent de leur mission.

Luc 10,21-22

21 À l'heure même, Jésus exulta de joie sous l'action de l'Esprit Saint, et il dit : « Père, Seigneur du ciel et de la terre, je proclame ta louange : ce que tu as caché aux sages et aux savants, tu l'as révélé aux tout-petits. Oui, Père, tu l'as voulu ainsi dans ta bienveillance.
22 Tout m'a été remis par mon Père. Personne ne connaît qui est le Fils, sinon le Père ; et personne ne connaît qui est le Père, sinon le Fils et celui à qui le Fils veut le révéler. »

Jésus prie dans le jardin de l'agonie.

Luc 22,39-46

39 Jésus sortit pour se rendre, selon son habitude, au mont des Oliviers, et ses disciples le suivirent.
40 Arrivé en ce lieu, il leur dit : « Priez, pour ne pas entrer en tentation. »
41 Puis il s'écarta à la distance d'un jet de pierre environ. S'étant mis à genoux, il priait en disant :
42 « Père, si tu le veux, éloigne de moi cette coupe ; cependant, que soit faite non pas ma volonté, mais la tienne. »
43 Alors, du ciel, lui apparut un ange qui le réconfortait.
44 Entré en agonie, Jésus priait avec plus d'insistance, et sa sueur devint comme des gouttes de sang qui tombaient sur la terre.
45 Puis Jésus se releva de sa prière et rejoignit ses disciples qu'il trouva endormis, accablés de tristesse.
46 Il leur dit : « Pourquoi dormez-vous ? Relevez-vous et priez, pour ne pas entrer en tentation.»

Le calendrier de Jésus

Les hommes ont divisé le cours du temps en heures, jours, mois, années, en se basant sur le cycle du soleil ou de la lune. Un cycle est une boucle qui revient au même point de départ. Ce retour régulier permet de commémorer les mêmes événements d'année en année.

On appelle année liturgique la commémoration annuelle des grands événements de notre foi.

De fête en fête… Prends un calendrier et regarde ! En hiver, nous fêtons Noël ; au printemps la fête de Pâques, puis l'Ascension, la Pentecôte ; en été, c'est l'Assomption de Marie ; et en automne, la Toussaint.

Au centre du calendrier, la fête de Pâques! La plus grande fête de l'année : Pâques célèbre la résurrection du Christ. Pâques est précédée des 40 jours de Carême. De même avant Noël, nous avons 4 semaines pour attendre la venue de Jésus, l'Avent. L'année liturgique démarre le 1er dimanche de l'Avent, quatre semaines avant Noël ; et elle se termine par la fête du Christ Roi.Au cours de toute l'année, on suit la vie de Jésus et de ses disciples : la naissance de Jésus (Noël), sa mort et sa résurrection (Pâques), le don de l'Esprit Saint (Pentecôte). Les dimanches dits « ordinaires », on suit Jésus au cours de son ministère.
Cherche en quel temps liturgique tu te trouves actuellement.

« *Quand deux ou trois sont réunis en mon nom…* »

La prière communautaire par excellence est la prière liturgique. Dans la liturgie ou célébration publique du culte, les gestes, les symboles, la disposition des lieux parlent autant que les paroles.

Le cycle liturgique

Sur la durée d'une année se déploie un cycle liturgique qui nous fait parcourir toutes les étapes de notre vie « dans le Christ ».
L'année liturgique commence le 1er dimanche de l'Avent, quatre semaines avant Noël. Elle s'achève fin novembre de l'année civile suivante, avec la fête du Christ-Roi de l'univers. Elle nous fait célébrer les mystères principaux de la vie du Christ : sa naissance (Noël), sa mort et sa résurrection (Pâques), le don de l'Esprit Saint (Pentecôte). Avant les grandes fêtes, le calendrier liturgique offre des temps de préparation : l'Avent prépare à Noël durant quatre semaines et le Carême pendant quarante jours prépare à Pâques. Le temps appelé « ordinaire » est réparti sur deux périodes : du baptême du Seigneur au mercredi des Cendres ; de la Pentecôte au premier dimanche de l'Avent. L'année liturgique est émaillée de fêtes en l'honneur de la Vierge Marie et des saints.

Le Mystère pascal au cœur de la liturgie

La Vigile pascale, dans la nuit du samedi saint, est au cœur de l'année liturgique. Au cours de cette nuit, les chrétiens font mémoire de l'événement du salut qui a bouleversé l'histoire : la résurrection de Jésus Christ. Chaque dimanche et chaque eucharistie célébrée est une petite fête de Pâques. Le cycle liturgique n'est pas le rappel d'un passé mort. Il est un « mémorial » qui rend présente aujourd'hui l'œuvre du salut accomplie une fois pour toutes par le Christ. Tu prendras part aux célébrations liturgiques, en particulier à l'eucharistie dominicale.

Une année autour du Christ

L'année liturgique célèbre les mystères du Christ. Elle nous permet de nous situer dans l'événement par lequel nous sommes sauvés.

❶ Déjà l'Ancien Testament connaissait la célébration sur une année des grands événements du salut d'Israël. L'année liturgique réalise la synthèse entre le temps linéaire de l'histoire du salut et le temps cyclique et cosmique du retour des saisons. Les grandes fêtes juives associaient à des célébrations agraires la mémoire des actions de Dieu accomplies dans l'histoire. Le sabbat hebdomadaire est le mémorial de la création, les fêtes annuelles de la Pâque (sortie d'Égypte), de la Pentecôte (remise de la Loi à Moïse), de l'Expiation ou Yom Kippour, des Tabernacles, de Pourim.

❷ Le Nouveau Testament relit l'Ancien dans la perspective de l'accomplissement. Le Christ nous fait passer de la figure à la réalité. Les événements de la vie du Christ, réalisation des prophéties, sont la clé de toute l'Écriture.

- Dans l'Église, le dimanche, «jour du Seigneur», «premier jour de la semaine» (Jn 20,1), est l'accomplissement du sabbat et le jour de la nouvelle création, Pâques hebdomadaire.
- Dans l'Église l'année liturgique est centrée sur Pâques. Le cycle pascal, précédé du temps du Carême, et qui se prolonge cinquante jours jusqu'à la Pentecôte a été constitué dès le IVe siècle.
- Le cycle de Noël, précédé du temps de l'Avent s'est imposé plus tard.

Après la Pentecôte, le Temps ordinaire. L'année liturgique commence avec le premier dimanche de l'Avent. Le «temps de l'Avent» comprend les quatre semaines de l'Avent jusqu'au 24 décembre; il est suivi du «temps de Noël» qui comprend l'Épiphanie et s'achève avec le baptême du Seigneur. Puis commence le «Temps ordinaire» qui comprend 34 semaines. Le Temps ordinaire sera interrompu par le Carême. Débutant le mercredi des Cendres, le Carême, célébré sur cinq semaines et le début de la semaine sainte, s'achève le jeudi saint avant le soir. Le *triduum pascal* – célébration de la mort et de la résurrection du Seigneur, centre de l'année liturgique – commence avec la messe du jeudi saint en mémoire de la sainte Cène et va jusqu'à la Vigile pascale inclusivement, la nuit du samedi saint au dimanche de Pâques.

Avec le dimanche de la Résurrection commencent les cinquante jours du Temps pascal, soit sept «dimanches de Pâques», suivis du dimanche de la Pentecôte. L'Ascension est célébrée le jeudi de la sixième semaine de Pâques. Le lundi de la Pentecôte on reprend le «Temps ordinaire». Le dernier dimanche du «Temps ordinaire» on célèbre la solennité du Christ-Roi. Hormis les solennités du Seigneur, de la Vierge Marie, les jours du calendrier constituent le sanctoral, qui distingue les martyrs, les confesseurs, les pasteurs, les saints canonisés par l'Église. Ces commémorations peuvent avoir le rang, selon les cas, des solennités, des fêtes ou des mémoires.

❸ L'année liturgique forme comme une spirale, finissant au point où elle a commencé mais à un niveau plus élevé. Pour nous qui vivons dans le temps et le retour des saisons, la célébration des mystères du Christ au rythme de l'année solaire devient ainsi comme un symbole de l'éternité.

La prière des enfants de Dieu

Jésus a enseigné à ses disciples à prier comme lui-même priait. Nous prions le Père avec les mots de Jésus. Il nous apprend à louer le Père.

La prière de l'Église. Le « Notre Père » est remis à chaque catéchumène avant son baptême. Nous prions le Notre Père seul ou en communauté. Avec cette prière, tu ne seras jamais tout seul, mais tu seras uni à tous les autres baptisés : c'est une prière de famille, c'est la prière de l'Église.
La prière des enfants de Dieu. Dans cette prière, Jésus t'apprend à dire « notre Père », et non « mon Père ». Nous incluons dans notre prière tous ceux qui nous entourent, et tous les chrétiens du monde. Devant Dieu, ils sont tous nos frères et nos sœurs, au-delà des pays, des races et des cultures.

> Nous pouvons appeler Dieu « notre Père », car nous sommes devenus des enfants adoptifs du Père, grâce à Jésus, son Fils et notre frère.

Tout l'Évangile! Le Notre Père est comme un résumé de tout l'Évangile. Ses trois louanges au Père et ses quatre demandes pour les hommes, contiennent tout ce que nous pouvons dire à Dieu.
N'oublie pas les deux temps du Notre Père :
– d'abord louer Dieu,
– ensuite lui demander son aide.

D'abord, je loue le Seigneur…

Cette prière commence par trois louanges adressées à Dieu : ce sont des paroles de joie et de bénédiction.

Notre Père qui es aux cieux,

Où sont les «cieux»? Ce n'est pas le ciel que tu vois au-dessus de ta tête, avec le soleil, la lune et les étoiles. C'est l'univers de Dieu, au-delà de la création visible. Il est un Père à la fois tout proche de nous, et qui nous dépasse infiniment…

que ton nom soit sanctifié,

Le nom de Dieu. Le nom, c'est le Dieu vivant qui s'est fait connaître à Moïse. Sanctifier le nom de Dieu, c'est le reconnaître comme seul vrai Dieu, et lui rendre l'hommage et l'adoration qui lui sont dus.

que ton règne vienne,

Le règne de Dieu. C'est le règne de l'amour, de la paix et de la justice, proclamé par Jésus. Il sera vraiment là quand nous serons tous ressuscités. En attendant, tu vois bien que ce règne n'est pas encore achevé… Mais le règne de Dieu est toujours plus proche !

que ta volonté soit faite sur la terre comme au ciel.

La volonté de Dieu, c'est que tous les hommes soient sauvés (cf. 1 Tm 2,4). Prier pour que la volonté du Père se réalise, c'est laisser ta vie être « modelée » par Dieu, comme un morceau de glaise dans les mains du potier.

... puis je me confie à lui

Après avoir loué Dieu, nous sommes prêts à lui adresser des demandes pour notre vie de chaque jour, nos relations avec les autres, et pour notre monde.

Donne-nous aujourd'hui notre pain de ce jour,

Nous demandons d'abord à Dieu de nous donner ce dont nous avons besoin pour vivre. Le « pain » désigne les aliments, mais aussi tout ce qui nous permet de nous développer, de grandir : une maison, des amis... et aussi la nourriture de tout notre être, corps, âme et esprit.

pardonne-nous nos offenses, comme nous pardonnons aussi à ceux qui nous ont offensés,

Nous demandons pardon à Dieu pour les fautes que nous commettons chaque jour. Mais pour être prêts à accueillir ce pardon, nous devons d'abord apprendre à pardonner aux autres, à renoncer à nous venger, puisque Dieu ne se vengera jamais de nous.

et ne nous laisse pas entrer en tentation,

La tentation, c'est la petite voix qui chuchote en nous pour nous attirer vers le mal. Avec le Christ, tu peux avoir la force de dire « NON » à la tentation, et la prudence de la fuir lorsqu'elle s'approche.

mais délivre-nous du mal.

Le Christ a vaincu le mal, il a tracé pour nous la route vers la vraie vie, libre et responsable. Chaque jour nous devons nous en remettre à lui.

Le Notre Père, c'est tout un programme

La prière filiale

Tu te demandes comment prier. Tu ne sens pas l'utilité de la prière et tu perçois encore moins la présence de Dieu. Alors écoute cette discussion : « Un jour, quelque part, Jésus était en prière. Quand il eut terminé, un de ses disciples lui demanda : Seigneur, apprends-nous à prier, comme Jean Baptiste l'a appris à ses disciples. Il leur dit : "Lorsque vous priez, dites : Notre Père qui es aux cieux" » (Lc 11,1-4). Dans la première partie du Notre Père, le Christ nous centre sur celui qui est Notre Père. Il nous invite à désirer que ce Père prenne toute sa place en notre vie. Puis nous sommes invités à remettre nos besoins entre ses mains.

Sa providence nous donnera ce dont nous avons besoin pour vivre et nous soulagera de nos fautes pour que nous puissions avancer avec nos frères dans notre vie. Enfin, le Christ nous montre que seul notre Père peut nous donner la force de ne pas être attirés par le mal et nous en délivrer.

Prier en confiance dans le secret

Saint Matthieu nous transmet l'attitude que le Christ conseille à tout homme qui veut prier. Cette attitude s'appuie sur la confiance en Dieu. Toi-même, regarde ta propre expérience de prière : Jésus t'introduit dans une relation de confiance en te faisant connaître son Père, qui t'aime : « Car votre Père sait de quoi vous avez besoin, avant même que vous l'ayez demandé » (Mt 6,8). Celui qui veut prier est invité par le Christ à être vrai dans sa relation à son Père et à le prier dans le secret : « Mais toi quand tu pries, retire-toi dans ta pièce la plus retirée, ferme la porte, et prie ton Père qui est présent dans le secret » (Mt 6,6). Apprends à prier dans le silence.

Laisser la place à l'Esprit

Selon saint Luc, le premier acte de la vie publique de Jésus, c'est de prier ! Après avoir été baptisé, Jésus prie, et c'est alors que l'Esprit Saint descend sur lui (Lc 3,21-22). Le même Luc, racontant le début de l'Église, nous montrera les Apôtres en train de prier, au moment même où ils reçoivent l'Esprit Saint (Ac 1,14; 2, 11).

Prier, c'est donc faire la place à l'Esprit. Chez Luc, le seul bien à demander à Dieu, c'est le « don de l'Esprit », comme si tout le reste venait en plus : « Le Père des cieux donnera l'Esprit Saint à ceux qui le lui demandent » (Lc 11,13). Les chrétiens reçoivent l'Esprit Saint au moment de leur baptême. Grâce à l'Esprit ils peuvent être en union avec Jésus et dire en vérité : « Abba, Père ! » (Rm 8,15)

Et si c'était un dialogue avec Dieu… et qu'il me réponde ?

Maintenant toi aussi, tu peux vivre cette prière du Notre Père comme si tu la disais à l'écoute du Christ. Pour t'amener à réfléchir au sens du Notre Père, écoute ce dialogue entre un jeune et Dieu :

– Le jeune : « Notre Père, qui es aux cieux »…
– DIEU : Oui ?
Silence… le jeune est étonné.
– Le jeune : Qu'est-ce-que c'est ?
– DIEU : Tu m'as appelé.
– Le jeune : Ah ! Non ! Je ne t'ai pas appelé. Je prie… « Notre Père qui es aux cieux »…
– DIEU : Là… Tu l'as encore fait…
– Le jeune : Mais qu'est-ce-que j'ai fait ?
– DIEU : Tu m'as appelé et tu as dit : « Notre Père ». Me voici, à quoi penses-tu ?
– Le jeune : Oh ! À rien, je… À rien du tout, je prie. Je ne fais rien de mal non ?
– DIEU : Non, continue ta prière…
– Le jeune :… « Que ton nom soit sanctifié »…
– DIEU : Que veux-tu dire par là ?
– Le jeune : Eh bien, je veux dire que… Je ne sais pas ce que je veux dire, je… Cela fait juste partie de la prière, c'est tout.
– DIEU : Mon nom est différent des autres noms. Mon nom est « Le Seigneur », « Je-Suis », cela ne te dit rien ?

– Le jeune : Si, je n'y avais jamais vraiment pensé avant… « Que ton règne vienne, que ta volonté soit faite sur la terre comme au ciel ».
– DIEU : Que fais-tu pour que mon règne vienne ?
– Le jeune : (s'énervant). Ce que je fais, moi ? Mais rien du tout ! Demande donc aux autres plutôt. D'ailleurs il me semble que ce ne serait pas plus mal si tu venais diriger toutes choses ici-bas comme tu les diriges là-haut !
– DIEU : Est-ce que je dirige ta vie ? Alors, que fais-tu ?
– Le jeune : Eh bien… Je vais à l'église, à Noël, à Pâques, … Enfin j'y vais quoi !
– DIEU : Tu sais, mon règne a déjà commencé… Mon royaume appartient à ceux qui suivent les traces de mon Fils : es-tu sûr de marcher dans ses pas ?

– Le jeune : Écoute, Seigneur, je suis aussi bon que toutes ces personnes qui vont à l'église tous les dimanches matins.
– DIEU : Comment veux-tu que ma volonté soit faite, si ceux qui la demandent ne commencent pas par l'accomplir ?
– Le jeune : Oh, je sais, j'ai des problèmes, je ne suis pas un saint !
– DIEU : Moi aussi je sais...
– Le jeune : Tu sais ? Alors tu sais peut-être aussi que j'aimerais me débarrasser de toutes ces vieilles histoires qui m'empêchent d'être vraiment libre !
– DIEU : Bien ! Mais avançons : nous allons travailler ensemble, toi et moi.
– Le jeune : Ah ! non !... Ce soir ça va beaucoup trop loin, et cela prend beaucoup trop de temps... « Donne-nous aujourd'hui notre pain de ce jour »
– DIEU : Me fais-tu confiance pour le pain ?
– Le jeune : Oui.
– DIEU : Prier est un acte dangereux, tu pourrais finir par être changé, tu sais. Mais tu n'as pas fini ta prière, continue... Eh bien, continue !
– Le jeune : Je ne peux pas !
– DIEU : Tu as peur ?
– Le jeune : Je sais ce que tu vas me dire.
– DIEU : Ah oui ? Et quoi donc ?
– Le jeune : « Pardonne-nous nos offenses... comme nous pardonnons aussi à ceux qui nous ont offensés »
– DIEU : Tu penses à Arthur ?
– Le jeune : (énervé) Et voilà ! Je le savais... tu allais me parler de lui, mais Seigneur, il m'a fait beaucoup trop de mal, tu comprends ? Et moi j'ai juré de me venger...
– DIEU : Au moins tu es franc. Mais ce n'est pas facile de porter la haine en soi, n'est-ce pas ?
– Le jeune : Non, non, ce n'est pas facile. Mais je vais te dire, une fois que je me serai vengé, j'irai beaucoup mieux !
– DIEU : Cela n'ira pas mieux, au contraire. Tu es déjà tellement triste... Je peux changer tout cela.
– Le jeune : Toi ? Tu peux ? Et comment ?
– DIEU : Pardonne à Arthur comme un jour moi je t'ai pardonné.
– Le jeune : Non Seigneur, je ne peux pas pardonner à Arthur, vraiment, je ne peux pas !
– DIEU : Que disais-tu dans ta prière ?

Le jeune réfléchit et finalement abandonne.

– Le jeune : Je vais essayer de pardonner, mais tu pourrais peut-être essayer d'aller lui parler à lui aussi. Je ne sais pas s'il te prie chaque soir !
– DIEU : Ce n'est pas ce qui m'arrête... Continue ta prière...
– Le jeune : « Ne nous laisse pas entrer en tentation, mais délivre-nous du mal »
– DIEU : C'est ce que je vais faire, mais toi éloigne-toi du mal, et apprends à vivre dans mon amour.
– Le jeune : « Car c'est à toi qu'appartiennent le règne, la puissance et la gloire »...
– DIEU : Que la grâce et la paix t'accompagnent.
– Le jeune : « Amen »

(Troupe de théâtre Sketch-up-Marseille)

« Seigneur, apprends-nous à prier »

« (Jésus) était un jour quelque part en prière. Quand il eut fini, un de ses disciples lui dit : "Seigneur, apprends-nous à prier, comme Jean le Baptiste l'a appris à ses disciples" » (Lc 11,1). Jésus nous enseigne à prier comme lui-même priait le Père. La prière du Seigneur comporte deux parties. La première est la prière même que Jésus adresse au Père, la seconde comporte les demandes des disciples.

❶ «**Notre Père qui es aux cieux**»

• Le *Notre* n'est devenu possible que par la condition filiale que nous avons acquise depuis notre baptême. Saint Paul disait : « Dieu a envoyé son Fils, né d'une femme… pour qu'il nous soit donné d'être des fils adoptifs. Fils vous l'êtes bien : Dieu a envoyé dans nos cœurs l'Esprit de son Fils, qui crie Abba, Père ! » (Ga 4,4-6). Avant le Christ, nous n'osions pas invoquer Dieu comme notre Père. Dans le Fils auquel nous avons été agrégés comme membres de son Corps, nous pouvons appeler Dieu Notre Père. Dieu est pour nous *Père*, ainsi que le Christ nous l'a révélé. Sans anthropomorphisme, sans projeter en lui nos catégories humaines, nous proclamons Dieu Père, origine de tout ce qui existe, qui a engendré éternellement le Verbe, sa Parole, et de qui procède l'Esprit Saint. Il est notre Père, non seulement comme notre créateur, mais pour nous avoir engendrés de nouveau dans la nouvelle naissance du baptême. Saint Paul dit encore : « Ceux-là sont fils de Dieu. Vous n'avez pas reçu un esprit qui fait de vous des esclaves et vous ramène à la peur ; mais vous avez reçu un Esprit qui fait de vous des fils ; et c'est en lui que nous crions « Abba ! », c'est-à-dire : Père ! » (Rm 8,15). La quasi familiarité de cette appellation (*Abba* équivaut à *papa*) ne rabaisse pas la grandeur de Dieu, mais nous élève jusqu'à lui.

• Père *qui es aux cieux*. Dans le langage biblique, les cieux désignent le monde divin éternel antérieur à la création. On ne peut donc le localiser. Dieu est présent au monde qu'il a créé d'une manière qui n'appartient qu'à lui. Il est partout, sans se confondre avec aucun être créé. Il est présent dans le Christ, le Fils unique qui révèle son visage, lui qui est « descendu du ciel » et qui y est remonté dans notre humanité transfigurée. Il est présent dans notre cœur si nous sommes accueillants à sa grâce. Le ciel est notre patrie définitive.

❷ Les trois premières demandes du Notre Père nous tournent vers le Père dont nous proclamons le dessein d'amour pour qu'il s'accomplisse en nous et dans le monde. Nous invoquons son Nom, son Règne, sa Volonté.

• Le ***Nom***, c'est la personne. Que ton nom soit ***sanctifié*** : qu'il soit reconnu comme saint par le monde entier. En d'autres termes : « Fais toi reconnaître comme Dieu. » Le premier mouvement de la prière est de bien prendre conscience de celui à qui l'on s'adresse. Tu es Dieu, pour moi qui t'invoque avec respect. Puisses-tu être reconnu comme tel par le monde entier. Le Nom que Dieu révèle n'est plus seulement « Je suis qui je suis » comme au Sinaï (Ex 3,14), mais le Nom de Père qui est amour, invitant tous les hommes à entrer dans sa vie divine par le Christ qui a « manifesté son nom aux hommes » (Jn 17,6), c'est-à-dire qui nous a révélé Dieu tel qu'il est. Dieu continue à être sanctifié par la foi que nous lui accordons et le témoignage de notre vie.

• ***Que ton règne vienne.*** Le règne de Dieu, c'est l'objet même de notre espérance, le terme promis de l'itinéraire de notre vie. Jésus a prêché la proximité du règne de Dieu. Il a personnifié le règne de Dieu dans sa parole et ses œuvres. Il a définitivement inauguré le règne par sa résurrection d'entre les morts, en attendant de l'établir d'une manière définitive lors de son retour glorieux. Maintenant que nous sommes dans le temps de l'attente, nous prions pour que ce règne vienne, pour qu'il imprègne toujours davantage nos cœurs, nos actions, les structures de ce monde. «Le règne de Dieu est justice, paix et joie dans l'Esprit Saint» (Rm 14,17). Nous ne confondons pas ce règne avec les progrès matériels, techniques, sociaux ou culturels. Ce règne commence dans la conversion des cœurs. Nous discernons les signes du règne dans le désir de justice, la paix, l'amour fraternel, le pardon, le service du prochain. Le règne sera complètement établi lorsque toute la création sera transformée par l'Esprit et que le Christ pourra la soumettre au règne du Père.

• ***Que ta volonté soit faite sur la terre comme au ciel.*** Par la volonté aimante de Dieu tout a été fait. Cette volonté est totalement libre. Elle n'agit que par amour. Dieu a voulu associer ses créatures raisonnables à son œuvre créatrice et rédemptrice. «Il [Dieu] nous dévoile ainsi le mystère de sa volonté, selon que sa bonté l'avait prévu dans l e Christ…» (Ép 1,9). Le Christ a en tout accompli la volonté du Père: «Voici, je viens faire, ô Dieu, ta volonté» (He 10,7 citant Ps 40,9). «Je suis descendu du ciel pour faire non pas ma volonté, mais la volonté de celui qui m'a envoyé» (Jn 6,38). «Non pas ma volonté, mais la tienne», dit Jésus en priant le Père au moment de la Passion (Lc 22,42). La volonté créée de l'homme est capable de choisir de coopérer à la volonté de Dieu ou de s'y opposer. Celui qui prie le Père désire coopérer à son dessein d'amour. La prière exprime le désir ardent de voir la volonté de Dieu partout respectée sur la terre. Au ciel la volonté de Dieu ne rencontre pas d'obstacle. Les êtres créés, anges et hommes jouissant de la vision béatifique, glorifient Dieu. La prière consiste à discerner et à intérioriser la volonté de Dieu, qui veut notre salut.

«Votre Père sait de quoi vous avez besoin»

❸ La deuxième partie du Notre Père comporte quatre demandes concernant notre vie en ce monde, pour que nous ayons ce qui est nécessaire pour la vie du corps et de l'âme et pour la vie en société avec les autres.

• ***Donne-nous aujourd'hui le pain dont avons besoin.*** Le pain est le symbole de toute nourriture, du corps, mais aussi de l'esprit. «L'homme ne vit pas seulement de pain, mais de tout ce qui vient de la bouche du Seigneur» (Dt 8,3 ; Mt 4,4). Pour vivre l'homme a des besoins incompressibles qui doivent être satisfaits : la nourriture, le logement, les soins, l'éducation, des relations avec les autres. On peut ajouter : un travail pour faire vivre sa famille, une perspective qui donne sens à la vie. Les mots «*arton epiousion*, pain essentiel pour la vie» (Mt 6,11) semblent couvrir cette compréhension large du «pain dont nous avons besoin». Nous nous souvenons que Dieu a nourri son peuple au désert avec la manne, pain du ciel (Ex 16,11-30). Jésus a nourri les foules d'un pain inépuisable, «le vrai pain venu du ciel», qui annonce l'eucharistie (Jn 6,1-15.32) : «Si quelqu'un mange de ce pain, il vivra éternellement. Le pain que je donnerai, c'est ma chair, donnée pour la vie du monde» (Jn 6,51). La prière supplie le Seigneur de nous faire déjà goûter «aujourd'hui», comme par anticipation, à la nourriture qui nous rassasiera définitivement.

• **Pardonne-nous nos offenses.** Le salut c'est le pardon des péchés. Le Christ nous a obtenu ce pardon. Le baptême a effacé toutes nos fautes, y compris le péché d'Adam dont nous sommes solidaires. Le Seigneur renouvelle ce pardon chaque fois que nous le lui demandons. Le sacrement de la réconciliation est là pour raviver la grâce de notre baptême. Chacune de nos eucharisties commence par une demande de pardon. Nous offensons Dieu en nous écartant de la voie tracée par ses commandements, lorsque nous blessons l'amour qui lui est dû ainsi qu'au prochain.

• ***Comme nous pardonnons à ceux qui nous ont offensés.*** La force de cette demande est toute dans le «comme». Nous ne comprendrons jamais la valeur du pardon de Dieu, si nous ne savons pas l'éprouver dans le pardon du prochain. On se souvient qu'ailleurs Jésus avait dit : «Je vous donne un commandement nouveau : c'est de vous aimer les uns les autres comme je vous ai aimés» (Jn 13,34). La nouveauté est dans le «comme». Dans la prière du Seigneur le «comme» joue dans l'autre sens. Dieu ne conditionne pas son pardon à notre capacité de pardonner, mais il ne peut nous pardonner que si notre cœur est capable de pratiquer le pardon, et donc d'accueillir son propre pardon. Pour cela, nous devons pouvoir nous couler dans l'amour miséricordieux que Dieu a pour nous. Le Seigneur lui-même développe un peu plus loin cette exigence : «Si vous pardonnez aux hommes leurs fautes, votre Père céleste vous pardonnera aussi. Mais si vous ne pardonnez pas aux hommes, votre Père non plus ne pardonnera pas vos fautes» (Mt 6,14-15). Paul écrit aux Éphésiens : «Soyez entre vous pleins de générosité et de tendresse ; pardonnez-vous les uns aux autres, comme Dieu vous a pardonné en Christ» (Ép 4,32). Avec un cœur purifié par l'expérience du pardon, nous pourrons accueillir cette autre recommandation

de l'Apôtre : « N'ayez de dette envers personne, sauf celle de l'amour mutuel » (Rm 13,8).

• ***Ne nous expose pas à la tentation.*** La tentation est l'œuvre de l'esprit du mal qui s'insinue dans notre esprit et lui suggère de désobéir aux commandements de Dieu. Satan a tenté Jésus au désert, de la manière la plus subtile, en faisant passer pour un bien ce qui est mal en réalité.
La tentation est liée à la condition humaine. Elle se différencie en une foule de tentations petites ou grandes. Le singulier employé ici fait penser à la tentation qui renferme toutes les autres, la tentation de se passer complètement de Dieu, en nous donnant toutes sortes d'idoles à sa place. Nous serons toujours éprouvés par la tentation parce que nous sommes créés libres. Comme Jésus nous sommes invités à repousser la tentation en faisant appel à l'Esprit Saint. La résistance à la tentation s'organise au fond de notre cœur.
Le discernement spirituel s'acquiert grâce à une meilleure connaissance de soi-même et des choses de la vie. « [Dieu] ne permettra pas que vous soyez éprouvés au-delà de vos forces. Mais avec l'épreuve, il donnera le moyen d'en sortir et la force de la supporter » (1 Co 10,13).
Nous supplions Dieu de ne pas nous laisser « entrer dans la tentation » pour y succomber. Il ne faut pas comprendre ici que Dieu nous pousserait lui-même dans la tentation. « Dans l'épreuve de la tentation, que personne ne dise : "Ma tentation vient de Dieu." Dieu, en effet, ne peut être tenté de faire le mal, et lui-même ne tente personne. Chacun est tenté par sa propre convoitise qui l'entraîne et le séduit » (Jc 1,13-14).
La traduction « ne nous soumets pas à la tentation » veut dire : « Ne nous mets pas en situation de succomber à la tentation. »

• **Mais délivre-nous du Mal.** On peut aussi traduire : du Malin ou du Tentateur. La prière ne parle pas d'une abstraction « le mal », mais d'un être spirituel qui, dans toute l'histoire du salut, cherche à contrarier le projet de Dieu et inspire aux hommes créés libres des choix contraires à sa volonté. Le Malin a plusieurs noms dans la Bible. Il est appelé le Diable, Satan, le Mauvais, le Tentateur, le Séducteur, l'Accusateur, le Menteur, l'Antichrist, le prince de ce monde. Dans sa prière sacerdotale, Jésus avait supplié le Père au sujet de ses disciples : « Je ne prie pas pour que tu les retires du monde, mais pour que tu les gardes du Mauvais » (Jn 17,15). Lorsque le monde se détourne de Dieu, « il est au pouvoir du Mauvais » (1 Jn 5,19).
Mais le Christ ressuscité a déjà remporté une fois pour toutes la victoire sur « le prince de ce monde » (Jn 12,31; 16,11).

« Vous donc, priez ainsi... »

Matthieu 6,5-15

5 Et quand vous priez, ne soyez pas comme
les hypocrites : ils aiment à se tenir debout
dans les synagogues et aux carrefours pour
bien se montrer aux hommes quand ils prient.
Amen, je vous le déclare : ceux-là ont reçu
leur récompense. 6 Mais toi, quand tu pries,
retire-toi dans ta pièce la plus retirée, ferme
la porte, et prie ton Père qui est présent dans
le secret ; ton Père qui voit dans le secret te
le rendra. 7 Lorsque vous priez, ne rabâchez pas
comme les païens : ils s'imaginent qu'à force
de paroles ils seront exaucés. 8 Ne les imitez
donc pas, car votre Père sait de quoi vous
avez besoin, avant même que vous l'ayez
demandé. 9 Vous donc, priez ainsi :

Notre Père, qui es aux cieux,
que ton nom soit sanctifié.
10 Que ton règne vienne ;
que ta volonté soit faite
sur la terre comme au ciel.
11 Donne-nous aujourd'hui notre pain
de ce jour.
12 Remets-nous nos dettes,
comme nous-mêmes
nous remettons leurs dettes
à nos débiteurs.
13 Et ne nous laisse pas entrer en tentation,
mais délivre-nous du Mal.
14 Car, si vous pardonnez aux hommes leurs
fautes, votre Père céleste vous pardonnera
aussi. 15 Mais si vous ne pardonnez pas aux
hommes, votre Père non plus ne pardonnera
pas vos fautes.

Tertullien,

Sur la prière, 6 (vers 200)

La divine providence a ordonné avec délicatesse la séquence des demandes. Après les choses célestes – le nom de Dieu, sa volonté et son règne – elle accueille les suppliques concernant les besoins terrestres... Le Seigneur a pourtant bien dit : « Cherchez d'abord le règne de Dieu et sa justice, et le reste vous sera donné de surcroît » (Mt 6,33).

Cependant nous devrions comprendre la demande : « Donne-nous aujourd'hui notre pain substantiel » au sens spirituel. Car notre pain c'est le Christ, car le Christ c'est la vie et la vie vaut autant que le pain. « Je suis le pain de vie » (cf. Jn 6, 35), dit le Christ.

Et encore : « Le pain c'est la parole de Dieu, qui est descendue du ciel » (cf. Jn 6,33). Et aussi pour cette raison que son corps est présent dans le pain : « Ceci est mon corps » (Mt 26,6). Lors donc que nous demandons le pain quotidien, nous désirons demeurer dans le Christ et être inséparables de son corps.

SYRIAC
FON
MAORI
E to matou Matua i te rangi, kia tapu tou ingoa. Kia tae mai tou Rangatiratanga. Kia meatia tau e pai ai ki runga ki te whenua, kia rite ano ki to te rangi. Homai ki a matou aianei he taro ma matou mo tenei ra. Murua o matou hara, me matou hoki e muru nei i o te hunga e hara ana ki a matou. Aua hoki matou e kawea kia whakawaia. Engari whakaorangia matou i te kino.
Amine.
DITAMMARI
LATIN
CHINOIS
FRANCAIS
Notre Père qui es aux cieux que ton nom soit sanctifié; que ton règne vienne; que ta volonté soit faite sur la terre comme au ciel donne-nous aujourd'hui notre pain de ce jour; pardonne-nous nos offenses comme nous pardonnons aussi à ceux qui nous ont offensés et ne nous soumets pas à la tentation mais délivre nous du Mal.
Amen
ANGLAIS
Our Father who art in heaven, hallowed be thy name, thy kingdom come. Thy will be done in earth as it is in heaven. Give us this day our daily bread. And forgive us our trefpaffes, as we forgive them that trefpaff againft us. And lead us not into temptation, but deliver us from evill. Amen.
COREEN
CHEROKEE
ARABE
PROVENÇAL
Paire nostre que siés dins lou cèu, que fugue santifica toun noum, que toun règne nous avengue, que ta voulounta se fague sus la terro coume dins lou cèu. Douno-nous vuei, noste pan de cade jour, perdouno-nous nòsti dèute coume nous autre perdounan à nòsti debitour, E fai que toumben pas dins la tentacioun, mai delièuro nous dóu mau. Ansin siegue!
LITUANIEN
Tėve mūsų, kurs esi danguje. Teesie šventas tavo Vardas. Teateinie tavo karalystė. Teesie tavo valia, kaip danguje, taip ir ant žemės. Kasdienės mūsų duonos duok mums šiandien. Ir atleisk mums mūsų kaltes, kaip ir mes atleidžiame savo kaltininkams. Ir nevesk mus į pagundą, bet gelbėk mus nuo pikto. Amen.

III. Approfondissement

Nous rendons compte de l'espérance qui est en nous

Progresser dans l'intimité avec le Seigneur

Ma place dans l'Église

Accueillir et servir la vie

La doctrine sociale de l'Église

Notre histoire

L'avenir est au Seigneur

Progresser dans l'intimité avec le Seigneur

Vous avez dit « mystagogie » ?

Tu as rencontré ce mot « mystagogie » dans ce livre. Pour ne rien te cacher, ce mot savant est une perle qui t'appartient et que tu vas découvrir. Maintenant que tu as reçu les sacrements de l'initiation chrétienne, ta vie en Église ne fait que commencer. Tu es devenu « myste », initié, c'est-à-dire pleinement introduit dans la vie nouvelle de la grâce. Il s'agit de poursuivre sur ta lancée et de nourrir ta vie de foi.
En fait, notre vie chrétienne, c'est comme la vie tout court : elle se développe sur tous les plans : personnel, communautaire, intellectuel et spirituel. Il ne s'agit pas de laisser la foi à l'âge de ta première communion ou de ta confirmation, alors que le reste de ta vie grandit en maturité et en responsabilité. Tu dois entretenir et développer ta vie de foi, comme tu développes ta vie affective, relationnelle et plus tard professionnelle.

Nous avons besoin d'apaiser notre faim spirituelle en approfondissant toujours plus notre foi. La vie entière ne nous suffira pas pour découvrir Celui en qui nous croyons et ce que nous sommes devenus par les sacrements de l'initiation chrétienne.

Tu as à ta disposition tous les moyens que l'Église nous propose pour entretenir et développer ta vie de foi :

– le chrétien est fidèle à la messe dominicale et y participe activement. Au cours de l'eucharistie, l'homélie est un moment d'approfondissement « mystagogique » : elle vise à appliquer à notre situation actuelle les trésors de la parole de Dieu.

– les retraites spirituelles, les pèlerinages, les Journées Mondiales de la Jeunesse, les cercles d'étude biblique ou les temps d'adoration du Saint-Sacrement, sont autant d'occasions de progresser dans l'intimité avec le Seigneur.

Deviens ce que tu es

La mystagogie

❶ Nous avons emprunté ce mot «mystagogie» à la catéchèse antique. Littéralement le «mystagogue» est la personne qui «accompagne celui/celle qui a été initié(e)» au mystère du Christ. Ce type de catéchèse a été développé par les Pères de l'Église aux IVe et Ve siècles, alors que la majorité des convertis étaient des adultes provenant du paganisme. Elle s'adressait aux nouveaux baptisés pendant la semaine de Pâques, comme achèvement de leur catéchèse d'initiation. Mais elle était entendue par toute la communauté chrétienne dans laquelle ces néophytes étaient désormais insérés.

❷ Nous pouvons appeler par extension «catéchèse mystagogique» l'enseignement que nous recevons jusqu'à la fin de notre vie, et nous considérer comme d'éternels néophytes dans la foi. Il s'agit de faire grandir en nous «l'homme nouveau», «né de l'eau et de l'Esprit», et de laisser la grâce de la vie nouvelle transformer peu à peu nos cœurs, nos sensibilités, notre intelligence, pour nous conformer toujours plus au mystère du Christ.

❸ La mystagogie concerne tous les fidèles restés liés à la vie de l'Église. Notre catéchèse n'est jamais achevée. Nous profitons des homélies, des pèlerinages, des conférences, des cercles bibliques, des cercles d'étude que nous pouvons suivre pour approfondir et vivifier notre foi.

❹ La mystagogie est le modèle de toute formation permanente. Elle nous fait progresser dans la foi grâce à nos célébrations liturgiques. La mystagogie rejoint non seulement notre intellect, mais aussi notre sensibilité, notre intuition, notre cœur. Nous savourons la parole de Dieu entendue au cours d'une célébration, nous nous approprions la substance de cette parole qui est le Christ lui-même. Et nous la laissons produire du fruit en nous.

❺ La catéchèse mystagogique est avant tout explication et assimilation du sens des rites sacramentels, qui eux-mêmes nous relient aux événements du salut. Elle consiste en un renvoi triangulaire des rites à l'Écriture et de l'Écriture à la vie. La catéchèse mystagogique s'adresse aux chrétiens baptisés et confirmés de tous âges. Elle a particulièrement sa place le dimanche et dans les lieux de ressourcement spirituel.

❻ La catéchèse mystagogique proprement dite est centrée sur le mystère pascal, source qui irradie toute la vie nouvelle du chrétien. Elle fait la synthèse entre Parole, célébration et vie.

❼ En détail, la méthode est la suivante:

• Explication des rites pratiqués lors du sacrement.

• On fait référence à l'événement biblique de l'Ancien ou du Nouveau Testament que le rite évoque (lecture typologique).

• On médite sur le sens de l'événement sur le plan du salut, à l'aide d'autres textes bibliques.

• Le rite accompli est maintenant compris à travers ce qui vient ainsi d'être découvert.

• On montre que Dieu qui agit dans les événements de l'Ancien et du Nouveau Testament, agit maintenant dans le rite sacramentel.

• On en tire les conséquences morales pour la vie du fidèle.

❽ Comprendre que le « mystère », c'est le grand projet de Dieu qui veut adopter l'homme comme son fils et le faire participer à sa vie divine. Le Christ est notre mystagogue, qui nous introduit dans le projet de salut du Père. Il accomplit le passé et anticipe le futur. Dans la liturgie, le Christ réalise ce que les rites signifient. Le même mot – *mysterion* – désigne d'abord le plan de salut de Dieu, puis le Christ qui en est la réalisation plénière, et enfin les sacrements qui nous associent à cette réalisation par la puissance de l'Esprit Saint.
❾ La mystagogie suppose une bonne formation liturgique de la communauté. Il faut mettre en valeur les symboles et les signes : l'eau, l'huile, l'imposition des mains, le cierge pascal, la disposition de l'autel, de l'ambon, du siège de présidence.

❿ L'année liturgique, centrée sur Pâques, nous fait parcourir tout l'itinéraire du projet de Dieu. Dans l'eucharistie, le Ressuscité est réellement présent et nous enseigne « jusqu'à ce qu'il revienne ». Saint Augustin disait que les signes sacramentels doivent être « très faciles à accomplir, très aisés à comprendre, et à observer avec une grande piété » (*La doctrine chrétienne* III, 9). Les grandes entrées en mystagogie sont :
• La liturgie : surtout l'eucharistie.
• L'année liturgique : surtout la semaine sainte.
• Les demandes de sacrements pour les enfants, la préparation au mariage, le sacrement de réconciliation, la préparation des funérailles chrétiennes.

Une exhortation aux nouveaux baptisés

Voici une exhortation aux néophytes ou nouveaux baptisés, qui ont reçu les sacrements de l'initiation lors de la veillée pascale.

Saint Cyrille de Jérusalem, *Catéchèse mystagogique 2-3 (vers 350).*

Pendant sept semaines vous avez été instruits de toute la loi des Écritures, de la foi, de la résurrection de la chair, de quelques autres points essentiels. Mais, encore catéchumènes, vous ne pouviez entendre les mystères plus profonds, à savoir le baptême. Après le baptême, pendant les huit jours qui suivront Pâques, vous serez initiés, après la messe, dans l'Église de la Résurrection, aux mystères plus secrets. Sitôt entrés, vous avez quitté votre tunique. Ce geste signifiait que vous aviez dépouillé le vieil homme de ses œuvres... Il ne vous est plus permis de porter votre ancienne tunique. Je n'entends nullement parler de celle qui se voit, mais du vieil homme corrompu par les convoitises trompeuses. Qu'il ne soit plus possible à l'âme de revêtir ce dont elle s'est une fois dépouillée.

Après cela, vous avez été conduits près de la sainte piscine du divin baptême, comme le Christ de sa croix au tombeau tout proche. Et chacun fut interrogé : croyait-il au nom du Père, et du Fils et du Saint-Esprit ?

Et vous avez professé la profession salvatrice, par trois fois vous vous êtes plongés dans l'eau et en avez émergé, symbolisant ainsi le triduum du Christ au tombeau.

Comme notre Sauveur a passé trois jours et trois nuits au sein de la terre, ainsi, vous aussi, vous avez imité, dans votre première sortie de l'eau, le premier jour du Christ dans la terre, comme dans votre première immersion sa première nuit...

Quand vous avez été immergés, vous étiez dans la nuit et vous n'avez plus rien vu, tandis qu'en sortant de l'eau vous vous trouviez comme en plein jour.

Et dans le même acte, vous mouriez et vous naissiez : cette eau salutaire devenait à la fois votre tombe et votre mère.

D'abord vous avez été chrismés [marqués du saint chrême] sur le front, pour être affranchis de la honte que le premier homme portait partout avec lui à cause de sa transgression, et pour pouvoir contempler à visage découvert comme dans un miroir la gloire du Christ. Puis, sur les oreilles, afin de recevoir les oreilles qui entendent les mystères divins, celle dont Isaïe disait ; « le Seigneur Jésus m'a donné une oreille pour entendre ». Et le Seigneur Jésus dans les Évangiles : « Qui a de bonnes oreilles entende. » Puis ce fut la chrismation sur le nez, pour que vous disiez, après avoir reçu le baptême divin : Nous sommes pour Dieu une bonne odeur du Christ, parmi les sauvés. Ce fut ensuite la poitrine, pour que revêtus de la cuirasse de justice, vous teniez ferme devant les embûches du démon. De même que le Christ après son baptême et l'irruption de l'Esprit Saint, s'en alla combattre son adversaire, ainsi vous autres, après le saint baptême et la chrismation mystérieuse, revêtus de la panoplie du Saint-Esprit, dressés face à la puissance adverse, vous la combattez en disant : « Je puis tout en Celui qui me rend fort. »

Puisqu'on vous a admis à recevoir cette sainte chrismation vous recevez le nom de chrétiens, et vous justifiez aussi, par votre nouvelle naissance, cette appellation, car avant d'avoir été admis à cette grâce, vous n'étiez pas véritablement dignes de ce titre, vous étiez seulement en marche vers la condition de chrétiens.

Goûter la Parole

Une lecture savoureuse de la parole de Dieu

Les contemplatifs qui consacrent leur vie à la prière, ont appris depuis longtemps à lire avec fruit la parole de Dieu. Cette méthode s'appelle la *lectio divina*. Pour entrer en prière, ils lisent la parole de Dieu, la méditent, la savourent et s'en laissent imprégner. Ils découvrent par expérience que l'art de la prière consiste non pas tant à parler à Dieu, qu'à l'écouter, à découvrir sa volonté et son désir de faire alliance avec nous. Faisons comme eux.

Cinq attitudes pour t'aider à faire une bonne lecture de la parole de Dieu

• **Être disponible:** trouve un endroit calme et propice ainsi que du temps pour t'aider à entrer dans la méditation et le silence intérieur. Commence par prier pour demander à l'Esprit Saint de te donner un cœur qui écoute.
• **Lire:** choisis un texte des Saintes Écritures, un chapitre maximum. Lis lentement… et plusieurs fois ce texte. Calmement et sans précipitation. Laisse Dieu parler dans ce silence intérieur et laisse les mots résonner en toi.
• **Méditer:** utilise ta Bible pour t'aider à mieux comprendre le texte : les notes, les introductions, le vocabulaire… Fais attention au sens des mots. Fais aussi des liens avec ton histoire, ta vie, ce que tu ressens. Il s'agit de faire parler le texte pour lui-même et pour toi en le « ruminant ».

• **Prier:** c'est le moment où tu laisses les mots jaillir de ton cœur pour t'adresser à Dieu. Il n'y a pas besoin de grandes réflexions pour exprimer tes sentiments. Cherche tout simplement à lui partager ta vie et réponds avec confiance à sa Parole.
• **Vivre:** laisse l'Esprit agir. Tu remarqueras la présence de Jésus dans ta vie à travers les dons de l'Esprit Saint.

La lectio divina

L'expression et la pratique de ce type de prière nous vient du milieu monastique. Après le chant de l'office, les moines entendent chaque jour la lecture d'un passage de l'Écriture sur lequel ils sont invités à méditer et à prier.
La *lectio divina* plonge ses racines dans la parole de Dieu qui n'est pas seulement un texte inspiré, mais «puissance de Dieu pour le salut de quiconque croit» (Rm 1,16). Elle a pour but de me mettre en condition d'être transformé par la parole de Dieu. Car la Parole n'est pas un écrit du passé, elle est toujours actuelle et demande à être accueillie comme telle pour devenir efficace et changer mon comportement et ma perception du monde. Bien plus, la Parole en sa plénitude, c'est le Christ, «toujours vivant qui intercède pour nous» (He 7,25). Il s'agit donc de laisser la Parole tomber sur une bonne terre, une terre accueillante, pour qu'elle y produise du fruit (cf. Mt 13,8). La *lectio divina* doit nous faire passer de la lettre de l'Écriture à l'Esprit qui vivifie (2 Co 3,6).

Pour cela, quatre étapes sont à suivre:
❶ **La *lectio*** proprement dite, qui consiste à lire attentivement et à relire un passage de l'Écriture. Cette lecture est guidée par l'Esprit Saint qui a inspiré ce texte. L'Esprit parle à notre esprit.
❷ **La *meditatio***. Nous cherchons à comprendre toute la portée du texte lu. Il s'agit de saisir tout le contenu du message. L'attention va prioritairement au texte, non à son application dans notre vie. Le principe est que toute l'Écriture est présente en chacune de ses parties, et que pour comprendre un passage, il est possible de s'aider d'autres passages. L'Ancien Testament contient des figures qui deviennent réalités dans le Nouveau.
❸ **L'*oratio***. Le texte devient support pour une prière d'abandon à l'amour de Dieu et acquiescement intérieur à sa Parole. À travers le texte qui a été médité, nous entrons en communion avec Celui qui en est la source et qui nous fait entrer dans sa lumière.
❹ **La *contemplatio***. Elle est l'achèvement de la prière en accueil plénier de sa volonté, comme Marie: «Mon esprit exulte en Dieu mon Sauveur» (Lc 1,47). Dans cet échange, Dieu nous parle et nous unit à lui dans le Christ, par l'Esprit. La *contemplatio* rejoint la démarche de l'oraison.
Le repos en Dieu engage la transformation intérieure.
Le fruit de la *lectio divina* est la transformation de nos pensées et de nos comportements.
Nous devenons davantage transparents à la parole du Seigneur et nous en témoignons mieux.
La *lectio divina* peut se servir des lectures de la messe ou de tout autre passage de l'Écriture, lu individuellement ou en communauté.

Dieu me parle

Origène,
Lettre à Grégoire, 4.

Consacre-toi à la *lectio* des divines Écritures ; applique-toi à cela avec persévérance. Engage-toi dans la *lectio* avec l'intention de croire et de plaire à Dieu. Si durant la *lectio* tu te trouves devant une porte close, frappe, et le gardien t'ouvrira, lui dont Jésus a dit : « Le gardien la lui ouvrira. » En t'appliquant ainsi à la *lectio divina*, cherche avec loyauté et une confiance inébranlable en Dieu le sens des Écritures divines, qui est largement contenu dans celles-ci. Tu ne dois cependant pas te contenter de frapper et de chercher : pour comprendre les choses de Dieu, tu as absolument besoin de l'*oratio*.

Précisément pour nous exhorter à celle-ci, le Sauveur nous a non seulement dit : « Cherchez et vous trouverez » et « Frappez et on vous ouvrira », mais il a ajouté : « Demandez et vous recevrez. »

***Quelques conseils pour la* lectio divina :**

– Prier l'Esprit Saint : c'est l'Esprit Saint en nous qui nous permet de lire et d'actualiser la Parole, elle-même écrite par des hommes sous l'action de l'Esprit Saint,
– Lire à haute voix le passage,
– Prendre un temps d'observation du texte :
– Lire et relire. Observer les éléments qui font le texte (mots à densité religieuse, mots qui m'arrêtent, me touchent ou que je ne comprends pas, les personnages, les lieux, les titres donnés à Jésus, etc.),
– Faire des parallèles entre Ancien et Nouveau Testament. Chercher les références bibliques données en marge du passage biblique. L'observation peut se faire crayon en main pour souligner les mots et les expressions qui semblent caractéristiques de l'enjeu du texte,
– Prendre un temps de méditation : quel est le message, l'enseignement de foi transmis par ce texte ? Que m'est-il dit de Dieu ? Comment ce témoignage de foi peut-t-il résonner pour ma propre foi ?
– Finir par un temps de prière.

La *lectio divina* se vit la plupart du temps en solitude mais la lecture à plusieurs peut aussi apporter une richesse supplémentaire à la compréhension du texte.

La prière du cœur

Apprendre à prier… en priant

La prière est la respiration du baptisé. Avant d'être une tâche à entreprendre, la prière est un don à recevoir chaque jour. On appelle « oraison » le dialogue confiant et amoureux avec le Seigneur. Pour persévérer sur le chemin de l'oraison, nous avons besoin d'être guidés par les grands maîtres de la vie spirituelle que nous recommande l'Église.

Les conseils de sainte Thérèse d'Avila

Nous accédons au Père par le Christ. Pour trouver Dieu, nous devons aller vers le Christ. Où mieux trouver le Christ que dans sa Parole ? Là, tu peux contempler son humanité et à travers elle, accéder à sa divinité. Sainte Thérèse met en garde contre « la grande erreur que ce serait de ne pas chercher à évoquer l'humanité de Notre-Seigneur et Sauveur Jésus Christ, sa sainte Passion, sa vie, sa glorieuse Mère et ses saints, si grande que soit notre spiritualité » (*Le Château intérieur*, VIe demeure, ch. 7).
Tu peux alors dialoguer avec Jésus, l'Ami très fidèle, et lui exprimer ta prière à l'aide de mots très simples. Cherche le recueillement et laisse faire le silence. Laisse le Seigneur agir. Mets-toi à l'écoute de ce qu'il veut te dire. L'expérience de l'oraison n'est pas de l'ordre du ressenti. C'est souvent par après que tu te rends compte qu'il y a eu une rencontre. Quand tu ressors de l'oraison, tu peux aussi te sentir plus fort et éclairé de l'intérieur.
Tu hésites peut-être encore à prendre le temps de l'oraison ? C'est le premier pas qui est difficile… Si tu attends d'avoir le temps de prier, tu ne l'auras jamais.
Il faut le prendre !

L'oraison

356

La prière d'oraison nous introduit dans la grande tradition de la mystique, celle qu'ont illustrée les grands saints comme Thérèse d'Avila, Jean de la Croix, Thérèse de Lisieux, Élisabeth de la Trinité et beaucoup d'autres.

❶ L'oraison est à distinguer de la méditation. Ainsi nous sommes invités à méditer les mystères du Rosaire, joyeux, lumineux, douloureux, glorieux, en nous concentrant chaque fois sur un événement de la vie du Sauveur ou de la Vierge Marie. Méditer, c'est faire jouer notre intelligence, notre mémoire, notre sensibilité pour nous approprier une scène d'Évangile, un texte de l'Écriture, une page d'un Père de l'Église ou d'un théologien contemporain.

❷ L'oraison franchit le seuil des médiations de la réflexion structurée. Elle vise à une communion d'amour avec le Christ. L'oraison est une prière mentale, un dialogue avec le Seigneur. La qualité de ce dialogue ne se mesure pas à la satisfaction qu'on en tire, mais à l'intensité du désir d'être face à face avec le Seigneur. L'oraison est construite sur la certitude que le Seigneur habite au fond de nous. « Celui qui m'aime, mon Père l'aimera et nous établirons en lui notre demeure » (Jn 14,23). Le dialogue avec le Christ débouche sur la communion trinitaire. Saint Paul disait aux Éphésiens : « Que le Père… vous donne la puissance de son Esprit, pour que se fortifie en vous l'homme intérieur. Que le Christ habite en vos cœurs par la foi » (Ép 3,16-17).

❸ On peut faire oraison en tout lieu. Pour entrer en oraison, il faut s'abstraire de ses pensées habituelles, se concentrer, se mettre sous la mouvance de l'Esprit Saint, puis laisser monter le dialogue de cœur à cœur. L'oraison peut se passer de notions conceptuelles, d'images sensibles, des médiations du langage. Elle se situe au niveau le plus profond de notre être. Elle se déroule dans le silence. Tout ce qu'énonce la foi et que prescrit la loi morale est accueilli par l'amour. Rien de ce que je crois et dois faire ne m'est plus extérieur. « L'amour de Dieu a été répandu dans nos cœurs par l'Esprit Saint qui nous a été donné » (Rm 5,5).

❹ Dans ce dialogue de communion je parle au Seigneur en toute vérité et en toute liberté. Dialoguer suppose ouvrir son cœur et se mettre à l'écoute de l'autre. Le Seigneur nous parle. Comme Jésus priant le Père pour que sa volonté soit faite, nous prions le Seigneur de nous aider à nous couler dans sa volonté aimante pour nous. L'oraison nous fait entrer dans la communion d'amour de la Sainte Trinité. Elle nous ouvre sur le monde à venir, lorsque « Dieu sera tout en tous » (1 Co 15,28).

❺ Faire oraison demande qu'on réserve du temps dans sa journée, qu'on en prévoit la durée, et qu'on la pratique de façon régulière.

Comment faire oraison ?

Saint François de Sales (1567-1622),
Sermon 28 sur la fête de la purification.

Beaucoup se trompent grandement croyant qu'il faille faire tant de choses, tant de méthodes pour bien faire l'oraison. On en voit certains qui sont en un grand empressement afin de rechercher tous les moyens possibles pour trouver un certain art qui leur semble nécessaire de savoir pour la bien faire, et qui ne cessent jamais de subtiliser et pointiller autour de leur oraison pour voir comme ils la pourront faire ainsi qu'ils le désirent.

L'oraison n'est autre chose qu'une élévation de notre esprit en Dieu, ce que nous ne pouvons nullement faire de nous-mêmes. Or, quand nous avons notre Seigneur entre nos bras, tout nous est rendu facile. Voyez le saint homme Syméon : comme il faisait bien l'oraison ayant Notre-Seigneur entre les siens. « Laissez, dit-il, maintenant aller votre serviteur en paix, puisqu'il a vu son salut et son Dieu. » Ce serait une horrible méchanceté de vouloir exclure Notre Seigneur Jésus Christ de notre oraison et de la penser bien faire sans son assistance, puisque c'est une chose indubitable que nous ne pouvons être agréables au Père éternel sinon en tant qu'il nous regarde à travers son Fils notre Sauveur… Et tout comme quand on regarde à travers un verre rouge ou violet, tout ce qu'on voit paraît à nos yeux de la même couleur, le Père éternel nous regardant au travers de la beauté et bonté de son Fils très béni, nous trouve beaux et bons selon qu'il nous désire…

Alphonse Rodriguez, s.j. (1538-1616),
***Exercice de la perfection I**, 5, 13.*

Certains se plaignent de ne pas pouvoir ou savoir méditer dans l'oraison, faute de ces considérations qui en développent et étendent les différents points : dès le début, ils sont à court d'idées ! Mais ils ne devraient nullement s'en lamenter, car l'oraison est affaire d'affections et de désirs de la volonté, et non de méditation ou de spéculation de l'entendement. Au contraire, les maîtres spirituels nous avertissent ici qu'il faut veiller à ne pas trop allonger la méditation qui se fait par l'entendement, car cela empêche beaucoup l'élan et l'affection de la volonté, ce qui est le principal de l'oraison ; et cela d'autant plus que les considérations auxquelles l'on s'arrête sont subtiles et délicates…

De là vient que ceux qui n'ont pas étudié sont bien souvent plus dévots et font mieux oraison que les savants, parce qu'ils se répandent moins par l'entendement.

Prier en toute simplicité

Il y a bien des manières d'entrer en communion avec Dieu dans la prière. L'Église a toujours encouragé les diverses formes de dévotion, pourvu qu'elles partent d'un cœur pur. Les hommes sont naturellement religieux. Ils expriment par des gestes rituels, des offrandes, des attitudes corporelles, leur sens inné de l'existence d'une réalité spirituelle. Des pratiques comme les dévotions aux reliques, les pèlerinages, les processions, la récitation du chapelet et autres, répondent à des besoins et à des sensibilités humaines profondes. L'important est de les pratiquer comme un itinéraire qui mène au Christ.

Les jeunes aiment célébrer leur foi joyeusement avec d'autres. Ils ont besoin de se sentir soutenus et surtout de constater qu'ils ne sont pas seuls à croire au Christ. Les rassemblements festifs de jeunes, les pèlerinages, les Journées Mondiales de la Jeunesse sont des temps forts qui peuvent ponctuer l'itinéraire de foi des jeunes. Beaucoup qui y ont participé par curiosité ou entraînés par leurs amis, en reviennent transformés : ils y ont rencontré le Christ vivant.

Une belle célébration liturgique parle à toutes les dimensions de notre personne : esprit, sensibilité, sentiment d'appartenance, engagement à vivre de la foi.

Dans ta vie, ménage des temps où tu peux t'exprimer : crée autour de toi une ambiance favorable à la prière quotidienne, participe activement à la messe de ta paroisse, entraîne tes amis à des pèlerinages ou des assemblées priantes de jeunes.

Si tu en as l'occasion, n'hésite pas à joindre un groupe de jeunes de ton âge pour aller à Lourdes, à Assise, à Rome, en Terre sainte. Ces moments resteront gravés en ton cœur et renforceront ta foi.

La dévotion sincère

À chaque époque, l'Église a su encourager la religiosité populaire, ainsi appelée parce qu'elle correspond à des besoins religieux qui, pour se situer quelquefois à la périphérie de la foi, n'en constituent pas moins une expression respectable de la recherche d'une communion avec Dieu.
Il appartient à l'Église de purifier ces formes d'expression, de les orienter vers le centre du mystère chrétien et de ne pas laisser sur le chemin les personnes qui ne peuvent aller au-delà. On s'est aperçu un peu tard que le discrédit jeté trop longtemps sur ces formes de piété a éloigné de l'Église une grande partie des fidèles.

❶ Parmi ces formes de piété, il faut nommer la dévotion mariale, le culte des saints, la vénération des reliques, les processions, les confréries, les pèlerinages. À l'époque de la contre-Réforme et au XIXe siècle, ces formes de piété correspondaient à une pastorale adaptée aux divers milieux. À chaque époque on note que l'accent de la prédication chrétienne insiste tantôt sur Dieu en sa transcendance absolue, tantôt sur le Fils en son humanité, tantôt sur l'Esprit qui renouvelle toutes choses.

❷ Aujourd'hui on voit revenir en force l'adoration du Saint-Sacrement, signe d'une communion presque tangible avec le Christ qui se rend présent dans l'eucharistie. Connaissent aussi un renouveau de ferveur les fêtes du Sacré-Cœur, les processions du vendredi saint ou de la Fête-Dieu, le culte du saint local, et surtout les pèlerinages.

❸ Depuis la plus haute Antiquité l'Église a vénéré les reliques des martyrs puis des autres saints. Elle tient en haute estime les lieux qui sont marqués par le passage du Christ, de la Vierge, des Apôtres et des saints. Les dépouilles des martyrs n'étaient pas considérées comme un peu de poussière ; elles étaient chargées de la puissance divine qui avait animé le corps du saint ou de la sainte. Elles conservaient une puissance thérapeutique.
Les communautés fêtaient tous les ans l'anniversaire des martyrs en l'appelant leur *dies natalis*, jour de leur naissance à la vie céleste. Le saint et le lieu où on vénère sa mémoire constituent une sorte d'anticipation de la gloire céleste, un trait d'union entre le ciel et la terre. D'une manière implicite, la personne qui se rend en pèlerinage sur ces lieux (pensons à saint Pierre et saint Paul à Rome, à saint Jacques de Compostelle) vient s'imprégner de la force spirituelle qui émane de ces sanctuaires, force qui parle au cœur des simples plus que des discours.

❹ Le pèlerinage aux lieux saints de Terre sainte a été pratiqué dès le IVe siècle. Le Moyen Âge a prisé les pèlerinages, comme celui de Rome, de saint Jacques. Les pèlerinages connaissent aujourd'hui un nouvel essor. Pour beaucoup ils sont une occasion de conversion.

❺ Sur le plan local, les communautés chrétiennes ont organisé le culte de leurs saints patrons. Chaque confrérie de métier avait le sien au Moyen Âge. Des confréries s'adonnaient à diverses formes d'assistance, comme celles d'accompagner les morts et leur famille. Elles sont bien antérieures aux associations de secours mutuels modernes.

Marie soutient la prière du peuple chrétien

Benoît XVI, Homélie à Lourdes, le 24 septembre 2008.

... En suivant le parcours jubilaire sur les pas de Bernadette, l'essentiel du message de Lourdes nous est rappelé. Bernadette est l'aînée d'une famille très pauvre, qui ne possède ni savoir ni pouvoir, faible de santé. Marie l'a choisie pour transmettre son message de conversion, de prière et de pénitence, conformément à la parole de Jésus : « Ce que tu as caché aux sages et aux savants, tu l'as révélé aux tout-petits » (Mt 11,25). Dans leur cheminement spirituel, les chrétiens sont appelés eux aussi à faire fructifier la grâce de leur baptême, à se nourrir de l'eucharistie, à puiser dans la prière la force pour témoigner et être solidaires avec tous leurs frères en humanité. C'est donc une véritable catéchèse qui nous est ainsi proposée, sous le regard de Marie. Laissons-la nous instruire et nous guider sur le chemin qui conduit au Royaume de son Fils !...

Chers Frères et Sœurs, sur cette terre de France, la Mère du Seigneur est vénérée en d'innombrables sanctuaires, qui manifestent ainsi la foi transmise de générations en générations. Célébrée en son Assomption, elle est la patronne bien-aimée de votre pays. Qu'elle soit toujours honorée avec ferveur dans chacune de vos familles, dans vos communautés religieuses et dans vos paroisses ! Que Marie veille sur tous les habitants de votre beau pays et sur les pèlerins venus nombreux d'autres pays célébrer ce jubilé ! Qu'elle soit pour tous la Mère qui entoure ses enfants dans les joies comme dans les épreuves ! Sainte Marie, Mère de Dieu, notre Mère, enseigne-nous à croire, à espérer et à aimer avec toi. Indique-nous le chemin vers le règne de ton Fils Jésus ! Étoile de la mer, brille sur nous et conduis-nous sur notre route !
Amen.

Le signe de la croix

*Il se fait en prononçant les paroles suivantes :
«Au nom du Père, du Fils et du Saint-Esprit, Amen».
Il exprime notre foi en la Sainte Trinité. Il rappelle la mort
du Christ sur la croix et sa résurrection glorieuse.*

***Le ciel** (de haut),*
***la terre** (en bas),*
la croix unit les hommes à Dieu.
D'un bout du monde
(de gauche)
à l'autre bout du monde
(à droite)
la croix unit les hommes
entre eux.

Le signe de la croix
conjugue l'***amour de Dieu***
(le montant vertical)
avec l'***amour du prochain.***
(le montant horizontal)

Tertullien *De corona, 3*
« À chaque pas, à chaque mouvement, en rentrant et en sortant, en revêtant nos vêtements ou en mettant nos chaussures, au bain, à table, quand on allume les lampes, en nous couchant, en nous asseyant, à toute occupation, nous marquons nos fronts du signe de la croix. »

Saint Irénée *Demonstration, 34*
« Le Verbe qui, de manière invisible, est coextensif à la création tout entière et soutient sa longueur et sa largeur et sa hauteur et sa profondeur, fut aussi crucifié en ces quatre dimensions, lui, le Fils de Dieu qui se trouvait déjà imprimé en forme de croix dans l'univers. »

Saint Bruno
Stat crux dum volvitur orbis
La croix tient bon, tandis que le monde tourne.

Ma place dans l'Église

« Me voici, Seigneur ! »

« Me voici, je suis venu, mon Dieu »

Un appel par amour

Dans la Bible, Dieu appelle chacun par son nom et lui confie une mission personnelle pour le bien de tous : « Avant de te façonner dans le sein de ta mère, je te connaissais ; avant que tu ne viennes au jour, je t'ai consacré ; je fais de toi un prophète pour les nations » (Jr 1,5). Dieu ne choisit pas ceux qu'il appelle d'après leurs mérites, mais gratuitement et par amour (cf. 1 Co 1,26). La vocation (du latin *vocatus* : être appelé) est la réponse libre à cet appel. Dieu t'a créé libre, il sollicite ton « oui ». Dans l'Évangile, Jésus dit : « Si tu veux... » (Mt 19,17).

T'aider à discerner

Ce qui va être déterminant pour toi dans le choix d'un état de vie, c'est ton consentement pour accepter ce que Dieu attend de toi, ton « oui » comme une réponse à son appel. Pour t'aider à dire ce « oui » et à discerner ta vocation, l'Église te propose quatre critères :

– **Connaître le Christ** par un dialogue personnel et régulier comme un ami parle à son ami. L'écoute de la parole de Dieu nourrie par la pratique des sacrements t'aide à connaître intimement le Christ et sa volonté.

– **Aimer l'Église:** pour discerner un appel, tu as besoin d'un accompagnateur spirituel, qui t'aidera à orienter davantage ta vie et tes choix selon l'Esprit de Jésus Christ.

– **Discerner la présence de Dieu:** Dieu appelle à travers des médiations humaines. Les rencontres avec d'autres chrétiens, les événements de la vie quotidienne sont autant de lieux où Dieu par petites touches te fait signe.

– **Reconnaître tes aspirations profondes:** Il s'agit d'examiner dans la prière et la docilité à l'Esprit Saint, tes pensées intérieures pour reconnaître si elles viennent de Dieu, du démon ou de toi.

« *Je suis venu pour faire ta volonté* »

Selon la belle expression de saint Paul, Dieu « appelle à l'existence » tout ce qui existe (Rm 4,17 ; cf. Sg 11,24). « Il appelle les générations » (Is 41, 4). Tout au long de notre vie, l'appel de Dieu nous accompagne, car il s'agit toujours de devenir ce à quoi nous sommes appelés. Au point de départ, l'appel à l'existence a été le libre choix de Dieu. Pour parvenir au point d'arrivée, celui du plein accomplissement de notre existence, il y va aussi de notre choix. Notre choix s'exprime dans notre réponse à un appel. Avons-nous suffisamment pris conscience que la première des vocations est celle que le Créateur adresse à tous les hommes pour les inviter à devenir pleinement eux-mêmes? Nous touchons là au mystère de notre humanité.

❶ La première fois que le verbe « appeler » apparaît dans la Bible, il nous montre Dieu appelant Adam qui vient de lui désobéir (cf. Gn 3,9). Dieu s'adresse à la conscience de l'homme et lui demande : Est-ce que tu réalises que tu veux exister sans Dieu, que tu te prends pour ta propre origine et pour le juge souverain de ce qui est bien et mal? La conscience est le lieu où retentit l'appel de Celui qui nous a faits et qui nous aime.

❷ Quand Dieu commence à agir dans l'histoire, il appelle des hommes pour qu'ils coopèrent à son projet. Les appels qu'il leur adresse sont explicites. Le premier à l'avoir entendu est Abraham (cf. Gn 12,1-3). Il est le père de la multitude des croyants, parce qu'il a tout quitté pour suivre l'appel du Seigneur.

❸ Lorsque Jésus entre en scène, la Parole adressée aux hommes s'est faite chair (cf. Jn 1,14). Jésus est à la fois l'appel personnifié et le terme auquel nous conduit cet appel. À quoi sommes-nous appelés? À devenir « homme nouveau » (Ép 4,24). Pourquoi Jésus nous appelle-t-il? Parce qu'il est l'« homme accompli », en direction duquel nous grandissons encore, personnellement et collectivement, selon la belle expression d'Éphésiens 4,13. Jésus est venu appeler tous les hommes pécheurs (cf. Mt 9,13). Dieu nous a appelés au salut par l'Évangile (2Th 2,14). L'appel du Christ s'adresse à notre homme intérieur (cf. Rm 7,22 ; 2 Co 4,16 ; Ép 3,16), c'est-à-dire à notre conscience, à ce centre de notre personne où nous sommes pleinement nous-mêmes. Il s'agit pour tous d'opérer une *metanoia*, un changement de mentalité, une « conversion » qui part du cœur, un recentrement de toute notre vie sur le Christ qui « est le Chemin, la Vérité, la Vie » (Jn 14,6).

❹ Les chrétiens sont conscients que leur condition de disciples de Jésus est une réponse à un appel qui engage toute leur existence. Ils ont entendu l'appel du Christ, célébré les sacrements de l'initiation. Ils savent que l'appel du Christ les éclaire sur les potentialités inscrites en leur cœur, et leur donne la force de les développer.

❺ À l'intérieur du groupe de ses disciples, Jésus en appelle quelques-uns pour leur confier une mission particulière. Il en fait ses « Apôtres », ses envoyés (cf. Lc 6,13). Les Douze ont ainsi répondu à une double vocation : d'abord être disciples parmi les disciples, et aussi être Apôtres pour les autres disciples et pour le reste des hommes. Par le sacrement de l'ordre, le Christ appelle ceux qu'il choisit parmi les baptisés pour se rendre présent et agissant au milieu de son peuple. Comme Paul et Barnabé, ils « sont mis à part en vue de l'œuvre à laquelle je les a appelés » (cf. Ac 13,2). Les vocations sacerdotales s'inscrivent dans la continuité de l'appel et de l'envoi des Apôtres.

Tout quitter pour le suivre : la vocation de saint Ignace de Loyola

Saint Ignace de Loyola (1491-1556), Autobiographie ***recueillie par Louis Consalvo, 1,5-9***

Ignace s'adonnait volontiers à la lecture des livres mondains et menteurs qu'on appelle romans de chevalerie. Se sentant dispos, il en demanda quelques-uns pour passer le temps. Mais dans toute la maison, on n'en trouva pas un seul de ceux qu'il avait coutume de lire ; on lui apporta donc une Vie du Christ et un livre sur la vie des saints en espagnol. Il y faisait de fréquentes lectures et éprouvait un certain attrait pour ce qu'on y racontait. Quand il s'interrompait, il réfléchissait tantôt à ce qu'il avait lu, tantôt aux choses du monde qui, auparavant, retenaient habituellement sa pensée…

Notre Seigneur cependant venait à son secours et, à ces pensées, en faisait succéder d'autres, nées de ses lectures. En effet, en lisant la vie de notre Seigneur et des saints, il se prenait à penser et à se dire en soi-même : « Et si je faisais ce que fit saint François et ce que fit saint Dominique ? » Il songeait aussi à bien des choses qui lui paraissaient bonnes, et il envisageait toujours des entreprises difficiles et pénibles. À se les proposer, il avait le sentiment qu'il lui serait facile de les réaliser. Toutes ces réflexions revenaient à se dire : « Saint Dominique a fait ceci, donc je dois le faire ; saint François a fait cela, donc je dois le faire. »

Ces considérations, elles aussi, duraient tout un temps, puis d'autres occupations les interrompaient et les pensées mondaines évoquées plus haut lui revenaient à l'esprit ; à elles aussi il s'arrêtait longuement. Ces pensées si diverses se succédèrent longtemps en lui…

Il y avait pourtant entre elles cette différence : à penser aux choses du monde, il prenait grand plaisir, mais lorsque, par lassitude, il les laissait, il restait sec et mécontent ; au contraire, à la pensée de se rendre nu-pieds à Jérusalem, de ne manger que des herbes et de se livrer à toutes les autres austérités qu'il voyait pratiquées par les saints, non seulement il trouvait de la consolation sur le moment, mais il restait content et joyeux après l'avoir abandonnée. Il n'y faisait pourtant pas attention et ne s'arrêtait pas à peser cette différence, jusqu'au jour où ses yeux s'ouvrirent quelque peu et où il commença à s'étonner de cette diversité et se mit à y réfléchir. Son expérience l'amena à voir que certaines pensées le laissaient triste, d'autres joyeux, et peu à peu il en vint à se rendre compte de la diversité des esprits dont il était agité, l'esprit du démon et l'esprit de Dieu.

Telle fut sa première réflexion sur les choses de Dieu et plus tard, quand il fit les Exercices, c'est de là qu'il tira ses premières lumières sur la diversité des esprits.

Les choix de ma vie

La vocation commune du baptisé

Tout baptisé est un appelé. La vocation première du chrétien tient à son baptême et à sa confirmation. La vocation du baptisé est de marcher avec Jésus, de lutter avec lui contre tout ce qui ligote ou aveugle l'homme, de proclamer la bonne nouvelle de l'Évangile. La charité n'est pas optionnelle, elle est tout simplement indispensable à la cohérence de notre foi.

Tu peux faire de ta vie un «je t'aime»

Saint Jean-Paul II invitait les jeunes à faire de leur vie un « je t'aime ». Comment répondre à l'appel de Dieu et vivre pleinement cette histoire d'amour avec le Christ ? Par ton baptême, tu as commencé une belle histoire d'amour avec le Seigneur. Quel que soit ton choix de vie, par ton baptême, tu es appelé à t'engager à la suite du Christ au sein de son Église.

Des vocations pour construire l'Église

« Les dons de la grâce sont variés, mais c'est le même Esprit. Les services sont variés, mais c'est le même Seigneur. Les activités sont variées, mais c'est le même Dieu qui agit en tout et en tous. À chacun est donnée la manifestation de l'Esprit en vue du bien… Le corps ne fait qu'un, il a pourtant plusieurs membres… Il en est ainsi pour le Christ » (1 Co 12,4-7.12).
Ce texte de saint Paul nous montre que chacun a un rôle dans l'Église, qu'il y a une multitude de vocations dans l'Église. Indispensable à la vie de l'Église, le ministère ordonné assure la continuité du ministère apostolique. Les prêtres dans l'Église latine, les religieux consacrés et les laïcs consacrés vivent leur mission dans le célibat pour le Royaume. D'autres vocations, comme celle des diacres permanents, des laïcs en mission ecclésiale, manifestent aussi la diversité des dons que l'Esprit Saint prodigue à l'Église.
Le sacrement du mariage est un signe de l'union du Christ et de son Église.

À quoi Dieu m'appelle-t-il ?

Ministre de Jésus Christ

Certains peuvent ressentir un appel particulier à se donner tout entier au Seigneur au service de son Église. Après une période de discernement, le candidat entre dans un parcours qui le conduira à l'ordination diaconale, puis à l'ordination sacerdotale. Dans ce cas, sauf les diacres « permanents » déjà mariés, le candidat fera la promesse du célibat pour se consacrer totalement au Seigneur.

Religieux et religieuses consacrés

Le ou la religieux (se) promet d'être fidèle aux trois conseils évangéliques de pauvreté, chasteté, obéissance, selon une règle de vie ; il (ou elle) vit dans une communauté.

Laïc consacré

Des hommes et des femmes choisissent d'offrir leur vie au Christ en vivant dans le monde sans se marier. Ils observent les conseils évangéliques de pauvreté, de chasteté et d'obéissance. Ils ne mènent pas la vie commune des religieux et exercent habituellement une profession.

Laïc engagé

Cette personne s'engage dans la mission de l'Église sans prononcer de vœux particuliers ; elle remplit un certain nombre de tâches indispensables à la vie de l'Église : catéchiste, conseiller pastoral ou conseiller économique de la paroisse, sacristain, bénévole. Certains peuvent recevoir de l'évêque une « lettre de mission » pour exercer un service particulier. Tout baptisé, par le témoignage de sa vie chrétienne, participe à la mission d'évangélisation confiée à l'Église.

La vie consacrée

L'expression «vie consacrée» a été retenue pour englober toutes les formes de vie religieuse ou séculière qui se distinguent par l'observation des conseils évangéliques : pauvreté, chasteté, obéissance.

❶ La forme de vie consacrée à Dieu la plus codifiée est la vie religieuse contemplative ou apostolique, où les religieux, qu'ils appartiennent à un ordre ou une congrégation, se lient par des vœux perpétuels. À côté d'eux, des clercs ou des laïcs engagés dans des instituts séculiers vivant dans le monde professent aussi les conseils évangéliques.

❷ Sans appartenir à un institut, des personnes peuvent aussi s'engager par des vœux privés, comme les vierges consacrées, dont la démarche est authentifiée par l'Église. Toutes les formes de vie communautaire ne sont pas du type «vie consacrée». Il existe aussi des «société de vie apostolique» où des prêtres vivent en communauté sans former un institut de vie consacrée.

❸ Il est vrai que toute vie de baptisé est une vie consacrée. Le baptême et la confirmation comportent une onction du saint chrême qui signifie une «consécration», par laquelle nous entrons dans la sphère du Christ, qui nous associe à sa vie de Ressuscité.

❹ Les trois conseils évangéliques entraînent une conformation encore plus spécifique au Christ, pauvre, chaste, obéissant au Père. Bien que les états de vie consacrée ne soient pas marqués par un sacrement spécifique, ils explicitent de manière visible des dimensions inhérentes à la consécration reçue par les sacrements de l'initiation chrétienne. La «vie consacrée» au sens des conseils évangéliques est une vie qui tend à se rapprocher de celle du Verbe incarné, dont elle manifeste le radical dépouillement, la disponibilité, la vie toute donnée aux autres, la communion avec le Père «jusqu'au bout» (Jn 13,1).

❺ À notre époque la «vie consacrée» est un défi pour notre société qui cultive souvent les valeurs inverses : recherche de l'avoir et des sécurités matérielles, hédonisme et individualisme. On a quelquefois assimilé «vie consacrée» et fuite du monde. En réalité, la vie consacrée assure une présence qui élève le monde.

❻ L'Église a toujours compris la démarche des personnes consacrées comme la manifestation visible d'une dimension essentielle de notre existence chrétienne, la dimension eschatologique, celle qui se caractérise par la tension vers le monde à venir. Le concile Vatican II dit que «la profession des conseils évangéliques… manifeste aux yeux de tous les croyants les biens célestes déjà présents en ce temps, atteste l'existence d'une vie nouvelle et éternelle acquise par la rédemption du Christ, annonce enfin la résurrection à venir et la gloire du Royaume des cieux» (*Lumen gentium* 44). Or le royaume à venir est déjà tout entier présent et réalisé dans le Christ vivant par son Esprit dans son Église. Il est déjà anticipé dans l'amour dépouillé, disponible et fidèle avec lequel nous aimons les autres et essayons de construire un monde plus humain.

Les laïcs dans l'Église

Le concile Vatican II a remis en lumière la vocation de tous les baptisés appelés à transmettre activement le trésor de la foi qu'ils ont eux-mêmes reçu. Le baptême et la confirmation font de chaque chrétien un témoin qualifié du Christ. Dans leur milieu familial, professionnel, associatif, les baptisés répandent la bonne nouvelle de l'Évangile. Ils sont comme le levain dans la pâte (cf. 1 Co 5,6), comme le sel de la terre ou la ville située sur une hauteur (cf. Mt 5,13-14).

❶ Nombreux sont les laïcs qui exercent une responsabilité dans l'Église. Sans leur contribution souvent bénévole, l'Église ne pourrait accomplir sa mission. Il suffit de rappeler que les catéchistes, les membres des équipes d'animation paroissiale, les membres des conseils pastoraux et économiques des paroisses, les membres des équipes des funérailles, des équipes liturgiques, tout le secteur caritatif, les visiteurs de malades sont des fidèles laïcs.

❷ Les laïcs sont tous appelés, en vertu de leur baptême et de leur confirmation, à faire de leur vie un apostolat de témoignage qui les fait coopérer au progrès de l'Église (*Lumen Gentium* 33). Les pasteurs sont invités à « reconnaître les capacités et les grâces propres » aux laïcs (LG 30). Ainsi, des laïcs peuvent « être appelés à coopérer de manière plus immédiate avec l'apostolat hiérarchique… en vue de certaines fonctions ecclésiastiques à but spirituel » (LG 33).

❸ Le Code de droit canonique dit que les « laïcs ont capacité à être admis par les pasteurs sacrés à des offices et des charges ecclésiastiques » (CIC 228 § 1). Ainsi des laïcs peuvent être appelés à « participer à l'exercice de la charge pastorale d'une paroisse », mais pas à assumer la charge pastorale elle-même (CIC 517 § 2).

❹ En clair, les laïcs reçoivent une « mission ecclésiale » sous la forme d'une lettre de mission qui spécifie la charge ou le service qui leur est confié.

❺ L'usage est de réserver l'appellation de « ministère » uniquement aux ministères ordonnés, et d'appeler « mission » toute charge ou service confié aux laïcs. Les LEME, « laïcs en mission ecclésiale », seront dits « missionnés ». On aura les ministres ordonnés et les laïcs missionnés. Les laïcs ayant reçu une mission ecclésiale précise par une lettre de leur évêque, sont appelés à coopérer au ministère des ministres ordonnés.

Clercs, religieux, laïcs

I. Les clercs ou ministres ordonnés
(voir n. 49, p. 289)

II. Les personnes consacrées

Concile Vatican II,
Constitution Lumen gentium

La profession des conseils évangéliques dans un état de vie reconnu dans l'Église.

§ 43. Les conseils évangéliques de chasteté vouée à Dieu, de pauvreté et d'obéissance, étant fondés sur les paroles et les exemples du Seigneur, ayant la recommandation des Apôtres, des Pères, des docteurs et pasteurs de l'Église, constituent un don divin que l'Église a reçu de son Seigneur et que, par sa grâce, elle conserve toujours. L'autorité de l'Église, sous la conduite de l'Esprit Saint, a veillé elle-même à en fixer la doctrine et en régler la pratique, en instituant même des formes de vie stables sur la base de ces conseils. Comme un arbre qui se ramifie de façon admirable et multiple dans le champ du Seigneur, à partir d'un germe semé par Dieu, naquirent et se développèrent ainsi des formes variées de vie solitaire ou commune, des familles diverses dont le capital spirituel profite à la fois aux membres de ces familles et au bien de tout le Corps du Christ. Ces familles assurent à leurs membres les secours d'une plus grande stabilité dans leur forme de vie, d'une doctrine éprouvée pour tendre à la perfection, d'une communion fraternelle dans le combat pour le Christ, d'une liberté fortifiée par l'obéissance afin de pouvoir remplir avec sécurité et garder fidèlement les exigences de leur profession religieuse en avançant dans la joie spirituelle sur la route de la charité.

Cet état de vie, compte tenu de la constitution divine et hiérarchique de l'Église, ne se situe pas entre la condition du clerc et celle du laïc. Dieu y appelle des fidèles du Christ de l'une et de l'autre condition pour jouir dans la vie de l'Église de ce don spécial et servir à la mission salutaire de l'Église, chacun à sa manière.

Rituel de la consécration des vierges
Appel et Dialogue

L'évêque appelle la candidate qui répond : « Me voici ». Puis suit un dialogue entre l'évêque et la candidate :

L'évêque : « Voulez-vous persévérer toute votre vie dans votre résolution de virginité consacrée au service du Seigneur et de son Église ? »

La candidate : « Oui, je le veux. »

L'évêque : « Voulez-vous suivre le Christ selon l'Évangile de telle sorte que votre vie apparaisse comme un témoignage d'amour et le signe du Royaume à venir ? »

La candidate : « Oui, je le veux. »

L'évêque : « Voulez-vous être consacrée au Seigneur Jésus Christ, le fils du Dieu Très-Haut, et le reconnaître comme votre Époux ? »

La candidate : « Oui, je le veux »

Suit la litanie des Saints, conclue par la prière suivante prononcée par l'évêque : Écoute, Seigneur, ton Église en prière : dans ton amour, regarde avec bonté celle que tu as appelée ; conduis-la dans la voie du salut, et pour qu'elle désire ce qui te plait et soit toujours vigilante pour l'accomplir. Par Jésus, le Christ, notre Seigneur.

III. Les laïcs

Lumen gentium

§ 31. Sous le nom de laïcs, on entend ici tous les fidèles, en dehors des membres de l'ordre sacré et de l'état religieux reconnu dans l'Église qui, étant incorporés au Christ par le baptême, intégrés au peuple de Dieu et participants à leur manière de la fonction sacerdotale, prophétique et royale du Christ, exercent pour leur part, dans l'Église et dans

le monde, la mission qui est celle de tout le peuple chrétien.
Le caractère séculier est le caractère propre et particulier des laïcs. En effet, les membres de l'ordre sacré bien qu'ils puissent se trouver engagés dans les choses du siècle, même en exerçant une profession séculière, restent, en raison de leur vocation particulière, principalement et expressément ordonnés au ministère sacré ; les religieux, de leur côté, en vertu de leur état, attestent d'une manière éclatante et exceptionnelle que le monde ne peut se transfigurer et être offert à Dieu en dehors de l'esprit des Béatitudes. La vocation propre des laïcs consiste à chercher le règne de Dieu précisément à travers la gérance des choses temporelles qu'ils ordonnent selon Dieu. Ils vivent au milieu du siècle, c'est-à-dire engagés dans tous les divers devoirs et travaux du monde, dans les conditions ordinaires de la vie familiale et sociale dont leur existence est comme tissée. À cette place, ils sont appelés par Dieu pour travailler comme du dedans à la sanctification du monde, à la façon d'un ferment, en exerçant leurs propres charges sous la conduite de l'esprit évangélique, et pour manifester le Christ aux autres avant tout par le témoignage de leur vie, rayonnant de foi, d'espérance et de charité. C'est à eux qu'il revient, d'une manière particulière, d'éclairer et d'orienter toutes les réalités temporelles auxquelles ils sont étroitement unis, de telle sorte qu'elles se fassent et prospèrent constamment selon le Christ et soient à la louange du Créateur et Rédempteur.

Accueillir et servir la vie

La famille accueille et éduque la vie

La famille, un grand mystère

Après avoir créé l'homme et la femme à son image, Dieu leur donne une mission : « Soyez féconds... remplissez la terre et soumettez-la » (Gn 1,28). Le mariage est le fondement et la source de la famille. La famille est le lieu de l'apprentissage de la vie. Elle est voulue par Dieu.

La famille de Nazareth

Jésus, Marie et Joseph ne forment pas une famille ordinaire au sens biologique. Mais ils forment une famille au sens moral. Joseph fait vivre Marie et Jésus de son travail. Marie et Joseph élèvent Jésus enfant comme le font tous les parents du monde. Jésus reçoit de son père légal et de sa mère l'affection dont tout enfant a besoin pour grandir.

La famille, petite Église domestique

Pour que la famille chrétienne remplisse sa mission de vivre une communion d'amour, elle bénéficie du soutien de l'Église. Cette petite cellule d'Église qu'est la famille participe en effet à la vie de la grande Église où non seulement elle reçoit mais aussi elle donne. Saint Jean Chrysostome, évêque de Constantinople au IVe siècle qualifie la famille d'« Église maisonnée », car en elle apparaissent quelques aspects essentiels de la vie ecclésiale : la table de la Parole, l'enseignement, le partage, la louange, le témoignage de la foi et la présence du Christ.

La famille voulue par le Créateur

❶ La condition sexuée

L'éthique sociale se construit sur les réalités humaines qui lui préexistent. La bipolarité sexuelle est inscrite dans la nature. Certains courants ont tenté de dissocier la sexualité de l'identité personnelle, comme si l'identité d'une personne pouvait être dissociée de sa corporéité, comme si les conduites sexuelles étaient des options que chaque individu peut accepter ou refuser. Le corps et l'état sexué des personnes sont donnés comme tels, conditions objectives pour former un couple dans le mariage et susciter une filiation. Plus récemment, certains courants ont revendiqué l'extension de l'institution du mariage aux unions homosexuelles, sous prétexte d'égalité. Certes, les personnes qui se découvrent une orientation homosexuelle doivent être protégées de toute discrimination sociale. Or, il n'y a pas de discrimination lorsque le droit refuse de confondre des statuts ou des conditions en soi de nature diverse. L'institution du mariage est par définition une union entre un homme et une femme. Pour sa propre survie, la société a intérêt à protéger l'union permanente de l'homme et de la femme qui fondent un foyer et qui sont disposés à accueillir et à élever des enfants.

❷ La filiation

La réalité sociale fondamentale, antérieure à la formation de la société, est la filiation. Celle-ci crée un lien inconditionnel entre enfants et parents. Le fait de tenir l'existence d'un père et d'une mère et le fait d'engendrer des enfants est à l'origine de toute société humaine. La filiation exige en effet que la société reconnaisse le lien qui unit les géniteurs. La filiation engendre des êtres qui ne sont pas issus d'eux-mêmes ni de la société qu'ils vont former. Nul n'a demandé à venir à l'existence. Il y aura donc dans les relations sociales une part de ce donné originel irréductible, qui n'est pas issu de la volonté de l'homme, mais sur lequel les hommes doivent bâtir leur vie en société.

❸ Le mariage

L'attraction mutuelle de l'homme et de la femme, le besoin de communion et de perfectionnement réciproque, accompagné du désir d'engendrer et d'éduquer des enfants sont des tendances fondamentales de l'être humain. Toutes les cultures considèrent que l'union conjugale, fondatrice d'un nouveau foyer, n'est pas seulement une affaire privée, mais concerne aussi la société. Le mariage est l'institutionnalisation sociale de l'union conjugale engagée dans la durée. Cette union doit donc présenter des garanties de durée. Elle est l'une des conditions de stabilité de la société entière. Diverses sociétés connaissent encore la pratique de la polygamie. Cette forme de mariage ne prend pas en compte la dignité et l'égalité de l'homme et de la femme. Si le mariage doit tendre à l'union et à la communion des êtres, il n'est possible que dans le don réciproque et exclusif de deux personnes. La vision chrétienne envisage le mariage comme résultant du libre consentement des deux époux. Les deux époux sont liés par une alliance interpersonnelle, qui demeure même s'il n'y a pas de descendance. Le mariage est ainsi compris comme un contrat, mais dont les termes ne sont pas négociables, un contrat préétabli par la nature même de l'union : indissoluble, exclusif, et ouvert à la transmission de la vie. Si le mariage consiste en une union stable entre un homme et une femme dans la perspective de la procréation, le législateur ne peut qu'en proclamer les propriétés essentielles, non le modeler à la convenance des souhaits particuliers.

Cellule fondamentale de la société

Saint Jean-Paul II,
Encyclique *Evangelium vitæ (1995).*

§ 92. À l'intérieur du « peuple de la vie et pour la vie », *la responsabilité de la famille est déterminante* : c'est une responsabilité qui résulte de sa nature même – qui consiste à être une communauté de vie et d'amour, fondée sur le mariage – et de sa mission de « garder, de révéler et de communiquer l'amour ». Il s'agit précisément de l'amour même de Dieu, dont les parents sont faits les coopérateurs et comme les interprètes dans la transmission de la vie et dans l'éducation, suivant le projet du Père. C'est donc un amour qui se fait gratuité, accueil, don : dans la famille, chacun est reconnu, respecté et honoré parce qu'il est une personne, et, si quelqu'un a davantage de besoins, l'attention et les soins qui lui sont portés se font plus intenses.

La famille a un rôle à jouer tout au long de l'existence de ses membres, de la naissance à la mort. Elle est véritablement « *le sanctuaire de la vie...*, le lieu où la vie, don de Dieu, peut être convenablement accueillie et protégée contre les nombreuses attaques auxquelles elle est exposée, le lieu où elle peut se développer suivant les exigences d'une croissance humaine authentique ». C'est pourquoi le rôle de la famille est *déterminant et irremplaçable* pour bâtir la culture de la vie.

Comme *Église domestique*, la famille a vocation d'annoncer, de célébrer et de servir *l'Évangile de la vie*. C'est une mission qui concerne avant tout les époux, appelés à transmettre la vie, en se fondant sur une *conscience* sans cesse renouvelée *du sens de la génération*, en tant qu'événement privilégié dans lequel est manifesté le fait que *la vie humaine est un don reçu pour être à son tour donné*. Dans la procréation d'une vie nouvelle, les parents se rendent compte que l'enfant, « s'il est le fruit de leur don réciproque d'amour devient, à son tour, un don pour tous les deux : un don qui jaillit du don ! »

C'est surtout par *l'éducation des enfants* que la famille remplit sa mission d'annoncer *l'Évangile de la vie*. Par la parole et par l'exemple, dans les rapports et les choix quotidiens, et par leurs gestes et leurs signes concrets, les parents initient leurs enfants à la liberté authentique qui s'exerce dans le don total de soi et ils cultivent en eux le respect d'autrui, le sens de la justice, l'accueil bienveillant, le dialogue, le service généreux, la solidarité et toutes les autres valeurs qui aident à vivre la vie comme un don. L'action éducative des parents chrétiens doit servir la foi des enfants et les aider à répondre à la vocation qu'ils reçoivent de Dieu. Il entre aussi dans la mission éducative des parents d'enseigner à leurs enfants le vrai sens de la souffrance et de la mort, et d'en témoigner auprès d'eux : ils le pourront, s'ils savent être attentifs à toutes les souffrances qu'ils rencontrent autour d'eux et, avant tout, s'ils savent, dans leur milieu familial, se montrer concrètement proches des malades et des personnes âgées, les assister et partager avec eux.

Homme et femme pour participer à l'œuvre de Dieu

La responsabilité parentale

« L'Église croit que la sexualité est belle et fragile et qu'elle est indissociable de l'amour », ont écrit les évêques de France en 1995. Aimer s'oppose à consommer. Lorsque j'ai en face de moi une personne et que je l'utilise, j'en fais un objet, et par là, je la dégrade du rang de sujet humain à celui de chose.

De l'amour au mariage et à la famille

Pourquoi se marier dans un monde qui facilite les unions libres et qui justifie les ruptures successives ? Le mariage fortifie le lien d'amour existant par un engagement devant tous et il témoigne de l'intention de surmonter les difficultés qui se présenteront. Il exprime la volonté de fonder une famille et le désir de construire un avenir à deux.

Le mariage et la famille constituent le contexte authentique où la vie humaine trouve son origine et son épanouissement. Un enfant a besoin de sentir qu'il a été voulu par l'amour de son père et de sa mère. Il a besoin d'un père et d'une mère pour construire sa personnalité.

L'adoption

Adopter un enfant, c'est donner une famille à un enfant qui n'en a pas. Il arrive ainsi que des parents qui ont eu plusieurs enfants adoptent un enfant sans famille. L'adoption est souvent choisie par des couples qui n'ont pas pu mettre au monde des enfants. C'est toujours une histoire de générosité et une histoire d'amour. La perspective de l'adoption permet aussi de donner une famille à un enfant que ses parents naturels n'ont pas pu élever.

Responsables de la vie

La transmission de la vie

❶ Avec la communion entre les époux, la procréation est une des finalités du mariage. La décision d'engendrer des enfants appartient exclusivement au couple. Les méthodes de stérilisation volontaire ou forcée sont immorales. L'avortement ne peut être considéré comme un moyen de contrôle des naissances ni de régulation de la fertilité. La procréation est un acte responsable. Les politiques natalistes ou anti-natalistes doivent laisser intacte la liberté des couples. Le recours aux techniques d'aide à la procréation ne doit pas aller jusqu'à faire appel à des géniteurs de substitution.

❷ La régulation des naissances est une décision qui appartient aux deux époux. La paternité responsable exclut les moyens contraceptifs artificiels et observe les cycles naturels de la femme. Le recours à des techniques de fécondation extracorporelle n'est pas moralement acceptable, car il dissocie acte sexuel et acte procréateur et fait intervenir le pouvoir d'une tierce personne dans la fécondation.

❸ L'embryon humain, parce qu'il n'est pas une chose, mais un être humain en développement, ne peut être utilisé à des fins expérimentales. De même toute intervention sur le patrimoine génétique de l'enfant au stade embryonnaire, qui n'est pas de caractère thérapeutique, en viole l'intégrité physique. Un enfant doit toujours être voulu pour lui-même. Il ne peut pas être conçu comme un moyen, par exemple, de procurer, par son cordon ombilical, des cellules souches saines, à un frère ou une sœur malade.

❹ Il n'est pas admissible de sélectionner l'embryon, en particulier pour sa compatibilité immunologique avec un patient. C'est le traiter comme une chose. Ce n'est pas la reconnaissance parentale qui fait d'un embryon un embryon humain. L'enfant au stade embryonnaire s'impose de lui-même parce qu'il est un être humain et non une chose.

L'adoption

❺ Grâce à la générosité de beaucoup d'époux, des enfants orphelins ou abandonnés trouvent des familles d'adoption. L'adoption permet à ces enfants de trouver la chaleur d'un foyer où ils sont aimés et éduqués. Il existe malheureusement encore des situations inadmissibles de trafics d'enfants et de chantage à l'affection des familles adoptives. Par ailleurs, des enfants peuvent être placés par les organismes sociaux dans des familles d'accueil. Ces enfants doivent être traités avec la même affection que les enfants du couple adoptif ou du foyer d'accueil.

❻ Seul un couple stable composé d'un père et d'une mère d'adoption est en mesure d'assurer à l'enfant adopté ou accueilli l'équilibre affectif nécessaire à sa croissance. L'enfant comme tout être humain est une fin en soi, il ne peut servir de moyen de contenter un désir, par ailleurs compréhensible, de parenté. Un enfant doit être adopté pour lui-même. Les unions homosexuelles ne peuvent représenter l'altérité parentale dont les enfants ont besoin pour construire leur personnalité. Parler de droit à l'enfant de la part de couples incapables d'engendrer est un abus de langage. C'est l'enfant qui a des droits.

L'Évangile de la vie

Jean-Paul II,
Encyclique *Evangelium vitæ (1995).*

§ 43. En parlant d'« une participation spéciale » de l'homme et de la femme à l'« œuvre créatrice » de Dieu, le Concile veut souligner qu'engendrer un enfant est un événement profondément humain et hautement religieux, car il engage les conjoints, devenus « une seule chair » (Gn 2,24), et simultanément Dieu lui-même, qui se rend présent. Comme je l'ai écrit dans la Lettre aux Familles, « quand, de l'union conjugale des deux, naît un nouvel homme, il apporte avec lui au monde une image et une ressemblance particulières avec Dieu lui-même : dans la biologie de la génération est inscrite la généalogie de la personne. En affirmant que les époux, en tant que parents, sont des coopérateurs de Dieu Créateur dans la conception et la génération d'un nouvel être humain, nous ne nous référons pas seulement aux lois de la biologie ; nous entendons plutôt souligner que, dans la paternité et la maternité humaines, Dieu lui-même est présent selon un mode différent de ce qui advient dans toute autre génération "sur la terre". En effet, c'est de Dieu seul que peut provenir cette "image", cette "ressemblance" qui est propre à l'être humain, comme cela s'est produit dans la création. La génération est la continuation de la création ».

C'est ce qu'enseigne, dans un langage direct et parlant, le texte sacré qui rapporte le cri de joie de la première femme, « la mère de tous les vivants » (Gn 3,20). Consciente de l'intervention de Dieu, Ève s'écrie : « J'ai acquis un homme de par le Seigneur » (Gn 4,1). Dans la génération, quand la vie est communiquée des parents à l'enfant, se transmet donc, grâce à la création de l'âme immortelle, l'image, la ressemblance de Dieu lui-même. C'est dans ce sens que s'exprime le début du « livre de la généalogie d'Adam » : « Le jour où Dieu créa Adam, il le fit à la ressemblance de Dieu.

Homme et femme il les créa, il les bénit et leur donna le nom d'Homme", le jour où ils furent créés. Adam vécut cent trente ans, puis il engendra un fils à sa ressemblance et selon son image ; il l'appela du nom de Seth » (Gn 5,3). C'est précisément dans ce rôle de collaborateurs de Dieu qui transmet son image à la nouvelle créature que réside la grandeur des époux disposés « à coopérer à l'amour du Créateur et du Sauveur qui, par eux, veut sans cesse agrandir et enrichir sa propre famille ». Dans cette perspective, l'évêque Amphiloque exaltait le « mariage qui a du prix, qui est au-dessus de tout don terrestre » parce qu'il est comme « un créateur d'humanité, comme un peintre de l'image divine ».

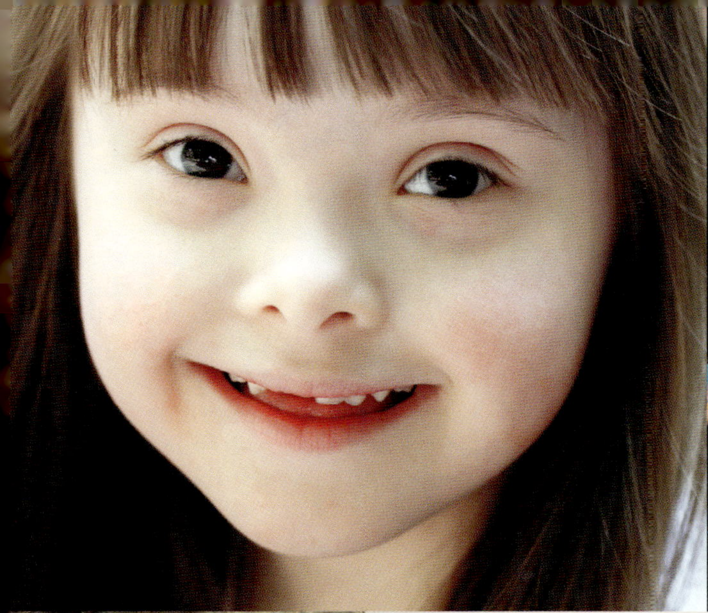

Respecter la vie

L'assistance médicale à la procréation (AMP)

La procréation peut désormais être réalisée au moyen de la technique d'insémination artificielle ou même par celle plus aberrante du clonage. L'Église joue son rôle de gardienne de la vérité de l'homme quand, à la lumière de la révélation et de la loi naturelle, elle dénonce l'usage arbitraire et immoral des techniques qui sont au détriment de la dignité de la personne et du caractère sacré de la vie. L'AMP est une technique de plus en plus fréquemment utilisée, qui va de l'insémination artificielle à la fécondation in vitro, l'implantation d'embryons en passant par les mères porteuses. L'Église nous enseigne que la procréation passe par l'acte qui unit deux êtres dans le but de se manifester leur amour, pour transmettre la vie. Toute intervention extérieure au couple qui remplace cet acte est déshumanisante. Ces pratiques posent la question du sort des embryons surnuméraires et celui des grossesses à embryons en surnombre qu'il faut éliminer dans le sein maternel.

L'avortement et l'euthanasie

Pour l'Église, la vie humaine existe à l'instant même de la constitution de l'ADN après la rencontre de l'ovule et du spermatozoïde. Donc tout avortement est une atteinte à la vie et, plus grave encore, à la vie du plus faible incapable de se défendre ! Un enfant qui n'est pas dans la norme, ou qui n'est pas conforme au souhait des parents, doit être accepté, parce qu'il est un être humain, digne de respect et qu'il ne nous appartient pas de disposer de la vie d'autrui. Il n'est pas permis de donner délibérément la mort à notre prochain même si la personne le demande.

La médecine au service de la vie

L'éthique médicale existe depuis Hippocrate. Le médecin est au service de la vie. Il cherche à guérir et à soulager des souffrances. Un médecin ne peut pas donner la mort. Il accompagne la vie jusqu'à son terme naturel. L'euthanasie n'est pas admise par le Code de déontologie médicale. Elle n'est pas moralement acceptable. Cependant l'éthique médicale ne prescrit pas l'acharnement thérapeutique. Elle recourt aux soins palliatifs. Elle arrête si nécessaire des traitements curatifs inefficaces.

❶ La vie commence au moment de la fécondation et finit avec la mort naturelle. Il n'y a pas de stade intra-utérin où l'embryon serait une chose, un pur amas de cellules. Il est un sujet humain avec une identité bien définie dès la fusion des gamètes. Décider qu'un embryon ne devient un embryon humain qu'à telle ou telle étape de son évolution, est un choix arbitraire. Le développement de l'être humain doit être préservé sur tout son parcours.

❷ Une éthique rigoureuse doit accompagner le diagnostic prénatal, dont le but est de déceler d'éventuelles anomalies et de les guérir ; on doit éviter de glisser dans des pratiques eugéniques. Des pressions intolérables sont quelquefois exercées sur les médecins, avec obligation de résultat, pour qu'ils décèlent des malformations génétiques éventuelles. Cette évolution soutient implicitement que le fœtus mal formé n'aurait pas la dignité suffisante pour mériter de vivre. Elle répond au fantasme de produire des enfants parfaits.

❸ Le clonage humain reproductif est moralement inacceptable. Il consiste à intervenir sur le contenu de l'acte procréateur, en produisant un embryon dont le génome est issu d'un seul être humain. Il fabrique des êtres humains hors de la participation de deux géniteurs. Un tel acte va à l'encontre des principes d'égalité des êtres humains et de non-discrimination. Le clonage humain thérapeutique à des fins de recherche ou en vue de créer des cellules souches embryonnaires, qui met en œuvre les mêmes techniques, n'est pas davantage admissible.

❹ Les thérapies cellulaires à partir de cellules souches ne peuvent être développées qu'à partir de cellules adultes ou prélevées sur le cordon ombilical. Toute conception utilitariste de l'embryon humain doit être rejetée. L'éthique interdit la création d'embryons humains à des fins de recherche. Elle ne permet pas non plus l'utilisation d'embryons surnuméraires mis à disposition par des laboratoires. Ces embryons ne sont pas des choses. Devant les fantasmes eugénistes et totalitaires toujours prêts à resurgir, l'humanité doit se prémunir par une claire affirmation des limites à ne pas transgresser en matière de biotechnologie. Le génome humain ne peut pas, en tant que tel, être breveté. Il n'est pas commercialisable.

❺ Parmi les techniques dites d'aide à la procréation, la fécondation *in vitro*, même homologue, accorde une place décisive à l'intervention du tiers médical. À la différence de la fécondation assistée, la fécondation *in vitro* extracorporelle est entièrement réalisée par un tiers. La technique de la fécondation *in vitro* entraîne en outre la fabrication d'embryons surnuméraires dont l'utilisation pose un problème éthique. Quant à la fécondation *in vitro* hétérologue, elle introduit dans le couple un tiers donneur anonyme. Le problème éthique posé est celui de la légitimité de faire naître un enfant qui n'est pas celui du couple.

L'éthique médicale

Benoît XVI,
***Discours à l'Académie pontificale pour la vie*, 23 février 2010.**

Les questions de bioéthique mettent souvent au premier plan le rappel de la dignité de la personne, un principe fondamental que la foi en Jésus Christ crucifié et ressuscité a toujours défendu, surtout lorsqu'il est négligé quand il s'agit de sujets plus simples et sans défense : Dieu aime chaque être humain de façon unique et profonde. Comme toute discipline, la bioéthique aussi a besoin d'un rappel capable de garantir une lecture cohérente des questions éthiques, qui, inévitablement, sont soulevées par les conflits d'interprétation possibles. C'est dans cet espace que s'ouvre le rappel normatif à la loi morale naturelle. La reconnaissance de la dignité humaine, en effet, en tant que droit inaliénable, trouve son premier fondement dans cette loi – qui n'est pas écrite par la main de l'homme, mais est inscrite par le Dieu Créateur dans le cœur de l'homme –, que toutes les législations sont appelées à reconnaître comme inviolable et que toute personne est tenue de respecter et de promouvoir.

Sans le principe fondamental de la dignité humaine, il serait très difficile de trouver une source des droits de la personne, et impossible d'arriver à un jugement éthique face aux conquêtes de la science qui interviennent directement dans la vie humaine. Il est par conséquent nécessaire de répéter avec fermeté qu'il n'existe pas de compréhension de la dignité humaine liée seulement à des éléments extérieurs comme le progrès de la science, les étapes de la formation de la vie humaine, ou une pitié facile devant des situations limites. Lorsque l'on invoque le respect de la dignité de la personne, il est fondamental qu'il soit complet, total, et sans contraintes, sauf celle de reconnaître que l'on se trouve toujours devant une vie humaine. Certes, la vie humaine connaît un développement propre, et l'horizon des recherches scientifiques et de la bioéthique est ouvert, mais il faut répéter que lorsqu'il s'agit de domaines relatifs à l'être humain, les scientifiques ne peuvent jamais penser qu'ils ont entre les mains seulement de la matière inanimée et manipulable. En effet, dès le premier instant, la vie de l'homme est caractérisée par le fait d'être vie humaine, et pour cette raison, elle est toujours, partout et malgré tout, porteuse d'une dignité propre. Sinon, nous nous trouverions toujours devant le danger d'une utilisation instrumentale de la science, avec cette inévitable conséquence de tomber facilement dans l'arbitraire, dans la discrimination et dans l'intérêt économique du plus fort.

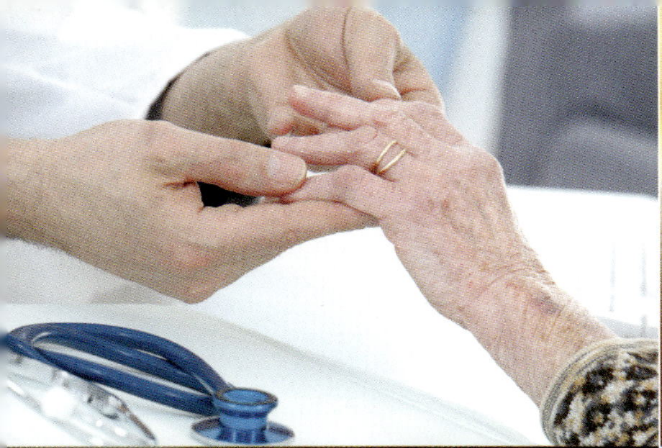
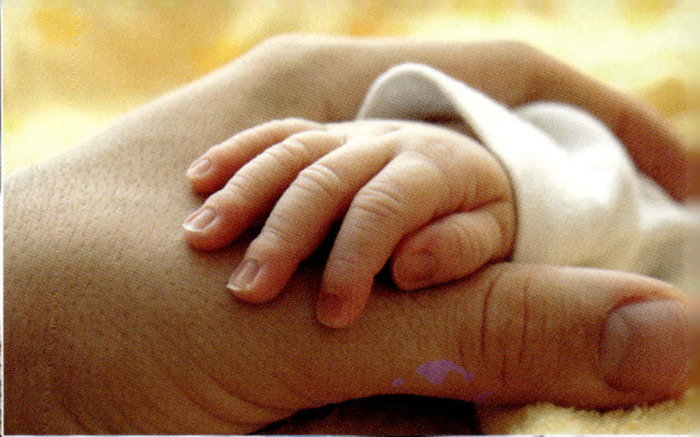
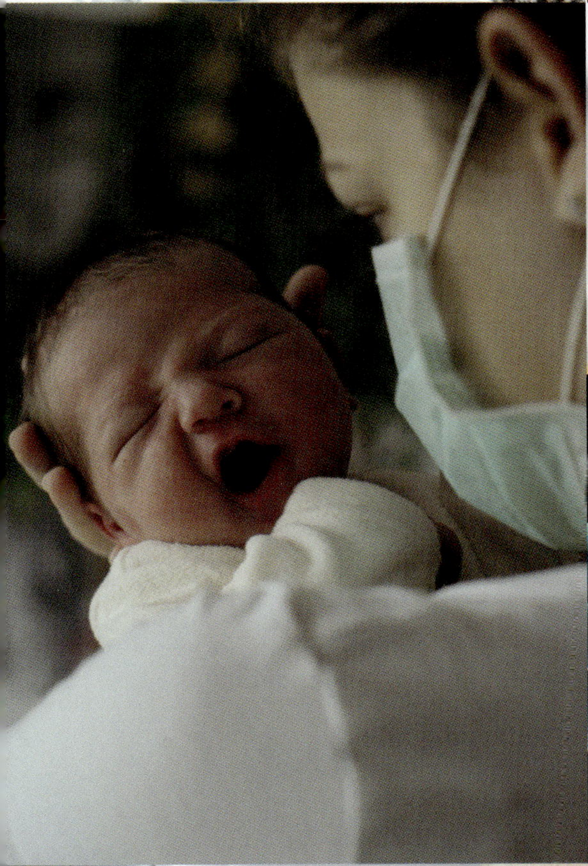

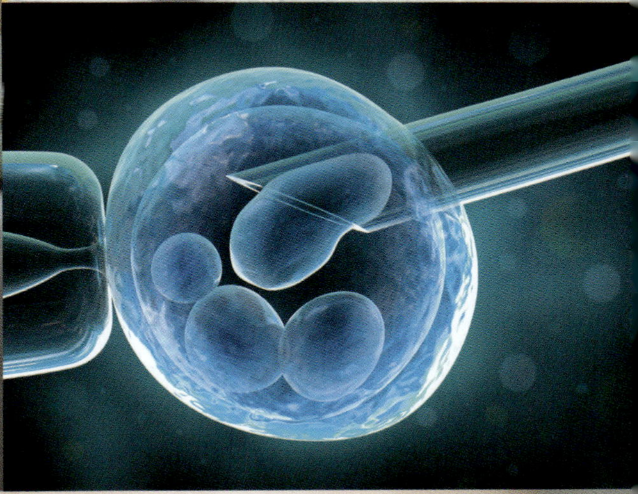

La doctrine sociale de l’Église

J'ai une dignité inaliénable

Qu'est ce que la doctrine sociale de l'Église?

La doctrine sociale de l'Église est l'enseignement que l'Église propose à tous les hommes concernant la vie en société. Cet enseignement fait appel à la raison et aux principes moraux communs à tous les hommes.
En 2004, le Conseil pontifical Justice et Paix a publié un *Compendium de la doctrine sociale de l'Église*. L'Église est au service de tous les hommes et de toutes les dimensions de l'homme. Tu comprends donc que l'Église puisse intervenir sur des sujets aussi divers que la liberté religieuse, le développement authentique de la personne humaine, la famille, la dignité au travail, le sens de la propriété, la politique, l'option préférentielle pour les pauvres, le développement durable, l'économie, le don...

La personne humaine

Le principe de base de la doctrine sociale de l'Église est la dignité de la personne humaine. Chaque personne humaine est image de Dieu. L'homme est un être social par nature. Il a besoin des autres pour exister.

Une dignité inaliénable

Chaque personne est digne de respect, quels que soient sa race, son sexe, son âge, sa nationalité, son origine, sa religion, son statut vis-à-vis de l'emploi, son niveau économique, sa santé, son intelligence, sa réussite ou n'importe quelle autre caractéristique. Le simple fait d'être un homme établit la dignité de tout être humain. À cause de cette dignité, la personne humaine n'est jamais, dans l'optique catholique, un moyen, mais toujours une fin. Autrement dit, nul ne peut disposer d'une personne comme s'il s'agissait d'un objet.

La personne est une fin en soi

La doctrine sociale de l'Église est fondée sur la personne humaine elle-même. Elle n'est pas une idéologie ni un système, mais une réflexion éthique sur l'organisation de la société. Chaque personne est unique, à la fois corporelle et spirituelle, dotée d'une conscience, d'intelligence et de volonté, autonome, capable de décision libre. La personne est le sujet identique qui se développe à travers les changements qui l'affectent tout au long de sa vie.

La personne, origine et fin de la vie sociale

❶ La personne humaine, insérée dans ses différentes communautés d'appartenance, est l'origine et la fin de toute la vie sociale. Cette affirmation centrale, sous-jacente aux déclarations des droits de l'homme, a sa racine dans la pensée chrétienne. Dans d'autres contextes culturels, la personne passe quelquefois au second plan derrière le groupe, l'État, la religion. Le premier principe moral universel est que les êtres humains doivent être traités humainement, et que nul – individu ou collectivité – ne peut disposer de la personne d'autrui comme d'une chose.

❷ Toutes les personnes ont en commun des inclinations ou tendances fondamentales innées comme la recherche du bonheur (de tout ce qui est éprouvé comme un bien) ; la conservation de soi (de sa propre intégrité physique et psychologique, de la sphère privée) ; la recherche de l'union entre l'homme et la femme, la procréation et l'éducation des enfants ; le besoin de vivre en communauté (besoin d'affection, d'amitié, d'amour), la recherche de la vérité (à tous les niveaux où accède l'intelligence) et le désir de s'y tenir quand on l'a découverte. Les personnes tendent naturellement à réaliser les potentialités inscrites dans leur être.

La personne, être social par nature

❸ Pour être une personne, l'être humain a besoin de vivre en société. Ce besoin n'est pas extérieur à l'homme et il ne peut y renoncer. Il est constitutif de lui-même. L'inclination innée à vivre en communauté avec d'autres se réalise dans des cercles concentriques de plus en plus vastes, marqués par la recherche de biens spécifiques à chacun : d'abord l'union intime de l'homme et de la femme dans le mariage avec l'accueil des enfants, le cercle familial plus large, le cercle des amis et des connaissances, les relations professionnelles, les associations librement choisies, la solidarité avec son propre peuple et sa culture, le sentiment national, le sens de l'appartenance enfin à l'humanité entière. Il y a une continuité entre ces différentes appartenances.

❹ La société doit garantir à chaque personne la protection de son humanité. Les facteurs qui font que l'être humain est une personne sont inaliénables et indisponibles. Ils sont résumés par le terme de dignité. La dignité est donnée avec la personne comme un donné irréductible et un programme à réaliser. Les principes et les valeurs éthiques ont leur racine dans la structure même des êtres humains, formulés par les diverses médiations culturelles et visent toujours à l'humanisation de l'homme.

L'égalité fondamentale de tous les êtres humains

❺ Tous les êtres humains, quels que soient leur race, religion, culture, âge ou rôle social, naissent et demeurent égaux en dignité humaine et en droits. Les différences naturelles entre les personnes quant à leur âge, leurs qualités physiques et intellectuelles, leur fonction dans la société, invitent chacun à apporter sa part à la réalisation du bien commun.

Tout être humain est une personne

Saint Jean XXIII,
Encyclique *Pacem in terris* (1963).

§ 9. Le fondement de toute société bien ordonnée et féconde, c'est le principe que tout être humain est une personne, c'est-à-dire une nature douée d'intelligence et de volonté libre. Par là même il est sujet de droits et de devoirs, découlant les uns et les autres, ensemble et immédiatement, de sa nature : aussi sont-ils universels, inviolables, inaliénables.

Deux philosophes chrétiens parlent de la personne.
Emmanuel Mounier, *Le Personnalisme*, Paris, P.U.F., 1949, pp. 7-8.

La personne n'est pas un objet. Elle est même ce qui dans chaque homme ne peut être traité comme un objet. Voici mon voisin : Il a de son corps un sentiment singulier que je ne puis éprouver ; mais je puis regarder ce corps de l'extérieur, en examiner les humeurs, les hérédités, la forme, les maladies, bref le traiter comme une matière de savoir physiologique, médical, etc. Il est fonctionnaire, et il y a un statut du fonctionnaire, une psychologie du fonctionnaire que je puis étudier sur son cas bien qu'ils ne soient pas lui tout entier et dans sa réalité compréhensive. Il est encore, de la même façon, un Français, un bourgeois, ou un maniaque, un socialiste, un catholique etc. Mais il n'est pas un Bernard Chartier : il est Bernard Chartier. Les mille manières dont je puis le déterminer comme un exemplaire d'une classe m'aident à le comprendre et surtout à l'utiliser, à savoir comment me comporter pratiquement avec lui. Mais ce ne sont que des coupes prises chaque fois sur un aspect de son existence. Mille photographies échafaudées ne font pas un homme qui marche, qui pense et qui veut. (...) Le meilleur des mondes d'Huxley est un monde où des armées de médecins et de psychologues s'attachent à conditionner chaque individu selon des renseignements minutieux. En le faisant du dehors et par autorité, en les réduisant tous à n'être que des machines bien montées et bien entretenues, ce monde surindividualisé est cependant l'opposé d'un univers personnel, car tout s'y aménage, rien ne s'y crée, rien n'y joue l'aventure d'une liberté responsable. Il fait de l'humanité une immense et parfaite pouponnière.

Jacques Maritain, *Humanisme intégral*, Aubier, Paris, 1936, p. 17-18.

C'est grâce au christianisme que nous disposons de la notion philosophique de « personne » : pour la pensée médiévale, l'être humain] était (...) une personne ; et l'on doit remarquer que cette notion de personne est une notion (...) qui s'est dégagée et précisée grâce à la théologie »... « Une personne, c'est un univers de nature spirituelle doué de la liberté de choix et constituant (...) un tout indépendant face au monde. Ni la nature ni l'État ne peuvent mordre sur cet univers sans sa permission. Et Dieu même, qui est et agit au-dedans, y agit d'une façon particulière et avec une délicatesse particulièrement exquise, qui montre le cas qu'il en fait : il respecte sa liberté, au cœur de laquelle il habite cependant ; il la sollicite, il ne la force jamais.

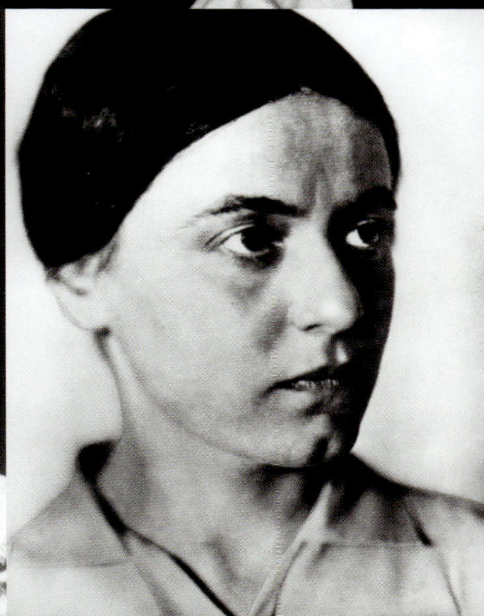

Faits les uns pour les autres

Un monde interdépendant

On appelle bien commun l'ensemble des conditions de la vie en société qui permettent aux personnes d'atteindre leur pleine potentialité et de réaliser leur dignité humaine. Parmi ces conditions, il convient de nommer le respect des personnes, le bien-être et le développement social du groupe et le maintien de la paix et de la sécurité par l'autorité publique. Aujourd'hui, dans un âge d'interdépendance globale, le principe du bien commun conduit au besoin de structures non seulement nationales, mais aussi internationales, seules aptes à promouvoir le développement des personnes et des familles.

L'engagement solidaire

La doctrine sociale de l'Église proclame que les hommes sont les gardiens les uns des autres où qu'ils se trouvent. Nous formons une seule famille humaine. Pratiquer la vertu de solidarité signifie qu'aimer son prochain comporte des dimensions globales dans un monde interdépendant. La solidarité nous appelle à mettre en commun tous nos efforts pour plus de justice.

L'option préférentielle pour les pauvres

Quand le sens de la communauté s'affaiblit, le souci du bien commun diminue. Un bon souci communautaire est l'antidote à un individualisme effréné qui peut détruire l'équilibre, l'harmonie et la paix au sein des groupes, des voisinages, des régions et des nations. Nous devons toujours avoir le souci d'aider les plus pauvres et les plus vulnérables. La parabole du jugement dernier nous enseigne que nous serons jugés pour ce que nous aurons fait pour soulager les affamés, les malades, les sans logis, les prisonniers. Cet enseignement constant de l'Église depuis les origines est exprimé aujourd'hui par le terme « d'option préférentielle pour les pauvres ».

Ce que toute société doit rechercher

Toute société se définit en fonction des fins qu'elle poursuit. On appelle bien commun la fin ou le but pour lequel une société est constituée.

❶ Puisque l'homme ne peut réaliser sa nature qu'en vivant avec d'autres, le bien commun recouvre tous les domaines de l'existence humaine où le concours de la société est nécessaire pour lui permettre de réaliser pleinement son humanité. Le bien commun est toujours à définir comme relatif à la nature humaine. Au-delà des intérêts de groupe, ethnique, professionnel ou autre, le bien commun n'est véritablement le patrimoine de tous les membres d'une société donnée que s'il représente la satisfaction des besoins inhérents à tout homme.

❷ Le bien commun est la raison d'être de la société. Le bien commun n'est pas la somme des biens ou des intérêts individuels. Il possède une consistance propre, car la société comme telle peut être amenée, pour survivre ou vivre mieux, à demander des sacrifices aux individus. Le bien commun doit toujours être clairement identifié : bien commun d'une entreprise, d'une université, d'une ville, d'un État, de l'humanité.

❸ Le bien commun inclut tous les biens, physiques, économiques, intellectuels, artistiques, spirituels qui ne sont accessibles à l'homme que grâce à la société. On peut dire que le bien commun est l'ensemble des conditions sociales qui permettent aux personnes et aux communautés humaines d'atteindre, grâce à leur insertion dans la société, leur plein épanouissement.

❹ Chaque société doit veiller à se procurer son bien commun. Le bien commun de la famille, du peuple, des corps intermédiaires, de l'État, de la société internationale, correspond à la finalité respective de chacune de ces formes de société. Le bien commun suppose que la cité tende à devenir une communauté et dépasse le stade des simples intérêts coordonnés. Les intérêts privés ou ceux des groupes doivent être subordonnés au bien commun.

❺ Le bien commun exige une autorité constituée à son service. Sans une autorité capable d'identifier et de servir le bien commun, la société se disloque, chacun de ses membres vaquant à ses intérêts personnels. L'autorité publique assure la cohésion de la société en incitant ses membres à promouvoir, chacun à sa mesure, le bien commun. L'autorité dans le domaine social et politique régule la vie sociale en produisant et en appliquant des normes de droit.

Définitions du bien commun

Pie XII,
Discours pour commémorer le 50e anniversaire de *Rerum Novarum* (1941).

§ 15. Sauvegarder le domaine intangible des droits de la personne humaine et lui faciliter l'accomplissement de ses devoirs, doit être le rôle essentiel de tout pouvoir public. N'est-ce pas là ce que comporte le sens authentique de ce bien commun que l'État est appelé à promouvoir ? D'où il suit que la charge de ce « bien commun » ne comporte pas un pouvoir si étendu sur les membres de la communauté qu'en vertu de ce pouvoir il soit permis à l'autorité publique d'entraver le développement de l'action individuelle..., de décider directement sur le commencement ou le terme de la vie humaine, de fixer à son gré la manière dont il devra se conduire dans l'ordre physique, spirituel, religieux ou moral, en opposition avec les devoirs et droits personnels de l'homme, et à telle fin d'abolir ou rendre inefficace le droit naturel aux biens matériels.

Saint Jean XXIII,
Encyclique *Pacem in terris* (1963).
La réalisation du bien commun, raison d'être des pouvoirs publics

§ 53. Tous les individus et tous les corps intermédiaires sont tenus de concourir, chacun dans sa sphère, au bien de l'ensemble. Et c'est en harmonie avec celui-ci qu'ils doivent pour suivre leurs propres intérêts et suivre, dans leurs apports – en biens et en services – les orientations que fixent les pouvoirs publics selon les normes de la justice et dans les formes et limites de leur compétence. Les actes commandés par l'autorité devront être parfaitement corrects en eux-mêmes, d'un contenu moralement bon, ou tout au moins susceptible d'être orienté au bien...

§ 57. Ici Nous devons attirer l'attention sur le fait que le bien commun concerne l'homme tout entier, avec ses besoins tant spirituels que matériels. Conçu de la sorte, le bien commun réclame des gouvernements une politique appropriée, respectueuse de la hiérarchie des valeurs, ménageant en juste proportion au corps et à l'âme les ressources qui leur conviennent.

Concile Vatican II,
Constitution *Gaudium et spes* (1965)

§ 26, 1 Parce que les liens humains s'intensifient et s'étendent peu à peu à l'univers entier, le bien commun, c'est-à-dire cet ensemble de conditions sociales qui permettent, tant aux groupes qu'à chacun de leurs membres, d'atteindre leur perfection d'une façon plus totale et plus aisée, prend aujourd'hui une extension de plus en plus universelle, et par suite recouvre des droits et des devoirs qui concernent tout le genre humain. Tout groupe doit tenir compte des besoins et des légitimes aspirations des autres groupes, et plus encore du bien commun de l'ensemble de la famille humaine.

Les conditions du bien commun

Pour réaliser le bien commun, toute société doit mettre en œuvre les principes suivants :

❶ **La liberté.** Il n'y a pas de société humaine sans liberté : liberté individuelle, liberté associative, liberté d'entreprendre. Les lois ont pour but de protéger et de rendre effectivement possible l'exercice des libertés.
Les restrictions que la société pose à l'exercice de certaines libertés sont motivées par le devoir de protéger la liberté des tiers, l'ordre et la moralité publics ainsi que l'État de droit.
L'éthique sociale s'appuie sur la personne qui a une exigence intrinsèque de liberté. Elle écarte deux conceptions incohérentes de la liberté :
– la liberté ne serait qu'une concession de la société, à qui reviendrait le pouvoir de la restreindre ou de la supprimer ;
– la liberté tenue pour absolue, qui impliquerait que l'homme soit le maître de l'univers.
La première vision est celle du totalitarisme, pour qui la collectivité décide de ce qui est bien ou mal pour les individus. La seconde est la liberté prométhéenne de l'homme qui se crée lui-même, façonne le monde au gré de ses désirs. L'une et l'autre conception ne sont pas réalistes.
Notre liberté ne peut s'exercer que dans la sphère de notre humanité.
La liberté s'exerce *dans/ contre* les exigences de la nature humaine.
Elle consiste à vouloir et faire ce qui est bon et juste.
La liberté est donnée avec la personne.
Elle n'est concédée par aucun pouvoir.
La liberté est liée à la vérité des êtres.
La liberté ne se conçoit pas sans la justice et la solidarité. Chacun doit toujours composer avec la liberté des autres. La justice est le service rendu à l'équilibre des libertés.

❷ **La vérité.** Chercher la vérité, c'est ouvrir l'esprit à ce qui est. Comme « ce qui est » est infini et complexe, nul ne peut prétendre connaître la vérité tout entière de manière définitive et exclusive. La vérité est comme un point de fuite jamais atteint, mais toujours offert à de nouvelles investigations.
La vérité est une, même si notre connaissance en est fragmentaire.
La vérité se laisse appréhender à partir de l'objet connu : vérité d'ordre physique ou d'au-delà de la physique.
La recherche de la vérité est une tendance fondamentale de la nature humaine. Elle doit toujours pouvoir être menée librement. Seule la recherche de la vérité de « ce qui est » permet aux membres d'une même société de converger vers un consensus et de progresser. Le souci de la vérité est la condition d'une vie sociale où prévaut la justice, le droit, l'honnêteté.
La notion de vérité est liée à celle de réalité. La vérité est dans les choses et dans les faits, non d'abord dans les représentations que l'on en a. D'une personne à l'autre ou d'un groupe à l'autre le même fait peut revêtir une signification différente. La convergence des points de vue n'est possible que si un fait résiste aux interprétations et se prête à une vérification toujours plus poussée. Selon les courants de pensée nominaliste, il n'existerait pas de vérité objective. On argumente que dans l'observation de l'infiniment petit, la réalité physique est altérée par l'observation elle-même.
Il faut répondre que l'observation ne supprime pas la réalité. Il n'y aurait pas de progrès scientifique et technique

sans une connaissance toujours plus approfondie de la structure du réel.
398 Dans le domaine éthique, la négation arbitraire de toute possibilité de vérité inscrite dans la structure des êtres humains conduit au règne de l'arbitraire pur et de la force pure. S'il n'y a pas de réalité sociale à explorer, il n'y a que des constructions de l'esprit qui en tiennent lieu. Les constructions de l'esprit – les idéologies – n'ont en effet cure de la réalité. Elles s'imposent non par l'évidence de ce qui est, mais par la force de contrainte de la propagande. Des esprits libres ne peuvent s'incliner que devant l'évidence de la vérité.
Dans une vision objective de l'ordre éthique immanent aux êtres humains en relation, la vérité n'appartient à personne en particulier, mais elle est juge de tous. Elle est une garantie pour les plus faibles dans une négociation ou une transaction. Toute la vie sociale, dans les domaines de l'économie, du travail, des médias, de la recherche scientifique, des administrations publiques, de la justice, doit obéir au critère de la vérité objective.
Nier l'existence d'une vérité dans les rapports humains, c'est condamner la société au règne des plus forts.

❸ **La solidarité.** La solidarité découle immédiatement de la double caractéristique de l'être humain : être personnel et être social. Le lien de solidarité entre personne et société est intérieur à la société elle-même. La société procède de la personne et la personne s'épanouit grâce à la société. La solidarité lie les membres de toutes les formes de société par l'échange des services auquel chacun est tenu et auquel chacun a droit. La solidarité a pour fondement la reconnaissance du fait que tous les humains sont égaux et qu'ils doivent vivre dans un esprit de fraternité.
La loi seule ne suffit pas à procurer la justice et la paix sociale. Il n'y a pas de justice sans affection sociale, sans fraternité, c'est-à-dire sans une attention sincère et spontanée aux besoins de l'autre. On ne peut imaginer la société sur le modèle d'une mécanique, qui serait gérée par le seul jeu de ses institutions, sans faire appel aux vertus morales des citoyens. Une société est portée intérieurement par ses membres. Elle n'est pas un cadre abstrait d'obligations et de droits imposés de l'extérieur.

La solidarité a un fondement naturel. Les êtres humains qui viennent au monde bénéficient de l'accumulation du travail de ceux qui les ont précédés : connaissances scientifiques, art de vivre, patrimoine culturel, religieux. La solidarité est l'antithèse de l'individualisme, qui ne conçoit la société que comme une mécanique utile pour équilibrer les intérêts individuels. La solidarité s'oppose aussi au collectivisme qui réduit l'être humain au rôle de rouage impersonnel de la mécanique économique et sociale.

❹ **La justice** assure « à chacun ce qui lui est dû ». La justice est la valeur suprême à laquelle peuvent prétendre les rapports sociaux. La justice est le ciment de la vie sociale. Elle suppose la conscience de l'autre, la notion de ce qui est dû et la prestation qui y correspond. Elle inclut l'honnêteté dans les rapports économiques et civils. La justice commutative concerne les rapports inter-personnels, y compris les rapports commerciaux, les rapports de travail, le système de protection sociale. Elle assure la parité des échanges. La justice distributive règle les rapports entre les organismes sociaux et leurs membres. La justice légale est exercée par le législateur. Elle accompagne la recherche du bien commun. Elle inspire et met en forme la justice sociale. Elle est contraignante. Dans la conception positiviste du droit, la justice se réduit à l'application du droit positif. Or si l'éthique précède le droit et lui fournit des valeurs et des principes, la justice, comme valeur éthique suprême de la vie sociale, doit précéder le droit. Le droit est la recherche permanente de la norme juste et sa mise en forme contraignante. La justice guide le droit. Alors que la famille est une cellule sociale pré-étatique où règne la communion des personnes dans l'affection et le secours mutuel, la société est maintenue par la justice, vertu que doivent intérioriser tous ses membres et que le droit doit rappeler. Il n'y a pas de justice sans un moteur interne qui pousse les personnes et la société à être toujours plus attentives aux besoins de l'autre. Ainsi le droit romain avait-il déjà considéré que l'équité est la perfection de la justice, car elle applique la norme avec plus de précision et de bienveillance à chaque cas particulier. Les jugements de justice doivent viser à l'équité. En amont de la justice, se situent la compassion et la charité, l'amour désintéressé du prochain, qui poussent à rechercher toujours plus de justice.

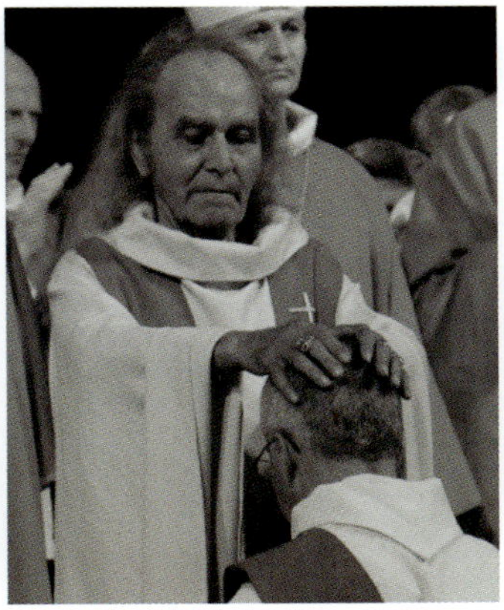

Une société bien ordonnée

Saint Jean XXIII,
Encyclique *Pacem in terris* (1963)

§ 35 – Voilà pourquoi une société n'est dûment ordonnée, bienfaisante, respectueuse de la personne humaine, que si elle se fonde sur la vérité, selon l'avertissement de saint Paul : « Rejetez donc le mensonge ; que chacun de vous dise la vérité à son prochain, car nous sommes membres les uns des autres » (Ép 4,25). Cela suppose que soient sincèrement reconnus les droits et les devoirs mutuels. Cette société doit, en outre, reposer sur la justice, c'est-à-dire sur le respect effectif de ces droits et sur l'accomplissement loyal de ces devoirs ; elle doit être vivifiée par l'amour, attitude d'âme qui fait éprouver à chacun comme siens les besoins d'autrui, lui fait partager ses propres biens et incite à un échange toujours plus intense dans le domaine des valeurs spirituelles. Cette société, enfin, doit se réaliser dans la liberté, c'est-à-dire de la façon qui convient à des êtres raisonnables, faits pour assurer la responsabilité de leurs actes.

§ 36 – La vie en société, vénérables frères et chers fils, doit être considérée avant tout comme une réalité d'ordre spirituel. Elle est, en effet, échange de connaissances dans la lumière de la vérité ; exercice de droit et accomplissement de devoirs ; émulation dans la recherche du bien moral ; émulation dans la noble jouissance du beau en toutes ses expressions légitimes ; disposition permanente à communiquer à autrui le meilleur de lui-même et aspiration commune à un constant enrichissement spirituel. Telles sont les valeurs qui doivent animer et orienter toutes choses : activité culturelle, vie économique, organisation sociale, mouvements et régimes politiques, législation et toute autre expression de la vie sociale dans sa continuelle évolution.

Dieu, fondement objectif de l'ordre moral

§ 37 – L'ordre propre aux communautés humaines est d'essence morale. En effet, c'est un ordre qui a pour base la vérité, qui se réalise dans la justice, qui demande à être vivifié par l'amour et qui trouve dans la liberté un équilibre sans cesse rétabli et toujours plus humain.

Achever la création

Le travail dans le plan de Dieu

Le travail est intimement lié à l'existence humaine. Dieu a confié la terre à l'homme pour qu'il en tire sa subsistance et la mette en valeur. « Le Seigneur Dieu prit l'homme et le conduisit dans le jardin d'Éden pour qu'il le travaille et le garde » (Gn 2,15). En unissant leurs efforts, les hommes ont à gérer la création et à poursuivre l'œuvre de Dieu.

Le sens du travail humain

Le travail est aussi synonyme de labeur et de peine. « C'est à la sueur de ton visage que tu gagneras ton pain » (Gn 3,19). Mais le travail n'a pas perdu sa noblesse ! Le travail transforme la nature hostile et permet à l'homme de développer son ingéniosité d'inventeur. Le Christ lui-même a honoré le travail manuel durant les années passées à Nazareth. Le travail peut devenir offrande à Dieu. Il n'est donc pas quelque chose d'extérieur à l'homme, mais il est un moyen providentiel de perfectionnement humain et de participation à l'œuvre du salut.

Les droits des travailleurs

Les droits fondamentaux des travailleurs doivent être respectés : le droit à un travail productif, à un salaire convenable et juste, le droit d'adhérer à des syndicats, le droit à la propriété privée et à l'initiative économique. Beaucoup voudraient travailler mais ne trouvent pas d'emploi. Le chômage est un mal qu'il faut combattre résolument. Le repos hebdomadaire, en particulier le dimanche, fait partie des droits des travailleurs. L'activité économique et le rendement ne sont pas une fin en soi. Ceux qui ont la chance d'avoir un emploi ne doivent pas se laisser entièrement absorber par leur travail, mais ménager un espace de gratuité et consacrer du temps à Dieu et à leurs proches.

Collaborer à l'œuvre de Dieu

L'activité économique met en jeu la liberté des personnes, la satisfaction des besoins, la mise en œuvre du capital et du travail, et la recherche du bien commun. Dans ce processus, la personne ne doit jamais devenir un moyen, car elle est la fin de l'activité économique. L'activité économique procure non seulement les biens et les services nécessaires à la vie matérielle, mais aussi les biens intellectuels, esthétiques, spirituels indispensables à l'humanité. L'activité économique est le premier terrain sur lequel les hommes se rencontrent, mettent en commun leurs avoirs, leurs savoirs et leur créativité.

❶ Le travail

Qu'il soit créatif ou pénible, le travail fait partie de la condition humaine. Il est facteur de réalisation de soi, d'insertion dans la société et de participation à la transformation du monde. Le travail permet d'acquérir l'autonomie nécessaire pour vivre et entretenir une famille.

Les conditions du travail ne cessent d'évoluer. L'éthique exclut toute forme de travail dégradant ou servile et toute forme d'exploitation des hommes par le travail.

La vision biblique a insufflé à la notion de travail une dimension particulière : il est transformation et aménagement de l'univers, source d'autonomie, de croissance et de développement pour le travailleur, et source de soutien pour ceux qui ne sont pas en état de travailler.

Du point de vue éthique, il est naturel que tout être humain qui en est capable, puisse gagner sa vie par son travail.

Il est injuste de dépendre de la société lorsqu'on est en état de se prendre soi-même en charge. La solidarité des proches et de la société commence là où finit la capacité d'une personne de se prendre en charge. Saint Paul défend ce double principe (cf. 2Th 3,10).

❷ Le droit au travail et dans le travail

Le droit au travail est affirmé dans les textes internationaux. Il est à comprendre comme une obligation morale faite à la société de créer les conditions pour que tous ses membres puissent vivre de leur travail. Ce droit suppose qu'il n'y ait pas, à compétences égales, de discriminations pour motifs d'origine ethnique, de religion, de sexe ou autre, quant au recrutement, au salaire, au plan de carrière.

Les femmes sont les égales des hommes dans le travail. Le travail des enfants doit être interdit.

Du point de vue éthique, le travail prime toujours sur la rentabilité du seul capital. Or, la recherche des gains de productivité et la robotisation réduisent l'apport du travail humain. La création d'entreprises doit être encouragée et accompagnée de mesures fiscales adéquates.

❸ Les conditions de travail

L'égalité devant le travail et le respect de la dignité inhérente à chaque être humain exigent que soient bannies les conditions de travail illégal imposées à des immigrés ou à des sans-papiers. Ces formes d'exploitation par le travail sont inadmissibles. La précarité du travail ne doit pas être acceptée comme une structure durable du marché de l'emploi. Le travailleur doit pouvoir compter sur un emploi stable.

Le salaire doit être proportionnel au niveau de responsabilité et au service rendu dans l'entreprise ou l'administration. Le salaire doit correspondre aux possibilités réelles de l'économie et assurer au salarié et à sa famille la possibilité de vivre décemment. L'écart excessif des salaires est immoral.

L'entreprise et le marché

❶ L'entreprise

L'éthique sociale reconnaît toute l'importance de l'entreprise, comme communauté humaine de capital et de travail en vue de produire des biens et des services utiles au mieux être de la société. L'initiative économique est un droit lié à la liberté de la personne. Chaque entreprise, parce qu'elle crée des richesses et des emplois, contribue au bien commun de toute la société. Elle doit accentuer sa dimension de communauté humaine de travail. La rationalité économique qui guide les choix d'investissement, d'embauche, de recherche d'un marché doit inclure le développement des personnes qui collaborent à la croissance de l'entreprise. L'entreprise assume une responsabilité devant la société.

❷ Le marché

Le modèle économique qui répond le mieux aux aspirations à la liberté et aux critères d'efficacité est le marché. Le marché doit être ouvert à la saine compétition. Le marché est le mécanisme naturel le plus apte à prendre en compte les besoins humains en biens et en services. Mais il n'est pas en mesure de satisfaire seul tous les besoins selon les exigences de la justice. Il est des services mieux assurés par la collectivité, comme l'éducation, la fourniture d'énergie, les transports, les soins hospitaliers.

❸ Marchés financiers et commerce international

Il arrive que les transactions purement financières ne correspondent plus aux échanges réels de biens et de services opérés sur le marché. L'économie financière acquiert alors une sorte d'autonomie qui peut induire des phénomènes déstabilisateurs pour la croissance et l'emploi aussi bien dans les pays d'où proviennent les capitaux que pour ceux où ils sont investis. Les marchés financiers internationaux échappent en général à toute réglementation et contrôle. Des profits d'origine purement spéculative sont réalisés sans lien avec la production réelle. Pour que le profit financier soit justifié du point de vue éthique, il faut qu'il soit lié au risque pris pour créer des richesses réelles.

❹ L'économie sociale de marché et la régulation

Le marché a besoin de se déployer dans un cadre juridique qui en assure le contrôle. La société par ses institutions démocratiques et son système judiciaire, doit rester maîtresse de son système économique. Le contrôle a pour but de favoriser le développement durable, le respect des règles du jeu, la protection des plus faibles, la juste redistribution du produit de l'activité économique. L'économie doit développer ses propres règles éthiques internes.

La régulation du marché par l'autorité publique se fait par la politique budgétaire, la politique du crédit, la fiscalité, la protection sociale, le cadre juridique. Les moyens dont dispose l'État lui permettent de créer des conditions favorables à la croissance et à l'emploi et à renforcer la solidarité entre ceux qui ont un travail et ceux qui n'en ont pas, ainsi qu'entre les générations. La société civile avec les associations prend aussi en charge un grand nombre de besoins que ni l'entreprise ni l'État ne sont capables d'assumer.

La solidarité envers les plus pauvres doit être le souci de tout État de droit.

Le progrès économique doit être orienté à l'intégration des hommes et femmes en âge de travailler dans le processus de production et d'échange. La croissance des uns ne doit pas se faire au prix de la marginalisation des autres, qu'il s'agisse des personnes, de groupes sociaux ou de pays entiers.

La dignité du travail

Saint Jean-Paul II,
Encyclique *Laborem exercens* (1981).

§ 4. L'Église est convaincue que le travail constitue une dimension fondamentale de l'existence de l'homme sur la terre. Elle est confirmée dans cette conviction par la prise en compte de l'ensemble du patrimoine des multiples sciences consacrées à l'homme : l'anthropologie, la paléontologie, l'histoire, la sociologie, la psychologie, etc. ; toutes semblent témoigner de cette réalité de façon irréfutable. Toutefois, l'Église tire cette conviction avant tout de la source qu'est la parole de Dieu révélée, et c'est pourquoi ce qui est une conviction de l'intelligence acquiert aussi le caractère d'une conviction de foi. La raison en est que l'Église – il vaut la peine de le noter dès maintenant – croit en l'homme : elle pense à l'homme et s'adresse à lui, non seulement à la lumière de l'expérience historique ou avec l'aide des multiples méthodes de la connaissance scientifique, mais encore et surtout à la lumière de la parole révélée du Dieu vivant.

Saint Jean-Paul II,
Encyclique *Centesimus annus* (1991).

§ 41. L'aliénation avec la perte du sens authentique de l'existence est également une réalité dans les sociétés occidentales. On le constate au niveau de la consommation lorsqu'elle engage l'homme dans un réseau de satisfactions superficielles et fausses, au lieu de l'aider à faire l'expérience authentique et concrète de sa personnalité. Elle se retrouve aussi dans le travail, lorsqu'il est organisé de manière à ne valoriser que ses productions et ses revenus sans se soucier de savoir si le travailleur, par son travail, s'épanouit plus ou moins en son humanité, selon qu'augmente l'intensité de sa participation à une véritable communauté solidaire, ou bien que s'aggrave son isolement au sein d'un ensemble de relations caractérisé par une compétitivité exaspérée et des exclusions réciproques, où il n'est considéré que comme un moyen, et non comme une fin.

Benoît XVI,
Encyclique *Caritas in veritate* (2009).

§ 35. Lorsqu'il est fondé sur une confiance réciproque et générale, le marché est l'institution économique qui permet aux personnes de se rencontrer, en tant qu'agents économiques, utilisant le contrat pour régler leurs relations et échangeant des biens et des services fongibles entre eux pour satisfaire leurs besoins et leurs désirs. Le marché est soumis aux principes de la justice dite commutative, qui règle justement les rapports du donner et du recevoir entre sujets égaux. Mais la doctrine sociale de l'Église n'a jamais cessé de mettre en évidence l'importance de la justice distributive et de la justice sociale pour l'économie de marché elle-même, non seulement parce qu'elle est insérée dans les maillons d'un contexte social et politique plus vaste, mais aussi à cause de la trame des relations dans lesquelles elle se réalise. En effet, abandonné au seul principe de l'équivalence de valeur des biens échangés, le marché n'arrive pas à produire la cohésion sociale dont il a pourtant besoin pour bien fonctionner. Sans formes internes de solidarité et de confiance réciproque, le marché ne peut pleinement remplir sa fonction économique. Aujourd'hui, c'est cette confiance qui fait défaut, et la perte de confiance est une perte grave.

Libre pour Dieu

L'article 18 de la Déclaration universelle des Droits de l'homme de 1948 dit que « toute personne a droit à la liberté de pensée, de conscience et de religion ; ce droit implique la liberté de changer de religion ou de conviction ainsi que la liberté de manifester sa religion ou sa conviction, seul ou en commun, tant en public qu'en privé, par l'enseignement, les pratiques, le culte et l'accomplissement des rites. » Or, on constate aujourd'hui que la liberté religieuse est bafouée dans certains pays par des persécutions, des discriminations, des actes de violence et d'intolérance.

Un droit de la personne humaine

Dans la perspective chrétienne, le droit à la liberté religieuse s'enracine dans la dignité même de la personne humaine. Tout homme créé libre à l'image de Dieu a le droit de suivre sa conscience et de ne pas être soumis à des contraintes extérieures en matière de religion. Nier ou limiter de manière arbitraire la liberté religieuse signifie cultiver une vision réductrice de la personne humaine.
Il existe aujourd'hui des formes subtiles d'hostilité envers la religion. Dans les pays occidentaux par exemple, se manifestent des attitudes de reniement de l'histoire et des symboles religieux dans lesquels se reflètent l'identité et la culture de la majorité des citoyens.

La liberté religieuse, chemin vers la paix

Mettre dans l'ombre le rôle public de la religion signifie engendrer une société injuste, qui n'est pas en harmonie avec la vraie nature de la personne humaine. Le monde a besoin de Dieu, de valeurs morales et spirituelles. La religion ne peut être imposée de l'extérieur. La liberté de religion est une condition des autres libertés. Le droit civil à la liberté de religion ne signifie pas que toutes les religions se valent. Ce sont les personnes qui ont des droits. Pour nous chrétiens, la liberté est toujours orientée vers la vérité. Nous proclamons que le Christ est la vérité.

Libre pour adhérer à la vérité

La Déclaration du concile Vatican II sur la liberté religieuse (1965) est bâtie sur les principes suivants.

❶ La liberté religieuse doit être mise en rapport avec la vérité qu'est Dieu. Dieu a créé les hommes libres de se tourner vers lui ou de le rejeter. Dieu ne veut pas être vénéré sous la contrainte. On appelle liberté religieuse la liberté civile et sociale dont toute personne doit disposer vis-à-vis de l'autorité publique et vis-à-vis des autres personnes.
La liberté religieuse est donc comprise comme une immunité de toute contrainte dans la vie sociale. Cette immunité garantit à chaque personne la possibilité de rechercher la vérité sur Dieu et de s'y tenir une fois qu'elle l'a découverte.

❷ La liberté religieuse suppose la liberté de conscience, les choix de la conscience étant sans appel en matière de religion. Cependant la conscience n'est pas souveraine devant la vérité. Elle doit être informée et intégrer toujours plus d'éléments pour se former un jugement sûr. La liberté religieuse est un droit humain fondamental, non une déclaration en faveur du relativisme religieux.

❸ La liberté de religion est une liberté dans l'espace social, car la religion n'est pas seulement une adhésion intérieure à une vérité ultime, mais une vie de foi partagée avec d'autres dans des actes de culte, dans l'enseignement, la pratique de la charité.

❹ La liberté religieuse inclut: la liberté pour les communautés religieuses de s'organiser selon leurs propres normes, de désigner librement leurs pasteurs, de posséder les biens meubles et immeubles nécessaires à la poursuite de leur mission, de former leurs ministres et de pratiquer des formes de solidarité et d'entraide sociale.

❺ La liberté religieuse pose des exigences à l'autorité publique. Celle-ci n'a pas à prendre d'option sur l'existence de Dieu ou la religion. L'État est lié non par une religion mais par l'éthique naturelle. Il doit donc créer les conditions de l'exercice de la liberté religieuse pour tous. L'État ne doit imposer ni prohiber aucune religion. La «laïcité» est un devoir de l'État qui doit respecter toutes les religions, tout en veillant à remplir ses devoirs propres concernant l'ordre public, la santé et la moralité publiques ainsi que la protection des droits des tiers.

❻ La «laïcité» ne concerne pas la société d'où l'expression religieuse ne peut être bannie. La notion d'ordre public doit être comprise comme définie par la loi et non par un acte administratif arbitraire. Elle inclut aussi le respect des traditions d'un peuple lorsque celui-ci est historiquement marqué par une religion.

❼ Le christianisme a inspiré l'idée de distinction entre le domaine de la vie civile et le domaine de la vie religieuse, entre l'État et l'Église. Cette distinction est fondamentale pour la liberté des personnes et la démocratie. Cette distinction n'apparaît pas dans d'autres contextes religieux, où par religion on entend aussi un genre de vie et un système de droit contraignant pour tous.

❽ La religion se pratique en communauté. Toute communauté religieuse a une structure visible qui a droit à une reconnaissance juridique de la part de l'État.

Une liberté civile et sociale

Concile Vatican II,
Déclaration *Dignitatis humanæ*
(1965)

Objet et fondement de la liberté religieuse.

§ 2. Ce Concile du Vatican déclare que la personne humaine a droit à la liberté religieuse. Cette liberté consiste en ce que tous les hommes doivent être exempts de toute contrainte de la part tant des individus que des groupes sociaux et de quelque pouvoir humain que ce soit, de telle sorte qu'en matière religieuse nul ne soit forcé d'agir contre sa conscience ni empêché d'agir, dans de justes limites, selon sa conscience, en privé comme en public, seul ou associé à d'autres. Il déclare, en outre, que le droit à la liberté religieuse a son fondement réel dans la dignité même de la personne humaine telle que l'ont fait connaître la parole de Dieu et la raison elle-même. Ce droit de la personne humaine à la liberté religieuse dans l'ordre juridique de la société doit être reconnu de telle manière qu'il constitue un droit civil.

En vertu de leur dignité, tous les hommes, parce qu'ils sont des personnes, c'est-à-dire doués de raison et de volonté libre, et, par suite, pourvus d'une responsabilité personnelle, sont pressés, par leur nature même, et tenus, par obligation morale, à chercher la vérité, celle tout d'abord qui concerne la religion. Ils sont tenus aussi à adhérer à la vérité dès qu'ils la connaissent et à régler toute leur vie selon les exigences de cette vérité. Or, à cette obligation, les hommes ne peuvent satisfaire, d'une manière conforme à leur propre nature, que s'ils jouissent, outre de la liberté psychologique, de l'exemption de toute contrainte extérieure. Ce n'est donc pas sur une disposition subjective de la personne, mais sur sa nature même, qu'est fondé le droit à la liberté religieuse. C'est pourquoi le droit à cette exemption de toute contrainte persiste en ceux-là mêmes qui ne satisfont pas à l'obligation de chercher la vérité et d'y adhérer ; son exercice ne peut être entravé, dès lors que demeure sauf un ordre public juste.

« Heureux les artisans de paix »

La paix, un don de Dieu

« Je vous laisse la paix, je vous donne ma paix. Ce n'est pas à la manière du monde que je vous la donne » (Jn 14,27). Pour construire la paix, notre socle est donc le Seigneur : « C'est lui, le Christ, qui est notre paix : des deux, le Juif et le païen, il a fait une seule réalité ; par sa chair crucifiée, il a détruit ce qui les séparait, le mur de la haine » (Ép 2,14). La paix est un don de Dieu et en même temps un projet à mettre en œuvre, jamais complètement achevé.

Deux menaces

Parmi les menaces qui œuvrent contre la paix, deux sont très actuelles. La première menace est la négation de Dieu. Le « non » à Dieu produit de la cruauté et provoque une violence sans mesure, parce que l'homme ne reconnaît plus aucune norme ni aucun juge au-dessus de lui. L'absence de Dieu conduit à la négation de l'homme et de l'humanisme. Les horreurs des camps de concentration montrent en toute clarté les conséquences de la négation de Dieu. La deuxième menace est le terrorisme. Ce dernier est souvent justifié par une référence à la religion. La religion est pervertie lorsqu'elle justifie la violence et n'est pas au service de la paix.

Les jeunes, artisans de paix

L'éducation à la paix est la manière dont tu peux contribuer à construire l'avenir et à faire de ce monde un endroit pacifique où il fait bon vivre. L'éducation à la paix te demande de te poser les questions suivantes : Qu'est-ce que la paix ? La paix existe-t-elle dans ma vie ? Où ? En classe ? Dans ma famille ? Dans ma communauté ? Dans ma ville ? Dans mon pays ? Dans quelle partie de ma vie dois-je faire régner plus de paix ? Qu'est-ce qu'il faut que j'apprenne ? Comment puis-je me servir de ce que j'apprends ?

« L'œuvre de la justice c'est la paix »

La réflexion éthique a toujours conçu la paix comme le fruit du respect de l'ordre inscrit dans la nature des êtres, le signe tangible que les rapports humains se déroulent dans la justice et la vérité. La paix commence par s'établir dans notre propre personne : la paix de l'âme et du corps, avec la vie et la santé ; elle se poursuit dans la maison familiale lorsqu'il y a entente et aide mutuelle ; elle s'étend à la cité, lorsqu'il y a concorde des citoyens dans la justice ; elle se prolonge dans les relations entre les nations lorsqu'elles sont inspirées par le droit et la justice. La paix doit donc prendre en compte les exigences fondamentales de la nature humaine : la dignité intrinsèque des personnes, leur besoin de liberté, de vérité et de justice. L'absence de guerre n'est pas synonyme de paix.

❶ La paix est le bien de tous les hommes. Plus que jamais une culture de la paix, renforcée par les différentes traditions religieuses et philosophiques de l'humanité s'avère nécessaire. Développer une culture de la paix suppose que soient respectées les exigences universelles de la personne, que la faim et la pauvreté soient vaincues, que la solidarité soit mise en pratique et que les situations d'injustice structurelle soient dénoncées et surmontées, que les droits des peuples soient reconnus.

❷ Une culture de la paix exige que les régimes politiques oppressifs soient remplacés par des gouvernements respectueux des droits de l'homme et que les conflits ne soient plus réglés par les armes, mais par le droit. Si la justice revient dans les rapports interpersonnels, elle s'élargira jusqu'aux rapports internationaux, car la prise de conscience de la dignité de l'autre et de ses besoins est le premier pas vers la reconnaissance mutuelle que tous les hommes partagent une même destinée terrestre. Une culture de la paix sera donc attentive à éliminer les causes qui alimentent les conflits. En particulier, elle encouragera la coopération entre les nations de manière à rendre leurs intérêts à ce point interdépendants qu'un recours à la guerre soit rendu impossible.

❸ L'humanité doit pouvoir tirer de ses ressources religieuses et philosophiques une culture de la non-violence. La paix se construit ensemble ; elle ne peut être imposée unilatéralement. La violence détruit ce qu'elle prétend défendre : la dignité, la vie, la liberté des êtres humains. Concrètement, la culture de la non-violence doit disposer les esprits dès l'école à apprécier le dialogue, la négociation, le compromis, dans la vérité et le respect mutuel. Le principe de la non-violence n'exclut pas l'emploi de la force, entendue comme instrument coercitif, que l'autorité légitime peut être amenée à utiliser pour faire respecter le droit.

❹ Le métier des armes est au service de la sécurité et de la défense d'une population et d'un pays. La guerre préventive ne peut être envisagée que sous mandat international pour prévenir la menace d'une agression imminente. Seule la guerre défensive se justifie. La guerre juste classique (non nucléaire) est celle qui respecte des critères de moralité, tels que la juste cause, l'ultime recours, l'autorité légitime, l'objectif de réparer ou de repousser une injustice, la proportionnalité, l'immunité des non combattants, le respect des conventions internationales et du droit humanitaire.

La paix véritable

Concile Vatican II,
Constitution *Gaudium et spes* (1965).

§ 78. La nature de la paix

1. La paix n'est pas une pure absence de guerre et elle ne se borne pas seulement à assurer l'équilibre de forces adverses ; elle ne provient pas non plus d'une domination despotique, mais c'est en toute vérité qu'on la définit « œuvre de justice » (Is 32,17). Elle est le fruit d'un ordre inscrit dans la société humaine par son divin fondateur, et qui doit être réalisé par des hommes qui ne cessent d'aspirer à une justice plus parfaite. En effet, encore que le bien commun du genre humain soit assurément régi dans sa réalité fondamentale par la loi éternelle, dans ses exigences concrètes il est pourtant soumis à d'incessants changements avec la marche du temps : la paix n'est jamais chose acquise une fois pour toutes, mais sans cesse à construire. Comme de plus la volonté humaine est fragile et qu'elle est blessée par le péché, l'avènement de la paix exige de chacun le constant contrôle de ses passions et la vigilance de l'autorité légitime.

2. Mais ceci est encore insuffisant. La paix dont nous parlons ne peut s'obtenir sur terre sans la sauvegarde du bien des personnes, ni sans la libre et confiante communication entre les hommes des richesses de leur esprit et de leurs facultés créatrices. La ferme volonté de respecter les autres hommes et les autres peuples ainsi que leur dignité, la pratique assidue de la fraternité sont absolument indispensables à la construction de la paix. Ainsi la paix est-elle aussi le fruit de l'amour qui va bien au-delà de ce que la justice peut apporter.

3. La paix terrestre qui naît de l'amour du prochain est elle-même image et effet de la paix du Christ qui vient de Dieu le Père. Car le Fils incarné en personne, prince de la paix, a réconcilié tous les hommes avec Dieu par sa croix, rétablissant l'unité de tous en un seul peuple et un seul corps. Il a tué la haine dans sa propre chair (Ép 2,16) et, après le triomphe de sa résurrection, il a répandu l'Esprit de charité dans le cœur des hommes.

Notre histoire

Une histoire qui continue de s'écrire

1. Les trois premiers siècles

L'expansion du christianisme se développe vers l'Est et vers l'Ouest autour de la Méditerranée. Ce sont des chrétiens anonymes qui propagent la foi, surtout des marchands et des soldats. Le monde araméen est touché en Mésopotamie, autour d'Edesse, puis l'Arménie, la Perse, jusqu'en Inde. Le phénomène chrétien est encore essentiellement urbain. À la fin du IIIe s., le christianisme a pénétré en Égypte, Syrie, Asie Mineure, Afrique du nord (Tunisie), Italie, Espagne du Sud et vallée du Rhône.

Le IIe s. est celui des Apologistes qui, comme Justin, Clément d'Alexandrie, Méliton de Sardes défendent les chrétiens des calomnies qui circulaient à leur encontre.

Ce sont trois siècles de persécutions. Les chrétiens sont perçus par la société et le pouvoir romain comme des éléments allogènes qui ne s'intègrent pas dans les pratiques de la vie courante, marquée par l'idolâtrie et l'immoralité. Les chrétiens refusent le culte impérial. Des martyrs célèbres comme Blandine à Lyon, Justin à Rome, Lucie à Syracuse, illustrent le mot de Tertullien : « Le sang des martyrs est une semence de chrétiens. »

L'Église met au point son canon des Écritures, sa discipline des sacrements de l'initiation, ses ministères (évêque, presbytres, diacres), avec l'ordre des veuves et des vierges. Déjà, les Églises locales se regroupent autour de l'évêque de la métropole, chef lieu de la province romaine. Les premiers synodes ont lieu pour résoudre la question de la date de Pâques.

Le christianisme a dû se démarquer d'un courant de pensée qui lui empruntait des éléments en les dénaturant : la gnose. Saint Irénée a écrit un long traité contre les gnostiques qui niaient la réalité de la rédemption et spéculaient sur l'origine de la parcelle divine enfouie en chaque être et les conditions de son retour au plérôme divin.

2. L'âge d'or des Pères (IVe-VIe s.)

La paix de l'Église consécutive à l'édit de Milan de 313 ouvre une nouvelle ère. L'empereur Constantin donne aux chrétiens la liberté de culte et leur restitue leurs biens confisqués sous la persécution. Il favorise le développement de l'Église, construit les premières basiliques à Jérusalem et à Rome. Il s'inquiète des divisions doctrinales qui se manifestent en Afrique du Nord (les donatistes) et en Égypte (Arius). Dans l'intérêt de l'unité de l'Empire il intervient pour convoquer des synodes. Il convoque le premier concile œcuménique à Nicée (325) où est définie la pleine divinité du Christ contre les Ariens. Il faudra attendre une soixantaine d'année pour que Nicée soit confirmé par le concile de Constantinople (381). Dans l'intervalle, des empereurs ariens,

soutenus par des évêques orientaux, tentent de revenir sur la définition de Nicée. L'empereur Théodose met fin aux controverses. Avec l'édit de Thessalonique (380) il fait du christianisme la religion officielle de l'empire.

Les IVe-VIe siècles représentent l'âge d'or des Pères de l'Église. Citons en Orient les trois Cappadociens : Grégoire de Nysse, Grégoire de Naziance, Basile de Césarée. Ils sont à l'origine des définitions du concile de Constantinople sur la divinité du Saint-Esprit. Il faut ajouter Athanase d'Alexandrie et saint Jean Chrysostome. En Occident nous connaissons saint Jérôme, saint Ambroise de Milan, saint Hilaire de Poitiers, et surtout saint Augustin d'Hippone, dont la doctrine marquera tout le Moyen Âge.

L'Église renforce ses structures. Sur le modèle des circonscriptions civiles, elle se donne des superstructures régionales, les patriarcats (Alexandrie, Antioche, Constantinople, Jérusalem, et Rome pour tout l'Occident). Le christianisme pénètre les milieux ruraux.

Les presbytres vont exercer au milieu de leurs communautés quelques-unes des attributions sacramentelles de l'évêque : baptême, eucharistie, réconciliation.

Saint Martin de Tours est le grand évangélisateur des campagnes de la Gaule.

Fin IIIe s., le monachisme fait son apparition avec saint Antoine dans le désert en Égypte. Il se développera d'abord en Orient, autour de la règle de saint Basile, puis en Occident avec Jean Cassien, Honorat de Lérins, Césaire d'Arles et saint Benoît dont la Règle donne sa structure au monachisme occidental.

Des divisions irrémédiables déchirent l'Église en Orient. Les Nestoriens

refusent le concile d'Éphèse (431) et ceux qu'on appelle Monophysites (Arménie, Syrie, Égypte) celui de Chalcédoine (451).

3. Les siècles dits médiévaux (VIe-XVe s.)

La civilisation romaine ne connaît pas de rupture jusqu'à la fin de l'Empire romain d'Orient (1453). Pour refaire l'unité de leur empire, les empereurs tentent sans succès de regagner les Monophysites. Une violente querelle déchire l'Orient à propos de la légitimité des images saintes.
Le concile de Nicée II (787) puis celui du «triomphe de l'orthodoxie» à Constantinople en 843, rétablissent la vénération des icônes, trait qui va caractériser le christianisme oriental, à côté du monachisme et de la liturgie.
L'irruption de l'islam au VIIe s. arrache à l'empire d'Orient l'Égypte, la Syrie, l'Afrique du Nord. Le christianisme y dépérit ou y survit dans un état d'infériorité (dhimmitude).
Cette période est celle d'une nouvelle expansion du christianisme en direction des peuples slaves.
Au IXe s., les saints Cyrille et Méthode, envoyés par Constantinople, ont évangélisé, avec l'appui de Rome, les régions de Bohême et de Moravie. Ils traduisent les textes sacrés en slavon et les diffusent grâce à un alphabet créé par eux. Les Bulgares puis les Russes sont évangélisés.
En Occident, les envahisseurs suèves, wisigoths, ostrogoths, burgondes, et plus tard lombards sont ariens. Ils occupent l'Italie, la Gaule et l'Espagne. Les Francs encore païens imposent leur domination en Gaule et en Italie. Clovis, leur roi se fait baptiser dans la foi catholique en 496.
Les ariens d'Occident passent tous au catholicisme au cours du VIe s.
Sous l'impulsion du pape saint Grégoire, l'évangélisation se poursuit en direction des îles britanniques, de la Frise, de la Saxe et la Scandinavie. Entre le VIe et le VIIIe siècle, des moines irlandais comme saint Colomban évangélisent le continent. Le grand apôtre de la Germanie est saint Boniface. Nombre d'évêchés et d'abbayes sont alors fondés.
La période carolingienne crée une certaine unité du monde occidental. Le couronnement de Charlemagne par le Pape Léon III en 800 est une date charnière. Charlemagne impose les livres liturgiques romains à tout son Empire. Il redonne une impulsion aux études et promeut le monachisme bénédictin. La réforme de Cluny assurera à cet ordre la prééminence en Occident pendant tout le Xe s.
Une césure capitale a lieu sous le pontificat de Grégoire VII († 1085). Après des dizaines d'années d'anarchie, ce pape impose à l'Église latine une réforme qui porte son nom. La réforme grégorienne a trois dimensions.
Elle met fin au pouvoir des princes de choisir et d'investir de leur charge évêques et abbés ; elle abolit les pratiques simoniaques (commerce des sacrements) et réintroduit une certaine discipline dans le clergé. Les deux siècles suivants seront des

siècles de créativité et de stabilisation de la chrétienté latine. On assistera à l'éclosion des Universités d'institution pontificale, au développement de la science canonique et de la théologie scholastique. L'architecture romane puis gothique livrera ses chefs d'œuvre. Le pouvoir pontifical est renforcé, avec la réglementation du collège des cardinaux et du conclave.
Au XIIIe s., d'Innocent III à Grégoire IX, nous assistons à la querelle du Sacerdoce et de l'Empire, lutte entre les deux pouvoirs, dont la papauté sort victorieuse, avant de subir le retour en influence des monarchies imbues du droit romain du Bas-Empire, et l'épreuve de l'exil en Avignon (1309-1376).
Les croisades de la fin du XIe à la fin du XIIIe s. sont une caractéristique distinctive de la chrétienté latine. Elles avaient pour but de libérer la Terre sainte de l'occupation musulmane. Elles ne visaient pas à convertir par la force. Pendant deux siècles les états latins d'Orient assurent la sécurité des pèlerins et suscitent la création d'ordres monastiques militaires comme les Hospitaliers et les Templiers.
La IVe croisade (1204) est détournée par les Vénitiens. Elle finit par le sac de Constantinople et la création d'un empire latin d'Orient qui durera jusqu'en 1261. Cette intervention a laissé en Orient des traces de ressentiment anti-latin qui persistent jusqu'à nos jours.
Grâce à des conciles généraux, la chrétienté latine perfectionne ses institutions et sa vie pastorale. Latran II (1139) décide que l'on n'admettra plus aux ordres que des hommes célibataires. Latran IV (1215) impose la confession individuelle et la communion annuelles. Ce concile recommande aussi la prédication au peuple chrétien et prône une solide formation des clercs. C'est l'époque des ordres mendiants et du renouveau de la pastorale urbaine avec saint François d'Assise et saint Dominique.

Au XIVe s. s'affirment les courants centrifuges qui vont désintégrer la chrétienté : consolidation des monarchies régalistes, affirmation des nationalités, brisure de la synthèse philosophique par Guillaume d'Occam, rêves d'une ère nouvelle de l'Esprit chez les disciples de Joachim de Flore et les spirituels franciscains, développement de courants spirituels comme la *devotio moderna*, dans un monde angoissé par la grande peste, la guerre de Cent ans et le grand schisme de la papauté qui dure de 1378 à 1415. La question de savoir si le concile était supérieur au pape est tranchée en faveur du pape par Eugène IV au concile de Florence (1439), où l'union est temporairement rétablie avec les Grecs et les Églises d'Orient. Le XVe s. s'épuise sans se renouveler.

4. De la Réforme à la Révolution

Le renouvellement viendra de l'extérieur de l'Église. Le XVIe s. est celui des grandes découvertes.
La colonisation espagnole et portugaise introduit le catholicisme en Amérique latine, en Inde et aux Philippines.
De grands missionnaires comme saint François-Xavier, Matteo Ricci et Roberto de Nobili prêchent la foi en Inde, en Chine et jusqu'au Japon. La pensée scientifique progresse avec Copernic, Képler et Galilée. L'absolutisme monarchique transforme les États européens en îlots de souveraineté. La papauté réussit cependant à maintenir le principe de la distinction des deux pouvoirs, grâce aux concordats.
L'unité de la chrétienté médiévale est brisée par les réformes protestantes et anglicanes. Luther, Zwingli, Bucer, Calvin, sur les traces de John Wycliff et de Jean Hus, remettent en question les sacrements et la hiérarchie ministérielle et placent leurs Églises nationales sous l'autorité du prince. L'Église catholique réagit par le concile de Trente (1545-1563) venu trop tard pour résorber le schisme. Il donnera le coup d'envoi à la contre-réforme catholique dans les États des Habsbourg. Le concile de Trente fixa la doctrine et la discipline du catholicisme jusqu'à Vatican II. La contre-réforme voit fleurir de nouveaux ordres religieux et des sociétés de vie apostolique : jésuites, oratoriens, sulpiciens, eudistes, lazaristes, théatins.
Les séminaires sont institués pour la formation des clercs. On assiste avec saint Vincent de Paul et saint Louis Grignon de Montfort à une nouvelle évangélisation des campagnes.
Devant la triple révolution de la fin du XVIIIe et du début du XIXe s. l'Église est comme prise au dépourvu : la Révolution française renverse le principe monarchique, la révolution scientifique poursuit ses progrès,

la révolution industrielle disloque l'espace séculaire où s'était épanoui la chrétienté. La critique rationaliste et le progrès de l'irréligion arrachent à l'Église les milieux cultivés. Les politiques visent à réduire son influence qui reste grande dans les domaines de l'éducation et de l'assistance aux malades. Néanmoins, à la veille de la Révolution, l'Église dispose d'un clergé digne et instruit, ouvert aux «Lumières» lorsque celles-ci ne rejettent pas la Révélation. L'Église est contrôlée de près par les pouvoirs monarchiques. Le joséphisme est le cas le plus extrême de ce type de «juridictionnalisme» ou d'immixtion du pouvoir temporel dans le gouvernement interne de l'Église.

5. L'Église aux XIXe et XXe siècles

Le XIXe s. commence par une phase de restauration et s'achève sur une forte poussée de sécularisation. Le concordat français de 1801 montre que l'Église n'a pas perdu son influence, même si elle n'est plus, en France, religion d'État. Elle continue à bénéficier de ce statut dans les concordats signés avec les États italiens, l'Espagne et les nouvelles républiques d'Amérique latine. De nouvelles sociétés missionnaires sont fondées comme la société des Missions Africaines ou les Pères Blancs du Cardinal Lavigerie. Elles profitent de la colonisation européenne. Le Saint-Siège étend en Afrique, Asie et Amérique latine un réseau de missions, préfectures ou vicariats apostoliques. La hiérarchie catholique est rétablie là où la Réforme l'avait chassée: en Angleterre (1850), aux Pays-Bas (1853), dans les pays scandinaves. Les États-Unis reçoivent une affluence massive d'immigrants catholiques irlandais et italiens.
La sécularisation croissante provoque la publication du Syllabus de Pie IX (1864) condamnant les erreurs modernes, le libéralisme,le rationalisme, l'indifférentisme.
Des conflits dressent l'Église contre la Suisse (guerre du Sonderbund, 1847), l'Autriche après Vatican I, l'Allemagne de Bismarck qui lance le Kulturkampf. La France, par les lois laïques d'après 1880, évince

les religieux de l'enseignement, des hôpitaux. Les congrégations religieuses sont condamnées à l'exil. La loi de séparation de 1905 met un terme unilatéral au concordat. Évêques, prêtres et religieux sont expulsés de leurs résidences. La paix ne reviendra qu'en 1923 lorsque le Saint-Siège acceptera les associations diocésaines. En Italie, la conquête de Rome par le nouveau royaume d'Italie unifié en 1870 prive le pape du reste des États qu'il possédait au centre de l'Italie depuis Pépin le Bref (756). La « question romaine » restera en suspens jusqu'en 1929, année de la création de l'État de la Cité du Vatican.

La sécularisation renforce finalement le pouvoir pontifical. Le concile Vatican I proclame la primauté de juridiction universelle du pape et son infaillibilité doctrinale. Ce concile n'a pu achever ses travaux à cause de la guerre franco-prussienne. Il est complété par Vatican II qui affirme que le collège des évêques uni au pape est également sujet du pouvoir suprême dans l'Église.

Les XIXe s. et XXe s. ont vu se développer des formes de piété populaire comme les pèlerinages et le culte marial (La Salette, Lourdes, Fatima), renforcées par la proclamation des dogmes de l'Immaculée conception (1854) et de l'Assomption (1950).

L'Église s'adapte peu à peu aux institutions démocratiques. Elle encourage les catholiques à entrer en politique, en Belgique, en Allemagne (le Zentrum). Après la première guerre mondiale, la démocratie chrétienne devient une force politique dans plusieurs pays catholiques.
L'Église a affronté les régimes totalitaires national-socialiste, fasciste et communiste par des condamnations spécifiques. La parenthèse du communisme en Europe ne s'est fermée qu'en 1989. Sous ce régime les catholiques des pays de l'Europe de l'Est et du Centre ont souffert et ont résisté comme leurs frères orthodoxes ou protestants. Les tentatives de ces régimes d'isoler ces Églises par rapport à Rome ont été un échec.
L'événement déterminant des années 1960 et suivantes a été le concile Vatican II (1962-1965). Convoqué par Jean XXIII et clôturé par Paul VI, il a engagé l'Église catholique dans une profonde réflexion sur elle-même et sur sa mission dans le monde. La réforme de la liturgie a été généralement acceptée, à l'exception d'une minorité restée attachée au rite antérieur. Les années du concile ont été suivies par la secousse de 1968 et par la rupture dans la transmission de la foi au sein des familles. La chute du nombre des baptêmes, premières communions, mariages chrétiens, la diminution des vocations sacerdotales sont des phénomènes occidentaux, voire européens de l'ouest. L'Église doit faire face à la montée de l'indifférence religieuse, du laïcisme extrême, de l'islam.
Une multitude de nouveaux mouvements ecclésiaux sont nés après le concile, mus par un objectif d'évangélisation, comme le Chemin néo-catéchuménal, l'Emmanuel, le Chemin Neuf, Comunione e liberazione, Das Werk, et d'autres. Ces mouvements compensent un peu le dépeuplement des congrégations féminines actives qui assuraient une présence et une action pastorale capillaire dans la société.
En même temps l'engagement des laïcs dans la mission de l'Église connaît un essor remarquable.
Depuis Vatican II l'Église est engagée dans le dialogue œcuménique et interreligieux, sans que des pas décisifs aient été accomplis. Les Églises chrétiennes ressentent le besoin de s'unir pour évangéliser un monde sans repères. Le dialogue entre les religions tente de se situer sur le terrain de l'éthique sociale, chaque communauté s'efforçant d'apporter sa contribution au bien commun à définir.
Le XXIe siècle est placé sous le signe de la nouvelle évangélisation. Comme à toutes les nouvelles étapes de son parcours, l'Église a besoin de souffle prophétique pour répondre à l'ordre du Seigneur : «Allez, de toutes les nations faites des disciples (Mt 28,19).

Quand l'Église se réunit pour définir la foi

La vie de l'Église est marquée par les grands conciles. Les conciles sont des assemblées d'évêques appelés à se prononcer sur des questions de doctrine et d'organisation. Dès le IIe siècle il y eut des conciles ou synodes provinciaux. Les conciles œcuméniques ou universels ont eu un enjeu doctrinal. Les huit premiers conciles œcuméniques ont été convoqués par l'empereur byzantin. Ils se sont tenus en Orient, avec la participation des légats du pape, qui en a approuvé les décisions.

I. Les conciles de l'Antiquité

Dans la tradition orientale, les conciles œcuméniques sont numérotés :

– Le premier, celui de Nicée (325), convoqué par Constantin pour mettre fin à la crise arienne, a adopté le Credo et défini la pleine divinité du Christ, engendré non pas créé et consubstantiel au Père, contre Arius qui disait que le Christ était une créature.

– Le second, Constantinople (381), convoqué par Théodose pour mettre fin à la crise arienne, complète le Credo et affirme la divinité du Saint-Esprit.

– Le troisième, Éphèse (431), proclame Marie Mère de Dieu et condamne la doctrine de Nestorius, patriarche de Constantinople.
Autour de lui se forme alors l'Église schismatique nestorienne.

– Le quatrième, Chalcédoine (451), adopte le document du pape Léon Ier et proclame le Christ vrai Dieu et vrai homme, « un seul Fils… en deux natures inconfusibles et immuables, indivises et inséparables, toutes deux se rencontrant en une seule personne ou hypostase ». Ceux qui n'acceptent pas ce concile, les monophysites, vont former des Églises schismatiques en Syrie, Égypte, Arménie.

– Le cinquième, Constantinople II (553), sous Justinien Ier, tente de réconcilier les monophysites, et condamne sans succès les chefs de file de l'école antiochienne, de tendance nestorienne,

– Le sixième, Constantinople III (680), condamne les doctrines monothélistes et le monénergiste qui avaient été lancées dans l'espoir de rallier les monophysites, et enseigne qu'il y a en Christ deux énergies et deux volontés, humaine et divine, la volonté humaine étant soumise à la volonté divine.
Les monophysites de l'Orient syrien, l'Arménie, l'Égypte, désormais sous le joug arabe, ne se sont pas ralliés pour autant.

– Le septième, Nicée II (787), proclame la légitimité des icônes saintes, notamment celles du Christ, leur vénération allant à l'archétype qu'elles représentent. Les sept premiers conciles

œcuméniques sont communs à l'Orient et à l'Occident.

– Le huitième, Constantinople IV, est pour l'Occident celui de 869/870 qui a condamné le patriarche Photius, et pour l'Orient celui de 879/880 qui l'a réhabilité.

II. Les conciles du Moyen Âge occidental

Après la séparation de 1054 entre catholiques et orthodoxes, l'Église catholique continue à tenir des conciles « œcuméniques ». La liste officielle des « conciles généraux de l'Église catholique » a été dressée en 1608 pour les conciles qui précèdent cette date. Ces conciles ont tous été convoqués, présidés et promulgués par le pape.
Il s'agit des conciles du Latran I (1123), II (1139), III (1179), IV (1215) ; de Lyon I (1245), II (1274) ; de Vienne (1311-1312). Suivent les conciles au temps du Grand schisme : Constance (1414-1418) ; Bâle- Ferrare-Florence-Rome (1431-1442) ; Latran V (1512-1517).
Parmi ces conciles, il faut souligner l'importance de Latran IV (1215), qui a déterminé les pratiques pastorales de l'Église médiévale. Ce concile a instauré la confession privée et secrète au curé une fois l'an, à partir de l'âge de discrétion (sept ans), et la communion pascale.
Les conciles de Lyon II (1274) et Florence (1439) furent des conciles d'union avec les orthodoxes, l'un et l'autre restés sans lendemain. Lyon II avait adopté une formule permettant de comprendre le *Filioque que* les Latins avaient ajouté au Credo. Florence avait évoqué tous les points sur lesquels les deux Églises divergeaient tout en confessant la même foi. La question de la primauté du pape était aussi l'objet d'un accord.
Le concile réuni à Bâle qui s'est ensuite déplacé à Ferrare et à Florence et à Rome pour résoudre la grave crise conciliariste, a affirmé, au final, la supériorité du pape sur le concile.

III. Le grand concile de la réforme catholique

Trente (1545-1563). Convoqué trop tard pour recomposer l'unité avec les protestants, ce concile a marqué la doctrine et les pratiques de l'Église catholique pendant trois siècles.
Il a notamment réagi aux doctrines protestantes concernant l'eucharistie, le sacerdoce, la tradition. Il a laissé en suspens des questions comme la sacramentalité de l'épiscopat et l'origine du pouvoir de juridiction des évêques.

Il a fixé aussi la forme canonique comme condition de validé des mariages. Le concile institue les séminaires diocésains pour la formation des prêtres. À la suite du concile sont publiés un Catéchisme, un nouveau Bréviaire et un nouveau Missel romain.

IV. Les conciles sur l'Église et ses relations avec le monde

– Vatican I (1869-1870) a été convoqué par Pie IX pour réagir face au libéralisme. Ce concile adopte une constitution sur les rapports entre foi et raison et une constitution sur la primauté de juridiction et l'infaillibilité du pape. Le concile devait compléter son œuvre par une deuxième constitution sur l'Église ; il fut interrompu par la déclaration de guerre franco-prussienne.

– Vatican II (1962-1965). Voulu par Jean XXIII, ce concile a profondément remodelé la pensée et la pastorale de l'Église. Il a adopté quatre constitutions (sur la Liturgie, la Révélation, l'Église, l'Église dans le monde de ce temps), des décrets et déclarations dont celles sur la Liberté religieuse et sur les Religions non-chrétiennes et le judaïsme. Le concile, en puisant fidèlement dans la plus authentique tradition de l'Église, a renouvelé la compréhension du rapport de l'Église avec le monde, les chrétiens séparés et les religions non-chrétiennes. Il a renouvelé les pratiques liturgiques, enseigné le sacerdoce commun de tous les fidèles, promu le rôle des fidèles laïcs, enseigné la sacramentalité de l'épiscopat et complété la doctrine de la primauté du pape par celle de la collégialité du corps épiscopal uni au pape. Il a rétabli le diaconat permanent. À la suite du concile ont été publiés un nouveau Missel romain (1969), un nouveau Bréviaire (1971), un nouveau Code de droit canonique (1983), un Code pour les Églises orientales (1990), un Catéchisme de l'Église catholique (1992). Les documents des papes et des congrégations romaines (réformées par Paul VI puis par Jean-Paul II) se réfèrent toujours au concile Vatican II, un concile qui se situe dans la continuité de ceux qui le précèdent.

Séparations et tentatives d'union

D'où viennent les divisions entre Églises chrétiennes? Le Seigneur a prié pour que ses disciples soient un (Jn 17,21). Mais dès le début de l'Église, il y eut des courants divers qui se sont durcis en communautés parallèles.
Un courant appelé judéo-nazaréen, issu des judaïsants qui ont combattu saint Paul, n'admettait pas que le Messie ait souffert, ni qu'il était Dieu. Ce courant est présent dans la secte des Elkasaïtes et celle des Ébionites. Ils utilisaient un évangile en hébreu. Ce courant refait surface avec l'islam, qui professe que Jésus est un envoyé de Dieu, mais pas Dieu, qu'il a été enlevé au ciel sans passer par la passion ni la résurrection, et qu'il reviendra à la fin des temps.
La plupart des courants hérétiques de l'Antiquité n'existent plus. Cependant le mouvement de la gnose qui interprétait le christianisme en un sens purement spéculatif, selon un schéma dualiste, a laissé des traces dans les philosophies nominalistes, cathares et idéalistes. Selon ces types de pensée, la connaissance des mystères cachés procure le salut: l'étincelle spirituelle qui est en nous doit retourner à son origine et s'y fondre. Tels sont aussi les schèmes de pensée de l'hindouisme et du bouddhisme. Les grandes divisions actuelles entre Églises chrétiennes découlent des querelles christologiques du ve siècle, de la séparation entre Rome et Constantinople en 1054 et de la Réforme protestante du xvie siècle.
On peut distinguer les Églises ou communautés ecclésiales suivantes:

I, 1. L'Église nestorienne
Nestorius, patriarche de Constantinople n'admet pas le concile d'Éphèse (431) qui proclame Marie Mère de Dieu, et qui condamne sa doctrine

christologique. Les communautés qui se réclament encore de lui se trouvent à la frontière de l'Iran et de l'Irak.

I, 2. Les Églises monophysites, séparées à la suite du concile de Chalcédoine (451). Elles n'admettent pas la christologie de ce concile qui définit le Christ comme une personne en deux natures.
Ces Églises appelées *préchalcédoniennes* sont l'Église copte orthodoxe d'Égypte, l'Église éthiopienne monophysite, l'Église arménienne orthodoxe ou «grégorienne», l'Église syrienne orthodoxe ou «jacobite», en Syrie et en Inde orientale.

II. En 1054 se consume la **séparation canonique de l'Église catholique d'avec le patriarcat de Constantinople**. Les autres patriarcats orthodoxes (Alexandrie, Antioche, Jérusalem) le suivent dans le schisme.

Le développement du christianisme orthodoxe se traduit par la constitution de patriarcats nationaux : géorgien (VIIIe s./1917) ; bulgare (971/1953) ; serbe (1346/1920) ; russe (1589/1945) ; roumain (1895), et d'autres Églises autocéphales : Chypre (488), Grèce (1850), Albanie (1922), Pologne (1924), Tchéquie et Slovaquie (1951), ainsi que d'Églises autonomes : Finlande (1918) et Estonie (1923). Les tentatives d'union entre Rome et Constantinople : les conciles de Lyon II (1274) et Florence (1438-1439) n'ont pas abouti.

III. Le monde protestant

a) Au XVIe siècle, les réformes de Luther, Zwingli et Calvin sont à l'origine des Églises luthériennes (Confession d'Augsbourg en 1530) et réformées. S'y ajoute l'Église anglicane (1534). Ces Églises sont des Églises d'État dont le prince ou les magistrats municipaux sont les chefs suprêmes.
Le luthéranisme s'impose dans une partie de l'empire germanique et dans les pays scandinaves. Les réformés se répandent surtout en plusieurs cantons suisses, Pays-Bas, le Palatinat, Hongrie.
La paix d'Augsbourg (1555) impose aux sujets d'adopter la religion de leur prince ou de quitter le territoire. La paix de Westphalie (1648) fixe les frontières des États confessionnels en Europe.
Les Églises issues de la Réforme partagent les principes doctrinaux que sont : la gratuité du salut ou la souveraineté absolue de Dieu, la justification par la foi seule et le recours exclusif aux Écritures pour définir la foi.

À l'intérieur des trois courants luthérien, réformé et anglican, des tendances radicales se manifestent : puritains anglais voulant revenir au modèle de l'Église primitive et s'organisant sur le modèle congrégationaliste en prônant la séparation avec le pouvoir temporel ; anabaptistes et mennonites en Allemagne jugeant invalide le baptême conféré dans l'enfance et prônant l'adhésion volontaire adulte à l'Église ; des antitrinitariens comme Michel Servet.
L'Église presbytérienne en Écosse avec John Knox (1560) représente la victoire des thèses puritaines contre le principe hiérarchique épiscopal.
En Grande-Bretagne, les radicaux qui se développent à l'époque de Cromwell, se divisent au XVIIe s en trois branches. congrégationalistes refusant l'Église officielle ; baptistes refusant le baptême des petits enfants ; quakers avec George Fox mettant l'accent sur l'illumination intérieure du croyant.
b) L'expansion coloniale britannique introduit majoritairement le protestantisme aux États-Unis où les premiers colons sont en majorité puritains, de même au Canada, en Australie et en Nouvelle-Zélande.
Ces congrégationalistes s'organisent en petites communautés autonomes. Ils sont suivis des baptistes calvinistes à forte motivation missionnaire.

Au XVIIIe s. John Wesley fonde le méthodisme, mouvement de réveil spirituel fondé sur «le témoignage de l'Esprit Saint» qui donne naissance à une puissante confession anglo-américaine aux accents transconfessionnels. Méthodistes, piétistes et «évangéliques» (*Evangelicals*) forment une mouvance axée sur le don de l'Esprit.
C'est en Amérique que naît le pentecôtisme au début du XXe s. Il propose le baptême dans l'Esprit par l'imposition des mains. Et essaime bientôt en Europe du Nord. En Afrique du Sud puis au Brésil un pentecôtisme autochtone sans institutions ecclésiales stables se développe rapidement.
Le néo-pentecôtisme ou mouvement charismatique s'est répandu, quant à lui, dans toutes les grandes Églises institutionnelles, avec la pratique de l'effusion de l'Esprit.
On estime à 20 000 le nombre de dénominations protestantes dans le monde.
Les Églises évangéliques forment aujourd'hui le mouvement chrétien qui connaît la plus forte expansion.

IV. Le mouvement œcuménique a commencé par un rapprochement entre dénominations protestantes: Alliance universelle des Églises réformées (presbytériennes) en 1875 ; Conférence de Lambeth entre Églises anglicanes (1888) ; Conférence œcuménique méthodiste (1881) ; l'Alliance évangélique mondiale, transconfessionnelle (1846).
Dans les pays colonisés, des associations missionnaires interconfessionnelles se forment au XIXe s. Elles tiennent leur première grande conférence commune à Edimbourg en 1910. De cette Conférence naissent après la guerre : le Conseil International des missions, pour un apostolat commun (1921) et la Conférence Foi et Constitution (1920), à laquelle vont adhérer le Patriarcat œcuménique et les Russes en exil. Par ailleurs, les mouvements œcuméniques engagés au service de la paix se regroupent dans l'association *Vie et Action* (1925).
De la Conférence d'Amsterdam de 1948 est issu le Conseil Œcuménique des Églises avec son siège à Genève. Il fusionne les lignes œcuméniques doctrinale et pratique de *Foi et Constitution* et de *Vie et Action*.
Le COE rassemble quelque 350 Églises, dénominations et communautés d'Églises d'une centaine de pays, représentant plus de 560 millions de chrétiens et comprenant la plupart des Églises orthodoxes, un grand nombre d'Églises anglicanes, baptistes, luthériennes, méthodistes et réformées, ainsi que de nombreuses Églises unies et indépendantes. L'Église catholique n'en est pas membre, mais elle collabore au sein d'un Groupe mixte de travail et dans le cadre de la commission *Foi et Constitution*.
Précédé par l'œuvre de précurseurs comme le Père Fernand Portal († 1926), Dom Lambert Beaudouin († 1960), moine de Chevetogne, le Père Max Josef Metzger († 1944), le Père Yves Congar († 1995), l'Abbé Paul Couturier († 1953) qui introduit à Lyon dès 1934 la semaine de prière pour l'unité, le concile Vatican II adopte une attitude résolument favorable au dialogue entre chrétiens. À côté du dialogue spirituel de la prière auquel tous les chrétiens sont conviés, se sont développés les dialogues théologiques qui ont produit une importante moisson de textes d'accords bilatéraux et multilatéraux.

L’avenir est au Seigneur

77. LA FOI ET LA RAISON

78. LE MOUVEMENT ŒCUMÉNIQUE

79. LE DIALOGUE INTERRELIGIEUX

80. LA NOUVELLE ÉVANGÉLISATION

Croire, c'est connaître pleinement

Le Créateur a doté tous les hommes de la capacité de penser. La raison permet aux hommes de réfléchir sur ce qu'ils voient et de s'observer eux-mêmes. Grâce au travail de la raison, les hommes ont découvert des lois de la matière, exploré le cosmos, découvert l'atome et ses subdivisions, élaboré des théories sur l'origine de l'univers. La science est la fierté de notre temps. Rien qu'en médecine, les progrès des dernières années sont immenses. Toujours plus nous découvrons comment fonctionne le monde et la vie.
On entend quelquefois que la science a mis fin à la religion, comme si la religion était une concurrente de la science. La révélation chrétienne ne se situe pas sur le terrain des sciences. Elle nous fait découvrir un univers que la science n'est pas en mesure d'observer : celui du pourquoi de l'existence, du sens de tout ce qui existe, du mystère qui nous enveloppe.

La Bible n'est pas un livre de physique ou d'astronomie. Elle s'exprime dans le langage des hommes qui l'ont composée. Elle transmet une parole de vie, qui est valable, quel que soit le degré de connaissance scientifique auquel les hommes ont accédé.

La raison peut affirmer l'existence de Dieu. Mais la foi nous dit que Dieu est Père, Fils, Saint-Esprit et que le Christ est le Fils de Dieu fait homme, mort et ressuscité pour nous sauver. La foi nous introduit dans des dimensions de la réalité que la raison ne peut connaître par elle-même.

Il n'y a pas de contradiction entre la science et la foi. Nous avons besoin de la science au service de la vie en ce monde. Nous avons besoin de la foi pour donner sens à cette vie et nous en remettre à un Dieu qui nous aime.

À la recherche de la vérité

Les chrétiens sont souvent interrogés sur la compatibilité entre leur foi et les exigences de la raison scientifique. À cette question essentielle l'Église apporte depuis toujours une réponse : il ne peut y avoir de contradiction entre foi et raison, car l'une et l'autre nous ont été données par Dieu. La raison est ce qui spécifie l'humain parmi les créatures animées ; la foi est un don gratuit que nous fait le même Dieu, en nous ouvrant à « la vérité tout entière » (Jn 16,13).

❶ Un courant de pensée qu'on appelle le rationalisme n'admet d'autres vérités que celles que la raison peut explorer, constater et expliquer. Ce courant disqualifie la foi religieuse comme relevant de l'imaginaire. Le scientisme appartient à cette même famille de pensée, pour qui il n'y a de connaissance valide que celle que nous procurent les sciences expérimentales. En fait, ces visions ne sont plus d'actualité. La théorie de la relativité et la physique quantique postulent l'existence d'une réalité indépendante de notre perception et de nos moyens d'observation. La science démontre qu'il y a un au-delà de ce que la science peut appréhender.

❷ Chaque discipline scientifique découpe dans le réel un domaine qu'elle analyse et explore. Aucune discipline scientifique ne nous donne une connaissance de la totalité du réel visible et invisible.

❸ Dans son encyclique *Fides et ratio* (1998), Jean-Paul II dit que « la foi et la raison sont comme les deux ailes qui permettent à l'esprit humain de s'élever vers la contemplation de la vérité. »

❹ La foi est un mode de connaissance. « La vie éternelle, c'est qu'ils te connaissent toi le seul vrai Dieu et ton envoyé, Jésus Christ » (Jn 17,3). La foi ouvre à une vérité qui se fait connaître à nous et que la raison ne peut soupçonner. Là où la science est capable de dire, au moins provisoirement, « comment » les choses se passent, la foi répond à la question du « pourquoi » la vie, la souffrance, la mort, le monde.

❺ Foi et raison vont la main dans la main. La foi chrétienne exige une vision cohérente dans laquelle tout s'intègre. Le travail théologique est celui de la raison s'efforçant de mettre en cohérence les données de la foi et les connaissances rationnelles. La foi est de l'ordre de la connaissance par amour. La science est une connaissance qui procède de l'analyse de processus observables ou induits par des modèles théoriques.

❻ Le christianisme tient à l'autonomie des démarches de la raison. La foi n'est pas un choix arbitraire. Elle est accueil et tension vers la vérité. La science se développe sur un autre registre. Beaucoup de savants sont d'authentiques croyants. Beaucoup de théologiens ont été et sont des savants. L'auteur de la théorie du « big bang » est un prêtre belge.

❼ L'Église rejette tout « concordisme », qui consiste, d'une manière artificielle, à faire coïncider des affirmations de la Bible avec des découvertes scientifiques. La Bible n'est pas un livre de physique ni d'astronomie. Elle est la révélation de Dieu s'adressant à des hommes concrets qui reçoivent cette révélation dans leur culture et leurs connaissances empiriques.

❽ La raison et la foi s'appuient l'une sur l'autre. Sans la raison qui l'accueille et l'explicite, la foi ne serait que croyance indistincte. La raison scrute la foi et en rend compte. La foi ouvre à la raison de nouveaux horizons à explorer. La foi est adhésion de l'intelligence à la vérité révélée. Foi et raison se rejoignent dans la vérité.

La vérité est une

Concile Vatican I,
Constitution *Dei Filius* (1870),
chap. IV. La foi et la raison

§ 1. L'Église catholique a toujours unanimement tenu et tient encore qu'il existe deux ordres de connaissances, distincts non seulement par leur principe mais aussi par leur objet. Par leur principe, puisque dans l'un c'est par la raison naturelle et dans l'autre par la foi divine que nous connaissons. Par leur objet, parce que, outre les vérités que la raison naturelle peut atteindre, nous sont proposés à croire les mystères cachés en Dieu, qui ne peuvent être connus s'ils ne sont divinement révélés.

§ 2. Mais, bien que la foi soit au-dessus de la raison, il ne peut jamais y avoir de vrai désaccord entre la foi et la raison, étant donné que c'est le même Dieu qui révèle les mystères et communique la foi, et qui a fait descendre dans l'esprit humain la lumière de la raison : Dieu ne pourrait se nier lui-même ni le vrai contredire jamais le vrai.

Saint Jean-Paul II,
Encyclique *Fides et ratio* (1998)

§ 5. Faisant donc suite à des initiatives analogues de mes prédécesseurs, je désire moi aussi porter mon regard vers cette activité particulière de la raison. J'y suis incité par le fait que, de nos jours surtout, la recherche de la vérité ultime apparaît souvent occultée. Sans aucun doute, la philosophie moderne a le grand mérite d'avoir concentré son attention sur l'homme. À partir de là, une raison chargée d'interrogations a développé davantage son désir d'avoir une connaissance toujours plus étendue et toujours plus profonde. Ainsi ont été bâtis des systèmes de pensée complexes, qui ont donné des fruits dans les divers ordres du savoir, favorisant le développement de la culture et de l'histoire. L'anthropologie, la logique, les sciences de la nature, l'histoire, le langage... ; d'une certaine manière, c'est l'univers entier du savoir qui a été embrassé.

Les résultats positifs qui ont été atteints ne doivent toutefois pas amener à négliger le fait que cette même raison, occupée à enquêter d'une façon unilatérale sur l'homme comme sujet, semble avoir oublié que celui-ci est également toujours appelé à se tourner vers une vérité qui le transcende. Sans référence à cette dernière, chacun reste à la merci de l'arbitraire, et sa condition de personne finit par être évaluée selon des critères pragmatiques fondés essentiellement sur le donné expérimental, dans la conviction erronée que tout doit être dominé par la technique. Il est ainsi arrivé que, au lieu d'exprimer au mieux la tension vers la vérité, la raison, sous le poids de tant de savoir, s'est repliée sur elle-même, devenant, jour après jour, incapable d'élever son regard vers le haut pour oser atteindre la vérité de l'être. La philosophie moderne, oubliant d'orienter son enquête vers l'être, a concentré sa recherche sur la connaissance humaine.

§ 7. Au point de départ de toute réflexion que l'Église entreprend, il y a la conscience d'être dépositaire d'un message qui a son origine en Dieu même (cf. 2 Co 4,1-2). La connaissance qu'elle propose à l'homme ne lui vient pas de sa propre spéculation, fût-ce la plus élevée, mais du fait d'avoir accueilli la parole de Dieu dans la foi (cf. 1 Th 2,13)...

En tant que source d'amour, Dieu désire se faire connaître, et la connaissance que l'homme a de lui porte à son accomplissement toute autre vraie connaissance que son esprit est en mesure d'atteindre sur le sens de son existence.

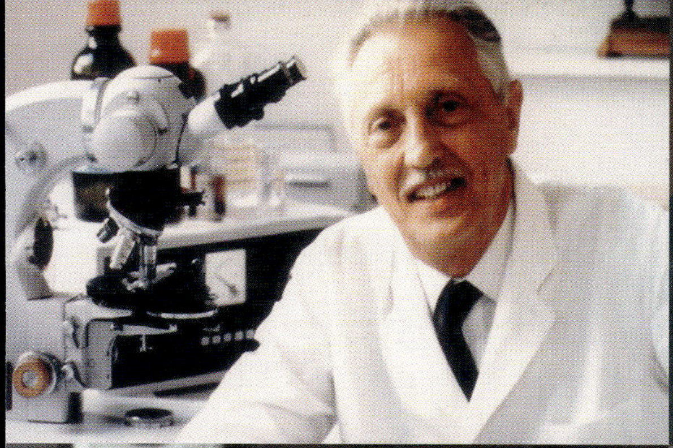

« Un seul troupeau… »

La prière pressante du Christ

Du grec *oikoumené*, « l'ensemble de la terre habitée », l'œcuménisme désigne couramment les efforts visant à promouvoir l'unité visible des chrétiens des diverses confessions. Ce mouvement entend répondre à la prière du Christ : « Que tous soient un, comme toi, Père, tu es en moi et moi en toi » (Jn 17,21).

Une marche lente et difficile

Entre les catholiques, les orthodoxes, les protestants et anglicans, l'unité à réaliser est un don à accueillir et aussi une tâche à réaliser dans l'humilité, l'amour et la vérité.

Le témoignage de la communauté de Taizé

Beaucoup de jeunes aiment venir passer quelques jours sur la colline de Taizé. Grâce à la prière commune, chacun se rend disponible à Dieu. Par le partage et l'hospitalité, tous acceptent de dépasser les frontières et les différences pour s'accueillir et s'enrichir mutuellement. La communauté de Taizé rassemble une centaine de frères, catholiques et protestants, issus de près de trente nations. De par son existence même, la communauté des frères désire offrir un signe concret de réconciliation entre chrétiens divisés et entre peuples séparés. Le fondateur, Frère Roger, donne son témoignage : « Depuis ma jeunesse, je pense que jamais ne m'a quitté l'intuition qu'une vie de communauté pouvait être un signe que Dieu est amour, et amour seulement. Peu à peu montait en moi la conviction qu'il était essentiel de créer une communauté avec des hommes décidés à donner toute leur vie, et qui cherchent à se comprendre et à se réconcilier toujours : une communauté où la bonté du cœur et la simplicité seraient au centre de tout. »

« Qu'ils soient un »

L'engagement œcuménique de saint Jean-Paul II

Le dialogue de l'Église catholique avec les chrétiens séparés d'une part, et avec les religions non chrétiennes d'autre part, a été engagé de manière irréversible par le concile Vatican II, avec le Décret *Unitatis redintegratio*. L'engagement de l'Église catholique dans le domaine œcuménique, dans l'ouverture aux autres religions et dans le service de la société en général, a pour partie prenante l'Église entière, sous l'impulsion et le contrôle du Magistère romain. Jean-Paul II a donné à ce triple dialogue une impulsion toute personnelle. Le ministère papal est au service de l'unité même de l'Église du Christ et de la cohérence de son témoignage dans le monde. Le service du dialogue œcuménique et interreligieux s'est imposé à Jean-Paul II avec d'autant plus d'intensité qu'il correspondait à son charisme personnel. Il l'a choisi, encouragé et développé. Père conciliaire et pape du concile, il a fait de son long pontificat, sur ce plan comme sur d'autres, une explicitation féconde de Vatican II.

❶ Jean-Paul II a lancé la fameuse métaphore des deux poumons de l'Église : latino-germanique et gréco-slave, catholique occidental et orthodoxe oriental. Sa nostalgie de l'unité perdue s'exprime dès sa première encyclique *Redemptor hominis* (1978). Jean-Paul II aurait aimé pouvoir surmonter d'un coup la masse des obstacles psychologiques, doctrinaux, canoniques accumulés, recomposer l'unité rompue au XIe siècle, revenir à ce qui a semblé acceptable alors. Tantôt les obstacles psychologiques avec le monde orthodoxe lui paraissent plus insurmontables que les divergences doctrinales avec le monde protestant, tantôt l'inverse. Au cours de ses voyages il a toujours voulu rencontrer les représentants des Églises ou communautés ecclésiales. Il a regretté que la rencontre avec le patriarche de Moscou n'ait pu se faire.

❷ L'Église catholique s'est engagée dans le dialogue théologique officiel entre l'Église catholique et les autres communions chrétiennes. Certains de ces dialogues bilatéraux ont abouti à des résultats précis, en premier lieu le texte commun catholico-luthérien sur la justification (1999), encore qu'il ne s'agissait que d'un « accord sur un désaccord », tant les présupposés anthropologiques et théologiques restent éloignés les uns des autres. Parmi les textes bilatéraux catholico-anglicans, celui sur l'autorité dans l'Église (1999) est apparu comme l'un des plus prometteurs. Mais le pape n'a pas réussi à dissuader les Anglicans de remettre à plus tard la question de l'ordination des femmes, et en a été attristé. Le dialogue théologique avec les Églises orthodoxes, un moment paralysé par la question de l'uniatisme, a été relancé sur la question de la communion ecclésiale, la primauté et la synodalité. Si avec l'Église russe la tension demeure à propos des uniates ukrainiens, le voyage de Jean-Paul II en Roumanie a été révélateur des possibilités d'une coopération plus étroite. Le peuple orthodoxe qui assistait à la messe du pape en présence du patriarche ne criait-il pas spontanément « unidade, unidade » ? On a moins relevé que le katholicos d'Arménie, chef d'une Église dite « préchalcédonienne », a signé avec Jean-Paul II une déclaration conjointe constatant une foi commune en la double nature du Christ (1996).

❸ Au seuil du nouveau millénaire Jean-Paul II a voulu appeler les responsables de ces communautés à faire un pas de plus. Il se déclare prêt à examiner avec eux les modes de l'exercice de son ministère primatial, les supposant implicitement d'accord sur la nature même de la primauté. Son encyclique *Ut unum sint*

(1995) porte une marque personnelle prononcée. On voit le pape impatient d'arriver au but, comme s'il voulait s'affranchir des pesanteurs de l'histoire. Voilà qu'il demande aux chrétiens séparés comment comprendre avec eux son ministère de communion et d'unité !

❹ Il est devenu commun aux théologiens des différentes confessions chrétiennes de comprendre l'Église comme communion trinitaire, réalité sacramentelle. Sur cette « notion de communion », Jean-Paul II a approuvé en 1993 un document de la Congrégation de la foi qui apporte des précisions importantes pour la compréhension catholique de l'œcuménisme. La communion n'est pas le résultat empirique d'une union ou fédération d'Églises locales. L'Église universelle préexiste toujours à l'Église locale ou particulière. Elle est plutôt une dimension interne à toute Église locale. Les Églises locales sont des branches issues du tronc de l'Église apostolique de la Pentecôte. En ce sens, elles peuvent à bon droit se dire « Églises sœurs ». Mais l'Église universelle confiée à Pierre ne peut être dite sœur ou égale d'aucune Église particulière ; elle est plutôt leur mère à toutes. L'enjeu de cette appellation d'Églises sœurs renvoie à deux conceptions de l'Église et de l'œcuménisme. Une *Note* de la Congrégation pour la doctrine de la foi en juin 2000 est revenue sur le sujet. Le concile a affirmé que les Églises et communautés non catholiques partagent avec l'Église catholique des éléments variés, mais non la plénitude de l'ecclésialité… Mais ces mêmes communautés ne l'entendent pas ainsi. Elles se conçoivent comme des Églises au sens plénier du terme, et envisagent éventuellement un rapprochement œcuménique comme une reconnaissance mutuelle de la pleine ecclésialité déjà acquise.

❺ On ne saurait assez souligner la place que tenait le Jubilé de l'an 2000 dans la pensée de Jean-Paul II. Il en est question dès sa première encyclique, comme d'un aimant qui attire toutes ses initiatives et sa vision de l'histoire. Il n'a pas hésité à écrire, dans sa Lettre apostolique *Tertio Millennio Adveniente* (TMA, 1994) que « la préparation de l'An 2000 devient comme une des clés d'interprétation » de son pontificat. À chacune des années préparatoires au Jubilé, un engagement œcuménique spécifique est assigné. Il s'agira pour tous les chrétiens de redécouvrir qu'ils sont unis par un même baptême qui les engage à devenir un dans le Christ (TMA 41), de se mettre à l'écoute de la voix de l'Esprit qui les pousse à l'unité.

❻ Jean-Paul II a voulu voir dans le Jubilé un point d'arrivée et un point de départ, spécialement dans le domaine du rapprochement des chrétiens. Dans la même Lettre, le pape a souhaité que les chrétiens puissent se présenter à cette échéance « sinon totalement unis, du moins beaucoup plus près de surmonter les divisions du deuxième millénaire » (TMA 34). Pour cela, il a appelé les catholiques à une démarche de pénitence, par laquelle ils demanderaient pardon à Dieu pour les fautes du passé, qui ont défiguré le témoignage de l'Église. Parmi les péchés qui requièrent un effort de pénitence, le pape nomme en premier lieu ceux qui ont été commis contre « l'unité voulue par Dieu pour son peuple » (TMA 34). Après le jubilé, Jean-Paul II a repris sans broncher ses pèlerinages symboliques : en Grèce, en Irak et à Malte, sur les pas de saint Paul.

❼ Entre enthousiasme quasi-prophétique et mises au point doctrinales, l'engagement œcuménique de Jean-Paul II a été généreux, visionnaire, impatient de résultats plus tangibles toujours attendus. Mais à chaque crise, il a répété que l'engagement de l'Église catholique dans le dialogue œcuménique est irréversible.

Vers la pleine communion

Concile Vatican II,
Décret *Unitatis redintegratio*, 3
(Des relations entre les frères séparés et l'Église catholique)

Dans cette seule et unique Église de Dieu sont apparues dès l'origine certaines scissions, que l'apôtre réprouve avec vigueur comme condamnables ; au cours des siècles suivants naquirent des dissensions plus graves, et des communautés considérables furent séparées de la pleine communion de l'Église catholique, parfois par la faute des personnes de l'une ou de l'autre partie. Ceux qui naissent aujourd'hui dans de telles communautés et qui vivent de la foi au Christ, ne peuvent être accusés de péché de division, et l'Église catholique les entoure de respect fraternel et de charité. En effet, ceux qui croient au Christ et qui ont reçu validement le baptême, se trouvent dans une certaine communion, bien qu'imparfaite, avec l'Église catholique. Assurément, des divergences variées entre eux et l'Église catholique sur des questions doctrinales, parfois disciplinaires, ou sur la structure de l'Église, constituent nombre d'obstacles, parfois fort graves, à la pleine communion ecclésiale. Le mouvement œcuménique tend à les surmonter. Néanmoins, justifiés par la foi reçue au baptême, incorporés au Christ, ils portent à juste titre le nom de chrétiens, et les fils de l'Église catholique les reconnaissent à bon droit comme des frères dans le Seigneur.

De plus, parmi les éléments ou les biens par l'ensemble desquels l'Église se construit et est vivifiée, plusieurs et même beaucoup, et de grande valeur, peuvent exister en dehors des limites visibles de l'Église catholique : la parole de Dieu écrite, la vie de grâce, la foi, l'espérance et la charité, d'autres dons intérieurs du Saint-Esprit et d'autres éléments visibles. Tout cela, qui provient du Christ et conduit à lui, appartient de droit à l'unique Église du Christ.

De même, chez nos frères séparés s'accomplissent beaucoup d'actions sacrées de la religion chrétienne qui, de manières différentes selon la situation diverse de chaque Église ou communauté, peuvent certainement produire effectivement la vie de grâce, et l'on doit reconnaître qu'elles donnent accès à la communion du salut.

En conséquence, ces Églises et communautés séparées, bien que nous croyions qu'elles souffrent de déficiences, ne sont nullement dépourvues de signification et de valeur dans le mystère du salut. L'Esprit du Christ, en effet, ne refuse pas de se servir d'elles comme de moyens de salut, dont la vertu dérive de la plénitude de grâce et de vérité qui a été confiée à l'Église catholique.

Toute vérité vient de l'Esprit Saint

Reconnaître les rayons de vérité

Pour l'Église, le dialogue avec les fidèles des diverses religions (juifs, musulmans, bouddhistes, hindouistes, etc.) est placé sous le signe de la recherche de la vérité. « L'Église catholique ne rejette rien de ce qui est vrai et saint dans ces religions. Elle considère avec un respect sincère ces manières d'agir et de vivre, ces règles et ces doctrines qui, quoiqu'elles diffèrent en beaucoup de points de ce qu'elle-même tient et propose, cependant apportent souvent un rayon de la vérité qui illumine tous les hommes » (Vatican II, décret *Nostra Aetate*, 2)

Un dialogue sans syncrétisme

Le chemin ainsi indiqué n'est pas celui du relativisme pour qui tout se vaut ou du syncrétisme qui mélange toutes les croyances. L'Église annonce, et elle est tenue d'annoncer sans cesse le Christ qui est « le Chemin, la Vérité et la Vie » (Jn 14,6). Cela n'exclut pas le dialogue et la recherche commune de la vérité, car, selon une expression souvent utilisée par saint Thomas d'Aquin, « toute vérité, quel que soit celui qui la dit, vient de l'Esprit Saint ».

Le dialogue pour la paix

Une tâche fondamentale du dialogue interreligieux est de favoriser une meilleure connaissance réciproque et une meilleure coopération des adeptes des différentes religions pour le service du bien commun et de la paix. Trop souvent, des groupes religieux justifient leur haine des autres et les violences qu'ils commettent, en invoquant le nom de Dieu. C'est inadmissible. Il n'y a pas de paix sans conversion des cœurs, sans renoncement à la violence et sans recherche commune de la vérité.

Jésus Christ, Sauveur de tous les hommes

On rappellera que depuis le concile Vatican II, les rapports religieux entre le Saint-Siège et le judaïsme mondial sont promus par une section du Conseil pour l'unité des chrétiens, et non par le Conseil pour le dialogue interreligieux. Saint Jean-Paul II quant à lui a mis une intensité particulière et un engagement très personnel dans l'approfondissement de ce dialogue. On se souvient de son discours à Mayence (1980), de sa visite à la synagogue de Rome (1986), de son acquiescement au transfert du Carmel d'Auschwitz hors du camp de la mort, de sa prise de position sur les racines chrétiennes de l'antijudaïsme (1997), la déclaration sur la Shoah (1998), et surtout de sa visite au mémorial Yad Vashem de Jérusalem et de sa prière au Mur des Lamentations (2000).

❶ Aux «frères aînés», Jean-Paul II a toujours manifesté une proximité particulière. Il a répété que l'ancienne alliance n'était pas supprimée par la nouvelle, que le judaïsme était non extrinsèque, mais intrinsèque au christianisme. Accueilli souvent avec méfiance ou surenchère, ce discours papal a surtout conduit l'Église catholique à purifier sa mémoire vis-à-vis du judaïsme. Parmi ses nombreuses demandes de pardon, formulées avant mais surtout durant l'année jubilaire, le pape a désiré exprimer les regrets de l'Église en tant que telle pour les fautes contre l'unité du Corps du Christ, pour l'usage de la violence dans la transmission de l'Évangile, mais surtout il a admis que l'antisémitisme pouvait avoir des racines dans un certain antijudaïsme chrétien.

❷ Jean-Paul II a porté en lui les contradictions, les inimitiés, les déchirures qui séparent toujours les différentes confessions chrétiennes, les religions, le monde agnostique. À tous il a crié: «N'ayez pas peur, le Christ n'est l'ennemi de personne. Si les chrétiens donnent trop souvent un témoignage indigne de leur vocation, n'en rendez pas responsable le Christ.» En 27 années de pontificat, ce pape a fait s'écrouler bien des murs de séparation; il en a ébranlé d'autres. En visionnaire, il ne s'est jamais lassé d'anticiper le futur.

❸ Dans le domaine interreligieux, le concile Vatican II, avec la Déclaration *Nostra Aetate* (1965), avait posé des jalons sur un terrain encore en friche. Paul VI, dans son encyclique *Ecclesiam suam* (1964) avait invité à un «dialogue du salut» avec le monde, les religions non chrétiennes et entre chrétiens séparés. Au cours de ses voyages apostoliques, Jean-Paul II a toujours tenu à ménager une rencontre avec les leaders des diverses religions non-chrétiennes. En 1985, la rencontre festive avec la jeunesse musulmane de Casablanca, en présence du roi Hassan II, a mis en relief la nécessité de promouvoir des valeurs éthiques communes. Puis brusquement, avec son charisme de poseur de signes, Jean-Paul II provoque la rencontre interreligieuse d'Assise (1986), sur laquelle il s'est longuement expliqué par la suite. Rien ne l'y obligeait. Il avait pensé ainsi répondre à un souhait exprimé avec insistance par des personnalités protestantes d'un concile pan-chrétien sur le thème «justice, paix et respect de la création». De pan-chrétien le projet est devenu interreligieux et a pris la forme d'une rencontre tout à fait moderne. Il s'agissait d'être ensemble pour prier, pas de prier ensemble.

❹ Il était urgent que les religions, au lieu de s'ignorer mutuellement, collaborent pour les causes communes à l'humanité entière: la paix, le développement, les droits de l'homme. En écartant toute tentation de relativisme ou de syncrétisme, Jean-Paul II a favorisé la prise de conscience mondiale qu'un dialogue, fondé sur le respect mutuel, est possible. Une partie de l'opinion publique a pu, ici ou là, interpréter la rencontre d'Assise comme un signe donnant à penser que désormais toutes les religions se valent, et que le temps des missions était terminé. Des théologiens ont pu donner l'impression d'aller dans ce sens. On a cru comprendre que l'universalité du salut offert par Dieu peut aussi passer par la médiation des religions païennes.

❺ En réalité, rien de tel. Plusieurs clarifications doctrinales au sujet du dialogue interreligieux ont jalonné le pontificat de Jean-Paul II. L'encyclique *Redemptoris missio* (1990) souligne que c'est dans le dialogue respectueux que l'Église se doit d'annoncer le Christ, plénitude de la vérité, vérité que recherche au moins implicitement tout homme religieux. L'Église ne peut renoncer à être toute entière mission, envoyée pour annoncer que le Christ est la vérité venue jusqu'à nous. Respecter les personnes et leur liberté ne signifie pas admettre que toutes les doctrines sont équivalentes. Aujourd'hui, «l'Église propose, elle n'impose rien, elle respecte le sanctuaire de la conscience». Le pape va jusqu'à suggérer des formes de coopération missionnaire avec les autres chrétiens. Le dialogue interreligieux lui-même est une voie de la mission. L'année suivante, un document romain sur *Dialogue et annonce* (1991) rappelle que le dialogue ne peut se faire aux dépens de l'évangélisation.

❻ L'inculturation de la foi dans les cultures locales a pour limites la fidélité à l'Évangile et la communion avec l'Église universelle. L'esprit missionnaire n'est pas une menace au pluralisme culturel du genre humain. À nouveau, Jean-Paul II approuve un texte de la Congrégation de la foi, *Dominus Jesus* (2000) dont l'enjeu est capital. Ce document entend reproposer l'enseignement devenu classique du concile. Il rappelle qu'il n'y a de salut qu'en Jésus Christ, que le salut peut être accordé par le Christ à des personnes qui se situent hors des frontières visibles de l'Église catholique, qu'il n'y a pas d'universalité du salut plus grande que celle opérée par le Christ. Le Christ est présent aux hommes par la médiation nécessaire de l'Église. L'Église est le germe du royaume de Dieu, inauguré par Jésus. Les autres religions ne conduisent pas d'elles-mêmes au royaume de Dieu.

❼ Pour ses invités à Assise III, en 2011, Benoît XVI a voulu recadrer le dialogue interreligieux en précisant qu'il s'agit d'un dialogue de respect mutuel dans la recherche de la vérité.

❽ Depuis le concile, le Saint-Siège œuvre pour la défense du droit à la liberté religieuse de toutes les religions du monde. Le droit à la liberté de conscience et de religion est un droit humain universel, inséparable de la personne. Les efforts déployés par l'Église pour faire comprendre et respecter par tous les régimes et toutes les sociétés ce droit inaliénable est le premier service rendu au dialogue interreligieux, avec le souhait qu'il soit réciproque.

❾ Le dialogue entre les religions passe par l'exigence de l'égale condition juridique de leurs adeptes devant la loi civile. L'étape suivante consiste à mieux connaître la pensée et la foi de l'autre, et à faire tomber les préjugés. Des progrès en ce domaine peuvent être atteints grâce aux efforts des théologiens, mais aussi des hommes de culture, de communication. L'enjeu se ramène essentiellement à une meilleure collaboration au service de la société entière. Les thèmes comme la paix, la globalisation, l'écologie reçoivent une impulsion plus forte s'ils sont abordés avec les exigences de la foi religieuse. Les religions, tout en se respectant les unes les autres, et sans rien renier de leurs convictions, devraient pouvoir converger dans le service du bien commun, auquel sont évidemment aussi appelés à coopérer ceux qui ne croient pas.

« Qui n'aime pas, n'a pas connu Dieu »

Concile Vatican II,
Déclaration *Nostra Aetate* (1965)

§ 1. Préambule Les hommes attendent des diverses religions la réponse aux énigmes cachées de la condition humaine, qui, hier comme aujourd'hui, agitent profondément le cœur humain : Qu'est-ce que l'homme ? Quel est le sens et le but de la vie ? Qu'est-ce que le bien et qu'est-ce que le péché ? Quels sont l'origine et le but de la souffrance ? Quelle est la voie pour parvenir au vrai bonheur ? Qu'est-ce que la mort, le jugement et la rétribution après la mort ? Qu'est-ce enfin que le mystère dernier et ineffable qui embrasse notre existence, d'où nous tirons notre origine et vers lequel nous tendons ? [...]

§ 5. La fraternité universelle exclut toute discrimination Nous ne pouvons invoquer Dieu, Père de tous les hommes, si nous refusons de nous conduire fraternellement envers certains des hommes créés à l'image de Dieu. La relation de l'homme à Dieu le Père et la relation de l'homme à ses frères humains sont tellement liées que l'Écriture dit : « Qui n'aime pas, ne connaît pas Dieu » (1 Jn 4,8). Par là est sapé le fondement de toute théorie ou de toute pratique qui introduit entre homme et homme, entre peuple et peuple, une discrimination en ce qui concerne la dignité humaine et les droits qui en découlent.

L'Église réprouve donc, en tant que contraire à l'esprit du Christ, toute discrimination ou vexation dont sont victimes des hommes en raison de leur race, de leur couleur, de leur condition ou de leur religion. En conséquence, le saint Concile, suivant les traces des saints Apôtres Pierre et Paul, prie ardemment les fidèles du Christ « d'avoir au milieu des nations une belle conduite » (1 P 2,12), si c'est possible, et de vivre en paix, pour autant qu'il dépend d'eux, avec tous les hommes, de manière à être vraiment les fils du Père qui est dans les cieux.

Tout l'ensemble et chacun des points qui ont été édictés dans cette déclaration ont plu aux Pères du Concile. Et Nous, en vertu du pouvoir apostolique que Nous tenons du Christ, en union avec les vénérables Pères, Nous les approuvons, arrêtons et décrétons dans le Saint-Esprit, et Nous ordonnons que ce qui a été ainsi établi en Concile soit promulgué pour la gloire de Dieu.

«Allez dans le monde entier»

Crier l'amour de Dieu!

En décembre 1975, le pape Paul VI publie un document intitulé : « Annoncer l'Évangile » (*Evangelii Nuntiandi*). Le bienheureux Paul VI y parle des « temps nouveaux pour l'évangélisation ». Quatre ans plus tard, le 9 juin 1979, alors qu'il est en voyage en Pologne, le pape Jean-Paul II emploie pour la première fois, de manière explicite, l'expression « nouvelle évangélisation ». La nouvelle évangélisation s'adresse d'abord à tous les baptisés chrétiens qui se sont éloignés de l'Église et de la foi.

Compter sur les jeunes

Saint Jean-Paul II, le grand protagoniste de la nouvelle évangélisation, a particulièrement misé sur la jeunesse. Il a lancé en 1985 les Journées mondiales de la jeunesse (JMJ). Les jeunes sont au rendez-vous. Jean-Paul II a invité l'Église à faire de la pastorale des jeunes une priorité pour que les jeunes soient évangélisés et qu'ils deviennent eux-mêmes des évangélisateurs. Il faut sans doute rejoindre les jeunes par les moyens qu'ils connaissent bien : Internet, facebook, la musique, le théâtre, la danse, etc.

Former les évangélisateurs

Une communauté qui évangélise vit la réalité des Actes des Apôtres et écrit une nouvelle page de l'histoire de l'Église. Pour évangéliser, il faut être formé et accompagné. Être des missionnaires de l'Évangile, cela s'apprend dans la prière, l'amitié fraternelle et l'approfondissement de sa propre foi. Lors des JMJ de Madrid en août 2011, Benoît XVI a dit aux jeunes : « Maintenant il faut retrouver le catéchisme, il faut apprendre le catéchisme de l'Église Catholique. » Pour annoncer l'Évangile de Jésus, tu as besoin d'acquérir des bases solides pour être en mesure d'en répondre devant les autres. Ce Catéchisme est là pour t'aider dans cette tâche.

Se prononcer pour le Christ devant les hommes

444

L'évangélisation est la mission même confiée par le Christ à son Église: «De toutes les nations faites des disciples» (Mt 28,19). Saint Paul disait: «Malheur à moi si je n'annonce pas l'Évangile» (1 Co 9,16). À la suite des Apôtres, l'Évangile a été prêché autour du bassin méditerranéen et en Orient au milieu des persécutions et au prix d'immenses sacrifices. À partir du IVe siècle, dans l'empire romain, les villes puis le milieu rural sont évangélisés. On appelle «première évangélisation» la diffusion de l'Évangile dans le monde européen entre les origines et le Xe siècle. Les siècles suivants sont des temps de consolidation, mais aussi de lutte contre des divisions internes du christianisme.

❶ Le mot «évangélisation» est resté longtemps synonyme d'annonce du salut auprès des païens, souvent dans les terres lointaines. C'était la *missio ad gentes*.

❷ On s'est aperçu au XXe siècle, que les régions largement évangélisées dans le passé et qui avaient envoyé des contingents de missionnaires dans les «terres de mission» d'Afrique, d'Asie et d'Amérique latine, s'éloignaient de plus en plus de leurs racines chrétiennes sous le coup de la sécularisation.

❸ Jean-Paul II a popularisé l'expression «nouvelle évangélisation». Elle vise en premier lieu les peuples de la première évangélisation qui se sont écartés massivement de la foi chrétienne. Son successeur Benoît XVI a créé à Rome un Conseil pour la nouvelle évangélisation et réuni un synode des évêques sur ce thème.

❹ Cette nouvelle mission assignée à l'Église se déroule dans un environnement très différent de celui de la première évangélisation. Celle-ci s'adressait à des populations profondément religieuses, en quête d'un message de salut, donnant un sens global à la vie et la perspective d'un au-delà. Aujourd'hui les générations qui ont abandonné le christianisme baignent dans une culture matérialiste et paraissent plutôt indifférentes à un message de salut. Certains milieux prétendent que la science a définitivement éliminé la foi. D'autres s'imaginent que toutes les religions se valent: dans ce cas, pourquoi évangéliser? D'autres encore prédisent la montée d'une sorte de religion sans Dieu, adaptée aux conditions de l'âge de la globalisation et de la cybernétique.

❺ Pour réimplanter la foi dans le cœur et l'esprit de nos contemporains, il faut les toucher là où ils sont le plus réceptifs: l'absence de sens d'un monde qui les entraîne à toute vitesse hors d'eux-mêmes. La promesse d'un bonheur purement matériel s'est révélée illusoire. La précarité de notre vie sur terre est soulignée par les crises de la mondialisation.

❻ La nouvelle évangélisation se déploie sur plusieurs registres: d'abord sur celui de la vie en société où la doctrine sociale de l'Église apporte des éléments de discernement et des valeurs universelles sur lesquelles il est possible de fonder la vie sociale. Aujourd'hui la doctrine sociale est une porte d'entrée incontournable du mystère de la foi. Cette décision de foi qu'appelle la première annonce, invite chaque personne, dans sa liberté, à se déterminer face à l'événement du Christ.

❼ La nouvelle évangélisation a besoin de missionnaires. Pourquoi pas vous? Après avoir parcouru l'itinéraire de ce Catéchisme, puissiez-vous avoir rencontré le Christ, l'avoir écouté pour vous mettre à sa suite. AMEN. ALLÉLUIA!

Annoncer l'Évangile

Benoît XVI,
Lettre *Ubicumque et semper*,
21 septembre 2010

L'Église a le devoir d'annoncer toujours et partout l'Évangile de Jésus Christ. Premier et suprême évangélisateur, le jour de son ascension au Père, il donna ce commandement aux disciples : « Allez donc ! De toutes les nations faites des disciples, baptisez-les au nom du Père, et du Fils, et du Saint-Esprit ; et apprenez-leur à garder tous les commandements que je vous ai donnés » (Mt 28,19-20)...

La mission évangélisatrice, continuation de l'œuvre voulue par le Seigneur Jésus, est, pour l'Église, nécessaire et irremplaçable, expression de sa nature même. Cette mission a revêtu dans l'histoire des formes et des modalités toujours nouvelles, selon les lieux, les situations et les moments historiques. À notre époque, l'une de ses caractéristiques particulières a été de se mesurer au phénomène du détachement de la foi, qui s'est manifesté progressivement au sein de sociétés et de cultures qui, depuis des siècles, apparaissaient imprégnées de l'Évangile... Il suffit de penser aux progrès gigantesques de la science et de la technique, à l'accroissement des possibilités de vie et des espaces de liberté individuelle, aux profonds changements dans le domaine économique, au processus de mélange d'ethnies et de cultures provoqué par les phénomènes de migrations de masse, à l'interdépendance croissante entre les peuples. Tout cela n'a pas été sans conséquences pour la dimension religieuse de la vie de l'homme. Et si, d'un côté, l'humanité a tiré des bénéfices incomparables de ces transformations et l'Église a reçu des encouragements supplémentaires pour rendre raison de l'espérance qu'elle porte (cf. 1 P 3,15), de l'autre, est apparue une perte préoccupante du sens du sacré, arrivant jusqu'à remettre en question les fondements qui apparaissent indiscutables, comme la foi dans un Dieu Créateur et providentiel, la révélation de Jésus Christ unique sauveur et la compréhension commune des expériences fondamentales de l'homme comme la naissance, la mort, la vie au sein d'une famille, la référence à une loi morale naturelle. Faisant donc mienne la préoccupation de mes vénérés prédécesseurs, je considère opportun d'offrir des réponses adéquates afin que l'Église tout entière, se laissant régénérer par la force de l'Esprit Saint, se présente au monde contemporain avec un élan missionnaire en mesure de promouvoir une nouvelle évangélisation.

Abréviations des livres bibliques

Ab Abdias
Ac Actes des Apôtres
Ag Aggée
Am Amos
Ap Apocalypse
Ba Baruch
1 Ch 1er Livre des Chroniques
2 Ch 2e Livre des Chroniques
1 Co 1re Lettre aux Corinthiens
2 Co 2e Lettre aux Corinthiens
Col Lettre aux Colossiens
Ct Cantique des Cantiques
Dn Daniel
Dt Deutéronome
Ep Lettre aux Éphésiens
Esd Livre d'Esdras
Est Esther
Ex Exode
Ez Ézékiel
Ga Lettre aux Galates
Gn Genèse
Ha Habacuc
He Lettre aux Hébreux
Is Isaïe
Jb Job
Jc Lettre de saint Jacques
Jdt Judith
Jg Livre des Juges
Jl Joël
Jn Évangile selon saint Jean
1 Jn 1re Lettre de saint Jean
2 Jn 2e Lettre de saint Jean
3 Jn 3e Lettre de saint Jean
Jon Jonas
Jos Livre de Josué
Jr Jérémie
Jude Lettre de saint Jude
Lc Évangile selon saint Luc
Lm Lamentations
Lv Lévitique
1M 1er Livre des Martyrs d'Israël (Maccabées)
2M 2e Livre des Martyrs d'Israël (Maccabées)
Mc Évangile selon saint Marc
Mi Michée
Ml Malachie
Mt Évangile selon saint Matthieu
Na Nahoum
Nb Nombres
Ne Livre de Néhémie
Os Osée
1 P 1re Lettre de saint Pierre
2 P 2e Lettre de saint Pierre
Ph Lettre aux Philippiens
Phm Lettre à Philémon
Pr Proverbes
Ps Psaumes
Qo Qohélet = Ecclésiaste.
1 R 1er Livre des Rois
2 R 2e Livre des Rois
Rm Lettre aux Romains
Rt Livre de Ruth
1 S 1er Livre de Samuel
2 S 2e Livre de Samuel
Sg Livre de la Sagesse
Si Ben Sirac = Ecclésiastique
So Sophonie
Tb Tobie
1Th 1re Lettre aux Thessaloniciens
2Th 2e Lettre aux Thessaloniciens
1 Tm 1re Lettre à Timothée
2 Tm 2e Lettre à Timothée
Tt Lettre à Tite
Za Zacharie

Lexique

Abba : Jésus appelle Dieu son Père, Abba /papa 149, 172, 305, 335, 338

Abraham : Homme de foi et père des croyants 58, 60-63, 226, 365

Absolution : Action de délier quelqu'un de ses péchés par le sacrement de pénitence et réconciliation 278-281

Adam : Homme créé à l'image de Dieu 31, 33, 38, 40, 44, 49, 236

Adoration : Adorer Dieu seul, Créateur, Sauveur et Seigneur 88, 153

Alliance : Pacte de fidélité réciproque entre Dieu et Israël, Dieu et l'Église 46, 53, 54, 57

Âme : Principe de vie immortel 33, 39, 87, 131, 248, 249, 254, 300

Annonciation : Annonce de la naissance du Sauveur 151, 242, 243

Apôtres : Choisis et envoyés par Jésus 148, 158-160, 170, 171, 198-200, 209-211

Arche : Coffre contenant les Tables de la Loi 62-69

Ascension : Entrée du Christ dans la gloire de Dieu et fin de sa présence visible sur terre 182, 184

Assomption : Marie élevée dans la gloire céleste....................... 96, 242, 243, 328,360, 420

Aumône : Don fait à des personnes dans le besoin 140-143

Avent : Préparation à Noël durant 4 semaines 328, 329, 330

Baptême : Nouvelle naissance dans la mort-résurrection du Christ............ 154-156, 194-197, ... 244-247, 262-265

Béatitude : Bonheur parfait sous le règne de Dieu 287, 296, 298

Bible : Livres inspirés de l'Ancien et du Nouveau testament contenant la révélation de Dieu .... 22 s

Blasphème : Outrage volontaire à Dieu 92, 174, 180

Bonheur : Vie selon Dieu ....296, et avec Lui 297, 298

Carême : Préparation à Pâques durant 7 semaines 195, 196, 197, 328, 329, 330

Catéchumène : Personne qui se prépare à recevoir le baptême 96, 197, 284, 332

Catholique : Qui veut dire « de partout » et universel .... 208, 211, 233, 234, 237, ...432, 435, 437, 443

Chair : L'être mortel, corps et âme ... 40, 84, 248, ... 249, 250, 268

Charisme : Don particulier de l'Esprit Saint..368-373

Charité : Amour de Dieu et du prochain. Au sens chrétien : amour du prochain comme le Christ nous a aimés................................ 313, 315, 316

Chrismation : Action d'oindre avec l'huile du saint chrême 265

Christ : Mot qui signifie «oint» du Seigneur, consacré 368, 369

Ciel : Demeure de Dieu et des élus au delà de l'espace et du temps créé 16

Clerc : Evêque, prêtre ou diacre.. 368, 370

Commandement : Parole normative donnée par Dieu à Moïse sur le mont Sinaï.21, 31, 82, 83, 84

Communion : Lien unissant les personnes divines et nous avec elles 52, 173, 280

Concile : Réunion des évêques présidée par le pape 204

Confirmation : Sacrement qui achève le baptême par le don de l'Esprit Saint 149, 172, 305, 335, 338

Consécration : Passage de l'état profane à la sphère du sacré. Réservé à Dieu seul........273

Contrition : Regret sincère de nos péchés. Condition pour recevoir l'absolution....... 279, 280

Conversion : Se détourner de l'erreur et du mal pour se tourner vers le Dieu de vérité..................... 18, 22, 187, 188, 280, 363

Création : Action par laquelle Dieu tire toutes choses du néant 52, 53, 95, 96

Croix : Signe du supplice et de la victoire du Christ 178-180, 214, 274

Décalogue : Les dix commandements donnés par Dieu à Moïse au Sinaï.............................104

Diacre : Configuré par l'ordination au Christ serviteur..........286, 287, 288, 289, 368, 369, 414

Dieu Père : Jésus révèle Dieu son Père, dans l'Esprit Saint.......................... 26, 149, 165, 170-173, 211-218, 333-342

Écriture Sainte : v. Bible. 27, 28

Église : Jésus bâtit son Église sur Pierre...........................22, 57, 70, 159, 173, ... 196, 199, 201, 209, 211, 232-238

Église : Tous les disciples du Christ ayant même foi, mêmes sacrements et mêmes pasteurs....................................... 12sq

Enfer : Séparation éternelle d'avec Dieu 253, 254

Enfers : Séjour des morts, Jésus est descendu aux enfers 211, 225, 231

Épiclèse : Appel de l'Esprit Saint pour réaliser un sacrement ou une consécration 230, 274, 275

Épiphanie : Visite des mages d'Orient à l'Enfant Jésus 96, 330

Eschatologie : Doctrine concernant l'achèvement de l'histoire du salut.................................. 54, 172

Espérance : Confiance en Dieu qui réalisera ce qu'Il a promis........................... 224, 313, 317

Esprit Saint : Troisième Personne de la Sainte Trinité 228-231, 266-269, 305, 310, 315, 438

Esséniens : Secte juive attendant la victoire du Messie sur terre 176

Éternité : Attribut de Dieu qui n'est pas lié au temps de la création 40, 331

Éthique : La morale naturelle universelle sous l'angle rationnel 84, 383, 385, 395

Eucharistie : Action de grâce. Mémorial de la Pâque du Seigneur. Messe ....273, 274, p 179, 180, 232

Évangélisation : Annoncer l'Évangile dans le monde. 369, 404, 443, 444, 445

Évangile : Bonne nouvelle du salut annoncée aux hommes par Jésus Christ 22, 146, 147, 148

Évêque : Successeur des Apôtres et témoin de leur enseignement 234, 235, 286, 289, 415

Exorcisme : Pratique destinée à chasser le démon.. 196

Famille : Le mariage fonde la famille, cellule de base de la société......20, 98-100, 293, 376-378

Foi : Assentiment de notre personne à Dieu ....208-211, 217, 303, 313, 316, 317, ... 422, 430, 432

Grâce : Don surnaturel gratuit de l'Esprit Saint. Vie nouvelle dans le Christ..... 314, 241, 244, 245, 248, 259, 264, 280, 2, 290, 305, 309

Guérison : Dieu apporte la guérison du corps et de l'âme............. 166, 167, 259, 279, 282, 284

Hérésie : Négation ou refus délibéré d'une proposition de la foi catholique............. 224

Idole : Objet d'un culte d'adoration qui prend la place de Dieu dans le cœur de l'homme... 52, 86, 87

Incarnation : La parole de Dieu se fait chair 220, 222

Initiation : Formation dispensée aux catéchumènes en vue du baptême... 194, 197, ... 196, 346

Israël : Nom du peuple élu de la Première Alliance......................... 274, 330

Jésus : Fils de Dieu fait homme, né de la Vierge Marie, crucifié et ressuscité .... 20, 146, 153, ...157, 170, 211, 220, 310, 327, 338

Jésus Christ : Messie et Fils Unique de Dieu .... 17, 226, 262, 264, 269, 304, ... 364, 431, 430, 439, 440, 445

Jeûne : Privation de nourriture, associée à la prière et à l'aumône................ 137, 138, 139

Joseph : Époux de la Vierge Marie, père légal de Jésus..................105, 152, 153, 376

Jugement : Nous serons jugés sur ce que nous aurons fait 172, 221, 225, 249, 441

Justice : Assurer à chacun ce qui lui est dû 135, 140-142, 296, 299, 399, 410

Kénose : Abaissement du Fils de Dieu dans la condition humaine 225

Kérygme : Proclamation de la Bonne Nouvelle de Jésus ressuscité 17, 18, 22, 246

Laïc : Tout baptisé qui n'est pas un ministre ordonné...................................... 371

Liberté : Choisir entre obéir à Dieu ou se détourner de Lui............44, 46, 47, 65, 66, ...301, 397, 406, 407, 408

Liturgie : Célébration des sacrements et de la prière communautaire........................ 329

Loi : Dieu fait connaître la loi morale à tous les hommes...............29, 65, 66, 133, 134, ... 149, 300, 301, 308, 309

Magistère : Autorité d'enseignement du pape et des évêques.. 204, 431

Malade : Personne affaiblie par une maladie 166, 167, 282-285, 381, 394

Mariage : Signe de l'union du Christ et de son Église.............. 100, 108, 169, 290-293, ... 377, 380

Marie : Mère de Dieu, épouse de Joseph 150, 152, 153,211, 240-243, 360, 422, 425

Mémorial : Actualisation d'un événement du passé.. 272

Messe : Célébration du sacrement de l'eucharistie............................. 271, 272, 274

Messianisme : Doctrine portant sur l'attente, la venue et le rôle du Messie 156, 225

Messie : Homme marqué par l'onction choisi et envoyé par Dieu. Voir Christ........................ 57

Miracle : intervention extraordinaire de Dieu en faveur des hommes.................. 167, 166, 168

Miséricorde : Amour inconditionnel de Dieu pour les pécheurs..........................141, 171, 214, ...280, 281, 298, 299

Mission : Tâche reçue à accomplir ....147, 158-160, 199, 200, 202, 204, ... 237, 286, 287, 289, 371, 443-445

Moïse : Envoyé de Dieu qui lui dicte sa Loi 64-67, 82-85, 90, 92

Mort : Mort physique, un passage 178, 179, 184

Table Ancien Testament

Nouveau Testament

Table des Conciles

Table des Papes et Saint Siège

Table des Pères

Table des Auteurs

Table des Prières

Crédit photos

Page 12 – Schongauer, Martin, 1450-1491, *Christ au Purgatoire,* Painting © akg-images/Erich Lessing • **Page 14** – Da Fiesole, Giovanni, connu sous le nom de Fra Angelico, *La Résurrection du Christ,* 1438-1447, fresque, cellule du couvent de Saint-Marc, Florence © akg-images/De Agostini Photo Lib./ A. Dagli Orti • **Page 16** – *La Résurrection,* d'après le psautier d'Ingeburge, XIIe siècle (Jouques) © Traditions monastiques, Flavigny-sur-Ozerain • **Page 17** – Schongauer, Martin, v. 1450–1491, *Noli me tangere* (le Christ apparaît à Marie Madeleine) © akg-images/Erich Lessing • **Page 19** – Sanzio, Raphael (1509-1511), *L'École d'Athènes,* XVIe siècle, fresque, 770 x 500 cm © The Art Archive/Room of the Segnature, Vatican Palace, Vatican Museum, Vatican City/Mondadori Portfolio/Electa • **Page 20** – Uhde, Fritz von, 1848–1911, *Laissez les enfants venir à moi,* 1884, huile sur toile, H. 1,88 ; L. 2,90 © akg-images • **Page 21** – Église de la Réconciliation, Communauté de Taizé, Saône-et-Loire © Pascal Deloche/Godong • **Page 23** – Champaigne, Philippe de (1602-1674), *Jean Baptiste,* v. 1656, huile sur toile, 131 x 98 cm © Musée de Grenoble • **Page 24** – Les vitraux de Notre-Dame de Dijon © Jean-Louis Bernuy • **Page 26** – Mosaïstes vénétiens, *Christ trônant,* mosaïque de l'abside, 1220, Saint-Paul-hors-les-Murs, Rome © akg-images/Leo G. Linder • **Page 27** – *L'Agneau mystique et les 4 symboles des Évangélistes,* manuscrit carolingien, IXe s., Saint Amand © Bibliothèque Municipale Valenciennes/Coll Dagli Orti/Aurimages • **Page 29** – *Moïse recevant les tables de la loi,* enluminure carolingienne, Bible de Montier Grandval, vers 840, Tours, parchemin de 510 × 375 mm © British Library/akg-images • **Pages 30 et 31** – Les vitraux de Notre-Dame de Dijon © Jean-Louis Bernuy • **Page 32** – *La création de l'homme,* manuscrit de Raban Maur, v. 780-856, "De Universo" © Montecassino Abbey Archives/Coll Dagli Orti/Aurimages • **Page 33** – Fac-similé de la Bible de Souvigny, Musée de Souvigny © Paul Saccard, service culture et communication de la ville de Souvigny • **Page 36** – Manuscrit, psautier triple glosé de Canterbury, dit psautier anglo-catalan © BnF • **Page 38** – Wenzel, Peter (1745-1829), Adam et Ève dans le jardin d'Éden, huile sur toile, 336 x 247 cm, Musée du Vatican © Huot/Diocèse Dijon • **Page 39** – *La création d'Adam,* (XIIe-XIIIe s.), mosaïque, mur sud de la nef de la cathédrale, Monreale, Sicile © Diocèse Dijon • **Page 41** – *Création de l'homme,* enluminure française, XIIIe s., sur parchemin, 346 × 240 mm, Bible latine © akg-images/Jean-Claude Varga • **Page 42** – *Le Sacrifice offert par Caïn et Abel/Le Meurtre d'Abel,* 1084, ivoire (peut-être d'un ambon ou d'une prédelle), Cathédrale de Salerne © akg-images/Erich Lessing • **Page 43** – *Noé libérant les animaux de l'Arche,* XIIIe s., mosaïque du narthex, basilique Saint-Marc, Venise © Coll Dagli Orti/Aurimages • **Page 44** – Bruegel, Pieter le vieux, vers 1525/30-1569, *La Tour de Babel,* 1563, Huile sur bois © akg-images • **Page 45** – Manfrini, *Le Fils prodigue,* lithographie, 1990, Galerie d'Art Sacré Contemporain, Milan © DR • **Page 48** Durer, Albrecht (1471-1528), *Adam,* Musée du Prado, Madrid, 13 x 18 © 2015. Photo Scala, Florence ; Durer, Albrecht (1471-1528), *Ève,* Musée du Prado, Madrid, 13 x 18 © 2015. Photo Scala, Florence • **Page 49** – *Le Baptême du Christ,* icône byzantine, v.1375, détrempe sus bois, Monastère des Météores, Grèce © akg-images/André Held • **Page 50** – Molnar, Josef, (1821-1899), *Le départ d'Abraham,* 1850 © National Gallery Budapest/Coll Dagli Orti/Aurimages • **Page 52** – *Les Égyptiens noyés dans la mer Rouge,* gravure couleur d'après Gustave Doré © Granger, NYC/Aurimages • **Page 53** – Anastasis, XIVe s., fresque dans l'abside, Saint-Sauveur-in-Chora (église byzantine Kariye-Camii), Constantinople © akg-images/Erich Lessing • **Page 54** – Les vitraux de Notre-Dame de Dijon © Jean-Louis Bernuy • **Page 55** – Fresque chapelle archevêché © Diocèse Dijon • Page 56 – Bar Mitsvah, cérémonie au mur des Lamentations, Jérusalem © P. Deliss/GODONG • **Page 57** – Les vitraux de Notre-Dame de Dijon © Jean-Louis Bernuy • **Page 60** *Le sacrifice d'Abraham,* mosaïque byzantine de San Vitale, Ravenne © Photo Scala, Florence • **Page 61** – Rembrandt, Harmensz van Rijn, 1606-1669, *Le Sacrifice d'Abraham,* 1635, huile sur toile © akg-images • **Page 63** – Désert de Judée © Père Garnier, Dijon • **Page 64** – Pèlerins dans désert d'Ein Avdat, Terre Sainte © Le Sénevé • **Page 65** – Tissot, James, (1836-1902), *La Pâque des Juifs* © The Art Archive/Superstock • **Page 66** – *Moïse devant le Pharaon,* détail d'une enluminure Byzantine © Granger, NYC/Aurimages • **Page 67** – *Moïse et le buisson ardent,* détail d'une enluminure Byzantine © Granger, NYC/Aurimages • **Page 68** – *Onction de David,* psautier d'Ingeburge de Danemark, miniature et enluminure, XIIIe s., Musée de condé, Chantilly © RMN-Grand Palais (domaine de Chantilly) René -Gabriel Ojéda • **Page 69** – *David triomphe de Goliath,* début du Xe s., enluminure byzantine, peinture sur parchemin, Psautier, dit Psautier de Paris © akg-images/Erich Lessing • **Page 70** – Rubens, Peter Paul, 1577–1640, *Le Jugement de Salomon,* vers 1617, Musée national d'art, Copenhague © akg-images/Album/Prisma • **Pages 72 et 73** – Sluter, Claes (1360-1406), *Puits de Moïse,* Chartreuse de Champmol, Dijon © Marie-Aleth Trapet • **Page 75** – Embrasement gauche du portail central, de g. à dr., Jérémie, Daniel, Isaïe et Moïse, Cathédrale Saint-Jacques de Compostelle © akg-images/Joseph Martin • **Page 76** – *Siège de Jérusalem et déportation des juifs à Babylone,* trois couples de la généalogie du Christ, milieu du XIIIe s., enluminure, Mayence © akg-images/Erich Lessing • **Page 77** – *Saint Jean Baptiste prêchant* © Quint Lox/Photoshot/Aurimages • **Page 79** – Arcabas, *Le Serviteur souffrant,* © Cartus Photo Allegret 38380 • **Page 80** – *Moïse et le Buisson Ardent/Moïse recevant les Tables de la Loi,* v. 1210, sur parchemin, Enluminure française (Noyon), du psautier d'Ingeborg (Ingebord de Danemark) © akg-images/Erich Lessing • **Page 82** – Diziani, Gaspare (attribué), 1689–1767, *Paysage avec Moïse recevant les Tables de la Loi,* huile sur toile © akg-images/Cameraphoto • **Page 83** – Chagall, Marc (1887-1985), *Moïse recevant les Tables de la Loi* (1960-66), huile sur toile, musée national du Message biblique, Nice © RMN/Gérard Blot/ADAGP • **Page 85** – Diotti, Giuseppe (1779-1846), *Moïse avec les Tables de la Loi,* XIXe s., huile sur toile, 162 x 116 cm © The Art Archive/Collezioni dell'Accademia di Milano, Milan, Italy/Mondadori Portfolio/Electa • **Page 86** – Petite-fille priant © V.R.Murralinath, Fotolia • **Page 87** – *Moïse et les Tables de la Loi et le Veau d'or,* entre 1125 et 1140, sixième pilier de la nef, Basilique Sainte-Madeleine, Vézelay © Yvan Travert/akg-images • **Page 89** – Religieux, religieuses, famille, Notre Père © Marie-Aleth Trapet ; Oraison © Jean-Marcelin Cesbron ; Pèlerinage © Diocèse de Carcassonne et Narbonne • **Page 90** – *Moïse et le Buisson Ardent,* v. 548, mosaïque, basilique San Vitale, Ravenne © IAM/akg-images • **Page 91** – Baptême Anastasia © Norbert JUNG - esprit-photo.com • **Page 93** – Liturgie de la Parole © Marie-Dominique Trapet • **Page 94** – Assemblée © Marie-Dominique Trapet • **Page 95** – Assemblée © Marie-Dominique Trapet • **Page 97** – Offertoire © Marie-Aleth Trapet • **Page 98** – Famille en bord de mer © fresnel6/Fotolia • **Page 99** – Trois générations © Monkey Business/Fotolia • **Page 101** – Familles © Marie-Aleth Trapet © Fotolia © Orenatias-unsplash • **Page 102** – Reni, Guido, 1575-1642, *Le Massacre des Innocents,* 1611-12, huile sur toile © akg-images/MPortfolio/Electa • **Page 103** – Couple attendant un enfant © taramara78/Fotolia • **Page 105** – Petite-fille et nouveau-né © Fotolia • **Page 106** – Sortie de mariage © PhotoRaph • **Page 107** – *Mariage de la Vierge* (détail), v. 1474, d'une série de tapisseries sur la vie de Marie, d'après carton de Pierre Spicre, église Notre-Dame, Beaune © akg-images •

Page 109 – Andrea Delition (attribué), *Les Noces de Cana,* fresque, deuxième moitié du xve s., Cathédrale S. Maria Assunta, Atri (Abruzzes, Italie) © akg-images/Rabatti – Domingie • **Page 110** – Van Reymerswaele, Marinus, v. 1490-1495, *La parabole du gérant malhonnête,* 1540, sur bois de chêne © akg-images/Erich Lessing • **Page 111** – La Tour, Georges de (1593-1652), *Le Tricheur à l'as de carreau,* musée du Louvre, Paris, Photo © RMN-Grand Palais (musée du Louvre) Gérard Blot • **Page 113** – Strozzi Bernardo (1581-1644), *La conversion de Zachée* © RMN-Grand Palais / Gérard Blot • **Page 114** – Promesse de louveteau, groupe 1re Carcassonne © Anthony Gleize • **Page 115** – Véronèse, Paolo Caliari, dit, 1528-1588, (atelier), *Suzanne et les deux vieillards,* Huile sur toile © akg-images/Erich Lessing • **Page 117** – van Honthorst, Gerrit, *Christ devant le Grand Prêtre,* 1617, Huile sur toile, 272 × 183 cm, Rome © The National Gallery, London/akg • **Page 118** – Guides d'Europe, groupe 2e Capendu © Hélène de Buchet • **Page 119** – Fiancés © P. Razzo/CIRIC • **Page 120** – Massys, Jan (v.1509-V. 1575), *David et Bethsabée,* 1562, huile sur bois, H. 1,62. L. 1,397 © akg-images/Erich Lessing • **Page 121** – Krodel, W, (v. 1500-1561), *David et Bethsabée,* 1528, huile sur bois (tilleul), H. 0,54.L. 0,39 © akg-images/Erich Lessing • **Page 122** – Cordée sur le dôme des Écrins © Guillaume Besnard/Fotolia • **Page 123** – Pèlerins de Compostelle © Capnord/Fotolia • **Page 125** – Di Bondone, Giotto, (v. 1266–1337), *Saint François rend ses vêtements à son père,* v. 1295/1300, fresque, mur nord de la nef, San Francesco, Assise © akg-images/Rabatti – Domingie • **Page 126** – Juif priant, Jérusalem © P. Deliss/Godong • **Page 128** – Gottlieb, Maurycy, *Juifs priant dans la synagogue le jour du Yom Kippour,* 1871 © IAM/akg-images • **Page 129** – di Pitati, Bonifazio, dit Veronese, (1487–1553), *L'Archange Gabriel annonce à Zacharie la naissance de Jean Baptiste,* 1550, huile sur toile © akg-images/Cameraphoto • **Page 131** – *Roi David,* xive s., dessin, papier, gouache, pour la rosace de la cathédrale de Léon, Espagne. © akg-images/album/Prisma • **Page 132** – Maquette du temple de Jérusalem © Fotolia • **Page 133** – Les vitraux de Notre-Dame de Dijon © Jean-Louis Bernuy • **Page 135** – Sluter, Claes (1360-1406), *Puits de Moise,* Chartreuse de Champmol, Dijon © Marie-Aleth Trapet • **Page 136** – Désert de Juda © Père Garnier • **Page 137** – *Saint Jean Bapstiste au désert,* 1490-1495, Musée national, Berlin © 2015. Photo Art Media/Heritage Images/Scala, Florence • **Page 139** – Moretto, *Jésus au désert* © The Metropolitan Museum of Art/DFY/Aurimages • **Page 140** – *Saint Martin partage son manteau,* 1490, art gothique hongrois © National Gallery Budapest/Coll Dagli Orti/Aurimages • **Page 141** – Ansiaux Antoine Jean Joseph, (1764-1840), *Saint Vincent de Paul soignant les pestiférés,* musée des Beaux-Arts, Nantes © RMN-Grand Palais/Gérard Blot • **Page 143** – Casnedi, Raffaele (1822–1892), *La veuve aux deux piécettes,* huile sur toile, 159 × 118 cm, Accademia Di Belle Arti Di Brera Quadreria, Milan © akg-images/De Agostini Picture Lib. • **Page 144** – *L'Arbre de Jessé,* avec l'Annonciation, la Nativité, la Crucifixion, les rois et les prophètes, encadrement architectural, scène de chasse dans la marge inférieure, extrait d'un manuscrit allemand et suisse du 14e s., Cistercian Sermologium © Collection Dagli Orti/Bodleian Library Oxford/Bodleian Libraries, The University of Oxford • **Page 146** – Barovikovskii, Vladimir Lukich (1757-1825), *Les Quatre Évangélistes : Matthieu, Marc, Luc, Jean* (1820), Huile sur carton, 73,5 x 73,5 cm, Musée d'État de Russie à Saint Pétersbourg © akg-images • **Page 147** – *Christ en majesté,* détail de la voûte du Panthéon royal, fresque, xiie s., Collégiale royale San Isidoro de León © Iberfoto/Photoaisa/Roger-Viollet • **Page 148** – Reni, Guido (1575-1642), *Saint Matthieu l'Evangéliste,* 10 x 12, Pinacoteca, Vatican © 2014. Photo Scala, Florence • **Page 149** – Titian, nom réel Tiziano Veceli (v. 1477-1576), *Saint Luc, l'Évangéliste* (1542-1544), huile sur bois, 71 cm diam., autrefois sur le plafond de l'église du Saint-Esprit à Isola, Venise, Sainte Marie du Salut © akg-images/Cameraphoto • **Page 150** – Maître de Flémalle, *L'Adoration des Bergers,* v. 1425, sur bois, Inv. CA 150 © akg-images/Erich Lessing • **Page 151** – Borgoña, Juan de v. 1470 –1536, *Présentation au Temple,* 1535, sur bois © akg-images/Joseph Martin • **Page 153** – Benfatto, Alvise, connu sous le nom dal Friso, 1559–1611, *L'Enfant-Jésus au Temple,* Musée de Moscou ou St Petersbourg © akg-images • **Page 154** – Patinir, Joachim (1480-1524), *Le baptême du Christ,* v.1515, huile sur panneau, musée d'histoire de l'art, Vienne © Bridgeman Giraudon • **Page 155** – Tissot, James, (1836-1902), *Jésus à la Synagogue* © The Art Archive/Superstock • **Page 157** – Doré, Gustave, 1832–1883, *Jésus dans la Synagogue,* 1865, gravure sur bois d'après le dessin de Gustave Doré, Stuttgart (E. Hallberger) © akg-images • **Page 158** – Merisi, Michelangelo, dit Le Caravage, (1573–1610) *Vocation de saint Matthieu,* 1599/1600, huile sur toile, H. 3,28 ; L. 3,48, Chapelle Contarelli, église Saint-Louis-des-Français, Rome. © akg-images/Mondadori Portfolio/Mauro Magliani • **Page 159** – Basaiti, Marco, (v. 1475–1530), *L'Appel des fils de Zébédée,* 1515, sur bois (peuplier), H. 1,24; L. 0,80 © akg-images • **Page 161** – Ghirlandaio, Domenico (1448-1494), *L'appel de Pierre et André,* chapelle Sixtine, Vatican © 2015. Photo Scala, Florence • **Page 162** – Merian, Matthäus Elder, (1593-1650), *La Parabole du Semeur,* gravure sur cuivre, 1670, Nouvelle édition, Paris (Jean Villette) 1723 © akg-images • **Page 163** – Murillo, Bartolomé Esteban, *Le retour de l'Enfant prodigue,* baroque espagnol, xviie s., galerie nationale, Washington DC © akg-images • **Page 164** – Rembrandt Harmenszoon van Rijn, dit, *Le Christ enseignant,* v. 1652, © akg-images • **Page 165** – Batoni, Pompeo (1708-1787), *Le retour du fils prodigue* (1773), huile sur toile, H. 1,38; L. 1,005, musée d'histoire Wien © akg-images/Erich Lessing • **Page 166** – *Jésus guérit un aveugle et un estropié,* xii-xiie s., Monreale © The Art Archive/A. Dagli Orti • **Page 167** – Theotokopoulos, Domenikos, (dit Le Greco) 1541–1614, *Christ guérissant l'aveugle,* huile sur bois (tilleul), 65,5 × 84 cm © akg-images • **Page 168** – Gebhardt, Eduard von, 1838–1925, *La Résurrection de Lazare,* 1896, huile sur bois, H. 1,17 ; L. 1,60. © akg-images • **Page 170** – Bellini, Giovanni, vers 1430-1516, *La Transfiguration du Christ au mont Thabor,* vers 1460, huile sur bois, du maître-autel de l'église S. Salvatore, Venise © akg-images/Cameraphoto • **Page 171** – La Farge, John (1835-1910), *Visite de Nicodème au Christ,* 1880, Washington DC © 2006, Smithsonian American Art Museum/Art Ressource/Scala, Florence • **Page 173** – Rembrandt, Harmensz van Rijn (1606-1669) (école de), *Tête du Christ,* v. 1655, Gemäldegalerie (SMPK), Berlin © BPK, Berlin, Dist. RMN-Grand Palais/Jörg P. Anders • **Page 174** – Véronèse, Paolo Caliari, dit, 1528–1588, *La fête dans la maison de Simon,* 1570, huile sur toile, 275 × 710 cm © akg-images/Erich Lessing • **Page 175** – Rembrandt (1606–1669), *La femme adultère,* 1644 huile sur bois, 83.8 × 65,4 cm © The National Gallery, London/akg • **Page 177** – Bosch, Jérôme, *Le Christ raillé* (Le Couronnement d'épines), 1490-1500, huile sur chêne, 73,5 x 59,1 cm, © The National Gallery, Londres/AKG • **Page 178** – Di Buoninsegna, Duccio (v.1260-1311), *L'entrée à Jérusalem* (1308-1311), verso de la maestra, peinture sur bois, musée de l'œuvre de la cathédrale, Sienne © Photo Opéra métropolitan Siena/Scala, Florence • **Page 179** – Huguet, Jaime (1414-1492), *Le dernier repas,* musée d'art catalan, Barcelone © 1990 Photo Scala, Florence • **Page 181** – *La Crucifixion,* fresque du xve s., Renaissance, chapelle Saint-Sébastien, Lanslevillard, Savoie, France © Photo Scala, Florence • **Page 182** – *La Mise au tombeau du Christ/Les Saintes Femmes au tombeau,* v. 1210, Enluminure, sur parchemin, du psautier d'Ingeborg de Danemark, Noyon H. 0,305 ; L. 0,205.Ms. 9–1695, fol. 28 r © akg-images • **Page 183** – Gruenewald, Mathis (1455- v. 1528) : *Résurrection,* Autel d'Isenheim, Musée d'Unterlinden, Colmar, 13 x 18 © 2015. Photo Scala, Florence • **Page 184** –*Les disciples Pierre et Jean courant au sépulcre le matin de la Résurrection,* Bumand Eugène (1850-1921), musée d'Orsay, Paris, Photo © RMN-Grand Palais (musée d'Orsay)/ Martine Beek-Coppola • **Page 186**

– Merian, Matthäus Elder, (1593-1650), *Zachée*, gravure sur cuivre, 1670, Nouvelle édition, Paris (Jean Villette) 1723 © akg-images • **Page 187** – Guides d'Europe, groupe 2e Capendu © Claire Pellicot • **Page 189** – Theotokopoulos, Domenikos, (dit Le Greco) 1541–1614, *Saint Pierre et Saint Paul*, v. 1590, huile sur toile, H. 1,21 ; L. 1,05. © akg-images • **Page 190** – Grünwald, Matthias, *Retable d'Issenheim*, musée d'Unterlinden, Colmar © Musée d'Unterlinden, Colmar • **Page 192** – Codex Wyssegradensis, *Les quatre Évangélistes*, 1085, atelier praguois, enluminure de Bohême, de l'évangélistaire du couronnement du roi Vratislav II, ou codex Wyssegradensis (Vysheradensis). Fac-similé de l'original de Prague © akg-images • **Page 194** – Ananie, *Le baptême de saint Paul*, v. 1145, mosaïque, byzantino-sicilienne, Cappella Palatina, Palazzo Reale, Palerme, Sicile, du cycle avec des scènes des Actes des Apôtres sur les murs des bas-côtés. © akg-images/Andrea Jemolo • **Page 195** – Baptême © Norbert JUNG - esprit-photo. com • **Page 197** – Feu Vigile Pascale © Philippe Ballot • **Page 198** – Rovere, Giovanni Mauro della (dit il Fiammenghino), v. 1575–1640, *La descente de l'Esprit-Saint*, v. 1610–30, huile sur toile, H. 1,980 ; L. 2,2345. Inv. n° 195 © akg-images/MPortfolio/ Electa • **Page 199** – Theotokopoulos, Domenikos (dit Le Greco) 1541–1614, *La Descente du Saint-Esprit*, 1604–14, huile sur toile, H. 2,75 ; L. 1,27. © akg-images • **Page 201** – *Saint Pierre prêchant*, XIVe s., Musée des Beaux-Arts, Bilbao © akg-images/Album/ Oronoz • **Page 202** – Novelli, Pietro, dit il Monrealese (1603–1647), *L'incrédulité de saint Thomas*, huile sur toile, 116.5 × 155,2 cm © Sotheby's/akg-images • **Page 203** – Di Buoninsegna, Duccio, *Le Christ séparé des Apôtres*, détail de l'épisode de la Passion du Christ et de sa Résurrection, 1308-1311, tempera sur bois, face arrière de la Maesta du Duccio, retable de la cathédrale de Sienne © The Art Archive/DeA Picture Library/G. Nimatallah • **Page 205** – Duccio di Buoninsegna (1260-1318), *L'incrédulité de Thomas*, Museo dell'Opera, Sienne © 2015 Photo Opera Metropolitana Siena/Scala, Florence • **Page 206** – Psautier du Landgrave, XIIIe s., bibliothèque de l'état du Wurtemberg, Stuttgart © Bibliothèque de l'état du Wurtemberg, Stuttgart, Allemagne • **Page 208** – Main dans la main © Fotolia • **Page 209** Messe lors du Concile Vatican II par Paul VI, basilique Saint-Pierre, Rome, Vatican © Archives CIRIC • **Page 211** – Photo de cierge pascal © Marie-Aleth Trapet • **Page 212** – *La Trinité et Dieu le Père*, manuscrit issu du Livre d'heures à l'usage de Poitiers, en latin et français, fin XVe s., peint par un élève de Robinet Testard © Médiathèque François Mitterand Poitiers/Coll Dagli Orti/Aurimages • **Page 213** – Détail du *Couronnement de la Vierge* © SAVD, Service Audiovisuel de Dijon • **Page 214** – *Dieu Un et Trinité*, miniature du Missel de Cambrai, v.1120, Médiathèque d'Agglomération de Cambrai © cliché MAC • **Page 215** – Roublev (Roubliov), Andrei, *La Trinité*, 1411, icône, Staatliche Tretjakow-Galerie, Moscou. © akg-images • **Page 219** – Menabuoi, Giusto de, *Le baptême du Christ dans le Jourdain par Saint Jean-Baptiste*, fresque, 1375 © Duomo Padua/ Coll Dagli Orti/Aurimages • **Page 220** – Arcabas, *L'Annonciation*, © Cartus Photo Allegret 38380 • **Page 221** – Arcabas, *Visitation* © Cartus Photo Allegret 38380 • **Page 222** – Arcabas, *Nativité* © Cartus Photo Allegret 38380 • **Page 223** – Arcabas, *Les Rois Mages* © Cartus Photo Allegret 38380 • **Page 226** – Maître d'Avia, *Vierge à l'enfant*, v. 1170-v. 1190, détrempe sur bois et reliefs en stuc, église Santa Maria, Barcelone © Iberfoto/Photoaisa/Roger-Viollet • **Page 227** – Filipepi, Alessandro, dit Botticelli (1445–1510), *Vierge à l'Enfant*, v. 1483, détrempe sur bois, H. 0,580 ; L. 0,395 © akg-images/MPortfolio/Electa • **Page 228** – *La Pentecôte*, fresque, vers 1490, détail d'un cycle sur les murs de l'église, chapelle Saint-Sébastien, Lanslevillard, Savoie © akg/De Agostini Picture Lib. • **Page 229** – *La Pentecôte*, d'après le psautier d'Ingeburge, XIIe s., Jouques © Traditions monastiques, Flavigny-sur-Ozerain • **Page 231** – Confirmation d'adultes, cathédrale Notre Dame de Paris © Pascal Deloche/Godong • **Page 232** – Elsheimer, Adam (1578-1610), *Saint-Pierre*, 1605, à partir d'une série de huit panneaux, huile sur cuivre, 9 x 7 cm. Petworth House, The Collection Egremont (Le National Trust ; Inv PET.P. 275.) © akg-images • **Page 233** – *Les douze Apôtres avec les prophètes Élie et Énoch* (détail), v. 1142–50, sculptures, linteau du portail central, Cathédrale Notre-Dame de Chartres © Hervé Champollion/ akg-images • **Page 234** – Départ aux JMJ de Rio © Diocèse de Carcassonne et Narbonne • **Page 235** – JMJ de Rio © Diocèse de Carcassonne et Narbonne • **Page 237** – Messe du jeudi saint, paroisse-cathédrale Saint-Bénigne, Dijon © Marie-Aleth Trapet • **Page 238**– Pape François, 21 juin 2015, Turin © Père Garnier • **Page 239** – Rizi, Franco, Saint Pierre (retable du XVIIe s.), église Fuente el Saz, Madrid © akg-images/Album/Oronoz • **Page 240** – *Retable de la Crucifixion, détail de la fuite en Egypte*, entre 1394 et 1399, Chartreuse de Champol © Musée des Beaux-Arts de Dijon. Photo François Jay • **Page 241** – Maître d'Avia, *Vierge à l'enfant*, v.1170-v.1190, détrempe sur bois et reliefs en stuc, église Santa Maria, Barcelone © Iberfoto/Photoaisa/Roger-Viollet • **Page 243** – Miralhet, Jean, La Vierge de Miséricorde, (v.1420-1450), Nice, Chapelle de la Miséricorde © DR • **Page 244** – Baptême par immersion, église Saint Ambroise, Paris © Pascal Deloche/Godong • **Page 245** – Baptême de Clovis, Les grandes chroniques de France, XIVe siècle, école du Nord © Collection Dagli Orti/Bibliothèque Municipale Castres/Gianni Dagli Orti • **Page 246** – Baptême © Norbert JUNG - esprit-photo. com • **Page 247 –** Baptême Anastasia © Norbert JUNG - esprit-photo. com • **Page 248** – *Jugement Dernier*, Psautier d'Ingeburge de Danemark, XIIIe s., musée Condé, Chantilly. Nous contacter pour les éditions commerciales, la publicité, les fac-similé s. Photo © RMN-Grand Palais (domaine de Chantilly) René -Gabriel Ojéda • **Page 249** – Église Saint Jean-Baptiste et son cimetière, Bessans © Michel Gounot/Godong • **Page 250** – La Tour, Georges de, (1593–1652), *Job raillé par sa femme*, v.1650, huile sur toile, 145 × 97 cm © akg-images/Erich Lessing • **Page 251** – Garbo, Raffaellino del, *Résurrection*, 1505, huile sur bois, H. 1,77 ; L. 1,86 © akg-images/Rabatti – Domingie • **Page 252** – Baptême catholique © Pascal Deloche/Godong • **Page 253** – Lampe à huile © Fred de Noyelle - Godong • **Pages 254 et 255** – *Le Jugement dernier*, façade occidentale du monastère construit en 1488 par Etienne le Grand © Voronet Monastery Moldavia Romania/Coll Dagli Orti/Aurimages • **Page 256** – Bastiani, Lazzaro, (attribué) v.1430 – 1512, *La Samaritaine et le Christ/Le Christ et la Samaritaine au puits*, huile sur bois. H. 2,26 ; L. 1,67 © akg-images/Cameraphoto • **Page 258** – Weyden, Rogier van der, 1399-1464, *Les Sept Sacrements*, retable v. 1450 (Panneau de gauche : le baptême, la confirmation, la confession), sur le bois. © akg-images/Erich Lessing • **Page 259** – Weyden, Rogier van der, 1399-1464, *Les Sept Sacrements*, retable v. 1450 (Panneau de droite : l'ordination, le mariage, l'extrême-onction), sur le bois © akg-images/Erich Lessing • **Page 261** – Weyden, Rogier van der, 1399-1464, *Les Sept Sacrements*, retable v. 1450 (Panneau central : Crucifixion et de l'Eucharistie), sur le bois © akg-images/Erich Lessing • **Pages 262 et 263** – Baptême Anastasia © Norbert JUNG - esprit-photo. com • **Page 265** – *Le baptême du Christ*, manuscrit arménien, 1362, Évangile du peintre Yovhannès de Berkri (Vaspurakan) © Armenian Museum Isfahan/Coll Dagli Orti/Aurimages • **Page 266** – Longhi, Pietro (1702-1785), *La Confirmation*, Fondation Querini Stampalla, Venise © Photo Scala, Florence • **Page 267** – Confirmation-chrismation à la cathédrale de Dijon © Marie-AlethTrapet • **Page 268** – Cavalori, Mirabello (1515-1572), *La Pentecôte*, Badia, Florence © Photo Scala, Florence • **Page 269** – Masaccio, (Tommaso di Giovanni di Simone Guidi, dit), 1401–1428, *Le Baptême des néophytes*, v.1426, fresque, H. 2,55 ; L. 1,62, Chapelle Brancacci, église Santa Maria del Carmine, Florence © akg-images/Rabatti – Domingie • **Page 270** – *La Cène*, v.1050, enluminure, Echternach, Livre d'or des Évangiles de Henri III, 35 × 50 cm. Codex Vitrinas © akg-images • **Page 271** – *Jésus Nourrit la foule*, v. 1050, enluminure, Echternach, Livre d'or de Henri III, 35 × 50 cm. Escorial, Codex Vitrina © akg-images • **Page 272** –*La Cène*, enluminure © Bayerische staatsbibliothek, Munich • **Page 273** – Ostensoir © Marie-Dominique Trapet • **Page 275** – Werefkin, Marianne, *Le moine*, tempera sur papier sur carton, 100 x 80 cm, fondazione Marianne Werefkin © Museo Comunale d'Arte Moderna, Ascona • **Page 276** – Messe © Marie-Dominique Trapet • **Page 277** – Uhde, Fritz von, 1848–1911, *La Cène*, 1886, huile sur toile, H. 2,06 ; L. 3,24 © akg-images • **Page 278** – *Journée du pardon*, Paris © Sébastien Desarmaux/Godong • **Page 279** – Rembrandt, Harmenszoon van Rijn, dit, Leyde, 1606,

Le Retour du Fils Prodigue, 1668, huile sur toile, Staatliche Ermitage, Saint-Petersburg, © akg-images • **Page 281** – Sacrement de réconciliation, Ars-sur-Formans © Fred de Noyelle/Godong • **Page 282** – Bassano, Francesco da Ponte, 1549–1592, *Le Bon Samaritain*, v. 1575–80, huile sur toile, H. 0,730; L. 0,984 © akg-images • **Page 283** – Repin, Ilja, 1844–1930, *La Résurrection de la fille de Jaïre*, 1871, huile sur toile, 229 × 382 cm © akg-images • **Page 284** – Sacrement des malades © Diocèse de Dijon • **Page 285** – La guérison du paralytique, enluminure, vers 1050, Livre d'or des Évangiles de Henri III, Echternach © akg-images • **Page 286** – Jeudi saint, lavement des pieds © Marie-Aleth Trapet • **Page 287** – Prostration © Marie-Aleth Trapet • **Page 289** –Remise de calice et ciboire © Marie-Dominique Trapet • **Page 290** – Mariage © Agnès Pichon • **Page 291** – Échange consentements © PhotoRaph • **Page 293** – Pacher, Michael (1430–1498), *Mariage de la Vierge,* 1495-1498, huile sur bois, 113 × 139,5 cm, Galerie Belvedere, Vienne (Art Gallery) © akg-images/De Agostini Picture Lib. • **Page 294** – Makovski, Vladimir Iegorovitch, 1846–1920, *Le Sermon sur la Montagne,* huile sur toile, H. 0,54; L. 0,31 © akg-images • **Page 296** – Denis, Maurice (1870–1943), *Le sermon sur la montagne*, (XIXe siècle), huile sur toile, 80.5 × 110,5 cm. Cronay, private collection. © akg-images/André Held • **Page 297** – Fra Giovanni da Fiesole, dit Fra Angelico (1387–1455), *Le Sermon sur la montagne*, fresque, v. 1437, couvent Saint-Marc, étage supérieur, Florence © Manuel Cohen • **Page 298** – *La Force, la Justice, la Tempérance, la Prudence*, vitraux de Notre-Dame de Dijon © Jean-Louis Bernuy • **Page 299** – *Les Béatitudes*, évangéliaire du XIIe s. © Karlsruche, Badische Landesbiblioteck • **Page 300** – I. Günther, Barmherziger, *Le Bon Samaritain*, 1763, sur bois, 40 × 112 cm église St. Aegid, Gmund, Germany © akg-images/Erich Lessing • **Page 301** – Voilier © Synto/Fotolia • **Page 303** – Mère Teresa de Calcutta, Bengale, Inde, 1980 © Tim Graham/Corbis • **Page 304** – Vigne © andrewhagen/Fotolia • **Page 305** – Teniers le Jeune, David (1610–1690), *La Pêche miraculeuse*, 1659, huile sur toile, © akg-images/Coll. privée • **Page 306** – détail de *L'arbre de vie*, médaillon de l'abside, basilique Saint-Clément, Rome © 2015. DeAgostini. Picture Library/Scala, Florence • **Page 307** – Voûte de l'abside, église Saint-Clément, Rome, 20 x 25 © 2015. Photo Scala, Florence • **Page 308** – *Christ maître*, XIIe s., 12, 8 x 6,2 cm © BN Athènes • **Page 309** – Veillée de jeunes © Marie-Dominique Trapet • **Page 310** – Mosaïque du baptistère de Saint-Jean-de-Latran, Rome © 2015 Andrea Jemolo/Scala, Florence • **Page 311** – Christ comme bon berger, peinture murale, début du christianisme, IIIe s. © akg-images/André Held • **Page 312** – Raphaël (1483-1520), *La Foi*, 13 x 18, de la série *Les trois vertus théologales*, Pinacothèque, Vatican © 2015. Photo Scala, Florence • **Page 313** – Raphaël (1483-1520), *L'Espérance*, 13 x 18, de la série *Les trois vertus théologales*, Pinacothèque, Vatican © 2015. Photo Scala, Florence • **Page 315** – Duccio di Buoninsegna (v. 1255–1319), *Le Lavement des pieds,* v. 1308, de la série sur l'histoire de la Passion. Envers de la « Maestà » de la cathédrale de Sienne. Détrempe et fond doré sur bois, H. 0,505; L. 0,535 © akg-images/MPortfolio/Electa • **Page 317** – Raffaello Santi (dit Raphaël) 1483–1520, *La Charité*, 1507, huile sur bois de peuplier, 18 × 44 cm, d'une série de trois panneaux avec les vertus théologales : *la Foi, l'Espérance et la Charité.* Prédelle du retable Baglioni, église Saint François au Prato de Pérouse © akg-images • **Page 318** – Sainte Thérèse de Lisieux, Thomas More © DR; Padre Pio de Pietrelcina, San Giovanni Rotondo, mai 1966 © akg-images/Mondadori Portfolio; Maxililien Kolbe, Pier Giorgio Frassati © DR • **Page 319** – Bernadette Soubirous, Anne de Guigné, Saint Jean-Marie Vianney curé d'Ars, Just de Bretenières, Saint Vincent de Paul © DR • **Page 320** – Élisabeth de La Trinité, Bienheureux Francisco Castelló Aleu, Takashi Nagai, Dom Bosco, Saint Zélie et Louis Martin © DR • **Page 321** – *Portrait saint Jean-Paul II* - Le pape Jean-Paul II (1920-2005), lors d'une visite pastorale. Tarente (Italie), 28-29 octobre 1989 © L'Osservatore Romano - Servizio Fotografico/Alinari/Roger-Viollet • **Page 322** – Maître de Hohenfurth, *Christ au Mont des Oliviers*, v.1350, du cycle « Scènes de la vie du Christ », monastère Hohenfurth. © akg-images/Erich Lessing • **Page 324** – Petit garçon priant, Italie © Philippe Lissac/Godong • **Page 325** – Adoration eucharistique, Notre-Dame de l'Abbaye © Diocèse de Carcassonne et Narbonne • **Page 327** – *Jésus au mont des Oliviers*, Bible historiée toute figurée © BNF • **Page 328** – Barocci, Federico, 1535-1612, La *Naissance de Jésus Christ,* 1605, huile sur toile © akg-images • **Page 329** – Juan de Juanes, Vicente Juan Macip, dit, 1523-1579, *La Cène*, huile sur toile © akg-images • **Page 331** – Fra Angelico (Fra Giovanni da Fiesole, dit), 1387-1455, *Noli me tangere,* entre 1437 et 1445, fresque, Couvent de Saint Marc, Florence © akg-images/Rabatti – Domingie • **Pages 332-334** – *Notre Père*, Abbaye de la Pierre qui vire © Tableau de Frère Yves • **Page 335** – Moniales © Marie-Aleth Trapet • **Page 336** – Prière © Marie-Aleth Trapet • **Page 339** – Kramskoi, Nikolaevitch, Ivan, *Le Christ dans le désert*, 1872, huile sur toile, 180 x 210 cm © akg-images • **Page 341** – Duccio di Buoninsegna; v. 1255–1319, *Le Christ au Purgatoire,* v. 1308, de la série des scènes de la Passion, envers de la « Maestà », détrempe et fond doré sur bois © akg-images/Erich Lessing • **Pages 342-343** – Carmel du Notre Père, Terre Sainte © Père Ganier, Dijon • **Page 344** – Atelier de Théophane le Grec (actif entre 1370 et 1405), *Transfiguration du Christ* (1390), Icône, Galerie Tretiakov, Moscou, Russie © Photo Scala, Florence • **Page 346** – Fra Angelico, (Fra Giovanni da Fiesole, dit), 1387-1445, *Christ aux outrages avec la Vierge et saint Dominique,* entre 1439 et 1445, fresque, Couvent de Saint-Marc, Florence © akg-images/Rabatti – Domingie • **Page 348** – Profession de foi © Louis de Raynal, Diocèse de Dijon • **Page 350** – Confirmation © Marie-Aleth Trapet • **Page 352** – Bible et rosaire, Saint-Guilhem-le-Désert © Michel Gounot/Godong • **Pages 354** – *Lectio divina* © Traditions monastiques, Flavigny-sur-Ozerain • **Page 355** – Jeunes en oraison © Jean-Marcelin Cesbron • **Page 357** – Fray Juan de Misería, Thérèse de Jésus, 1567, (à l'âge de 61 ans, en esp. : Teresa de Capeda y Ahumada), peinture, couvent Santa Teresa, Avila, © akg-images/Erich Lessing • **Page 358** – Millet, Jean-François, 1814–1875, *L'Angélus*, v.1858, huile sur toile, RF 1877 © akg-images • **Page 360** – Quarton, Enguerrand, *Le couronnement de la Vierge*, 1453 © Musée de l'Hospice Villeneuve-les-Avignon/Coll Dagli Orti/Aurimages • **Page 361** – Photo de la Croix glorieuse de la reine Gisèle de Hongrie © DR • **Page 362** – Quarton, Enguerrand, détail : patriarches et saintes du *Couronnement de la Vierge*, 1453 © Musée de l'Hospice Villeneuve-les-Avignon/Coll Dagli Orti/Aurimages • **Page 364** – Da Fossano, Ambrogio Stefani (dit Il Bergognone), *Saint Paul*, huile sur le peuplier, 110,5 × 41,9 cm, fin XVe s. © The National Gallery, Londres/AKG • **Page 366** – Saint Ignace © Traditions monastiques, Flavigny-sur-Ozerain • **Page 367** – Hofmann, Heinrich, *Le Christ et le jeune homme riche* © DR • **Page 368** – Profession de foi © Marie-Aleth Trapet • **Page 369** – Remise calice et ciboire, ordination, diocèse de Dijon © Marie-Dominique Trapet • **Page 370** – Religieuses © Marie-Dominique Trapet • **Page 371** – Laïcs dans l'Église © Diocèse de Carcassonne et Narbonne • **Page 373** – Johannes Veermer (1632-1675), Le Christ dans la maison de Marthe et Marie, vers 1654, XVIIe s., huile sur toile © Aurimages • **Page 374** – Famille © Fotolia • **Page 376** – Famille © Kzenon/Fotolia • **Page 379** – Famille © famveldman/Fotolia © Famille Simon © Famille Todo • **Page 380** – Famille © Fotolia • **Page 382** – 11 novembre 1978 : Jean Paul II prend dans ses bras un bébé, Rome, Vatican. © CPP/Ciric • **Page 383** – Jean Vanier, le 27 septembre 2014 : Fête des 50 ans de l'Arche © P. Razzo/Ciric ; Familles avec enfants handicapés © Fotolia • **Page 384** – Famille © Nathan Anderson - Unsplash.com • **Page 386** – Benoit XVI © Dreamstime • **Page 387** – Respect de la vie : Laboratoire, Nouveau-né, laboratoire, Bébé, Cellules © Fotolia •

Page 388 – Arcabas, saint Joseph dans son atelier avec Jésus © Cartus Photo Allegret 38380 • **Page 390** – Charpentier © Ftfoxfoto/Fotolia • **Page 393** – Charles Peguy © DR; Delbrêl, Madeleine © archives Ciric; Bernanos, Georges, écrivain français (1888-1948) portrait vers 1940 © akg-images ; Stein, Edith, philosophe allemande, carmélite sous le nom de Thérèse-Bénédicte de la Croix, (1891 –1942) © akg-images; Jacques Maritain © DR; Saint Jean XXIII © DR • **Page 394** – décembre 1986 : Sœur Emmanuelle discute avec les chiffonniers du Caire, Egypte © Jean Claude Gadmer/CIRIC • **Page 395** – Assemblé Nationale © DR • **Pages 398-399** – Oscar Romero; Abbé Pierre; Père Joseph Wrezinski, Raoul Follereau © DR/Père Guy Gilbert © Marie-Aleth Trapet; Saint Vincent de Paul © DR • **Page 400** – Saint Jean XXIII © DR • **Page 401** – *Le Christ enseignant,* XIXe s., détrempe sur bois, Macédoine © akg-images/François Guénet • **Page 402** – Travail du raisin © Bianca Isofache - Unsplash.com • **Page 406** – *Chrétiens d'Orient à la sortie d'une cérémonie* © SOS Chrétiens d'Orient • **Page 408** – Jean-Paul II lors accueilli par Fidel Castro © Roger-Viollet; 18 novembre 2011 : Benoît XVI et Thomas BONI YAYI, président du Bénin, lors de la cérémonie d'accueil du pape à l'aéroport de Cotonou, Bénin © OR/CPP/Ciric • **Page 409** – 8 juin 2014 : Le président israëlien Shimon Peres, le président palestinien Mahmoud Abbas et le pape François se serrent la main, en geste paix après une prière commune dans les jardins du Vatican © POOL/CPP/Ciric • **Page 411** – Reims bombardée (1) Réconciliation franco-allemande (2) © DR • **Page 412** – *Le Concile de Trente,* 1545-1563, école italienne, milieu du XVIe siècle, huile sur toile, H. 1,17; L. 1,76. INV 751 © akg-images/André Held • **Page 414** – *Chrétiens attaqués par un lion dans la Rome antique,* XIXe siècle © akg/North Wind Picture Archives • **Page 415** – Zoppo, Marc, *Un évêque saint, peut être saint Augustin,* v.1468, tempera sur bois, 49,5 x 28,6 cm, ACERCA probablement 1468 © The National Gallery, Londres/AKG; Icône : L'empereur Constantin et sa mère sainte Hélène avec la croix, à droite Sainte Agathe, peinture à l'œuf sur bois, 116 x 89 cm, de la collection d'Alexandre Popff, Ruddie (Novogorod) première moitié du XVIe s. • **Page 416** – Uccello, Paolo, v. 1397-1475, *La Thébaïde,* vers 1460, Couleurs à l'eau sur toile © akg-images/Rabatti – Domingie • **Page 417** – Guercino (1591-1666) Saint Grégoire le Grand avec Saint Ignace Loyola et François-Xavier (v. 1625-1626), huile sur toile, 296 x 211 cm, London, National Gallery © akg-images/The National Gallery, London; Bondone di, Giotto, 1266–1337, *Pape Innocent III confirmant les règles de l'ordre de saint François,* seconde baie nef, église Saint-François, Assise © akg-images/Stefan Diller • **Page 418** – *Louis VII aux pieds de Saint Bernard de Clairvaux, le roi recevant la croix pour la seconde croisade,* bois gravé d'après Gustave Doré coloré plus tard, dans J. Michaud, Histoire des croisades, Paris, 1877, volume 1 © akg-images • **Page 419** – St Vincent de Paul, gravure sur cuivre coloré par Auguste Alexandre Baudran (né 1823) par Claude Jacquand (1804-1878) © akg-images ; *Les Carmélites à l'échafaud* © Diocèse Dijon • **Page 420** – *Concile Vatican I* © Diocèse Dijon; Marne, Jean Louis de, 1752–1829, *Rencontre entre Napoléon et le pape Pie VII dans la forêt de Fontainebleau,* 1808, huile sur toile, (Le 26 novembre 1804 à la Croix de Saint-Hérem, Napoléon ayant fait en sorte de se trouver sur le chemin du pape) © akg-images/Jérôme da Cunha • **Page 421** – Léon XIII © akg-images; Pie X © akg-images; Pie XI © akg-images; Pie XII © akg-images • **Page 422** – Concile Nicée © DR • **Page 423** – Concile de Nicée, premier concile œcuménique, fresque v. 1600 par Speranza © akg-images • **Page 424** – Pie IX (1846-1878), portrait v. 1870 © akg-images; Pape Paul VI (1897-1978), portrait v. 1970 © akg-images • **Page 425** – Empereur Theodosius le Jeune au Concile d'Éphèse, miniature, Italie IXe s., Vercelli, Biblioteca Capitolare © akg-images/De Agostini Picture Library • **Page 426** – Luther; Calvin; Henri VIII © DR • **Page 427** – Cathédrale orthodoxe Saint-Étienne, célébration eucuménique lors de la semaine de prière pour l'unité des chrétiens © Fred de Noyelle/Godong • **Page 428** – Vlieger, Simon de v. 1600–1653, *Le Christ et ses disciples dans la tempête sur le lac,* à l'huile sur bois de chêne © akg-images • **Page 430** – *Codex Latinum, sainte Hildegarde et l'Homme au centre de l'univers,* 13 x 18, Lucca, Biblioteca Statale © 2015. Photo Scala, Florence - sur concession du ministère des Biens et des Activités culturelles • **Page 433** – J. Lejeune © Fondation Jérôme Lejeune; Saint Thomas d'Aquin, Dominican et philosophe (1225-1274), huile sur toile du XVIIe s., 66 × 52 cm, Veneranda Biblioteca Ambrosiana © akg-images/De Agostini Picture Lib./ Veneranda Biblioteca Ambrosiana; Blaise Pascal © Georgios Kollidas/Fotolia; Einstein, Albert, physicien (1879-1955) photo de 1921 © akg-images; Ampère, André Marie, physicien et mathématicien (1775–1836), Imp. coul. de 1825 (imge de collection des soieries Gutermann); tiré de l'album Cent Portraits d'Hommes célèbres, Bruxelles (éd. par Gutermann S.A.). Paris, coll. privée © akg-images; George-Louis Leclerc, comte de Buffon © Georgios Kollidas/Fotolia; Louis Pasteur © DR; Pierre (1859-1906) et Marie Curie (1867-1934), physicien et chimiste, prix Nobel © Collection Dupondt/akg-images; Galilée, mathématicien, physicien et astronome (1564 1642), Portrait avec télescope et anneau de Accademia dei Lincei, huile sur toile, v. 1640, 78 × 64 cm. Inv. 1890 Nr 5432. © akg-images/Rabatti – Domingie • **Page 434** – Roger Schutz (1915-2005) fondateur de la Communauté de Taizé © akg-images/ullstein bild • **Page 437** – 25 mai 2014 : Le pape François et le patriarche de Constantinople Bartholomée 1er en prière au Saint Sépulcre de Jérusalem © Alessia GIULIANI/CPP/Ciric • **Page 438** – 27 octobre 1986 : Discours de Jean Paul II en présence du Métropolitain Gabriel Saliba, de Robert Runcie, archevêque de Canterbury, de Methodios Fouyias, archevêque de Thyateira et la Grande-Bretagne, du Dalaï Lama, San Francesco, lors de la Rencontre Oecuménique et Interreligieuse pour la Paix organisée à l'initiative de Jean Paul II à Assise, Umbrie, Italie © Giancarlo GIULIANI/CPP/Ciric • **Page 441** – Croix au coucher de soleil © Rui Vale de Sousa/Fotolia • **Page 442** – *L'envoi des Apôtres par le Christ,* tympan du portail central, Basilique Sainte-Madeleine, Vézelay (Yonne), v.1132 © akg-images • **Page 443** – JMJ de Rio © Diocèse de Carcassonne et Narbonne • **Page 445** – Moines de Thibétine © Bruno de Chergé • **Page 446** – Mengs, Anton Raphael, 1728–1779, L'Ascension du Christ, 1751, huile sur toile, collection privée, Allemagne © akg-images

Achevé d'imprimer sur les presses de Pulsio en juillet 2018
Dépôt légal : septembre 2015
Imprimé en Bulgarie